故郷七十年

柳田國男

講談社学術文庫

起筆の言葉

神戸新聞は今年満六十年を迎えるという話である。人間でいえば還暦というわけであろう。ところが初めて私が生れ故郷の播州を出て関東に移ったのは、それより十年以上も古い昔のことであった。それから私の心身がだんだん育って行くにつれ、私の眼が全国的に拡がり、世界中のことにも関心を引かれるようになったことに不思議はない。しかしそれでも幼い日の私と、その私をめぐる周囲の動きとは八十余歳の今もなおまざまざと記憶に留って消えることはない。いつかそのころに筆を起し私自身の足跡とその背景とを記録するならば、或いは同時代の人たちにも、またもっと若い世代の人たちにも、何か為めになるのではないかというのが、かねてから私の宿志であった。

幸いに時が熟したので、神戸新聞の要請をいれ、ここに「故郷七十年」を連載することにした。それは単なる郷愁や回顧の物語に終るものでないことをお約束しておきたい。

(昭和三十三年一月八日)

目次

辻川の話……………………………………………………63

兄弟のこと……………………………………………………134

文学の思い出……167

学生生活……211

私の学問………………………………315

学術文庫化にあたって

・本書は『柳田國男全集』第二十一巻（筑摩書房、一九九七年十一月）を底本とし、文庫化したものである。ただし、「母の思い出に」「故郷七十年拾遺」は現代仮名遣いにあらためた。また、編集にあたって『故郷七十年』（朝日選書、一九七四年三月）も適宜参照した。
・ルビを大幅に増やした。なお、歴史的仮名遣いの引用文におけるルビも現代仮名遣いでルビを付している。
・今日の人権意識に照らして不当、不適切と思われる人種・身分・職業・身体表現に関する語句や表現がみられるが、著者が故人であること、差別的意識を助長する意図があると必ずしも考えられないと判断し、そのままとした。
・適宜、編集部で説明を補足した。おぎなった説明的箇所は〔　　〕で示している。
・あらたに佐谷眞木人氏による解説を付した。

故郷七十年

母の思い出に―序にかえて―

今頃おかしな話をするようだけれども、私は母の腰巾着《こしぎんちゃく》、九州でいうシリフウゾ、越中《えっちゅう》の海岸地帯ではバイノクソなどと、皆にからかわれる児童であった。大きな三人の兄が遠くに出て居て、父も本ばかり見て居る人だったので、少しは独り言の聴き役のような地位に在ったからでもあろう。その癖横合いから少しでも不審を打つと、忽《たちま》ちおまえはまだ子供やさかい、の一言を以て押さえられ、自分も亦自ら戒めて、そんなことは聴かせぬようにせられたようである。

しかしあの頃の世相の変化には却《かえ》って現代よりも複雑で、又烈しいものが多かった。以前は市や祭礼の日の為に具わって居た村の道路が、一旦国道に指定せられると、無押しても路幅をひろげ又まっすぐにして、成るべく遠望のきく場処に、所謂《いわゆる》人力車の立場《たてば》（中継所）を設け、そこには里程表と籤《くじ》を引く麻縄の束を引掛けて、仕事着に足ごしらえをした村の若者等が、何人か順番に出て待つことにして居た。電話も自転車もまだ発明せられぬ時代だったけれども、綱曳き後押し附きの大事な客人は、やはり前以て通知が出来るようになり、従って要処要処の大きな立場だけは、大抵はきれいな茶屋、又は旅館に従属するようになり、私などの七つ八つ頃には、もう少しずつ所謂脂粉《しふん》の気がただよい始めて居た。母は悪い言葉を覚えて来ては困るという理由から、たとえば遠方から始めて来た人力の背なかに、どんな珍しい絵がかいてあるかを見に行くような時にも、見たらすぐ戻るという条件を付けることを忘れなかった。

ところが不思議なことにはちょうど同じ頃から、私等三人の小児が夜分は母につれられて、この旅館へ風呂をもらいに行くことが始まった。きょうは御客が一人とか二人とか、又は誰も入られません、どうか御はいりにという使が来る。うちにも風呂場はあるのだが、ずっと小さくて黒くて、こちらの方が湯も水もたっぷりして居る。いつも家の父が外へ出て留守の時に限って居たが、後になって考えて見ると、つまりうちが貧しくて薪を買う銭を倹約する必要があることを、向うが同情して助けてくれたので、それには彼等夫婦が心から御礼をするような、何か為になる忠言をして居たのでは無いかと思う。

詳しく説明をすると却って小説見たいになるが、母も若くて健全であった頃には、斯《こ》ういう同情ある指導を実行する技能をもって居り、彼等は又愛して居りながら、何かの動機から強く激昂する習癖があったのを、夙《はや》く見抜いて巧みに説き付ける策を施したものと私は考えて居る。

或はそれは身びいきに過ぎた解説という人があるかもしれぬが、その前後の事情を考えても今以て私は斯《か》く信じて居る。勿論同じような発作はなお幾度かあり、泣きながら女中が喚びに来て、又かえと言いながら出かけて行ったことも多かったが、行けば必ず発作が少し鎮まり、暫く時を掛けるとやさしい顔になって御辞儀する。亭主は勿論ひどく喜んで、いつも私たちにまで好意を示して居た。後に北条《ほうじょう》に移住したので交際が絶え、結局は別れたとか死んだとかいう話も耳にして居るが、母の自信は其為《そのため》にはまだ崩れなかった。

さて話が長くなって、ちっとも序文らしく無くなったが、私の考えて居たのはこの続きとして、夫婦喧嘩の時代相とでもいうべきものを、現代人の為に説いて見ることだった。私などの少年時代には、ちょうど北斎漫画《ほくさいまんが》の第十二編にあるような、擂鉢《すりばち》と擂粉木《すりこぎ》との打合いが、裏長屋から広く田舎の小都会にも拡張し、夫婦の話し合いでもし結着が付かぬならば、広く公衆をして判断せしめようという戦法が採用せられ、効果を挙げて居たようだが、程無くそれも馬鹿げた企てになって、もう流行はついに去った。

大正の末の頃に、門司《もじ》の港の片端で、わめきつつ家を飛び出す古女房を見かけて、ここはまだ古風ですねと、案内の人に語ったところ、あれは朝鮮人ですよ、あの仲間にだけは今でも流行しますよというような答であった。

中国でも其頃の江南地方には、あの方法が男同士、稀には車夫と御客との間にも、路行く人に聴かせて裁判させようとする風がごく普通だったが、あの方法も今は恐らく、効果の薄い因習となって居るだろう。しかも一方にはどうすれば親睦を永古にするかの方策がまだ立たず、結局は疎遠と冷淡とによって、いわゆる路傍の人を多くするに終ることであろう。

曾て板垣《いたがき》「退助《たいすけ》」さんが自由は死せずと呼号した時代に、私の旧宅の門前に於て、若い酔狂人が大の字になって怒鳴って動こうとしない。母は出て行って門の戸を締め貫抜《かんぬ》きを通し、私たちは陰に隠れて恐る恐る覗いて居ると、彼の友だちが傍にそっと近よって、百方なだめすかして連れて行こうとするが、酔っぱらいは愈々《いよいよ》強く踏みしめて、自由の権だいという文句を何遍か高く唱えた。是が私の此語を学び始めた日であったが、それから今日まで此語はきらいである。

自由は我儘《わがまま》も元は同じ意味で、何と人は言おうとも自分は是非斯うするということで、老人はもとは平気で「そんな自由なことは許しません」などと声明して居た。何かもっとよい言葉を見付けて取かえないと、それこそ我々は不自由としなければならぬ。

言葉の伝来は改めて考うべき問題であり、それに心づいたのも亦母の御蔭である。

（三十四年十月上旬）

故郷を離れたころ

故郷を離れたころ

　故郷というものは、五十年が行きどまりだと、かねがね思っていたが、私が次兄（井上通泰《いのうえみちやす》）に伴われて故郷兵庫県神東郡《しんとうぐん》田原《たわら》村辻川《つじかわ》（現神崎郡《かんざきぐん》福崎町《ふくさきちょう》辻川）を離れてから、今年でもう七十一年になる。

　故郷というものは、伯父や従兄弟など、そういった人々があってこそ温い所なのだが、私の両親は兄弟のない人だったし、せいぜい故郷には次兄の養家先がある程度。そこも帰郷して訪れるには億劫《おっくう》なところであり、一年ほど預けられたことのある辻川の三木《みき》拙二《せつじ》氏宅にゆく以外にない。その家も世の中の変遷に会って寂しい生活になっているので、行って慰めたいとは思いながらも、なかなか訪れにくいといった状態にあるのだから、なみの人の故郷と私の場合とは余程違ったものがある。あるいはまた、そのためにとくにいつまでも、故郷がなつかしいのかもしれない。

　ともかくも七十年以上、時々は思い出した端々を人に話すことができるというのは、我ながら珍しい。しかもその間の故郷は、今際限もなく変ってゆこうとしているのである。何をいうかわからぬが、聞く人さえあれば、じつはしゃべってみたかった。

次兄に伴われて東京へ出たころはまだ東海道線が開通していなかった。神戸から船に乗る以外、方法のなかったころである。その二年後、両親や弟たちが後を追ってやって来たときは、東海道線を汽車で上京している。

いまでも私が思い出すのは、北条から人力車にのって神戸へ出てくる途中の明石《あかし》あたりの光景である。北条を発ったのは明治二十年八月であった。明石を通りすぎる時、幼いころからこの地名はよく聞いていたから非常に興味をもって四囲の風物をながめていたのだが、そこで西洋人が海水浴というものをやっていた。女が裸になってサルマタのようなものをつけて海に入ってゆく。「これが海水浴というものか」と、私ははじめて強い印象を与えられた。その時は、淡路《あわじ》を眺めるのがおろそかになったほどの強い印象であった。

それから後も、たびたびそこへは降り立ったり、汽車の窓から見て過ぎたのだが、その時にくらべると、もっと昔風に思えたものである。つまり、最も新しい明石を、その時に見たわけで、明石といえば、いつまでも海水浴と結びついて思い出される。

車はやがて兵庫の町に入り、さびれてゆく町並を過ぎ、神戸の港に面した当時最高級といわれた――西村屋だったろうか――宿屋に泊った。いまもそのたたずまいがくっきりと目に浮ぶようだが、よくどこの港町にもあるような普通の手摺つきの表二階の家で、縁側も雨戸もかっこうの宿屋だった。海岸は草土堤《くさどて》になっており、石垣は築いてあったが、上の方は芝生《しばふ》で、草も生えていたように記憶する。

今のメリケン波止場の辺かと思うが、そこからハシケの出る桟橋がつき出て、はるか沖の方に船がかかっていた。たしかそれは日清戦争にも働いた「山城丸」で、二千三百トンだった。「二千トン以上の船にのるのだ」という誇りめいた興奮から、船に乗りこんでも、船酔いどころかすべてが珍しく、よく眠れないほどで、立入禁止区域に入っては一等船室の西洋人をのぞき見したり、すべてが意外のことばかりであった。これが私の世の中を見たはじめであった。

東京への旅

ここで思い出すのは、次兄通泰のことだ。兄は、その時分より前から桂園派《けいえんは》の歌よみだったようにいわれているが、じつはそうではなかったと思えるフシがある。

というのは、私の家は貧乏だったので、何一つ家宝めいたものをもっていなかったが、たった一つ、母が嫁入りの時に持参した懐剣——といっても鎧通しだったが——があり、長い緒のついた、子供心に欲しくて仕様のないものだったから、北条の町を発つ前夜、私は母にねだってそれを貰いうけた。その懐剣を何とか役立ててみたいと、子供心に思って、宿で兄と床をならべて寝《やす》むとき、鞄からそれを取出して、兄に見えるように枕の下に入れた。ところが、二十二歳の大学生の兄はジロリとそれを見て、笑いもしなければ、冷かしもしない。私はきまりが悪くなって、いきなりこんな歌を吟じてその場を胡魔化したのである。

敷栲《しきたえ》の枕の下に太刀はあれど鋭《と》き心なし妹《いも》と寝たれば

これは香川景樹《かがわかげき》の有名な歌だが、兄はそのときそれを知らなかった。「誰の歌だい」「知らんのですか、景樹の歌だんがな」「へえ、そんな歌作ってるかね」兄ははじめてそれを知ったのである。

兄の下宿はいま東京湯島《ゆしま》の順天堂《じゅんてんどう》のある地続きで、主人は大橋という名古屋の旧家の人だった。大変な蔵書家で、その本の中に景樹の本もあってそれを兄は見ているのだが、一つ一つ味わってまでは見ていなかったのであろう。

私は早熟で子供ながらに歌をやっていた。私の家に鈴木《すずき》重胤《しげたね》の『和歌初学《わかういまなび》』というのがあり、四季四冊のほかに恋、雑の上・下など七冊になっていたが、この歌は雑の下に「枕」という題で収められていたものである。

こうした一場の滑稽劇があって、私たちは横浜に着いた。遠い沖の方からハシケで上陸して、駅までは少し離れていた。夜の八時ごろ、伊達《だて》な兄のことだから、学生のくせに二等車にのり込んだが、ほとんど車内は空いておって、子供二人をつれた女中の三人がいるだけ。私は見ないようなふりをして、私と同年輩の坊ちゃんを観察することにした。やがて女中が「若さま、ビスケット召し上りますか」とたずねている。「ほう、ビスケット！」私はどんなものかと、好奇の目を輝かしてなおも見ていると、掌に一つしか乗っからないような大きなものであった。それを二人が食べているのが、東京に入る夜の印象であった。

東京の印象など

長い旅の疲れで、兄の下宿に着くとその夜はくたびれてゆっくり眠ってしまった。

翌朝は早く起きると、東京はどんな所だろうと、兄が眠っている間に本郷《ほんごう》の通りに出た。いまもその本郷の朝の景色が記憶に残っているが、まだ当時は電灯がなく、ガス灯の時代で、脚立《きゃたつ》をもった人夫が点灯して回る時代であった。いまとはまるで違ったガス灯が夜明けのひっそりした街に点っている当時の光景が、私の東京風景の第一印象であった。

下宿から出たとっつきに風呂屋があって、そこから何軒目かに絵草紙屋があった。末の弟（映丘＝輝夫《てるお》）が、六つぐらいでちょうど絵をやっていたので、後にはこの店で錦絵を買ってては送ってやったものだ。当時は「月岡《つきおか》」芳年《よしとし》のものなどが流行っていて、「月百姿」などという、月を主題にした一枚絵などが、店頭にいまの新刊書のようにして飾ってあったことを思い出す。

弟が絵をやるようになったことについて、私は辻川の昔を思い出すのだが、松岡氏は、三木氏よりも来住が少し古いといわれ、先祖は兄弟で東西の二組に分かれ、三木家の近くにあるのは主として兄の方の系統、西組の弟の筋は家が多くてみな小さく、私の生まれた家はその中の東の端であった。この方の本家は「柿の木屋」といって柿が多く、家はそのころ衰えて老女と孫の男の子と二人きりになっていたが、赤穂《あこう》の家老の大石《おおいし》家と縁つづきで、大石主税《ちから》が母の里方の但馬《たじま》へ行く路で一夜泊ったという伝説があった。

私の家などは、ここからの孫分家であった。この「柿の木屋」の少し東手に「ます屋」といったのが、やはり同族で宿屋となり、また人力車の立場でもあった。

私と弟の静雄《しずお》、輝夫の三人の兄弟は、ここに来て休む遠近《おちこち》の人力車の背後にえがかれた武者絵を鑑賞すべく、毎日のように通ったが、とくに遠方から綱引きなどで走って来る人力車を歓迎した。これは弟を画家にした一つの因縁かもしれない。これなども、私には大切な辻川文化史の一節であった。ちなみに、映丘《てるお》という雅号は、本名の輝夫にちなみ、次兄の通泰がつけたものである。

古い文学にある、「丘《お》に映《て》る」ということばからつけたもので、もちろん音で映丘《えいきゅう》と訓まれることは覚悟の上であった。

私の生家

昌文小学校のことなど

さて、私は子供のころから体が弱かったので、茨城県の北相馬《きたそうま》郡布《ふ》川町《かわまち》［現利《と》根《ね》町《まち》］に行って医者をしていた長兄の鼎《かなえ》の許に預けられることになった。次兄が夏休みの帰りに私を伴ったのはそのためで、私は十日あまり東京の兄の下宿にいて、そこから船橋――印旛《いんば》沼《ぬま》のほとりを人力車に揺られていった。鎌ヶ谷街道という悪い道だった。兄の許で二年あまり学校へも行かずにぶらぶらして過ごしたのだが、あとで考えると、よほど体が弱かったらしい。

もっとも、私は五歳の時に辻川の小学校に上っているから、九歳で当時の田原にあった昌《しょう》文《ぶん》小学校をすでに卒業し、北条の町に移って高等小学校へはいっていたわけだ。

ここで一寸《ちょっと》そのころの小学校の思い出になるが、小学校は全国的にみな難しい漢字二つの校名をつけていた。田原が昌文、南田原が柔遠《じゅうえん》などの美名で呼ばれていた。明治十八年には、はじめて学校が新築された。それまでは寺を使っていたのが、その年に金を集めて新校舎を建設した。そこではじめての卒業式を盛大にやろうということになって、県令（知事）がその式典に臨んだ。森岡昌純《もりおかまさずみ》という人だったが、それが私の褒状《ほうじょう》をもらった最初であり、県令閣下を見たはじめでもあった。

ついでに記憶を辿りながら、郷土の新聞のことを思い出して見たい。私らの子供のころの郷土紙は『神戸又新《ゆうしん》』であった。その名をどうして記憶しているかというと、私の北条にいたころ、家主の家の子が幸吉《こうきち》といういたずらっ子で、そいつが私の家へ来ていたずらをする。「幸《こう》」だから、私の弟の輝夫が「神戸又新、神戸又新」といってどなっていたからである。

私の長兄の鼎は、井伊《いい》大老《たいろう》〔直弼《なおすけ》〕が殺された万延《まんえん》元年に生まれたが、神戸の師範学校を出ていたので、十九歳で田原の小学校の校長になっていた。部下が三、四名あったのも、ほかの人はみな無資格者だったわけであろう。私はそのために早く学校にあげられた。長兄は二十歳で近村から嫁をもらった。しかし私の家は二夫婦の住めない小さい家だった。母がきつい、しっかりした人だったから、まして同じ家に二夫婦住んでうまくゆくわけがない。「天に二日なし」の語があるように、当時の嫁姑の争いは姑の勝ちだ。わずか一年ばかりの生活で、兄嫁は実家へ逃げて帰ってしまった。兄はそのためヤケ酒を飲むようになり、家が治まらなくなったので、もともと松岡家は医者だったからということで、家と地所を売り、その金で当時の東大別科に兄を遊学させることとなった。当時の医者速成機関で、ドイツ語を使わず訳語で学んだものである。二十六歳で兄はそこを卒業して医者にはなったものの、郷土で開業するには、資本や新しく地面が要る。故郷には医者の親戚も多いというわけで、本人も帰る意志がなかったところに、偶然のことから茨城県のある旧家から嫁をとり、同時に友人の世話で布川という町の、若死した医者の家の跡を借りて、開業することになったのである。兄はそれからのち三十何年目か、大正の末にたった一度故郷へ帰ったばかりだから、ほぼ言葉までが変っていたようである。

私は、こうした兄の悲劇を思うとき、「私の家は日本一小さい家だ」ということを、しばしば人に説いてみようとするが、じつは、この家の小ささ、という運命から、私の民俗学への志も源を発したといってよいのである。

私の生家

私の生れた辻川の家は、私の生れる前年、即ちちょうど祖母が亡くなった翌年、生野《いくの》街道のかたわらの粟賀《あわが》か福本《ふくもと》あたりにあった老人夫婦だけの、医者か何かの家を買って来て建てたものであった。辻川の街道に面して黒板塀があり、表の空き地には兄が永住の地と定めて、さまざまな花木を植えていた。白桃や八重桜などが、春ともなれば道ゆく人々の話題となるほどに、美しく咲ききそったものである。あの時代には、桜はまだ山か寺院か神社にゆかないと見られないものだったが、どうして兄が家のほとりに移して来たのか、理由はよく分らない。

この家を何とかして絵にしてでも残しておきたいという気になったのは、昭和八年私が朝日新聞社をやめた記念のため、それまでに執筆した書評や序文の類を集めた『退読書歴』を上梓《じょうし》した時のことであった。私の次の弟の静雄（海軍大佐・言語学者）に——これは書が上手だったので——扉と背文字を書かせ、末弟の映丘には見返しに私たちの辻川の生家を描かせた。弟は四つ、五つまでしかその家にいなかったので、大勢の人々に聞いて回ったり、いろいろなことをして確かめたのだが、出来上ってみると似てもつかないものになってしまった。「こうしなくては絵にはならない」と映丘はいっていたが、私の知っている生家の様子とは相当に違っている。いい家で、一夫婦が住むのにはよくできていた。その家はいま、北条へゆく道のカケアガリという所に移されているが、屋根の棟が当時の面影を止めているだけで、私は帰郷しても山の上からはるかにその屋根だけを眺めて、昔をしのぶのに留めている。どうしてみても、私の気持は人に分るまいし、私も当時の気持をこわさない方がいいと思っているくらいである。

私の家の小ささは日本一だといったが、それもきっちりした形の小ささで、数字でいうと座敷が四畳半、間には唐紙《からかみ》があって隣りが四畳半の納戸《なんど》、横に三畳ずつの二間があり、片方の入口の三畳を玄関といい、他の三畳の台所を茶の間と呼んでいた。このような小さな家に二夫婦が住むこと自体、たとえ母がしっかり者でないにしろ、初めから無理だったのである。

祖先のこと

私の生家、松岡家というのは非常に変った家すじである。村松梢風《むらまつしょうふう》が『本朝画人伝』の「松岡映丘」の巻を書く時に私を訪ねて来て、何も知らないというので、少しは地所もあったころから零落《れいらく》するころまでを語ったことがある。

私の祖父の陶庵《とうあん》というのは、隣村川辺《かわなべ》(現在の市川町《いちかわちょう》)の中川という家から養子に来た人である。この家は何べんも縁組みしているからよく分らないのだが、姫路《ひめじ》市網干《あぼし》の中川というのは川辺からの分家であって、何代か前にちょっとすぐれた人が出ている。これが祖父の弟なわけである。

ところで、この祖父が腸チフスを患ってその回復期に些細《ささい》な我ままをいったことから離縁になった。残った祖母がまだ若いので、周囲の人はまた何処からか縁があるだろうぐらいに思っていたらしいのだが、本人は古風な道徳観の人で何といっても頑として聞き入れなかった。私の父が一人生れていたからまだよかったわけではあるが……。

ところで、この祖母の祖母に当る人というのは、法華宗の家の出であった。代々松岡家は天台宗門で、他宗との結婚は許されないのであるが、自由結婚をして松岡家に入ったのである。そこへたまたま、辻川の村からは市川を隔てた福崎町の山崎という所にある妙法寺という法華宗の寺に、京都の本山から蟄居《ちっきょ》を命ぜられた僧侶が来ていて、周囲の目ぼしい檀徒を自分の寺にひき入れたことがあった。その時、親孝行を楯にとって自分の子の左仲という医者（この人は顔にコブがあったために人に会うのを嫌い、往診を断るので流行らなかったらしい）を無理に法華宗へひき入れた。松岡家の本山は妙徳山神積寺《みょうとくざんじんしゃくじ》というやや格式の高い天台門の寺院だったから問題になり、親孝行のためとはいいながらも本山から訴訟されて追放になり、娘（私の祖母）をつれて京都へ引き移った。ちょうど教育を受けなければならない時期を、何一つ教えられずに幼時を過した祖母は、京都で生活の資とした鹿の子絞り以外に家事のことは何も知らなかったということである。

やがて追放の期も過ぎて辻川へ帰って来たが、この祖母の養子が先に語った陶庵で、彼は離縁されて後は生野で悠々自適、真継《まつぎ》という男児一人の家に入夫した。この真継というのはどこでも鉱山に関係がある人の姓になっていた。陶庵は気概ある人で、有名な生野騒動の黒幕となって檄文《げきぶん》を起草したりもしたが、事件が落着いてからはごまかし通して罪には問われなかったということである。その後一家は二代の後にこの土地を去ったが、一族は今でもあちこちで鉱業のために活動している。

父は成長した後にその離別せられた祖父が恋しくて、ひそかに川向いを通って生野へ会いに行き、祖母から激しく叱られて追い出されようとしたこともあったという。

鈴森神社

私の父賢次《けんじ》（明治のはじめ改名の自由が許されるようになってから操《みさお》と改め、約斎《やくさい》と号した）が生れた当時の松岡家はすでに財産もなく、父を医者にする以外に方法がなかったため、父を明石のヤスダという医者の許に学僕として出すことにした。父は母が漢学の師匠をしていたから家に些かの書物があり、三木家の蔵書も読んでいたのであるが、住込んだ医者が風流な人で、しばしば漢詩の集いをひらいていた。たまたまその会の席上すすめられて作った七言絶句がいい作であったため、「学問をさせよう」ということになり、姫路藩では最後の儒者だった角田という先生の娘婿、田島家の弟として一時籍を入れ、田島賢次という名で仁寿山というところや好古堂という学校で修業した。やがて医者となり辻川に帰ったが、父の祖父左仲同様に流行らない医者で、思いあまって閉業しようとした矢先き、姫路の熊川舎《ゆうせんしゃ》という町学校の舎主として赴任することとなった。この熊川舎は町人が醵金《きょきん》して創設した学舎で姫路学風の誇りともいうべきものであった。私の家は、明治初年まで相応な暮しをしたのだが、維新の大変革の時には、じつに予期せざる家の変動があり、父の悩みも激しかったらしく、一時はひどい神経衰弱に陥ったともきいている。ちなみに、私には次兄通泰の上、長兄鼎の次に一人亡くなった俊次という兄がいた。姫路野里の芥田《あくた》という呉服店に働きに出、一時は家計を助けたが、間もなくその店で失敗し、大阪へ出て新規蒔き直しをしようとした矢先き、明治十六年九月十二日腸チフスで亡くなった。年は十九であった。夜半、飛脚《ひきゃく》が兄の訃報をもたらしたさいの、一家の悲歎がいまも私の記憶に残っている。その兄は別に師に就いたわけではないが、大阪の旅寓《りょぐう》でこんな辞世をのこした。

　さをしかの身にはあらねど小夜《さよ》ふけてかたぶく月にねをのみぞなく

父が明治維新の戸惑いのためひどい神経衰弱になったことで、私は思い出すことがある。私の家の裏の竹藪《たけやぶ》をへだてた北の道端に、在井堂《ありいどう》といって、足利時代の本だといわれる『峰《みね》相記《あいき》』にも出てくる空井戸のある薬師堂があった。ある夏の夜、座敷牢から出して蚊帳《かや》の中に寝ませていた父が急に行方不明となり、手をつくして八方捜したところ、この井戸の中に入っていたということである。

在井堂に関する一条が『峰相記』の中にあることから、じつはこの本が偽書であろうと推定しつつもそう断定するに忍びない気持がする。

この空井戸のある薬師堂は、私がいつまでも忘れえない思い出の場所でもある。

薬師堂の床下は、村の犬が仔を産む場所で、腕白大将の私が見に行くと、いやでもその匂いを嗅ぐことになった。そのころ犬は家で飼わず村で飼っていたので、仔が出来る時はすぐに判った。その懐しい匂いがいまも在井堂のたたずまいを想い起すたびに、うつつに嗅がれるようである。そこから一丁ほど北の方に氏神の鈴森神社があり、大きなやまもの樹があった。またを明神様《みょうじんさま》ともいい、村人は赤ん坊が生まれると、みなその氏神に詣でて小豆飯《あずきめし》を供えていた。その余りを一箸ずつ、集まって来た子供たちのさし出す掌の上にのせるのがならわしであり、村の童たちの楽しみでもあった。前もって、その日を知って、童たちは神社へ集まってくるのであった。母親が「よろしくお願いしますよ」と、いいながら呉《く》れる一箸の赤飯に、私は掌を出したことはなかった。親に叱られるからでもある。私は後年この氏神様を偲んで、こんな歌を作ったことがある。

うぶすなの森のやまもも高麗《こま》犬は懐しきかなもの言はねども

幼時の読書

私は子供のころ、よく寝小便をしたというくらいだったから、よほど虚弱であったのであろう。だから両親が我儘気儘に育てたらしく、そのため私はいつも弟たちをいじめる、近所の子供とは喧嘩をする、いたずらは激しい、というわけで、北条にいたころ、一時父の友人である三木という辻川の旧家に預けられたことがある。ちょうど竹馬の友である同家の拙二氏が神戸の中学校に行っている間なので、先方でも父君の承太郎氏が預かってやろうということになったが、何分にもいたずらが激しいので、同家の女中五人にまず排斥運動を受けるという仕儀になった。

拙二氏の祖父に当る慎三郎という人は、農家に似合わず学問好きな人であったらしく、三十数歳で早世したが、大阪の中井竹山《なかいちくざん》の系統を引く学者であったから、同家の裏手にいまも残っている土蔵風の建物の二階八畳には、多くの蔵書があった。そして階下が隠居部屋で二階には誰も入れないことになっていたのだが、私は子供のことだから、自由に蔵書のある所へ出入りして本を読むことができた。あまり静かなので、階下からおじいさんが心配して「寝てやしないか」と声を掛けることがあったほど、私はそれらの蔵書を耽読《たんどく》した。その間はいたずらもしないので、家人は安心したのであろう。いろいろな種類を含む蔵書で、和漢の書籍の間には草双紙類もあって、読み放題に読んだのだが、私の雑学風の基礎はこの一年ばかりの間に形造られたように思う。

私はこの三木家の恩誼《おんぎ》を終生忘れることができない。こうして私は三木家から北条の家に帰り、やがて体を強くするためにもと、次兄につれられて茨城の長兄の許へと預けられることになったのである。そのような経緯で、故郷を離れてから七十一年といえば、今にして感慨なきあたわずである。

昭和二十七年、私が最後のいとまごいにと家内をつれて辻川へ帰った時のことである。もと私の家のあった中所《なかじょ》というところから、氏神様へ詣でるために着物を更《あらた》め、上坂《うえざか》という坂を登り始めると、だしぬけに一人の皺くちゃのお婆さんが飛び出して来て、私の袖にすがったのには驚いた。眼に涙をいっぱいためて、ものがいえないほど感情を昂《たかぶ》らせている。よく考えてみると、どうやら私の弟と間違えているらしい。私の家では、ちょうど同じ時期に兄弟三人とも故郷を離れているので、私とつぎの弟とを間違えて久闊《きゆうかつ》の情に耐えなかったらしいのだが、不思議にも私はその老婆の名前まで記憶していた。彼女の家は「樽屋」という一時繁栄した店で、隣村のいまの市川町屋形《やかた》という土地からそこに貰われて来た養女の、それも「おせん」といった。後年、［井原］西鶴《さいかく》の『五人女』を読むと樽屋おせんが登場するので、そんなときにはいつも彼女を連想したので、その名をおぼえていたわけだったが、その女に村の主立《おもだ》ち衆《しゆう》の前ですがりつかれたのには、まったく面食らった。老婆でなくて、ちょっと綺麗な女性ででもあったら本当に困る所であった。何か裏面に事件があったんじゃないかなどと誤解されたことであろう。

その老婆もそれから間もなく亡くなったそうだが……。

南望篇

二十八歳から後家《ごけ》暮しを通した祖母の松岡小鶴は、医術も世渡りも相当に拙かったらしく、その方面にはおかしい逸話もいろいろと残っているが、手習いの子供らに少しずつ漢籍を教えたために、私の成長する時分まで、村には珍しい何人かの才女が残っていた。

後になって心づいて、ちょっと驚いたのは、家には『唐詩選《とうしせん》』の七言絶句を上下半分ずつに書きわけた、手製の詩がるたが十数枚、手箱の隅にあって、正月にはあれで遊んだものであったと教えてくれるおばさんも何人かあった。私の母が、子供たちにどんな印象を与えるかを見るために、試みにその一部を保存していたとしか思われない。

祖母には二十編足らずの漢文集があって『南望篇』と題して父が清書したものが家に伝わっていた。たしか五十年の年忌に、私が浪人をして旅行ばかりしていたころで、他の兄弟が集まって来て、二百部ばかり活版にして人に分けたものが、私の書棚にも一冊だけある。ちっとは父が手を入れたとも思うが、ともかくも「南望」は、一人子が遊学している間、村のはずれに出て遠く思いを寄せたという、中国の故事によった書名で、現にその過半は一人子に贈った書信であった。

この文集には、まだ他に「三木公逢に与えて仏を論ずるの書」というのもある。これなどは、いまなお私が興奮を覚えるほどの大文章で、あて先の三木公逢は村の大庄屋の若主人、すなわち私が一生親しくしてもらった三木拙二翁の祖父である。すぐれた素質の青年であったかと思われて、若いころに大阪に出て、中井竹山先生の門に入って研学し、莫大な文庫を家に留めておられるが、学問が過ぎたのであろうか、三十いくつという盛りの年に世を去って、幼い一人子が後に残った。それが拙二翁の先代の承太郎さんである。

虚弱で、いたずらで、小生意気な十二歳の少年が、どうして一年足らずでもこの家に預かってもらえたのか、いま考えてみてもその動機がはっきりしない。拙二翁はその頃、たしか神戸の良い学校に入れられて家にはおらなかったが、あとには妹たちがたくさんいて、少しも寂しいことはなかった。

私の父は、この家の莫大な蔵書を良く知っていて、自分が不自由をするにつけても、毎度そのうわさをしたけれども、家も離れていたのでそうひんぴんと出入りする風はなく、それに、仕事の必要から、いつも五里、三里と外歩きをしていたので、めったに、この家の集まりに参加することもなかった。母などは多分一生の間しみじみとあいさつをしたこともなかろう。それがたった一度の頼みで、この厄介者をひきうけてくれたことは、いま考えても不審のようであるが、これは多分学問への大きな愛情と、つぎには主人の判断を重視した、前々からの家風であったろう。そう思って、いつまでも私は三木家の先代の人柄を懐しがっているのである。

　客でもないかぎりはめったに表へは出ず、何をしてござるか知らぬような日が多かったが、私が裏座敷の二階の本箱の間に入っておとなしく本を立読みしている時には、妙に段梯子《だんばしご》の下に来て、声をかけられることが何度かあった。細かく終いまで読み通したい本があったら、それをそっくり持って降りることも許されるのだが、名も聞かぬような本があまり多いので、つい目移りがして次々と本箱の蓋をとる。中には謡曲の本だの、草双紙だの、用もないのにひっかかって半日を潰してしまう日も折にはあった。

　それよりももっと心残りなのは、若死をせられた先々代の主人の日記なり、書留められたものの中から、松岡小鶴と往復された漢文の原稿でも見出せなかったものか。まだそのころは、あちらのおばあ様も元気で、何でも答えて下さったのに、そこまでは私も気がつかず、また思い出して下さる人もなかった。多分はこれなども、一種の漢文の稽古だけで、祖母はもちろん大庄屋さんの若いご夫婦とは一度も対面しなかったのであろう。

大庄屋の家に

私が自由な出入りを許された三木家の裏座敷は、上も下も八畳二室のがっしりした新築で、二階が本箱の置場となり、下がおばあ様の居室となっていて、時折は呼びとめられて珍しい菓子などが出る私たちの理想郷であったが、それ以外にもまだ一つ、生涯もちつづけた思い出がある。もう、いま話して置かないと、かつてなかったと同じに帰するのであるから、ちょっと惜しい。

男の四十二歳を厄とも初老ともいって、思い切った大きな祝宴を催すことが、あの地方では一種の流行であって、見栄とか名聞とかいう以外に、控え目にするとかえって怪しまれた。次兄井上通泰の養父の年祝いは明治十六年で、その折には私も半分父に手伝ってもらって、五言絶句の賀詩を作ってもっていった。

その祝いも三日つづきの盛宴で、目をまるくするようであったが、三木家の催しはずっと規模が雄大で、連夜の来集者の興奮は申すに及ばず、これと歓談する亭主方の態度にも、少しも努力作意の跡が見えなかった。

いちばんびっくりしたのは、日ごろは高い声でものもいわぬほどの女性が、いつ覚えて稽古したかと思うような長い歌を、みんな一個所もつかえずに唄ってのける。あいさつの辞令などもみなその通りで、長短緩急それぞれの場合にぴたりと合って、作った、こしらえた、という跡が少しもないと思った。

私などもこの空気に同化して、一遍もにらまれたり、つきとばされたりせずに、遠くからまた片脇から、酒宴というものの全容を見終《みおお》せたような気がした。

そういう中でも心を惹かれずにおれなかったのは、町から招き寄せられた何人かの歌い女に付いて出た、歳は私より一つか二つも上かと思う舞妓が、はじめは左右に二人並んで、つぎには一人ずつで、それぞれの曲に合わせて美しく、またいたいけに舞い、かつ踊ったことであった。

一人の丸顔の背の低いのが、いつでも伴内《ばんない》みたような役にまわるのが私には哀れに思われ、もう一方の面長な眼の細い方の子が、泣いたり、憂えたり、同情せられる、八重垣姫《やえがきひめ》のような役ばかりするのを、何だか少し不公平なようにも思えたが、後になって心づいたのは、それは教える人の計画という以上に、何か人間それぞれの生涯につきまとう運命のようなもののあることを、考えさせてくれたようである。

そうした踊子たちのあでやかな舞姿について、一種の感銘を受けたあと、三木家のおばあさんの居室となっている奥座敷でかいま見たのは、つい先ごろまで踊っていた娘たちが、すでに衣装も脱ぎ、化粧も落して、世間普通の、十二、三の娘姿にもどっているところであった。何か、しきりに遊び興じていたようであったが、それが少年の心にあわれとも思える印象を落したようであった。

仲間に入ってゆくには、気恥しさもあり、そのまま踵《きびす》を返したが、その日の少年らしい思い出が、花やいだ記憶とともに、いくどか感傷めいて蘇った。

その日からのち、私は三木家の奥座敷を訪れる機会をついにもたなかったが、少年時代に世話を受けた三木家の恩誼を思い返すたびに、いま語ったような、はるかな思い出に浸るのである。

兄嫁の思い出

子供のころの思い出はつきない。私の家は貧しかったため、私にも方々から小僧に貰いうけようという話がかかった。その一つは瀬加《せか》（現市川町）の寺からで、その寺の住職は怖い顔をしていた。もう一つは辻川の文殊山という天台宗の寺だったが、その住職は獅子山さんといった。子供のころ、「いたずらをするとお寺にやるよ」といわれると、この何でもない顔をした獅子山さんと、瀬加の怖い顔をした住職が、獅子ということから連想されて、妙に二つが一致して、怖くなってきたものである。私が暗記力にすぐれていたため、お寺から貰いうけの話が出たのだろうが、両親もお寺にやるならば、京都の大きな所と考えたのであろうか、幸いに実現はしなかった。

同じく子供のころのことで、いまもしきりに思い出されるのは、長兄の許に嫁いで、母との折合いが悪く実家に帰った兄嫁のことである。北野の皐《おか》という医者の家であったが、その前に夏になると美しく蓮の花の咲く大きな池があった。辻川の灌漑《かんがい》用の貯水池であったが、ある冬の日、二、三人の友人たちとともにそこで氷滑りをして遊んでいた。子供のことで気がつかなかったが、池の中心の方は氷が薄くなっていた。家を出された兄嫁は土堤からみつめていたのであろう。忘れもしない、筒っぽの着物を着て、黒襟をつけた兄嫁は、いきなり家から飛び出して来て私を横抱きにすると、家へ連れていったものである。

実家に帰ってもやはり姉弟の情愛があったものであろう。私はいつも帰郷するたびにそのことを思い出し、一度は昔の情愛を述べようと、再婚先の伊勢和山《いせわさん》の寺［極楽寺］を訪ねたことがある。兄嫁は折悪しく留守で、その機を失してしまったことが、いまも悔まれる。夫君はその頃大真さんとよばれ、美僧で村の有力者であり、加東の方の寺の住職をも兼ねた、天台宗門の相当な有力者であった。

私が辻川にいたころは、茨城県から長兄が送金してくれるのだが、私は北条の町まで二里、為替《かわせ》をとりにやらされるのがつねだった。母は体が弱かったし、父は亡くなるまで天保《てんぽう》銭《せん》が八厘であることを知らないでしまったという気楽人であったから、受取人はまだ九歳くらいの子供ではあるが、私より外になかったのである。

為替が届くと、母は腹巻を作ってくれて、その中に金を入れて腹に巻くようになどと、くどくどと注意を与えて家を出すのだが、北条と辻川の間、郡境の所に大きな池が三つほどあり、淋しい、追剝ぎの出そうな所であった。北条で現金を受取って北条の外れまで来ると、あの地方で有名な家が一軒だけあり、椌《むろ》の木の生垣がめぐらしてあるので、私たちは「ブロンガワ」と呼んだのであるが、その家の前でしばらく遊んでいた。

そこは淋しい個所にさしかかるちょうど手前であるから、子供心にここで誰か頼りになりそうな通行人を待っていたわけである。やがておじさんかおばさん、あるいは二人連れがやって来ると、その後からちょこちょこついて行った。金額は十二、三円であったろうか。幾度か北条までの道をそのため往復して神経をつかったので、十歳の時、北条へ移ることが決った時は、嬉しかったことを覚えている。北条には郵便局があるからであった。

布川時代

布川のこと

私は十三歳で茨城県布川《ふかわ》の長兄の許に身を寄せた。兄は忙しい人であり、親たちはまだ播州《ばんしゅう》の田舎にいるという淋しい生活であったため、私はしきりに近所の人々とつき合って、土地の観察をしたのであった。布川は古い町で、いまは利根川の改修工事でなくなろうとしている。

最初驚いたのは子供らがお互の名を呼びすてにすることであった。トラ、クマといったような呼び方は、播州の方では従兄弟か伯叔父甥、あるいは兄弟でなければしなかったのであるから、私にすれば、彼らがみな親戚の間柄だと思ってしまったのである。ところがそうではなく、ただ一緒に育ったというだけである。それも子供同士であれば符号みたいなものでいいわけだが、大人たちもやはり、他家の子を呼び捨てにする。例えば私の隣家は元地主の大きな商家だったが、そこの市五郎というめっかちの下男が、主人の子供を「ジュン」などと呼びすてにしているから驚いてしまった。

私の故郷辻川では呼び方に「ヤン」と「ハン」の二つがあり、「ハン」の方が少し尊敬の意がこもっている。私たち兄弟はあの時代にはちょっと珍しい名で呼びづらく、「作」とか「吉」とかがついていずに、下の三人ともみな字の違った「オ」がついている。学校でも男、雄、夫の違いには随分困ったらしいが、私たちは「クニョハン」（國男はん）「シズォハン」（静雄はん）「テロハン」（輝夫はん）と呼ばれていたものだった。

布川の町に行ってもう一つ驚いたことは、どの家もツワイ・キンダー・システム（二児制）で、一軒の家には男児と女児、もしくは女児と男児の二人ずつしかないということであった。私が「兄弟八人だ」というと、「どうするつもりだ」と町の人々が目を丸くするほどで、このシステムを採らざるをえなかった事情は、子供心ながら私にも理解できたのである。

あの地方はひどい饑饉《ききん》に襲われた所である。食糧が欠乏した場合の調整は、死以外にない。日本の人口を溯《さかのぼ》って考えると、西南戦争の頃までは凡そ三千万人を保って来たのであるが、これはいま行われているような人工妊娠中絶の方式ではなく、もっと露骨な方式が採られて来たわけである。あの地方も一度は天明《てんめい》の饑饉に見舞われ、ついで襲った天保の饑饉はそれほどの被害は資料の上に見当らぬとしても、さきの饑饉の驚きを保ったまま、天保のそれに入ったのであろうと思われる。

長兄の所にもよく死亡診断書の作製を依頼に町民が訪れたらしいが、兄は多くの場合拒絶していたようである。

約二年間を過した利根川べりの生活で、私の印象に最も強く残っているのは、あの河畔に地蔵堂があり、誰が奉納したものであろうか、堂の正面右手に一枚の彩色された絵馬が掛けてあったことである。

その図柄は、産褥《さんじょく》の女が鉢巻を締めて生まれたばかりの嬰児《えいじ》を抑えつけているという悲惨なものであった。障子にその女の影絵が映り、それには角が生えている。その傍に地蔵様が立って泣いているというその意味を、私は子供心に理解し、寒いような心になったことを今も憶えている。

地蔵堂があった場所は、利根川の屈折部に突き出し、そこを切ったことがあることから「切れ所《しょ》」と呼んだが、足利時代の土豪が築城した場所で、空濠《からぼり》があった。その空濠の中に、件《くだん》の地蔵堂は建っていたのであるが、その向うに金比羅様《こんぴらさま》があり広場があって、毎年春になると土地の景気の金比羅角力《ずもう》が興行された。

面白いことにそこに「小林」一茶《いっさ》の句碑が建っていた。いまではもうその句碑も誰かに持ち去られたということである。

後年調べてみると、土地の古田という問屋の隠居が一茶に師事しており、一年に二、三回一茶が訪れているという事実が判明した。碑に刻まれた句は「べったりと人のなる木や宮角力」とあり、私は子供心に一茶という名の珍しさと、その句の面白さを感じたものであったが、まだ一茶を知る人もないころのことである。

饑饉の体験

饑饉といえば、私自身もその惨事にあった経験がある。その経験が、私を民俗学の研究に導いた一つの動機ともいえるのであって、饑饉を絶滅しなければならないという気持が、私をこの学問にかり立て、かつ農商務省に入らせる動機にもなったのであった。

北条町にいた明治十八年のことである。それがおそらく日本における饑饉の最後のものだったろう。私は貧民窟のすぐ近くに住んでいたので、自分で目撃したのであるが、町の有力な商家「余源《ようげん》」をはじめ二、三の家の前にカマドを築いて、食糧のない人々のために焚き出しをやった。人々が土瓶《どびん》を提《さ》げてお粥を貰いに行くのであるから、恐らく米粒もないような重湯であったかと思われる。約一ヵ月も、それが続いたように憶えているから、よほど大きな饑饉だったのであろう。私の母親も用心をして、人のうらやむようなものを食べてはいけないと、近所の人づきあいの配慮もあったのであろうか、毎日私たちもお粥を食べさせられたのであった。

子供ごころに、こうした悲惨事が度々起るのではたまらないと思ったのが、学校を出るまで「三倉」（義倉《ぎそう》・社倉《しやそう》・常平倉《じようへいそう》）の研究をやった動機である。その研究ノートが論文にならない前の形で、このほど発見された。そうした子供心の印象から、私は『救荒要覧《きゆうこうようらん》』などを読まずにはおれなかった。確かまだ十三歳のそのころ、それを読んだのを記憶している。

やがて私の長兄の家は、茨城県布川町から利根川を隔てた千葉県の布佐《ふさ》（現我孫子《あびこ》市）へと移った。兄は布川に永住する気は最初からなく、ある程度の産を成した上で帰郷する心積りであった。ところが借りていた家はその身内の人が移住してくるというので、とりあえず布佐へ移ったのが、そのまま兄の墳墓の地となり、同地に家族が永住することになってしまった。

そのころ布佐の町は街道の、利根川を挟む中継所でもあり、相当繁華な所であった。早朝、土堤の上から眺めると、掛り舟が朝餉《あさげ》の煙をあげており、美しい河川風景であったように記憶するが、その後川床が高くなるにつれて、地形も往時の面影のないまでに変容した。そこに住みついてすら有為転変を如実に感じさせる所である。この町は昔、芭蕉《ばしょう》が『鹿島紀行』を書いたころは、網場《あじば》といって魚を獲る網を置いたところで、「夜の宿なまぐさし」などとも芭蕉は記している。茨城県側より水深も深く一時は栄えた宿場もあったが、それも位置を変えた。私は十五歳の時東京へ出て来て、時折帰った程度で、転変の歎きをそれほど身に沁みて感じなかったものの、やはり懐しい土地である。そこには両親も二人の弟たちも、私より二年ほど遅れて辻川から移り住んだのであった。

利根川のほとり

下総《しもうさ》の布川へ行ったのは明治二十年秋の初め、私の十三歳の時のことであった。それから約二年の間、私にとっては一日々々が珍しいことばかりに思われた。たんに親元を離れ、郷里から遠ざかっているというだけでなく、医者を開業している兄は新婚だし、書生として、われわれとまるで違った代診や薬局が三人ばかりいるし、その上、近所の人とは言葉が通じない、そんな状態であった。こんな中で私はいろいろと新しい経験をした。

自分ではすっかり忘れていたが、布川の二ヵ年間、別れていた郷里の両親にやたらに手紙を書いたらしい。二年後に親がやって来ていっしょに住むようになったとき、「お前少し嘘を書いてよこしたね」といわれた。親を面白がらせようとして、いくらか文学的表現や、誇張を用いたのかもしれない。後に話すが、二匹の狐と隣家の刃傷沙汰《にんじようざた》など、異常心理にかられたと見えて、非常に詳しく報告したのであった。

　面白い二ヵ年であった。淋しいことは淋しかったが、誰も特別にかまってくれず、しかも新しいものは見放題。ザクロは酸っぱいものと思っていたのに、そこで食べてみると甘いザクロがあった。そういう種類の新発見、子供に利害の深い新発見というものが非常に多かった。私は学校へ入らず、身体が弱いからというので、兄貴は一言も怒らないことに決めてあったらしく、素っ裸で棒切れをもってそこら中をとびまわっている。それだけなら普通の悪太郎なのだが、帰って来るとやたらに本を読む、じつに両刀使いであった。

　そのころ東京では、尾崎紅葉《おざきこうよう》が硯友社《けんゆうしや》の仲間といっしょに『我楽多文庫《がらくたぶんこ》』という同人雑誌を出していた。四六倍判で十六号まで出た。江見水蔭《えみすいいん》はまだいなくて、石橋思案《いしばししあん》その他四、五人の道楽者が集まってやっていた。明治二十一年のことだと思う。狐事件の時に手頸を斬られた隣の小川の小父さんがそれをもっていて、私は子供のくせに、その雑誌を見せてもらっていた。東京にいる石合《いしあい》という学者が、どういう知り合いか、小川家に新しい雑誌ばかり送ってよこしたものらしい。

　それが見たいために、小川さんを訪ねてゆき、傷をして退屈している小父さんの読み役をつとめていた。おそらくは上方訛《かみがたなまり》で読んだろうと思うが、自分も楽しみ、小父さんも喜ばせたものだった。いちばん私の頭に残っているのが硯友社の『我楽多文庫』であった。今日では珍本といっているものを、出た当座読んでいたのであった。中には今考えて、本当に読まなければよかったというくらいに馬鹿げたことも書いてあったのを思い出す。あの時分はやっと坪内逍遥《つぼうちしょうよう》さんの『書生気質《しょせいかたぎ》』が世の中に認められはじめたころだが、『小説神髄《しょうせつしんずい》』などは見ていなかった。

もっと愉快なことには、一方ではいちばん新しいはしりの文学に触れたと同時に、一方では非常に旧式なものも読んでいたのである。兄貴の家には代診と薬局の書生たちがいたが、その連中のとっていた雑誌は硯友社とは反対の側のもので、一つは『浮世雑誌《どどいつ》』とかいった悪いことばかり書いてあったものと、今一つは『親釜集《おやかましゅう》』といって、都々逸の流行に乗じて皆がその競争をする雑誌であった。

花柳界《かりゅうかい》のもので、四六判の表紙に三味線の撥《ばち》を描き、中に『親釜集』と書いて、その脇に猫が聞いている画が描いてあった。書生がそれをとっていたので、そこへ行ってこういう花柳雑誌をよむ。一方では硯友社のはしりの文学や坪内逍遥の作に触れる。どうも博識ならざるを得なかったわけである。

布川の小川氏に、東京からそのころとしては珍しい新刊書を送ってくれた石合という人は、幕末の有名な学者、田口江村の息子さんということであった。名前は震《すすむ》といった。小川家のどの代の人か知らないけれども、大変に学者を愛する人がいた。田口江村が維新の際に行くところがなくて困り、この家に来て、邸内に三間ばかりの長屋風の細長い家を建てて住んでいた。江村が東京へ帰るときに、家をそのまま小川家に引渡していった。

その家を私の長兄が利用したのであった。幕末のころ江戸の周辺に縁故を求めて逃げていた人々が多かったが、これもその一つで、幕末の裏面史としては哀れな話であった。郷里から父がやって来たころには、まだ戸棚の中に羽倉外記《はくらげき》の文章なども残っていた。

　私は子供のことで、どうも分らないでしまったのだが、たぶんあの手頸を斬られた小川の小父さんにかなり世話になったものと見えて怪我の見舞いもよこすし、本や雑誌などもしょっちゅう送ってよこしたものらしい。隣の小父さんの方では、何を送って来たっていいんだと威張っていたが、ちょうど文学上にも新しい機運の向いている時分で、まだ『都の花』などの出ていないそのころに、退屈しているだろうからといって新刊を後から後から送ってくるということは、よほどの熱心と親切とがあってのことであったろう。いずれにしてもなかなかできないことであった。

　こうして新刊書を読む一方、『親釜集』なども読み、その上、東京にいた次兄が、自分の読んだ本を読みきれないいくらいたくさん送ってくれた。歌集などが多く、いくら読んでもさし支えのない本ばかりであった。県居《あがたい》［賀茂真淵《かものまぶち》］の門下のものの著書とか、村田春海《むらたはるみ》の歌集、［加藤《かとう》］千蔭《ちかげ》の歌集など、どうしてそんなにたくさんの本を送ってくれたか、どんな方法で送ってくれたか、憶えていないが、ともかくついでのある毎に送り届けてくれるのであった。

　読書力のついた子供に、こんな古典ばかり送って知識欲を塞いでおこうとしても無理である。こちらはもっと事実が知りたいのだから、送ってくれたものは全部読んでしまうが、それだけでは物足りない。他のものも猟《あさ》って読んでいた。学校へ行かなかったから、いくらでも時間がある。兄の方ではこっちに引張りつけようと努めていたのだろうが、私の方ではむやみにいろいろのものに目を通していた。後に両親が来てからは、まるで形勢が一変してしまった。やかましいことばかりいうものだから、私もだけれど、長兄も大変緊張してしまった。

この二十二年の秋までの二ヵ年というものは、悪いこともいろいろおぼえたけれども、何だか自然の生活といったものが分ったような気がした。

考えてみれば播州の三木家についで、布川の小川家は第二の濫読時代を与えてくれたのであった。

北斎漫画のことなど

次兄が私に歌の本を送ってくれたように、私は播州に残っていた末弟の輝夫へ錦絵などを送ってやったことは前にも記したが、弟はそのころ立場に憩う人力車の背後の武者絵などで、絵画への興味をもちはじめていたらしい。弟が両親といっしょに布川へ来てからと思うが、いっしょに北斎漫画を見たことを、今もはっきりと思いおこすことができる。あのころとしてはずいぶん高い本であったが、金はいつも兄から貰って買っていた。

葛飾《かつしか》の北斎が浮世絵をあまりたくさん描きすぎて、何かもっと民間の生活と交渉をもちたくなった。それで手本に描いたものとか、慰みに描いたものとかを集めて、北斎漫画という名にして出版したのである。十五冊出ているが、じつに面白い本であった。十二冊目がとくに面白く、これは本当の漫画集であった。どこも笑わずにはいられないような、おかしい絵ばかりが集められているのだ。例えば八卦見《はっけみ》が、頭巾《ずきん》を冠って仔細らしく人相見をしているのだが、それがもっともらしい顔をして、天眼鏡《てんがんきょう》をかざしている。その向うに綺麗な女の人がいて、その美しい顔だけが大きく拡大されて写っている。そんな馬鹿げた絵ばかりがいっぱい集められていた。今でもどこか図書館には保存されているであろう。私はその話をするだけでもおかしくなって仕方がないほどである。

この北斎漫画は、幕末の混乱期を経たにもかかわらず、偶然にも名古屋にその板下が残っていたのが発見せられた。東碧堂、片野という本屋で、後にはいろいろの本を出したが、ここに原版が残っていたので、もとの体裁でわりに安く売り出したことがある。たしか明治も二十一年か二年であったから、もう版はなくなってしまったかもしれない。

本はたくさん読んだが、不思議に私の家は本の少ない家であった。知らない所に置き所があったんじゃないかと思うほどで、父が一生本を読んで暮した家としては、どうも合点が行きかねる。次兄の養家先井上の家に預けてあったことはあった。

東京へ移住してから播州の井上家にいった時、確かに松岡の蔵書というのが一と本箱あったのを見た覚えがある。

曾祖父・祖父母の本で、手控えのようなものも交っていた。その中にちょいちょいもって帰りたいものもあったが、旅先だったのでそのままになってしまった。

今でも残念に思う本の一つに、曾祖父が自分で書いたと思われる診断書の書物があった。舌ばかりを一枚に九つずつ描いたのが何枚もあって、この舌をした人はこういう兆候だということが一々書いてあった。昔の医者は舌による診断が大変進んでいたらしい。井上の兄は自分の書物を大分送って保存させていたから、松岡の蔵書もいっしょになっているかと思ったりしたが、その次に行った時にはもう見えなくなっていた。

私が少年時代に濫読させて貰った辻川の三木家の蔵書は美本ばかりで、ちょっとでも痛みそうなもの、けばだったものなど、直ぐに手当がしてあった。あんな持主の愛情のこもった本も珍しい。

最初の文章

私が布川や布佐にいる間に、利根の川筋はどんどん変ってきた。白帆をかけた川船が減って、川蒸汽《かわじようき》がずんずん通るようになってきた。川船は昔は米運びをして関宿《せきやど》まで上ったものだった。ずいぶんえらい話で、銚子《ちようし》からだと二十五里はあるだろう。関宿まで上ってから、今度は江戸川へ入ってそれを下り、市川の近くまで来てそれで横堀に入り、隅田川につながるというわけだった。

ところが川蒸汽が出来たので、上へ行ってから下へ戻って来るのが馬鹿げているものだから、利根川と江戸川との近よった三角の狭い所に切り通しを作って、往復できるようにしたが、十分に利用できるまでにならなかった。私はそのコースを通って東京に出て来たのである。利根川も江戸川も、両方とも外輪船《がいりんせん》がその運河の近くまで来て停ってしまう。お客は土手の上を一里あまり歩いて連絡し、向う側に待っている川蒸汽にのるというわけであった。そうこうしているうちに汽車が出来て問題はなくなったが、この利根川の川蒸汽というのはおかしなものであった。

「利根の夜船」という文章を書いて『帝国文学』にのせたが、あれはたしか私の文章を発表した初めてであろう。その前に、鷗外《おうがい》や次兄通泰などの『しがらみ草紙』に書いた時はまだ十四、五歳であったが、「秋元安民伝」といって、姫路いちばんの歌人の伝記とそれに自作の歌を出したと思う。その時は父がちょっと手を加えてくれてあった。

私の幼い時書いたもので一つだけ奇抜な、文学的なものがある。姫路のお城の話で、父から聞いて非常に感動させられたものである。それをあのころ行われていた雅文体にして書いたもので、原本は見当らないが、こんな話であった。

姫路のお城の中にある松の木に鶴が一番巣《つがい》を作っていた。よく見ると一羽の鶴が病気になってちっとも動かない。それは雌鶴らしく、もう一羽の雄鶴らしいのが度々巣を出て行っては帰り、帰りしていたが、そのうちいつの間にか、とうとう出て行ったきり帰って来なかった。「やっぱり鳥なんていうものは仕様がないものだ、いくら仲が好くても……」こんなことを人々はいっていたそうだ。ところが残ってねていた雌らしい方が木から落ちて死んでしまった。と、その後へもう一羽の鶴が帰って来た。そして巣に雌鶴がいないので大きな声で啼いたというのだ。そして口から何かを下の方へ、落してしまった。それを誰かが拾ってみたら朝鮮人蔘だったという、悲しい物語であった。

何だかあまりよく出来すぎた話だけれども、非常に感激して歌を詠んだのをよく憶えている。十五歳の時の歌で、

いく薬求めし甲斐もなかりけり常盤《ときわ》の島を往き来りつつ

というのであった。「いく薬」という言葉はよくあるが、つまり活く薬、すなわち良薬のこ

とである。その歌が賞に入って、これはいい歌だなんていわれたのが嬉しかったので、物語も書いたものらしい。これがおそらく私のいちばん早い文章だったかと思う。

あんな話は嘘だと思うが、私は姫路にいなかったにかかわらず、そういう話をたくさん聞いていた。鶴の話は父から聞いたように思う。

ある神秘な暗示

布川にいた二ヵ年間の話は、馬鹿々々しいということさえかまわなければいくらでもある。何かにちょっと書いたが、こんな出来事もあった。小川家のいちばん奥の方に少し綺麗な土蔵が建てられており、その前に二十坪ばかりの平地があって、二、三本の木があり、その下に小さな石の祠《ほこら》の新しいのがあった。聞いてみると、小川という家はそのころ三代目で、初代のお爺さんは茨城の水戸《みと》の方から移住して来た偉いお医者さんであった。その人のお母さんになる老媼を祀ったのがこの石の祠だという話で、つまりお祖母さんを屋敷の神様として祀ってあった。

この祠の中がどうなっているのか、いたずらだった十四歳の私は、一度石の扉をあけてみたいと思っていた。たしか春の日だったと思う。人に見つかれば叱られるので、誰もいない時、恐る恐るそれをあけてみた。そしたら一握りくらいの大きさの、じつに綺麗な蠟石《ろうせき》の珠が一つおさまっていた。その珠をことんとはめ込むように石が彫ってあった。後で聞いて判ったのだが、そのおばあさんが、どういうわけか、中風で寝てからその珠をしょっちゅう撫でまわしておったそうだ。それで後に、このおばあさんを記念するのには、この珠がいちばんいいといって、孫に当る人がその祠の中に収めたのだとか。そのころとしてはずいぶん新しい考え方であった。

その美しい珠をそうっと覗いたとき、フーッと興奮してしまって、何ともいえない妙な気持になって、どうしてそうしたのか今でもわからないが、私はしゃがんだまま、よく晴れた青い空を見上げたのだった。するとお星様が見えるのだ。今も鮮やかに覚えているが、じつに澄み切った青い空で、そこにたしかに数十の星を見たのである。昼間見えないはずだがと思って、子供心にいろいろ考えてみた。そのころ少しばかり天文のことを知っていたので、今ごろ見えるとしたら自分らの知っている星じゃないんだから、別にさがしまわる必要はないという心持を取り戻した。

今考えてみても、あれはたしかに、異常心理だったと思う。だれもいない所で、御幣《ごへい》か鏡が入っているんだろうと思ってあけたところ、そんなきれいな珠があったので、非常に強く感動したものらしい。そんなぼんやりした気分になっているその時に、突然高い空で鵯《ひよどり》がピーッと鳴いて通った。そうしたらその拍子に身がギュッと引きしまって、初めて人心地《ひとごこち》がついたのだった。あの時に鵯が鳴かなかったら、私はあのまま気が変になっていたんじゃないかと思うのである。

両親が郷里から布川へ来るまでは、子供の癖に一際違った境遇におかれていたが、あんな風で長くいてはいけなかったかも知れない。幸いにして私はその後実際生活の苦労をしたので救われた。

それから両親、長兄夫婦と、家が複雑になったので面倒になり、私だけ先に東京に出た。明治二十四年かと思うが、二番目の兄が大学の助手兼開業医になっていたので、それを頼って上京した。そしてまた違った境遇を経たので、布川で経験した異常心理を忘れることができた。

年をとってから振り返ってみると、郷里の親に手紙を書いていなければならなかったような二ヵ年間が危かったような気がする。

大塚戸の花火

布川へ両親が来てからしばらく後のことであった。布川の宿《しゅく》という所の利根川べりに空家を見つけて、両親と私達小さい者がそこに移り住むことになった。

関東は花火の流行時代であったが、布川から利根川を八、九里上ったところに、大塚戸という村がある。じつに淋しい村であったが、どういうものか花火の大会だけは毎年愉快にやり、そのために人がうんと集まった。花火だけを見に行くのでなくて、途中で羽目を外して遊ぶために集まるのだった。

村によっては若い者はいやがって行かないで、齢とった爺さん婆さん連中が、村から町から一船仕立てて出掛けて行くのであった。

花火大会だから見ていてちっともさし支えはないはずである。しかし隣近所をよく見ると、近くで見る人、遠くで見る人、みんなねているのである。風俗壊乱おかまいなしである。そんなところへ、私はただ何となくみなが行くというのでついて行った。親も郷里から来たばかりで何も知らなかったもので、もしも知っていたらいけないといったに違いない。船の往き帰り、向うでの乱雑さなど、とんでもない印象をうけて帰って来た。

もうよく憶えていないが、林の真中に御堂がある。信心のあついものはすぐ堂の近くに行っている。しかしその他の連中は、林の外側か、広い林の中かを、男女みな相携えて暗い所を歩いているのであった。そういう光景に吃驚《びっくり》して帰って来たことを覚えている。大塚戸の花火よりも異様な光景の方が印象に残った。

その後あれはどうなったろうか。人に聞くのもきまりが悪いから、聞いたことはないが、今でも大塚戸の花火はどうなりましたかと、聞いてみたいくらいである。そのころは花火のはじめなのであまり外では見られなかったらしい。川船というものも、その時はじめて乗ったので、ただただ驚くことばかりであった。

そんな行事の影響であったか、あるいは別々に起ったのかしらないが、その時分に念仏講というものが非常に流行ったものである。どこの家でも喧《やかま》しいお爺さんお婆さんは、ことに片親になってしまうと、世間の者が勧めて念仏講に入れる。酒は朝から飲めないが、賑やかにお茶を飲んでしゃべったり、わずかな小遣で手をたたいたり何かして歌っている。老人処理法として極上のものである。それが花火でも見に行こうかという計画をする策源地になっていた。その状景は郷里の播州あたりでは見られない、下総あたりに残っている荒い生活の姿であった。長塚節《ながつかたかし》の『土』みたいな生活からにじみ出たものである。

私の一家も、そんな生活を一通りは経たにしても、そう深くは入らなかった。あまり遠くに出たこともなく、筑波山《つくばさん》なんかも東京へ出て高等学校の学生になってから、はじめて登ってみたようなわけであった。

『利根川図志』のこと

昭和十三年に、私は岩波書店から頼まれて『利根川図志《とねがわずし》』を校訂して覆刻したが、今ではもう絶版になっている。この本と私との関係については曾て雑文を書いたことがある。思えば深い因縁があるわけで、私が初めて下総の布川へ行った明治二十年の初秋から二十一年にかけて、この本を古い版本で見た時は、この著作が出来上った安政五年からちょうど三十年目であった。それから私が、それを再版したのは、また五十年あまり経った後というわけである。

著者は赤松宗旦《あかまつそうたん》という医者である。その家は代々、赤松宗旦といって、この本を書いた人は二代目である。私はその人の養子に当る三代目の宗旦に大変世話になっている。四代目はもう宗旦といわないで、小学校長だったが、私はこの人とも懇意にしていた。五代目も亡くなったかも知れないが、近ごろ布川へ行って来た人の話に、五代目の細君と六代目の主人に会ったとか、家はやはり元の所にあるということであった。

さて赤松という苗字だが、私の生家がやはり赤松系で、播州の西部から辻川へ移住してきたのに、わざと遠慮して、松岡を名乗るようになったという、古い言い伝えがあった。下総に移って、赤松という苗字の先住者を知ったとき、非常になつかしく思った。それで兄も私もみんな懇意になってしまったわけである。

この著者の赤松家は、必ずしも播州出ではないかも知れないが、同家の言い伝えでは、暫く遠州《えんしゅう》の掛川《かけがわ》か、どこかに住んでいてから、下総へ移ったということになっている。播州のどこから出たのかはっきりしないが、その後、田舎には伝説ができてしまって、赤松系のお医者同士二人が、播州から連れだって家出をし、前途を開こうといって、ここに落着いたというのである。何分にも下総の松岡の家は、元祖が私の長兄の鼎であるから、みなで大笑いしたこともあったが、ともかく私どもとその赤松家とは大変親しくしていた。

赤松のお爺さんは産科のお医者だったので、私の姪などもみな取り上げて貰った。そのお爺さんの子供は女ばかりだったが、私と親しかった。異郷において、お互に播州の匂いを僅かながらも嗅ぐことが出来たわけであった。

『利根川図志』は、赤松の一代目が一生かかって計画したが、早く死んだため、その息子に当る二代目宗旦が本にして出したものであって、驚くべきことが書いてある。汽船のない時分に、三国峠《みくにとうげ》か碓氷峠《うすいとうげ》かを掘り抜いて日本海と太平洋とを繋ごうと企て、土地の高低を考えずに議論をしており、それを幕府にも、当路者にも進言しているのである。ちょうど印旛沼の開発計画が二度目に企てられ（二度目は田沼意次《たぬまおきつぐ》の計画）、この沼を掘り割って利根川と鬼怒川《きぬがわ》と海とをつなごうという話のあるころであった。悪く言えば山師的な計画とも見られ、どうも佐藤信淵《さとうのぶひろ》あたりの影響がかなりあったのではないかと思う。ともかく、下総の赤松、松岡両家は大変親しくなったわけで、それが私の『利根川図志』の覆刻に協力した動機というべきものであった。

お茶の舟

近ごろ『利根川』という本を出した飯島博というお医者があるが、ずっとこの川の上流の、埼玉と茨城との県境の、埼玉県側にある宝珠花《ほうしばな》というところの人ではなかったろうか。

宝珠花ではお八重がかさだ　お八重買う奴　みなかさだ

子供のころこんな言葉を船頭が口にしていたのを、かさということも知らずに、固有名詞が二つもあるので、子供心に面白く思ってきいた。下総が利根川流域にとんがり出している辺である。茶屋女の沢山いた所で、船頭たちが下流に来てから、そこのことを思い出して歌ったものであろう。

下野《しもつけ》の方から利根川に合流する鬼怒川と、その東の方、益子《ましこ》の脇を通って南流する小貝川《こかいがわ》とがある。鬼怒川は主として奥州《おうしゅう》の荷物を利根の方へ出すための水運で、宇都宮《うつのみや》の東北にあたる阿久津《あくつ》という所まで持って来た荷物を、そこから鬼怒川の舟に乗せる。そして陸路を節約するわけである。それに大利根まで運びこめば、後はどこへでも自由に水運を利用できるわけであった。その盛りの時代は短かかった。

どちらかというと、上から運ぶものが少なかったので、仕方なく舟の空荷を利用して石を運んだ。下総の方には石が乏しく、沢庵の重しの石までが輸入品であった。こんなおかしな話まであった。利根川の下流では船頭たちが船荷を何でも少し、くすねる癖があった。細いサシ（俵にさし込んで中の穀物を検査する道具）を持っていて、それで中身をいくらか、くすねてとるのを楽しみにしていた。ところが、船荷に沢庵石ではどうにもならない。そこでくやしまぎれに、みなが寄ってたかって石をなめたというのである。

さて益子から南流する小貝川は泥沼から来るので、利根に合流すると穢くもあるし、臭くもなってしまう。ただ一つ鬼怒川だけは、実にきれいな水の流れであった。奥日光から来るその水は、利根川に合流しても濁らなかった。船から見ても、ここは鬼怒川の落ち水だという部分が、実にくっきりと分れていてよく判る。利根川の真中よりは千葉県の方へ寄った所に、鬼怒川の流れがある。

布佐の方ではあまり喧しくいわないのに、布川では、親の日とか先祖の日には、このきれいな鬼怒川の水をくみに行った。布川は古い町なので、一軒々々小さな舟を持っていて、普段は使わないで岸に繋いでおくが、こういうものの日には小舟で行ってくんできて、その水でお茶をのむことにしていた。普段は我慢して、布川の方へ寄って流れている上州の水をのんでいるのである。上州の水が豊に流れているその向う側に小貝川の水が流れ、それを通り越して千葉県によった所に、鬼怒川の流れが、二間幅か三間幅に流れているのであった。

布川のこの小舟は、向う岸に渡るためのでもなく、上の村と下の村とをつなぐものでもなかったらしく、ただ「お茶のお舟」として、澄んだ川水をくむだけであった。

布川の町も利根川の改修工事によって、やがては川底になってしまうかもしれない。七十年前の利根川筋を知る私どもは、そこにわく一種の愛情を断ち切るわけには行かないのである。

辻川の話

川舟交通

明治の初年、全国地図を見るようになってから、これは机上でものを考える政治家の思いつきそうなことであるけれど、太平洋と日本海をもっと簡単につながねばならないという機運が強くなって来た。日本の中央部を掘り割って、利根川と信濃川《しなのがわ》を結ぼうという風な無謀な計画がその一例である。ことに日本の北半分の海運は時々の風に支配されており、冬行って春帰ってくるというようなことでは不便極まることであったから、こうした計画が始まったのである。琵琶湖と伊勢湾を結ぶことによって、日本の表裏をつなぐ計画も、明治以前の経済政策として考えられたことがある。明治に入ってからは丹波《たんば》の由良川《ゆらがわ》と武庫川《むこがわ》とをつなぎ、市川《いちかわ》と円山川《まるやまがわ》とをつなぐ計画もあって、後者はわずか五、六年の間ではあるが、私の生まれる前後、この方法によって実行使用されたことがあるということである。私の郷里の方でもひき舟で市川を溯り、生野あたりから馬などで中継して山を越え、円山川を経て日本海へと荷物を運んだことがある。これは地図だけで経済政策をやろうとする人々のいいみせしめであると思うのだが、私は幼いころ、よく古老からその時代の話を聞かされたものであった。

後日のことを考えずに決められた無謀なる計画である。私が幼かった当時、村には二軒の問屋と呼ばれる家があったが、その一つの方は、ひき舟時代の名残りであったと思われる。

私の父は辻川の辻という略字を使用することを嫌って、逵という字を使用したものであった。辻は日本で作られた字であるから、漢学者にはお粗末で気に入らなかったのであろう。

辻川の道は、文字通り交差しておった。北条の方から村に入って貫通する東西の道に、南方の長目《ながめ》や吉田《よした》の方から伸びて北上する道が交わっていた。私の旧屋はその角の所にあった。いま市川沿いに北上する道の一部は自動車が使われ始めてから出来た新道であり、北条から辻川へ入る手前から福崎の方へ通じる道はごく最近作られたもので、それ以前堰溝《ゆみぞ》という灌漑用水の掘鑿《くっさく》に伴って作られた、南北に溝と平行する道もあったという風に、辻川の道は幾度かの変遷を重ねているのである。辻川には何の益もない風情を添えるだけのこの堰溝は、姫路藩の強圧政策の一つであった。

私の家の横手から鈴森神社の方へ上る道の一部を上坂《うえざか》と呼んだ。その道を思い浮べると き、微笑ましい弟の思い出が蘇ってくるのである。末の弟が三歳になった時、彼はお使に行くことを覚えて、しきりに母にねだっては買物に行ったものであるが、ある日すじ向いの豆腐屋に使いに行って買って来たのをみると、揚豆腐の端が少し嚙られていた。不審に思った母が糺《ただ》すと、「上坂の方から鼠が来て、味噌漉《みそこし》の端にちょこんとのって、端の方を嚙って逃げた」のであると、即妙の答をしたので、さすがにしつけにやかましかった母も、三歳の子の答の可笑《おか》しさに笑い出して叱らなかった。幼な児の空想力の豊かさに感心したものであったろうか。

上坂を少し北へゆくと、札場という家号の家があった。昔高札を立てた所かと想像するが、そこに私と同年輩の和吉という子がいた。彼が里子帰りであるので、私はよく彼をいじめたものである。後日彼は北海道に赴いて産を成したが、ワキやんと呼んだ彼が、数年前ひょっこり私の家を訪ねて来た。「クニョはんはご在宅か」と、懐しい旧友の来訪には、驚きかつ古き日の思い出に耽《ふけ》ったことである。

その後埋め立てられ、登記所となったあたりに、自生のズズ玉の繁茂地があり、ワキやんとよくそれを採取して、首からジュズを掛けて遊んだことを思い出す。

辻川のみち

私の家は辻川の村を貫いている道に面していた。この道は昔からさまざまの人が通っている。ことに鳥取と京都の間を通う際に、とくに途中で大阪を訪《おとな》う必要があったとすれば、この街道が近道として選ばれたのであった。日記を残した人は少ないが、今後も記録を注意しておれば、相当にこの道を通った人が発見されることであろう。私の記憶に残る古人に、江戸時代の国学者で小説家の上田《うえだ》秋成《あきなり》がある。彼の紀行文の中には辻川を通ったことなども記してあり、懐しさをそそるのであるが、もう一人羽倉外記という幕末の学者が、大阪にいたころの旅中、辻川を通った旅行記がある。この人は私の尊敬する学者の一人で、伊豆七島の経営を研究するため自ら赴いて島の代官となり、つぶさに同地を研究して、島民の生活に同情を寄せた、傑出した学者である。この人をはじめて知ったのは、十三歳で茨城県布川に移ってから二年目のことである。布川の借家に離れがあって、私らの遊び場などに使っていた。そこの戸棚に多くの写本類があり、私より二年遅れて同地に移った父が、その蔵書の中から羽倉氏の著書を発見したが、その中に辻川に触れた旅行記があったため、じつに懐しく、この羽倉氏が、私の心に刻みつけられたのである。その後私も伊豆七島の研究を手がける因縁があったが、羽倉氏の著書を全部集めるためにいろいろ苦心した。ある時東京下谷《したや》の古書店でそれを捜していると、居合せた内田良平《うちだりようへい》という有名な人が、「その志はいい」といって、氏の蔵書の中から頒けてくれた。それはいまもなお私の記念すべき蔵書の一つとなっている。

辻川という地名を久しく疑問に思っていたのであるが、辻川を東西に貫いて前之庄を通り佐用《さよ》の方へと延びる古い街道に、十字形に交叉して、古く開けた港の飾磨津《しかまづ》から北上して生野の方へ達する道のあることが、その由来であると気づくようになった。姫路から生野への道も、福崎までは川の西岸を通って来られるのであるが、福崎も山崎のあたりからは川沿いの道が作れず、やむをえず途中から東岸に道を移して辻川を通ったわけである。南北の道は現在のようになるまでは堰溝沿いの路や、私の旧屋の横をも通った時代もあったわけで、東西の道も別の旧道があったらしく、幾度かの変遷があったのであろう。堰溝に沿ったあの細い路も、馬が重要な交通機関であったころは、あれで十分だったのである。地蔵堂のある場所も、従って当時は重要な地点であったわけで、山の方へ上り、あるいは川の方へと下るための場所であった。

いまもあのあたりの記憶が幻のように私の胸には蘇える。鈴森神社から斜めに下りると、そこが崖になって小さな流れがあり、蟹も遊んでいようという、私らの遊び場で、そこにはアカイワシという、冬、茎が赤くなる闊葉樹《かつようじゅ》があり、それを刀代りにして遊んだ。

上田秋成の紀行文を読んでも、彼がどのあたりから北に折れて生野への道をとったのであろうか、堰溝のほとりであろうか、私の家のそばの上坂のところであろうかと、私の空想は楽しくひろがるのである。

辻川の南を岩尾川という綺麗な細い川が流れている。北条の方から来る所に橋があり、その橋は私の見ている間に石橋にかけ代えられたのでよく知っている。それは姫路から来る国道がついた時のことであった。その少し上流に岩尾神社というお宮がある。妙徳山の鎮守さんだったらしい。それに向って左の所に私らが通った昌文小学校があった。

妙徳山というのは古風な寺で、どういうわけか、支院ばかりいくつもあって本寺がない。妙徳山に一月の十六日か十五日に「鬼追い」という年中行事があった。子供にとっては、その行事はいちばん大きい興奮で、今もよく憶えている。

「おん、そこじゃい。めん、そこじゃい」というものだから、鬼におんとめんとがあるのかしらんと思ったりした。今も大門《だいもん》という地名があるが、その表口にもとは大門が建っていて、そこから文殊堂まで、少し斜め東北に向って真直ぐに参道がついている。播州の北ではいちばん歴史に旧いのはそこで、記録類によれば平安朝まで溯ることができる。大門がいちばん外の門だが、私の子供の時分にはもうなかった。懐しい所である。

辻川の変化

私の生れ故郷は、当時田原《たわら》村辻川といったのであるが、この田原という郷名は、隣村の川辺《かわなべ》とともにすでに中世以前の書物にも現われている。播州の地形を脳裡に描くとき、必ずといってもいいほどに浮び上って来る風景は一面の荒れた平原である。

というのも、あの地方の郡境はいずれも原野で、水さえあれば水田も出来たであろうが、今日のように水利が便利にならなかった当時は、たまに草を刈りにゆくだけの荒蕪地《こうぶち》であった。

北条の田町《たまち》という所に住んでいたころのことであるが、朝早く町のはずれから東の方、玉野付近を眺めやっていると、何一つ遮《さえぎ》るものなく、地平から朝日の昇るのが望まれたものであったし、辻川の三木拙二翁の家の裏手の丘も、ナツハゼという、夏に赤い葉を茂らす木々が目に入るだけであった。考えてみると、私が離郷する当時は、あの地方の荒蕪地の荒れ放題に荒れた末期であったのであろう。今日のように、豊に拓かれた田園や近代的な工場のある風景が見られるようになったのは、それ以後のことである。

ところで、この田原が故郷の地名であるために、私は何処へ旅をしても同じ地名があると必ずその由来などを調べるのであるが、これは遠く沖縄の八重山《やえやま》群島にまで、タバロなどといって分布している。つまり「たわら」とは、これだけは田にすることができるという、田の一つのブロックで、肥料などの関係からその全体を耕作するだけの能力がないため、半分ずつ、もしくは三分の一ずつ耕作してゆく所なのである。

昔の米作はこのように、耕作地全体を毎年耕作するのではなくて、年によって部分的に休ませ、その間に地味を養ったのである。ちなみに、山へ登る人たちがよく出会う地名の田代《たしろ》というのも、ほぼ同じような意味であって、田の候補地という意味である。

こういう農耕方式を採ったのは、当時の肥料が緑肥をもっぱらとしたためであり、いま裏日本の一部でも見られるような下肥《しもごえ》を稲作に施すようなことは昔は考えもしなかった。

私はいまも思い出すのであるが、春先になると村の若い人々が、瀬加《せか》村の方へよく若木を採りに行ったものである。その人々の後ろについて知らない土地へいってみたいとあこがれたことがあったが、牛にぎっしりと積んでもち帰る下木《したぎ》と呼ばれたその若木も、枝ごと田に踏み込んでは緑肥にしたのであった。私は自分の故郷について、いったいどのあたりまでが、その「たわら」という限られた地区であったろうかと考えるのであるが、恐らく街道より南の方にだけ、昔の田圃《たんぼ》はあったものであろう。村の北部は山林であるから、現在のように少しずつでも水田が出来てきたのは、貯水池が作られるようになった、ごく近い時代のことであろうと思っている。

故郷の家

僅か八十戸か百戸足らずの部落であった辻川でも、時代の影響をうけて、私らの目前で変って行くのがよく判った。いちばん大きな力となったのは郡役所である。郡書記が首席と次席と二人いて、百姓より収入が多く、豊な生活をしていた。郡長の倉本さんは、淡路《あわじ》の三原郡出身であった。酒ばかり飲んでいたが、詩がうまくて、私の父なども交際しており、息子たちにも他につき合う者がなかったので、私が招ばれてよくつき合った。姉さんが二人いて、私より年上であったが、綺麗な人だったことを覚えている。

辻川は前から、東の方が文化的に少し高尚のように見られていたが、郡役所が西に出来たりした関係で、急激に東の文化が西へ進んで来た。お菓子屋が一軒出来て菓子を拵《こしら》えるのを見せるので、子供たちが涎《よだれ》を垂らしながら眺めるとか、鍛冶屋《かじや》ができるとか、いろいろ商売がふえてきた。そのうち一つの大きな勢力となったのが、私が『先祖の話』という本の中に書いた伊藤の一族である。あの一族が後から辻川に入って来て、農業をせず、みな商いをして、どんどん大きくなって行った。

村に帰っても、私には伯父も伯母もないので、すぐにお宮へ詣って、山の上から自分たちの昔住んでいた家の、だんだん変形して心から遠くはなれてゆくのを寂しく思い、行く所といえばやはり三木の家であった。ゆっくり村の路を歩いて、誰か声をかけてくれるかと期待しても、向うが遠慮して声をかけてくれない。私にとっては、山水と友だちになるとか、村人全体と友だちになるような気持で故郷に帰るのであったが、［宮崎《みやざき》］湖《こ》処子《しよし》の『帰省』の気持とだんだんちがったものになってきた。

故郷という言葉に二通りの意味がある。一つはフルサトという、昔栄えていまは衰えている都ということ。『古今和歌集』の「故里となりにし奈良の都にも……」などという、衰えた都を意味する文学語としてのフルサト。もう一つは生れ故郷、子供のころ育った場所である。私にとっては、今の田原村のように、良かれ悪しかれだんだん栄えて行く所でも、生れ故郷であってフルサトとはいわないのである。

　辻川の私の家は、今は他に移されてすっかり変ってしまったが、間口五間半の小さな家であった。この間口五間半というのが昔は普通だったらしく、播州だけに限らず、私が調べた埼玉県川越《かわごえ》在の旧い部落でも、やはり同じく五間半であった。五間半では馬一匹飼うのには少し狭いが、人夫を一人出すのには、それでよかったらしい。私の家など人夫はいなかったが、もとは人夫一人という負担で町割りをし、その代りに宅地税みたいなものは取らないことになっていた。五間半の間口がずっと軒並に続いて、今日は五人出せといわれると、順番にそれを出した。例外として三軒分とか四軒分とか広く間口をとったのが、大名主《おおなぬし》の三木家であったと思う。私の家は庭も表に十間か十一、二間しかなく、もとあった裏の藪《やぶ》の部分が、どういうわけか隣の鈴木という金持の醬油屋兼酒屋に分譲せられてしまったので、隣家の建て増しで塞がれたような形になってしまっていた。それから後は、私どもが裏のお宮への道に通じる上坂に出るのには、表通りから大回りするのでなければ、その鈴木の邸内を通らせてもらうよりほかなくなったわけである。

　鈴木の家は後に拡張して引越したが、今も辻川に住んでいるとか。この鈴木という苗字についてはいろいろ調べたことがある。

鈴木一族

全国を通じて、鈴木の姓は非常に多い。もとはみな熊野の出だが、どういうものか、鈴木姓のものの行く所はみな栄えている。紋所はみな稲の丸である。

熊野の出とはいっても、和歌山の方に近い藤代《ふじしろ》という、熊野王子の一つであった所からおこったといわれ、かの『義経記《ぎけいき》』以来鈴木一族が世に現われてきたのである。熊野詣りの道を、泉州《せんしゅう》堺《さかい》を起点として九十九王子にわけて祀っているが、その何番目かに藤代がある。今の海南市から少し先へ行くと、藤代という坂があり、それを越えると藤代になる。義経《よしつね》に従って平泉《ひらいずみ》へ行き、衣川《ころもがわ》で討死した鈴木三郎も、その弟の亀井六郎も、みなこの藤代の出身ということになっている。熊野路では、鈴木、榎本、宇井の三軒の名家があり、この三軒の者でなければ人間でないとまでいわれたほどである。宇井は早く衰え、榎本は後に神と別れて、鈴木の一族のみが結合力が強く、各地で著しい繁栄をしたのである。

私は一時鈴木を調べるのに夢中になったことがあるが、都会のあまりはげしい所にはいない。東北にははなやかに鈴木一族を語り伝えている所があるという、妙な家柄であるということがわかった。

菅江真澄《すがえますみ》（本名白井英二）なども、東北を歩いて旅行するたびに、一の関の少し北で、有名な中尊寺のお祭りなどにも出て来る大名主の鈴木常雄という旧家に、終始厄介《やっかい》になっていた。この鈴木という家は今もあり、私も出かけて行ってみたが、その家の古い日記に、「白井英二来て泊る」などと、ちゃんと書いてあった。家から下を流れる北上川《きたかみがわ》の岸に降りてみると、一の関の方へ出る街道が見えるというような場所であった。応対してくれた主人はもう老体で、六尺近い人であった。そのお父さんも六尺ぐらいあったそうだし、子供もやはり六尺あり、娘さんが一人、この人もやはり背の高い人であった。「珍しい家もあるものだ」

というと、「旧い家だから、縁組に大変気をつけてもらったから」などといっていた。私が訪れてからもう二十年以上も経つが、その後はどうなったか。

あの辺一帯には鈴木姓が多い。『義経記』の後半分に鈴木一族の喜ぶことばかり多いのも、あの付近では、座頭《ざとう》が少しでも鈴木を悪くいったら聞く人がなくなるほど、鈴木一族の社会上の地位が高いため、彼等のほまれとなる部分だけが強く語られてきたのであった。

鈴木という家のない地方を探すのには骨が折れるほど、全国に広く分布しているが、たいてい、いわゆる第二期植民地と呼ばれる所へ入植している。一通り目につく定住がすんだ後、もう一ぺんというような所を探し求めて入って来るのが、鈴木一族の特長であった。

辻川などでも、鈴木姓はおそく入って来たものらしい。松岡の先祖がここに来て、すでにある程度開拓をした後に、鈴木が入ったのかと思うが、家数はあまりふえなかったらしい。

先祖になる

伊藤一族のことは、いつか『先祖の話』という本の中で書いたことがある。商人として辻川に来て、村を一変させた一族である。『先祖の話』という本は、散歩の途中、話をした年寄りが、自分は御先祖になるのだといった言葉に大変興味をもち、外国に移住する人にもその覚悟が必要で、先祖というものに対する考え方を変えなければならぬという積極的な気持になって、この本を書いたわけであった。

戦争がひどくなって遠くに行けなくなり、住居の近所ばかり散歩していたところ、原町田《はらまちだ》

［現東京都町田市］という所のバスの停留所で、法被《はっぴ》を着た私と同年輩の爺さんと、三十分ぐらい話をしたことがある。ゴムの長靴をはいた変った風采《ふうさい》の人であった。陸川《りくかわ》という人で、生れは越後《えちご》の高田《たかだ》［現新潟県上越市］在で、信州で育ち、兵役少し前に東京へ出て、請負師をして非常に成功した。家作も大分あり、楽に暮しているという。子供は六人とかあって、皆それぞれ一人前になって家を持ったから、新たな六軒の一族の「あたしは先祖になる」というのであった。その話をきいて、私は播州の伊藤一族を思い出した。私の家から分れたに違いないのに、私の家の分家でもなく、一族でもない。つまり分れた人が御先祖になったのである。当主の曾祖父を福渡藤兵衛《ふくわたりとうべえ》といい、明治の初めに苗字を「松岡」とつけず「福渡」とつけた。辻川から二里位川上に、福ノ泉という部落があり、そこの伊藤家というわけであった。

その家は私の先祖でもある。私の六代前に勘四郎という人があって、その夫婦の孫に当るお銀というのが福渡へ嫁に行き、何か訳があって、男の子一人をつれて松岡に帰って来た。母親はそのまま里方で亡くなったが、息子は母方の医者にならず、町の商家に奉公してよく働き、資産を作って、辻川で商売をはじめたのである。この人が伊藤一族の初代に当る福渡藤兵衛であった。私が生れたころはもう二代目の爺さんの代になっていたが、初代の藤兵衛は、一代のうちに三軒も四軒も分家を作ったえらい人で、わざとと思うほど自分の家を本家々々といわせて、伯父の松岡家を本家と呼ばせなかったのである。その後だんだん分家がふえ、各家とも金持で団結力が強かった。

時世の変り目、新しい職業がいくらでも生れるような時代には、こういう独力で御先祖になり得た人があったのである。本家を「繰屋《くりや》」と呼んでいた。綿を繰る家というのであったかと思う。辻川では昔は屋号がみな二言で、何々屋というのはなく、何屋、すなわち升屋とか角屋、鶴屋などという家ばかりであった。血筋の問題、遺伝の問題から考えて、この一族は興味のある家である。神戸や西宮にまで発展をし、ただ商売だけでなく、学問をする人もあった。医学博士になった者もある。一族の中の伊藤源次郎という人はなかなかの好人物で、堰溝《ゆみぞ》の傍に、私の祖母小鶴の信仰していた地蔵堂が傾いたのを再建したのも、この人が中心であった。

先日この家の系図をよく見たところ、私どもの家の初代の勘四郎が、この福渡の伊藤家から出て、松岡の姓に戻ったことがはっきりしたのは、私としても嬉しいことであった。

西所の松岡

私ども松岡家の初代の先祖として知られている勘四郎は、前記の伊藤という家から来たことがはっきりしている。その伊藤の家が、もと松岡から出て、その跡取りが暫く松岡へ食客《しょっかく》に戻って来ていたので、松岡の方では何か分家を見るような気持でいたが、先方は三文もわけてもらったわけではないから、そうは思わず、繰屋をあくまで一族の本家と考え、福渡と名乗って辻川へ戻り、それがまた伊藤姓に還って現在にいたっている。

私どもの松岡という家は、代々一人っ子が続いて、家系がつづくかどうか大変危かったが、私ども兄弟になって五人も生残ったのみか、みな子孫が増えているのは、家の歴史からみれば大きなことであった。兄たちは昔を考えて播州を恋しがっていたが、どちらも医者であったから、そう頻々《ひんぴん》とは郷里へ行けなかった。その子供たちになるとなおさらで、たまに一ぺん行けば、もうそれで義理を果したような気持でいる。思えば家というものにも、精神的には生物と同じく、寿命があるのではないかと思う。その寿命を無理に引きのばそうとするようなことはしない方がいいのではないか。私らのように漫然たる故郷というものにしてしまう方が本当ではないかと思う。

兄弟全部辻川とは離れてしまったが、祖先の身体は郷里の土になってどこかに残っている。私の考えもあったが、辻川の山の裏の妙徳山悟真院《ごしんいん》というお寺の中に、少しばかり地面を譲ってもらって、そこに全部まとめておまつりしてある。私どもの方の血筋はもう誰もいないので、今では三木家でまつってもらっている。

北条の母が出た実家、尾芝家の墓は、菊ヶ谷の一隅にあり、これは尾芝の縁続きの者が親切に世話してくれている。

私の家の古い言い伝えでは、江戸時代のはじめごろ、開祖が兄弟連れで播州の西部から辻川に来たと伝え、したがって多分赤松一族だろうということになっている。二軒に分れ、一軒はかなり良い生活をし、もう一軒、つまりこの家が私の方の本家の最初らしいが、開墾者として、自分で労働をしなければならない家であった。

私の家は西所《にしじょ》にあった。一族の中心の家を大西と親類仲間でいっていたが、その本家の藪のあったすぐ隣に、本家にいちばん近い松岡があって、これは、なかなか面白い家であった。松岡一郎といって、今は東京にいるが、この人や、辻川の家を継いだその弟など、いちばん私の相談相手になってくれた。この家は開祖の松岡兄弟と叔父甥といった関係の古い分家だったらしく、よく調べてみたいような家柄であった。

辻川はあまり広くない村で、その大部分を松岡一族で耕作し、分家を遠慮もなくふやしていったらしい。三木家の方は古くはあっても、分家が大東《おおひがし》と中三木《なかみき》との二軒しかなかった。私の家は父が姫路で学者生活をし、都会人になって帰って来たので、もう耕作に関係せずに専《もっぱ》ら医者で立ってしまったが、それ以後、辻川でもそういう家がだんだんふえて、村の変化を促進したのであった。

田の字型の家

前にもちょっとのべたが、故郷の辻川の私の家は、今大門に近い「カケアガリ」に移されて、家の型といい、構えといい、昔の面影はすっかりなくなって、まったく変ってしまっているが、子供のころの家をおもい出してみると、何もかも、すべてが一種の縮小型であった。庭木の植え方までが、そうであった。間取りは田の字型の四間で、小さいながらそれに泉水《せんすい》のある内庭がついていた。

玄関を入った所が三畳、その奥に四畳半が二間並んでいて、一通りの形を整えていたことから、私は後年、日本家屋の構造を比較研究する場合に、何時もこのこぢんまりした辻川の家を出発点とするようになった。

日向《ひゅうが》を旅して椎葉《しいば》に行った時、そこの民家の構造が、非常に私の生家などと違っていたので、どういう訳だろうと思って、新渡戸《にとべ》［稲造］博士と議論をしたことがある。四間通りの家が原則だというのが新渡戸説だったが、私はそのころは、二間造りの部屋にうしろのないのが本当で、あとになってだんだん奥の方へ建て増していったものではないかと思い込んでいた。

ところがそれは思い違いであった。日向の椎葉とか、あるいは大和《やまと》の十津川《とつがわ》とかいうような山の崖の下にある家では、そう奥行がとれないから、一間通りにする他なく、やっと前へ出すとか、縁側をつける程度ですましているのであることが判った。つまり山村の建築には、田の字型というのでない間取りが少なくない。どっちが旧いかというと、やはり四間通りの田の字型ではないかと、今では思っている。

近年になって、農家の建築が非常に発達し、田の字型がごく普通になったが、その前はやはり縦にいくつかの部屋が並んでいて、その間はただ便宜上衝立《ついたて》などでしきってあったのではないか。そして用のない時は、しきりをぐっと奥によせて、手前の方を広くしてあって、ただお産があったり、病人が寝たりすると、しきりをこちらまで持ち出すというふうに、動きのとれる家が普通だったのではないかと、いつでも旧い家を見るたびにそう考える。

前にのべた東北の鈴木家で、真澄などが泊ったのは真中の部屋であったという話である。表の客間は、もっと格式のある偉い人のために用い、真澄のような旅の歌詠みが来ても中の間に泊めたわけである。辻川の三木家などでも、郡長とか県の役人が来て泊るのは表の客間で、普段は空けてあった。そして私などはいつも中の間に泊めて貰っていた。

私の生家に本が少なかったことが、かえって私を本好きにし、そして家が小ぢんまりしていたことが、私に日本家屋の構造に興味をもたせるようになったのは、面白い経過であったと思っている。

生家にあった子供の本

祖母小鶴は私の生れる二年前、すなわち明治六年に世を去った。昔あった道端に近い、多分二階家であったらしい家で、寺子屋を開いて大勢の子供を教えていた。もうこの旧い家のことは誰一人知った者もない。明治八年に私が生れた時分の家は他所から移して来た前記の小さな家に変っていた。

両親としてはこの家を建てるのに入り用が多かったに違いないから、いろいろのものを処分したことが想像せられる。代々学問をした家で、父も大変本好きだったのに、私の物心がついたころには、あまり蔵書がなかった理由も、そんなところにあったのかも知れない。

幼いころ、私の家には三つか四つだけ、子供がいつでも手をつける本があった。

一つは『三世相《さんぜそう》』といういわば昔の百科全書で、どこの家にも一冊はあった。六十の凶とか、これこれの日生まれると運が悪いとか欲が浅いとかいうことまで書いてあった。

次は武家百人一首で、普通の百人一首をまねて、幕末に姫路藩の人が作ったという大変興味のある本で、美濃判半截《みのばんはんせつ》の各頁に武者絵を描き、その上に和歌が書き入れてあった。曾我《そが》兄弟《きょうだい》のように子供のよく知っている絵もあったので、とり合いで見たもので、今でも顔などよく憶えている。梶原景時《かじわらのかげとき》の顔はつぶしてあったが、どこでもそうだったらしい。曾我十郎の歌は「今日出でて巡りあはずば小車《おぐるま》のこの輪のうちになしと知れ君」とあった。

ずいぶん無茶な歌でよく解らないが、曾我物語からあの兄弟の歌をとろうと思うとそれしかなかった。五郎の歌はもう少し仇っぽいもので、後に私も五郎にこんな歌はおかしいと感じたほどであった。多分井上の兄がまだ養子に行く前に、父母から買って貰って、生家に残しておいたのを、私ら三人の小さい兄弟が奪い合って見たものだったと思う。

その他に妙な本があった。八犬伝の版本でその第六輯ではなかったかと思う。舟虫《ふなむし》という女の出て来る所からはじまって、十冊か八冊あった。それを何遍読んだかわからない。

もう一つ『蒙求《もうぎゅう》』の和解《わげ》というのがあった。シナの本を日本文に直し、仮名をふった、子供のためのもので、これを読むと蒙求の大意がよく解った。

この四つは確かに子供用としておいてあったが、それ以外はどうも記憶にない。父がどうして買って来たのか『康熙字典《こうきじてん》』をはじめて買ったので、私もああこんな本があるのかと感心した。母の話に、「お父さんはお前のようじゃなくて、もっと勉強家だった」と、物差しで本の厚さを計って、五分読んだとか七分読んだとかいったものだということを、聞かされたのを憶えている。

それほどなのに、本格的な本はほとんど残っていなかった。理由を母にきいてみたところ、義理の悪いことをした本屋があって、父に迷惑をかけたためだという説明であった。はっきり判らないが、私は家で『播陽風雅《ばんようふうが》』という青年雑誌のようなものを二、三冊見たことがある。青年達が詩だの文だのを漢文で書いたものを、父が世話をして一冊に纏《まと》めて、どこかの本屋とくんで出版してやったものらしい。留板《とめばん》と称して、昔の版権登録の方式だが、版木のうち一枚だけ版権者の所にもって来ておいて、無断で再版できないことになっていた。その留板の版木が一つか二つ私の家にあったが、父は世才にうとい、ごく単純な人間だったので、その出版事業のため本屋から大変迷惑をかけられたり、何かしたことがいくつか重なったために、神経衰弱になったのだろうと思っている。

頼母子のこと

何代も学問をして来た家にしては不思議なことであるが、父はいつも風呂敷包みをさげて、本を借りて来ては読んでいた。そこに何か訳がなくてはならないが、永久の謎である。私の家は何でも、辻川と但馬との間のどこかの街道端にあったのを買ってきたときいている。そこで問題は、どうしてそんな、小ぢんまりしてはいても、がっしりした家を買って来る金があったかということになる。地面は元のまま持ち続けていたのだし、毀れかかった旧屋は二束三文だろうし、結局どうも中産階級の金融方法であった頼母子《たのもし》に頼ったのではなかったかと想像している。誰か親切で頭のいい顔役が一人、主催者になってくれたのではなかろうか。そして私ら子供たちが大人になりかけ、世の中のことが判るようになったころには、もう返していたのかと思う。それから十年後に、長兄がはじめて東京に出る時にも、この頼母子のお蔭で楽に出られたようであった。

頼母子のことを東京方面では無尽《むじん》というが、これは単にいつまでもある、すなわち永久の意味で、助け合うとか恩恵とかいう意味はない。ずっと西の方に行くと「モヤイ」というが、それも単に共同労働の意味しかない。頼母子という言葉は非常にふるく、足利時代はもちろん、鎌倉時代でも探せばあるだろう。つまり親類中の助け合いの力では足りない場合に、親類以外の友人というものが、知人の難儀を見るに忍びないで、才覚をしてまわしてやるのである。

入用な人を助けるために、例えば十二人の人が十三回金を集め、一回分はまずその人にただで回してやって、利子などは取らない。お互に信頼して融通し合うわけである。無尽の方には後に取りのき無尽といって、くじ引きが当ると金を取って、その後はもう掛け金をしないという賭博のような弊害のあるものが出て来た。私は昔風の頼母子講を非常に面白いと思って、大学のころ研究してみるつもりでいたことがある。頼母子というのは要するに、一人の力ではとても助けられないのを、例えば十人共同して一軒の家を助ける、つまり共同して助け合うという仕組である。

私の生れた松岡の家が、少なくとも二度は、非常に純粋な昔風の頼母子の恩恵に浴したように思われる。しっかりした世話人が必要だったが、長兄が家を出た時には、辻川の隣部落の井ノ口にいた、四十歳を少し越えた、大変義侠心と智力とのあった人が、兄を信用し愛して、その役を引受けてくれたことを憶えている。私の家の建てかえの時にも、誰かそのような人が尽力してくれたものであったろう。

その井ノ口の人の一家は、その後不幸続きで、第一に私と同年輩だった友人が病死し、それから後継の子供などがつぎつぎに病死してしまった。

街道すじの昔

辻川は、海岸の的形《まとがた》あたりを朝立ちすれば、十時ごろまでには鮮魚が届く所であるから、辻川の街道の思い出には必ず魚売りたちが想起される。魚じまの季節には鯛《たい》売り、秋の季節には若狭《わかさ》ガレイ売りも村を訪れた。頭に籠をのせ、その中に十枚宛のカレイを扇型に並べた若狭ガレイ売りの、「カレイ要りまへんかあ」とふれ歩いた声が、いまも耳の底によみがえってくる。子供心に、若狭という語感から、出稼ぎの女性がいかにも優しい女性であるかのように思われた。

八字髭の紳士をのせた二人引きの人力車が北の方へ走ってゆくと、北の方からは山茶売りも下って来た。背の高いムシロで囲った容れ物を担って、その中にあの山間部で作られた粗末な茶がぎっしり入っていた。

牛の背に幾把かの薪を乗せて、薪売りも降って来た。私はそれを真似て、村の犬のクロを裏山に伴い、小型の薪を作ってその背にくくりつけ、得意になって村へと降って来た。それを可愛いとみたのであるか、近所の媼《おうな》が買いとってくれたことがあった。

猪や鹿売りも来て街道をふれ歩いた。天秤の片方に一匹の鹿を、片方には猪の片股が下げられていた。そして、途々買手の求めに応じて肉の一片を切り取り、計量器で計って売りさばいて行くのであった。

そういえば、あのころはまだ鹿や猪が村近くの山には棲んでいて、小学校の休時間の話題は、鹿を見たとか猪がとれたとかの話が中心だったように思う。亀坪《かめのつぼ》などという山の方から通ってくる児童は、誇らしげにそれを語り、われわれ村の者は、まるで洋行帰りの土産話でもきくかのように目を輝かせて聞き入ったものである。冬の日だまりの中で、それらの話をする有力者が壁にもたれ、村童たちがそれと向い合せになって、いつも語っていたのはそのことだった。

物売りが、私たちに一つの世間を教えてくれた村の風物詩であったが、中でも忘れられないのは伯州《はくしゅう》の金こき売りである。稲の穂を、昔は親指と人さし指とにはめこんだ二本の竹切れで扱《こ》き落していた。それが竹を櫛の歯のようにならべた器具に変り、一度にざっと穂を扱くことが普通になるのだが、やがて竹は金物に変ったのである。そのことは私はいつか論文にまとめたことがあるが、農作業の進歩は江戸中期から幕末までの短い間に、こんな風に変遷した。

いわゆる新井白石《あらいはくせき》流の歴史であれば、政権の変遷だけで時代を区切ることが出来るが、こうした人間の歴史は、必ずしも時代の変遷を輪切りのように区切るわけにはゆかないのである。じつは初期農法の残っている部落が、最新農法の隣村に存在したりしているのである。

村に来る伯州の金扱き売りも、競争が激しくなってくると、村の中に馴染《なじみ》を作ろうとする。その家で弁当を使ったり、休憩して世間話に耽《ふけ》ったりするのであるが、私の家の前の家でも、一人の金扱き屋が馴染をつけ、よく私の家の庭に咲いている桜や桃の花などを眺めながら、私の家について色々様子をたずねたりしたらしい。

この金扱き屋が、私の家の歴史に一つの事件をひき起した。

父の伯州ゆき

ある朝早く、突然私の家の門が激しくたたかれた。出てみると、「ご主人に伯州へ来てはいただけまいか」という依頼で、わざわざ二、三人の使いが、伯州赤碕《あかさき》の町から訪れたというのである。つまりその土地で新しい漢学の塾を開こうとしたが、適当な先生がいない。いつも辻川地方を訪れる金扱き屋の話では、この家の主人はいつも本ばかり読んでいるところから、いい学者であろうというのである。

ちょうど父も、家計が貧しい時ではあり、その要請を容れて、赤碕へ赴くことにした。家を出るとき、父が歌一首をよんだのを、当時七、八歳だった私は憶えているのだが、このような歌であった。

いにしへは松をたのみし因幡《いなば》山《やま》見つつ旅ゆく人もありけり

恐らく「まつとし聞かばいま帰り来む」の古歌が父の脳裡にはあったのであろう。

家族を離れて他郷の漢学塾の先生になった父は、世間に疎《うと》い人でもあって、ひどいホームシックにかかった。一年あまりで帰村することになったが、その時に送る人もなく、お伴一人だけつれて、岡山県津山《つやま》の方を通って帰って来た。よほどひどい神経衰弱だったらしく、知り合いの後藤という津山の医者が、好意から父の所持金を預かって、後で送り届けるような方法がとられたそうである。赤碕から送ってきたお供はそこから返し、津山から別の人がついて来た。私の家の歴史で、父の赤碕行きは一つの事件であったのだ。帰宅した父から、いろいろな赤碕の町の話、宿の話などをきかされたので、私にとっては印象の深い土地の名として記憶に残っていた。

そのことがあってから四十年ほど後、私は米子《よなご》へ旅行したついでに、ありし日の父を偲ぼうと赤碕を訪れた。父の教えた塾を作った家は佐伯といい、代は変っていたが、やはりそのままに存続していた。父が泊っていたという宿は昔のままに残っており、村の老人で父に教わったという人もあって、懐しい父の面影を、その人の話から偲んだことである。

街道の思い出で、出雲《いずも》から但馬路を経てこの村を通過した国造家《こくそう》（出雲大社の千家《せんげ》）を迎えたことがあった。生神様《いきがみさま》のお通りだというので、村民一同よそゆきの衣装を着て道傍に並んだ。若い国造様が五、六名のお伴を従えて、烏帽子《えぼし》に青い直垂《ひたたれ》姿で馬で過ぎていった時、子供心に、その人の着物にふれでもすれば霊験が伝わってくるかのような敬虔な気になったようである。その国造様の姿がいまもくっきりと瞼に浮んでくる。その前後、当時の新興宗教である黒住教《くろずみきょう》の二、三代目に当る教祖を迎えたこともあった。黒住教はそのころ、西光寺《さいこうじ》野《の》の入口に教会を建てて布教しておったが、体の悪い村人が訪れると、太陽の方を向いて深く息をすい込み、病人の患部に吹きつけるという動作をくり返した。そのとき人間の息とは臭いものであると感じ、その匂いと黒住教というものが伴って、私の心にやきつけられた。

西光寺野がいまのように水利の便が出来る以前は、県当局が意識してこの道を盛んにする方法をとったようである。車屋がいつも太尾《ふとお》の立場《たてば》という話をしていたので、姫路と辻川の中間部にあるというその土地は繁華な土地であろうと、私たちは想像していた。西光寺野開発のために設けたであろうその立場を一度訪れてみたが、想像に反して田畑と林の中に一軒の茶店があるだけの寂しい所で、子供心に描いていた空想が一度で毀されたことを思い出す。

父の歌など

成城町《せいじょうまち》の私の家の近くに英文学者秋元俊吉氏が住んでいるが、この人の祖父の安民という人は、姫路の有名な歌人であった。『青藍集』という当代の歌人の作品集を纏めた人であるが、その中には播州の歌人が相当に収められ、往時の播州文化の片鱗が偲ばれる。海神社《かいじんしゃ》の宮司だった上月高蔭、また後上京して私塾をひらいた国富重彦などの人々は、維新から明治にかけての播州の代表的な歌人であった。父も人に教えることはしなかったが、歌を時々は作っており、姫路藩士で後には姫路総社の神主もした庭山武正という人とも、歌の上で親しく交わっていた。私も庭山氏に可愛がってもらい、よく書物を借りたり、写させてもらったりした。

父の歌で感心したのは、下総に移ってからの作であるが、

はかなくも今日落ちそむるひとはよりわが身の秋を知るぞ悲しき

という一首である。たまたま一本の歯が抜け落ちて、父はわが老いゆく身の悲しさを感じたのであろうが、私は当時すでに「秋一葉」を知っていたので、その感慨もひとしおであったわけである。また次のような歌もあった。友人たちはみな都へ出て偉くなってゆくのに、自分は神経衰弱のためにそれも叶わぬという、田舎にくすぼる忿懣《ふんまん》を歌に託したのであろう。

　　奥山は住みよきものを世に出でて立ち舞ふ猿や何の人まね

私の和歌の師松浦辰男先生の高弟に三田弥吉《さんだやきち》（葆光《かねみつ》氏の妹婿）という人があった。私は若くしてこの人にさまざまな話をきかされたのであるが、例えばこんな話もあった。

　香川景樹の『桂園一枝』に、

　　夜光る白玉姫を見てしより心そらなりつちは踏めども

という一首があるが、これは景樹が大志を抱いて上京し、浅草の待乳山《まつちやま》に夕越館という私塾を創めたが、いっこうに門人が集まらず、近くの吉原にばかり行っていて、白玉という妓に心を奪われて作った歌である、といった風なこと、また三田家には葆光氏の母堂で、九十歳を越える花朝《かちょう》老尼がおられたが、この方がまだ同家に嫁入りをされたばかりのころ、座敷で琴を弾じているのを、ちょうど来合わせた景樹がかいま見て、

　　山なしときく武蔵野《むさしの》の夏の夜に吹くやいづこの峯の松かぜ

と詠じた、といった風な話で、これも景樹の歌集に収められている。私は明治にあって、まだ生々とした江戸文化の残り火に肌ふれることができたのであった。

　ついでながら、近世和歌史についても一言いっておきたいことがある。それは景樹翁が亡くなってから、歌が衰えたという説があるが、それは誤りであって、加藤千蔭や村田春海が亡くなってから、かえって歌はよくなっていると、私は見るのである。

　後になって、落合直文《おちあいなおぶみ》や与謝野鉄幹《よさのてっかん》らが出て来て盛んになったのは、時代の機運に乗じたのであって、それ以前の和歌がまずかったためではない。

　その間の四、五十年というのは、じつは歌が良くなった時代であった。関東においても千

蔭が力を揮った時代よりも、歌は良くなっている。その時代は京都から江戸へと都は移り、すべての文物が改められようとする時であり、この時期は日本文化の地方性に差等のあった時でもある。

播州は文化の振った地域であり、私が子供心に憶えていた辻川の歌人らの作品も、相当な水準にあることを、私は後になって認めるようになったのである。

故郷の歌人

私が記憶している土地の歌人に田崎五百穎《たさきいおかい》という人があり、その人の子息に、私より一つ歳下の千座《ちくら》という友人があった。その姉に二、三人の綺麗な娘がいたことも思い出される。この五百穎翁の歌も形の整ったものであったし、もと妙徳山の坊主で後では還俗《げんぞく》した田郷《たごう》という人も、記憶される故郷の歌人の一人である。

私は幼時から『近世名家集』や『和歌初学《わかういまなび》』などを読んでいたので、歌もその作者もじつによく記憶していたものである。

下総から東京に出て、次兄が医院を開業していた下谷の御徒町《おかちまち》に、身を寄せていたころの話であるが、私は暇にあかせてよく古道具屋を歩き回っては、短冊を買いあさったものである。あのころは時代が激しく移り変った時であるから、家の変遷も激しく、従って古道具屋の開店が多く、その店先には必ずといってもいいほどに短冊が箱に入って出されていたものであった。

私は短冊の筆者の価値を知っているので、一枚二銭で入手しては、それを次兄のところへもってゆく。すると次兄はその中から好きなものだけを、私の買い値の何倍かで買ってくれる。私は、その残りを下総にいた父のもとへ持参しては、親孝行の一助としたものである。下総の松岡家には、いまなお相当な数の短冊類があり、いずれは珍重される時代も来ることであろうが、それらはみな私が当時古道具屋から収集して届けたものなのである。

こんなことを私は思い出す。

兄が当時しきりに穂井田忠友《ほいだただとも》という学者の筆蹟を欲しがっておった。

この穂井田という人は『中外銭史』という著作などもあるいい学者であった。娘を奈良奉行の許に出して奉行と懇意になり、正倉院に入ったりしている人である。ともかく私は穂井田氏の筆蹟を、たまたま根津《ねづ》の新開地を通っていて、そこの小さな古道具屋の店先から発見したのである。郁文館《いくぶんかん》中学に通う途上のことであった。

その筆蹟は、牡丹のまずい絵とともに貼られた、二枚折りの枕屏風であった。私は何くわぬ顔をしてその店に入り、「枕屏風がほしい」といって、くだんの屏風を格安に入手しても ち帰ると、懐紙に認《したた》められた忠友の筆蹟だけをとり外し、得々として次兄に渡した。次兄は何でも、いままでなら一万円ぐらいの値には相当する五円ぐらいは出してもいいといっていただけに大喜びで、書生たちまでも誘ってご馳走につれ出してくれた。

その筆蹟は、

油蔵《あぶらぐら》名のみになりていままさに消えなむとする法《のり》のともしび

という、東大寺の油蔵にちなんで世を諷する歌であった。

この学者の歌で、いまなお私が記憶するものに、

ぬさ給《たま》ふ二荒《ふたら》の山のほととぎす初音や神のかしこまりなる

というのがある。

皇室が徳川幕府の存在を承認される方式が、二荒、東照宮に対し、ヌサを給うという行事であるが、この一首はいかにもスジの通った学者らしく、君臣の分を歌の中に明らかにしたものであると、私は感服している。

父の熊川舎塾監時代

父が姫路の元塩町にあった熊川舎《ゆうせんしゃ》に迎えられて塾監になっていたころが、母としても最も盛んなときであった。町の旧家の人達が、藩の許しを得て金を出し合って作った学校で、町家の子弟に漢学の手ほどきを教えたのである。

母の話によると、そこは山陽道の中央街道の上に当っていたので、大勢の人が紹介状などを持ってきたそうである。塾監としては父が最後の人であった。維新の改革でつぶれてしまったが、その後どうなったであろうか。あの歴史が判ると面白いが、もう知っている人はなかろう。いちばん大きな保護者は国府寺《こうでら》という資産家で、辻川の三木拙二翁の母君の出た家であった。

父は自分の育てた弟子のうち、二人をよく自慢にしていた。一人はその国府寺家の新作という人で、後に外交官になった人である。外交官に似合わぬ非社交的な人であった。男の子

がなく、女の子が一人あって、奥山君という越後か山形の出身の外交官に嫁いでいた。フランスの大使館参事官まで行ったかと思う。辻川へも時々行ったことがあるらしく、フランスでいっしょになった時も、「三木の叔母が、貴方の話をよくしておりますよ」などといっていた。国府寺家は大変な旧家で、姫路の初期からの旧家ともいうべき家であった。苗字帯刀御免で、大きな役をしていたが、この家が発起人となって、何人かの有力な同志を誘って早くから町学校を建てていたわけである。

もう一人、父の自慢にしていたお弟子は佐治実然《さじじつねん》氏であった。日本の仏教を改良しようとした人である。

父の俸給は米八石であったか八俵であったか、何でも八の字のつく額を受取りに行くのに、米八俵と書くのに、米の字を上にはねて書いてゆくと、それは違う、やはり御家流《おいえりゅう》に米の字はこう下に曲げて書かなければいけないといって突き返されたそうである。ずいぶん窮屈だったねえと、父が笑い話にそういっていたことがある。わずかばかりでも俸給をもらっていたことが判る。

維新とともに学舎はなくなったが、両親が明治何年頃まで姫路にいたのか、私はよく知らない。どうかして姫路の教育史の中から熊川舎の結末が知りたいと思っている。

長兄の鼎は辻川で生れて姫路へ連れられたわけだが、父の姫路時代に二番目の俊次が生まれ、ついで三番目の泰蔵（後の井上通泰）が慶応二年十二月二十一日に、それから四男の芳江が生まれている。五男の友治というのは、私の直ぐの兄で、明治四年に辻川で生れ、四つまで生きていて私の生れる前に死んだ。この兄の生れた時には、両親はもう辻川に帰っていたことが判る。

母は熊川舎で書生の面倒を見ていたので、躾《しつけ》はなかなか厳しかった。父の方はそういうことをいっこうかまわないたちであった。

夫婦喧嘩の仲裁

辻川に郡役所のあったころ、郡書記の首席に福島という人があった。姫路藩の出身で、男の子が二人いて、下の方は私の弟の同級生であった。兄の方はもう書生でどこかへ出歩いていて、時々村へ帰って来ていたが、後に東京に出て『婦女新聞』の記者をしていた。この人がどういうわけか、私たちの母を喧《やかま》し屋であったようにいいふらしたので、心外に思ってすごしてきた。母が亡くなってから、母のことを書く機会がたびたびありながら、どういうものか、とうとう活字にして世に示す折もなく、今日になってしまった。それでいまここで、母の性格について記しておくつもりになったわけである。

母は私ら兄弟五人を育て上げて世に出すのに一生懸命であった。その気疲れもあって、かなり早く年をとり、一時ヒステリイ気味になったことさえあった。晩年の母しか知らない人たちからは、いかにも気難しい人柄であったように見られる傾きがあった。しかし私の家にとっては大変な功労者で、世間知らずの父に仕えながら、私たちを東京に出して勉強させてくれた。ことに私自身は小さい時から母の腰巾着で、播州でいうバイクソというのにぴったりあてはまる立場におかれていた。バイというのは、海からとれる長い螺貝《つぶがい》のことで、その中身の最後にくっついていて、なかなか母貝から外へ出ない柔い尻尾の部分をバイクソというのである。

そんなわけで、私は幼い時から何でも聞きかじって知っていた。母は例えば近所の夫婦喧嘩を仲裁する特殊な才能をもっていた。夫と喧嘩をして、私の母のところへ泣いて訴えて来た細君をなだめたりすかしたりして、お終いには笑って帰すという母の腕前はたいしたものであった。母の腰巾着であり前垂れっ子であった私は、誰にもましてそのことをよく見たり聞いたりしたものである。

まだ婚姻制度が昔風だったころは、誰でも夫婦が会ったり別れたりすることを、ごく無造作に考えていたらしい。やがて女が男の家に来ていっしょに暮し、食わせて貰うという習慣が、貴族の家や良家のみに限らず、並の小さい家にも入って行った。例の北斎漫画のころではないかと思うが、そのころから非常に夫婦喧嘩が多くなり、それでいて女房はなかなか出て行かなくなった。

私ども子供の時分でも、ヒイ、フー、ミーと数える代りに、どこでもよくチュウ、チュウ、タコ、カイナというのを、そうもいわないで「夫婦、喧嘩、いつも、長屋、小言」という言葉をつかったものである。これほど夫婦喧嘩が多かったのである。やはり北斎漫画の出た文化文政のころから、長屋というものが始まり、女房は自分らの力だけで亭主をつかまえておくことができないと、長屋に訴え、世論をバックにして、自分の地位を保とうとした。夫婦喧嘩を扱った文献がたくさん出てくるようになるのも、このころからである。それは恐らく社会の変り目のかなり著しい例であった。

飛騨《ひだ》の白川などでは、もっと違った大家族的な風習がずっと後まで残っていた。戸主の妻だけは非常に鄭重な方法をつくして嫁に貰われて来るが、あとの女房は放ったらかしになっており、どちらかが嫌になれば、あっさり別れてしまっていた。家のバックに戸主が厳然としているから、どの夫婦の間にできた子供でも、その戸主に寄食することができる。そして男でも女でも、戸主の家にいて、四十、五十になれば身軽に、岐阜や名古屋へ引越してしまう。

私が白川に行ったころはちょうどこの風が盛んで、そのため白川村の人口はだんだん減って行きつつある時だった。婚姻が目的で、相続は目的でなく、子供はみな戸主の厄介になることになっていたのである。

この白川のような状態がおいおいと固定して来ると、どこでも夫婦が以前のように簡単に別れられなくなり、女房にも主婦権のようなものが出来る。夫婦は別れずに喧嘩をしながら、いつまでも同棲するようになる。

母の長所

辻川の家の向いに「えびす屋」という宿屋があった。主人は在井忠次、女房をおこうといった。たぶん在井堂からとった姓だったのかもしれない。何でも家がもとは番太をしていたとかいうので、村では番忠と呼んでいた。女中が四、五人もいたが、泊り客のないときには、私どもをサラ湯に迎えてくれたりした。

そのおこうと夫が喧嘩をすると、いつも家を飛び出して私の母のところへ泣く泣く訴えに来た。月に一ぺんぐらいはあったと思うが、子供の私の見ている前で、泣いたりわめいたりして母に訴えた。母は一応それを聞いてやりながら、普段からとっときのなだめ言葉を並べて、相手の気持を鎮めてやるように努める。

そのうちにいつの間にか、おこうは泣き止んで夫への不満をひっこめ、ニコニコして帰って行くのであった。

番忠の女房だけでなく、もう少し高級な村のインテリ婦人までが、何人も母のところへ泣きながら訴えて来たのを、子供心によく覚えている。なかには私の祖母の寺子屋で、唐詩選を書いたカルタを取ったりした婦人までが、なまじっか亭主より少し余計に漢字を知っていたばかりに、亭主に屈しないで夫婦喧嘩をする。そして私の母のところへ訴えて来たのを、母は巧みに裁いて、笑顔で帰すようにしていた。その婦人たちの中には私を可愛がってくれた人もいたので、私はことにはっきりその人のことを憶えている。

長屋の夫婦喧嘩というものが一つの年中行事になって、「式亭《しきてい》」三馬《さんば》の小説などには絵入りのままであった。女房がすりこ木でぶん殴ろうとするのを、亭主が反り返って受け止めようとしている絵などもあった。芝居などでは、どこか一種のユーモア気味に取扱った夫婦喧嘩が多かった。それが今ではすっかりなくなって、夫婦喧嘩はみな陰性のものになり、二人とも三日も五日もものもいわず、亭主は夜遅く帰って来るような形になって残っている。

皆の見ている前で、女房が弱者として世論に訴え、その支援を得るというような形は、今日ではほとんど見られないようになってしまった。私は今も憶えているが、明治の末ごろ、友だちと九州へ行った時、門司で有名な和布刈《めかり》神社か早鞆《はやとも》神社か、とにかく式内社に行った。その途中、一人の女が長屋からとび出して来て、夫婦喧嘩の正邪を長屋の人々に訴えている。もう世間では夫婦喧嘩が目立たなくなったのにと思いながらよく見ると、それは半島人であった。私が最後に見た殺伐な夫婦喧嘩は、幸か不幸か朝鮮人のそれだったのである。

夫婦喧嘩を仲裁する時の、私の母のものの言い方、豊富な語彙《ごい》、態度はまったく政治的であった。それが下総に移ってからは、近所隣とも交際が浅く、言葉もよく通じないので、したくともできない。その上、母は晩年には夜癪を起したりして、少しずつ弱っていった。東京に出てからも、昔私の腰巾着時代に、あれほど多くのいきり立っている女を、はろりとさせる技術をもっていた人が、もうそれを使えなくなって、如何にも気の毒だと思うようになった。それが今でも私の母に対する同情になって残っている。

母は大学《だいがく》とか中庸《ちゆうよう》とかいう四書でも、みなの読む三部経の類でも、眼では覚えずに何べんも聞いて耳から覚え、頭で覚えていた。そしてこちらの部屋で私が素読《そどく》しているのを聞いて、間違いを直してくれるのが常であった。私としてはこんな機会にしか、母の長所を伝えることができないので、いろいろと話したわけである。

大正文化と女の力

あらわな形の夫婦喧嘩のなくなったこと、それは婚姻制度の変化から来ていると見ていいと思うが、それこそ明治の歴史に書かずにおれないような気がしている。

もとは相当な旧家で、由緒ある家ならば、親類までが寄り合って長い間かかって嫁を見つけた。また娘のたくさんある家では、そのうちで主婦になれる女を養成したものだ。尼将軍になった平 政子《たいらのまさこ》［北条政子］なども、そんなにして育て上げられたのである。『大日本史料』の「年末雑載」に出ている女の人の文章は読みにくいもので、日本語の歴史のいちばんの難関になっているが、無駄のない、きりっとしたもので、理智的な婦人の意思表示ともいうべきものである。財政問題が多いが、これも主婦のやる任務が、これでおしまいになるからであろう。喧嘩をさせず、家は繁栄させるように、そしてすべての者が多少ずつは幸福になるようにという、細かい心づかいをしたものである。当時の女の人の感情がこもっていて、日本人の婦人生活を調べる資料として、こんなに良いものはないと思っている。このような古文書を通して日本の女性文芸を知ることは、民俗学と同じく、人の省《かえり》みないものをとり上げることになる。

明治から大正へと、社会の進歩を示す例として、第一に、今いったような夫婦喧嘩の変化が、私どもの母の時代にあったのである。

第二には子供が綺麗になったこと。これは必ずしも女の力だけでなく、社会の文化が進んだからだが、私らの一代の間の出来事である。たんに鼻汁を出さなくなったばかりでなく、その容貌が綺麗になり、顔の長さも短かくなったように思う。私が大正十二年の暮、西洋から帰る船の中で、いっしょになった西洋人の親子に心ひかれたことがあった。デンマークの婦人で、三十五、六歳になる人が、男の子を一人連れて日本へ行くというが、見ているとじつによく子供を教育してあった。その子がハンカチーフを胸のポケットに入れて貰って、ちょっと悲しくなると、自分ですぐにそれを出して顔を拭いたりしていたが、後で母親が、船に乗ると子供が悪くなるといっていた。

日本ではまだその少し前ごろまで、どの子もいわゆる二本鼻汁《ばな》を出していた。私どもも、親からやかましくいわれながら、着物の袖口が光っていた。中には氷の張ったようになっているのもあった。たえず鼻汁をシュッ、シュッと吸いこんだりしていた。その後、食物のせいか、気候によるものか、いつしかそんな現象が見られなくなった。田舎を歩いても、鼻汁を出している子供は、路傍にも見ることがなくなった。

トラホームを患ったり、白癬《しらくも》の頭に出来た子供なども、もはや日本にはほとんどいなくなったようである。二本棒は体質からか、病的なものか、それとも習慣が手伝っていたのか。ともかく子供の綺麗になったのは、大正文化、または大正、昭和の文化の一つの産物に数えてよかろうと思う。子供のために着物の柄を親が考えるようになったのも、ほぼ時を同じくしている。西洋人のうち同情ある人が、もし度々日本へ来て写真をとっておけば、この文化の進歩にさだめし気づくに相違ない。

私は田舎を歩く時に、子供の顔付と表情とに興味をひかれる。それからふだんから考えておいた質問を、学校帰りの子供四、五人に、答え易い、考え易い言葉で話しかけて見ることにしている。顔がきちんとして鼻汁などたらしていない良家の子と思われるのは、言葉の違いを気にして返事をしない場合が多かったが、近ごろはどこでも、子供たちが無邪気に、ひょいひょいと答えるようになって来た。

明治以来の変遷で、日本も西洋と大分近くなったのは、注目すべき点であろう。

母の兄妹

私の母は天保《てんぽう》十一年の生れで、北条の尾芝という家から嫁入ってきた。古い色々の話題のある家だが、もう他に記憶する人も無く、私も小さいころ耳にした話だから、まちがいだらけだろうと思う。何か古い書きものでも伝わってはいないだろうか。少なくとも自分の今おぼえているところでは、この町には尾芝という家が五、六軒あって、それが二派に分れ、一方は商家でなかなか繁昌し、こちらはたった一戸で、前には医者であったが、私の祖父の代になって零落してしまい、かなり悲しい状態で消滅に帰した。その血筋は私たち兄弟の他にたった一人だけ従妹があって、それも最近に世を去った。

祖父は壮年のころは相応にやかましい人だったらしいが、私の覚えたころにはもう老耄《ろうもう》していた。北条から二里に近い辻川への路を、おみやげの八橋《やつはし》の煎餅を懐に十枚ばかり紙に包んで入れて、その一枚をしゃぶりながら孫にあいに来る。いつでも九枚半だなどと笑ったことがあるから、もう歯がなかったのだろう。或時はクニョがおらんなどといって、涙声で門のあたりをうろついておられたこともある。あのきついおじいさまがこうまでなりはったかと、母が歎いていたことを今でも思い出す。

母の同胞は男女各二人、長男の徳太郎は働き者で、飾磨の港に出て商に携わっていたが、悪質の花柳病にかかって、そのまま四国巡礼に出てしまい、永久に還ってこなかった。これは世間の思わくを気にする家々の、あのころ普通の処理法だったらしい。或時母が夢にこの兄を見て、悲しみの余りについ私だけに話をしたが、本当は隠しとおすつもりだったらしい。その次の兄の俊次郎とかいったのは好青年であったらしく、家に留まって親によく仕えていたが、やはり永くは生きておれなかった。祖母が引続いて世を去ったのもその介抱の疲れらしく、取集めて大きな歎きだった。

この際に一つの力であったろうと思うのは、祖父にはたった一人の妹があって、つい近い町の商家に縁づいていた。それが兄を慰め二人の娘の相談相手になって、小さな妹の方を父の世話に残し、姉を高須という姫路藩の家老の家へ奉公に出した。書いたものとては何一つ残っていないが、母の雑談のようなものを総合すると、それは安政四年、即ち西暦一八五七年のことで、そこに二年足らずいて一旦親元に帰り、それから縁に付いて辻川の松岡氏の嫁になったのが同六年のことだった。一生貧乏だったから良縁とまではいえぬか知らぬが、ともかくも二十年の間に男の子ばかり八人生んで、末の子が十三になるまで達者でいた。少なくとも四人の兄妹の中では最も仕合せがよかった。

始めから愚痴なことばかりをいうつもりだったから、これも付け加えた方がさっぱりしていてよい。関東へ出て来てから始めて知ったことは、自分の親たちと同じ年輩の老人にも、稀には種痘《しゆとう》をした人があるということであった。私は付近のヤブ医者にひどい目にあわされているので、種痘は自分などの頃が始めのように思っていた。現に五人の兄のうち一人が疱瘡で死に、一人はかからぬ前に亡くなって、他の三人はすべてやられている。その中でも井上の兄は殊《こと》に痕跡が著しく、気をつけていると一ぺんは人がその事を問題にする。それを自分では他に点の打ちどころがないからだなどといっていた。両親の中では父は軽かったということで、左右の眼のまわりに気をつけてみるといくつかある。疱瘡の見舞に貰ったという五色墨で自分で絵をかいたという唐詩選の画集が、私たちの頃までは残っていたので、改めて父の顔を見直したことがある。これと比べると母の方は少し気の毒なほど顕著であり、尾芝の叔母さんの方はそれがもう少しひどく、子供でも気の毒で口にしないほどだった。もう近頃の人は想像できまいが、この人のような心のやさしく遠慮がちな女性は、以前は殊に寂しい生活をしたかと思う。それを詳しく話そうかどうか、さすがの遠慮なしも今はまだ考え込んでいるところである。

「ええじゃないか」の話

この連載が始まってから五日目の夕刻のことである。一通の訃報が神戸から届いた。私にとって故郷に残っているたった一人の骨肉で、私の従妹にあたる藤原キク女の死亡通知であった。彼女の霊を葬いかつ生前を偲びつつ、ここで少し私の母方の家の変遷について話しておこう。

私がはじめて上京した明治二十年の九月、次兄の下宿先で毎朝目を覚ますたびに、「ゴトウマツゾウ、ゴトウマツゾウ」と呼びながら歩く男の声が聞えて、何故東京では私の親戚の、それも故人を捜し歩くのであろうかといぶかったものであるが、後藤松蔵という北条の人は、私の母の妹（「おもと」といった）の夫であった。何でも一時相場か何かで産を成し、五十歳ほどで、私の叔母を娶《めと》り、祖父も呼び寄せて雑貨商を営んでいたが、祖父も亡くなった後で、ふとしたことから事業に失敗し、単身神戸へ出てつぶさに辛酸を舐めたらしかった。残された叔母は円顔で、じつに温和な女性であったが、私達兄弟よりそれぞれ一つずつ年下の女の子が四人あり、いつも母の許に来ては苦衷《くちゅう》を訴えていたことを私も憶えている。やがて松蔵氏も再起して家族を神戸に呼び寄せたのであるが、間もなくコレラで世を去り、ついで叔母と三人の女も亡くなり、長女のおキクだけが北条に帰って来た。この話を父から聞いて、人生の悲哀が私の子供心に沁みたものである。その時の印象から「納豆、納豆」の呼び声が「後藤松蔵」に聞えたというわけであった。私がおキクに会ったのは、彼女が北条に帰って来て、やがて小野市の近在に養女に貰われてゆくまでの間しばらく同居した一時だけで、その後婿をとり、一度は子を、二度目は孫をつれて、下総の布佐や、東京の次兄宅にも訪ねて来たことはあったらしいが、私はとうとう一度も会う機会がなかった。

たまたま、一人の骨肉の訃報に接して、私は心を動かしつつ、往時の思い出に触れたわけである。

北条の肉親の回想に触れたついでに、母が語ってくれた祖父の思い出話を語っておこう。慶応の末年のことであるが、北条に「お札《ふだ》が降った」ことがある。これは群集心理を研究する人々が好主題としているものであるが、お札が降ると、町じゅうが「ええじゃないか踊」を踊るのである。これは近世になって間歇的《かんけってき》に起った「お蔭詣り」という集団伊勢参宮の現象が後年になって遊戯化したもので、一説には、政治的意図があって高山から凧にのせたお札を降らせて人民を興奮させるのだというのもあるが、じつは興奮しそうな地域や家に「降る」ので、極端な例では、家の床の間にお札が置かれていたという話もある。すると何処からともなく多くの人々が集まって来て祝詞をのべ、家の人は酒樽の鏡を抜いて祝わざるをえなくなるという仕組みなのである。降るのはお札ばかりでなく、姫路でも小豆が降ったまではよかったが、裸の娘が降ったという馬鹿げた例もある(つまり捏造《ねつぞう》である)。この「ええじゃないか」の研究は今後にまつべきものが多い問題である。

さて、母が北条に祖父を訪ねたのは、ちょうど「ええじゃないか」が北条じゅうに踊られている夜だったが、祖父はせっかく訪れた娘に、「今夜は用件で行く所がある」と、手拭をもってそわそわと姿を消したというのである。母は「あれほどしっかりしたおじいさんが〝ええじゃないか〟を踊りに行った」と、淋しい笑いを洩らしていたものである。若いころは人に敬遠されるほどのしっかり者だった祖父であるだけに、理性的でそうした群集心理に惑わなかった母は、祖父の態度が可笑しくもあり淋しくもあったのであろう。

なお大正四年の御大典のさい、私が京都に大礼使事務官として赴いた折に、やや小型の「ええじゃないか」踊りが市内に始まったことがあった。当時の警察部長で淡路出身の永田《ながた》青嵐《せいらん》「秀次郎《ひでじろう》」も、その警備のため市内にお忍び姿で出たのだが、私が彼の肩をいからせた姿を認めたと同時に、踊っている群集も彼を認め、「部長さんもええじゃないか」と、歌の文句が変ったので、思わず苦笑したという思い出もある。

家の寿命

母の母の名は、私は尋ねずにしまった。里は飾磨津《しかまづ》の相当に古い家だったらしいが、この方は一度か二度、名を教えてもらったのを忘れてしまった。古ければこそ滅びて跡形もなくなってしまうのである。私は明治二十六年の夏、最初の入学試験（一高）を通って、御ほうびに始めて国へ帰る旅費をもらった。井上の兄は二度目の結婚をして、姫路の病院に勤めており、次弟も京都から来てしばらく一所にいた。まだあのころならば何とか手掛りもつかまえられたろうに、どうして一ぺん往って見ようという気もちにならなんだか。その際は母もまだ丈夫で、問えば何でも答えてくれたのにと、時過ぎてから無益に悔んでみたことがある。

　これとは反対に、余分の労苦を費して、兄も私も結局得る所のなかったのは、母方の大叔父にあたる尾芝俊明という人の事蹟であった。小さな時からの松岡家のいい伝えでは、この人は皆川《みなかわ》淇園《きえん》先生の門に学び、事成って大和の某藩に抱えられた、というだけしか伝わっていなかった。私は早合点の名人という以上に、一方にあまりにも痛ましい母の家の衰微を見るにつけて、どこかにまだ一筋、学問で世に立つ家が、残り伝わっていてもよいというような夢があったのである。後年内閣の文庫を整理する職務についた際も、常にこの空想に取付かれていて、皆川・富士谷両家和漢の碩学の著作を手にするたびに、何か手掛りはないかと、むしろ雑記や端書の類に注意した他に、一方奈良県出身の知人に対しては、もしか尾芝という変った苗字の人を知ってはおらぬかと尋ねてみたり、さらに一歩を進めては、郡山《こおりやま》［現大和郡山市］の町役場に出かけて、旧藩士の中にはこの家名はないかなどと、掛りの人たちの半日を潰させたことさえあったが、結局は全部が徒労であったことが判って来て、自分は失望落胆し、井上はまた小っぴどく私の粗忽を責めた。

　詳しく説明をすることは気が重いが、結局はこの少壮有望の学徒はまだ独身のうちに病死したのである。遺骸をそのままに運んで来て、故郷の家の墓地に埋めたのを、私は家人が愛情のあまりに、別に記念の石を建てたものと解していた。十数年前に出版せられた『北条町誌』に転載してあるのはその碑文であろうが、井上はそれを詳しく読み、私は早いころに見たままで少しも記憶していなかった。郡山の柳沢家に抱えられたかと思ったのも空想で、実際はそれよりもまだ南の小泉の陣屋、水野とかいう大名の領地の一部で、そこの役所の駐在員に読書筆札を教えた嘱託の類だったかもしれない。それから京に上って皆川氏の門に学び、その推薦を受けたということもあの碑文には見えない。井上の兄が北条の墓所に詣でて感じて来たことは、必ずしも若死した学徒の徳望ではなくて、それを故山に迎え取って安らかな眠りに就かせようとした、近親の人々の好意であったらしい。

久しく私はこの菊ヶ谷の墓所にも詣らぬので、今はただ少年の日の記憶を辿るばかりだが、尾芝家で医を業とした宇内という人は、あるいは児島尚善氏と同じに、何代か一つの通称を世襲したのかもしれぬ。そうして私の祖父の父の他に、もっと大きく働いた宇内があったのではなかったか。母からきいたと思う逸話がなお二つある。一つは今の酒見寺《さがみじ》の境内の十王堂よりは大分奥の方に、私の小児のときすでに古び朽ちていた十王堂があり、格子の中を覗くと青い錦のどん帳がかかっていた。この堂は、古いおばあ様の代に一建立で建てたものので、その帳の青地の絹はその人の帯であったという話。それから今一つは祖父が壮年のころ、叡山の奥の院、横川《よかわ》の寺に何とかいう名の老僧があって、それが、幾代か前に尾芝から出た人というので対面を行った。人を唐紙障子に向って座らせて、障子を次から次と左右から引いて開けると、奥の正面にその高僧が座っておられた。あんまり間があるので対面したという気がしなかった、という話もあった。名前は何といわれたか、今でも記録には出ているのか。登山の折にはいつもその人のことを思い出すが、それを確める折がついになかったから、これもまた一つの幼き日の夢である。

わが家の特性

私の曾祖父という人は、若いころ京都に行って、吉益東洞《よしますとうどう》という漢方医の先生について学問をした。理論倒れの荒っぽい医者で、下剤をやたらに使う先生だったらしいが、曾祖父もそれを習ってきたので、いっこう流行らなかった。ただ不思議にもその傍ら音韻の研究をしていた。著書らしいものもあったが、明治二十二年に一家が上京する時、急いで本箱二つ程の蔵書といっしょに井上の家に預けて、そのままになってしまった。この蔵書の中にはもう一つ、前にも触れた曾祖父の筆になる「舌の図」というのがあった。解剖は知らず、診断は脈、呼吸、舌などによる他はないので、美濃判半截位の大きさの紙に、一々絵具を使って舌の絵と症状とが描いてあった。所々に白い星のあるのとか、絵の下に一つ一つ細かい字で説明がしてあった。

曾祖父が並の医者のしないことをしたり、専門外の音韻を研究したり、絵図を描いたりしした、変った性癖が、どうも私どもに遺伝しているのではないかと思う。さらに私の家には本の土用干しのときに邪魔扱いする木箱が一つあった。麻雀の道具箱位の大きさで、あけてみると昔の算法に使った算木《さんぎ》がいっぱい入っていた。二色に分れていたと思うが、それで開《かい》平《へい》、開立《かいりゅう》というような高等な数学ができた。そして説明のための教科書がついていた。

私の祖母はそれを父親から習って、高等な数学ができるということを自慢していた。祖母の著書の中に「天が下の歌の数を知る法」というのがあった。三十一字の仮名を並べてコンビネーションで計算すれば、数の限界が出ると考えたものらしい。後年、寺田寅彦《てらだとらひこ》君にこの話をしたら、「時が経つに従って、同じ歌でも意味が違ってくるから、コンビネーションの内容がふえて、そんなことにはならない。歌の数は決ってしまわないから、勉強して作る方がいいよ」と反論されたことがある。

しかしとにかく曾祖父が吉益東洞の古学をやるかたわら、高等の算法まで覚えて帰ったばかりでなく、それを娘に伝授する気持になったのも、また教えられた娘である私の祖母が、それを応用して歌の数を知ろうとしたというのも、ちょっと変ったことである。

祖母も医者をしたり、また小鶴という本名に因んで、縞衣《こうい》（古来鶴の別称を玄裳縞衣《げんしょうこうい》という）という号をつけて、漢学の私塾を開いて、女生徒に唐詩選のカルタを教えたりしているのである。そんな風なものが、田舎の生活と交渉なしに、私の家を支えていたことが知られる。

こういう気風のあった家に、私の母のような負けん気の強い女の血筋が入ったのだから、半ばは運命のようなものを感じて、私らもあまりそれに抵抗しない方がいいとまで考えるようになった。

但馬の鶴山

明治の初年にほんの四、五年ではあったが、市川と円山川とに便船の連絡が開かれて、播《はり》磨灘《まなだ》と日本海とが結ばれていたことは前にものべたが、先ごろ上京中の詩人富田《とみた》砕花《さいか》君の来訪を得て、あの方面のことをいろいろ話し合ったので、今日はそれについてのべてみることにしよう。

播磨路から但馬の生野に入る道は今も峠を越えるわけだが、以前の峠はもう少し違った所にあった。その峠を越えた下が真弓で、そこまで市川がずっと曲って入り、生野の小盆地に続いている。生野の町を離れてもう一つ小さな峠があって、それを越えると円山という小部落がある。昔は朝来山《あさごやま》といったらしい。それから下流の海に入るまでずっと円山川である。円山の近所にサケノ宮といって、昔は鮭が海から産卵のためにそのあたりまで溯って来たというが、おもしろい話である。

明治になるまで便船は北の海から豊岡《とよおか》までは来ていたらしい。昔は豊岡を城崎《きのさき》といい、今の城崎の方は湯島といっていた。少なくも私の子供のころは湯島という名を耳にしたものである。川の対岸が城崎郡だから、豊岡の方では城崎といいたくなかったのかもしれない。また豊岡へは、出石《いずし》の方から来る出石川が少し上流で円山川といっしょになっていて、そこも船便があったらしい。

播州の者にとって、豊岡は非常に親しみを感ずる所であった。八鹿《ようか》の妙見山の上に、明治の初めに出雲大社からもらったという塔があるというが、これなども海から運んできたのであろう。大社へ木材を寄進したお礼にもらったと伝えている。大社の方でも、神仏分離でもち扱いかねていたから、縁故のある八鹿へもってきたのであろう。

和田山町と生野の中間に竹田という町がある。足利時代からの古い城跡があった。まわりの平地は小さいが、出石についで有名であった。私も昔その辺を歩いたことがある。

出石から竹田に行く本道の途中に鶴山があったが、眺めが大変良い具合にできていた。山腹の傾斜を人力車で通ると、車とすれすれぐらいに鶴の巣が見える。車屋が気をきかして止めてくれるので、鶴の巣がよく見えるのであった。

私が通ったのは、たしか明治四十二年の六月末か七月のはじめであった。鶴はそろそろ田圃へ出て遊ぶころで、こんな歌を詠んだことを覚えている。

　鶴山の鶴は巣立ちて遊ぶなり家なる稚児を思ひこそやれ
長女が、今年数え年五十歳になったが、その娘が生れたばかりの時であった。ずいぶん古い話である。

そのとき行ったきり私は行っていないが、きけば鶴山の鶴（じつはコウノトリだが）が出石郡から移動して、このころでは養父《やぶ》郡の方へ来たそうである。田畠に降りて作物を荒すという話だが、数少ない日本の名物だから、なんとか保護してやりたいものである。

播州人のユーモア

子供の時から「大屋《おおや》の横行話《よこゆきばなし》」というユーモラスな話を何度となく聞いている。例えば村の剽軽《ひょうきん》な連中が都に上ったときの笑い話がある。鏡を売っている店に「かかみどころ」とあったので、嬶見所《かかみどころ》だと思って覗いてみたが細君は見られず、不思議に思って隣の店を見たら「ことしゃみせん（琴三味線）」とあったので、それを「今年ゃ見せん」と納得して帰ったという。日本中どこにもあるが、横行話として聞かされたもので、今でもそんな空気があの辺に残っているかと思われる。

播州の開拓部、加西《かさい》郡［現加西市］のずっと奥あたりにも、同じようなユーモラスな話を、自分の所だけのことだと思って遠慮しいしい口にする習慣があった。私は近所のお婆さんあたりからたびたび聞かされたことがある。「広いもんじゃのう」といって、あの峠を越えて行ったら、「かわいそうに、お前のような奴には瀬加《せか》でもせめて見せてやりたい」といわれたとか、そんな話がいくらもあった。

地名をいわなくては判らないが、瀬加という所にはお寺があって、私も二、三度行ったことがある。岡部川というのが瀬加の方へ入ってから市川に注いでいる。瀬加はまだ山の行き塞りでなく、笠形というのがいちばん奥である。

その辺でもそこばかりが山里みたいにいっているが、多可の郡の方から入るとあちらでも同じような話をしているらしい。「けたでけられて、まんがんじでまけて、おおちおとろし、とってかもかもだに」などということも、小さい時によく聞いたものである。芥田《けた》、満願寺、大内《おおち》、鴨谷などという所があるので、そんな言葉が生れたのであろう。これは自分の所はそれほど辺鄙《へんぴ》ではないという、一種の誇りから生れたのであろうか。とにかく子供のころこういう話を幾つも聞かされたのを憶えている。

さて播州の北条という所は、昔は非常に重要な地点であった。丹波、丹後《たんご》の方から出て来る要所で、おそらく生野鉱山の開発と密接な関係があったらしい。北条から西脇の方へよった野間谷へ出るのに、泉、明楽寺と北上する。今は加西郡の大和村と一緒になって八千代村となっているが、それから昔の中村《なかむら》、今の多可郡中町《なかちょう》へかけて、多可郡でもいちばん繁華な、広い開けた土地だろうと思う。

多可郡（私は今もってタカノコオリとよばないと他所のような気がする）の的場《まとば》という所に、有名な式内社がある。中町より少し北の所だが、そこに私の父親が一年半ばかり神主をしていたことがある。多分古い伝説のある天目一箇命《あめのまひとつのみこと》をまつった荒田神社ではないかと思う。そこへ訪ねて行ったことがあるが、宿の主人に、「私の親は松岡といって、今から十何年前にここの神主をしていたことがある」といったら、いろいろ親切にしてくれたのは嬉しかった。

神隠し

『山の人生』という本を書いた時は、初めのうちは珍しい外部の事件を客観的に書いていたが、いつの間にか興味にかられて自分の、小さいころ経験した事柄まで書いてしまった。一つの本で二つの目的を追ったので、変なものになったが、私自身の経験した神隠しのことに説き及んだわけである。

七つ八つから十歳になるころまで、私は何度となく神隠しの話を耳にした。辻川の鈴森神社は、丘陵の傾斜面の一部が段々になった側にある。その突端で村の者がいっしょになってお宮を拝むようになっているので、神隠しの話が生れるのに都合よく出来ていた。夕方、子供が村のどこかで遊んでいると、白髪のお爺さんが出て来て、「我は鈴森じゃ、家《うち》で心配しているから、はよう戻れよ」と親切にいわれたから帰って来たという話を、子供心に本当のことのように思っていた。「ああ、それは明神さんに違いない」といったような話を、いくつもいくつも聞かされた揚句のことだから、小さい私としては無理もなかったのかと思う。

私より三つ年下の弟が生れる春先の少し前であったから、私の四つの年のことであった。産前の母はいくらかヒステリックになっていたのかもしれないが、私にちっともかまってくれなかった。

ある時、私が昼寝からさめて、母に向って「神戸に叔母さんがあるか」と何度も何度も聞いたらしい。母が面倒臭いので「ああ、あるよ」と答えたところ、昼寝していた私が急に起き上って外に出て行った。神戸に叔母などいなかったのに、何と思ったか、私はそのままぼとぼと歩き出して、小一里もある遠方へ行ってしまった。

そこは西光寺野という、開墾場になっていて、隣家の非常に有能で勤勉な夫婦者が、ちょうどそこを開墾していた。よく働く親爺が、「おお、これは隣の子だ」というので、私をすぐに抱き上げて帰ってくれた。帰る途中で逢った人々が、「これはどこの子だい。さっき何だか一人で、てくてく歩いて行ったが……。一人でどこへ行くのか知らんと思ったまま声をかけなかったのだ」と、みなでいったことを今も覚えている。

それなども、もうちょっと先に行くか、または隣の親爺さんが畠をしていなければ、もうそれっきりになっていたに違いない。

もう一つ、十一歳の時に、母や弟たちといっしょに一里ぐらいはなれた山へ茸を採りに行った時のことである。山向うの裾の池の端にみなで休み、グミか何かを食べて、いざ帰ろうということになって、いっしょに歩き出したところ、どういうわけか、多分母親が道を間違えたのかと思うが、山を一つ越えて反対側へ引返したつもりだったのに、山は越えずに斜めに歩いただけで、また元の池の端に出てしまっていた。私がよほど変な顔をしていたと見えて、母が突然私の背中をがあんと叩きつけた。叩くなんてことは今までついぞなかったのに、その時は私の変な顔つきを見た拍子に背中をはっと叩いたのであろう。それっきりもう何も母は説明もせず、私も何も聞きもしないで、そのままにすごしてしまった。

私は後にこのことを『山の人生』の中に、これが神隠しというものに違いないと、私の独断かもしれないし、もう少し高尚な理由があったのかもしれないが、私はそういう風の解釈をしたのであった。

村にはこんな例が多く、ことに女が山に入るという話が多かった。隠し婆さんが夕方やって来るとよくいわれたが、不思議に女の妊娠時にそんな現象がよくあるのではないかと推測すると、確に心理学の対象と見るべきであろう。これが私の神隠しについての、結論ではない結論ともいうべきものなのである。

『西播怪談実記』など

播州は神隠しの話の非常に多いところであった。噂だから、だんだん誇張せられていって、いろいろ信ずべからざることがつけ加わってゆく。同じ経験は他の子供たちにも度々あったが、帰って来ないという話は、私の村では一度もなかった。ただ私ははっきりと自分の二つの経験が頭に残っていたので、神隠しの話と、山中の不可思議なことを集めて、『山の人生』という本にしたわけであった。こんなに同じような話がどこでもあり、しかも共通している点として、神隠しは女の子に多いというのはおもしろい話である。しかし私としては結論を出したくないと思って、ただ聞いた話をそのまま書いておいたが、これはもう民俗学の範囲以外ではないだろうかと思っている。

私の村では、日暮れに太陽が沈みそうになると、親は頭の中で子供の勘定をして、みんな揃っているかどうかと心配したものだった。辻川のような交通頻繁な所でもそうだったから、もっと山家の部落などではなおさら大変であった。

『山の人生』にも書いておいたが、大人の女が門の外に出ているのを遠くの者が見て、今ごろ何だってあんな所に出ているのだろうと怪しんでいるうちに、姿が見えなくなったというような話がいくらもある。

播州にはこういう話が比較的多く伝わっていたのか、『扶桑怪談実記《ふそうかいだんじつき》』という本と『西播怪談実記』という本を若いころ読んだ。

明治四十四年ごろに、私どもの尊敬していた、姫路総社の宮司をしておられた庭山武正先生が、わざわざ自分の筆写した『西播怪談実記』を送って下さった。この方はもう亡くなられて、息子さんの代になっている。『怪談実記』にはシナの本からとったような部分もあるように覚えている。主として姫路から西の赤穂とか宍粟《しそう》とかの話が多く出ていたが、昔から日本全国どこでも聞く同じような話が多かった。

例えば「身を隠すものが一度だけ身内の者の所に現われる」とか、「それはもうあの池に入って竜女になっている」とか、「別れに一ぺんだけ身を見せて、永久にいなくなる」とか、いろいろの話があって、とくにこの一ぺんだけ姿を見せるという話は気味の悪いものであった。

『西播実記』の中に、私の今も憶えている話がある。某という血気盛んな親爺が急にいなくなり、大分しばらくたってから、ある日村の裏山から大きな声で「帰って来たぞ」と叫ぶ声がした。皆が飛出して行って見たら、そこに姿が見えたので、「ああ帰って来た」といって追いかけて行ったら、もうその時はいなくなっていたという話である。いかにも実際らしく、そしておそらくは実際そう信じたのでもあろう。この本を庭山さんから借りたほかに、和田千吉という人からも借りて読んだ。この人は考古学のために大変働いた播州人で、姫路の出身であった。

この本の出たころ、西播の赤穂あたりの人が大和の吉野郡に出稼ぎをする習慣があったらしく、吉野の山中で経験したことや、聞いてきた話が、本の半分を占めていたのを、興味深く思ったことも覚えている。非常な珍本で、一時は「播州叢書」を出そうという計画があったが、出ればもちろん、この二つの本はその中に入れられるべきものである。

播州にはまた『播陽万宝智恵袋』という本もあるが、この方はたしか旧御影《みかげ》師範の蔵書の中にあった。同じ兵庫県でも、摂津《せっつ》の方からは、『摂陽雑記』とか何かが出ているから、播州からもこんなことが奇縁になって叢書でも出ることになれば、ひとり私だけの喜びではない。

有志家というもの

話題を田舎によくあった有志者とか有志家とかいうものに移すことにしよう。明治の中ごろは、ほんの僅の間ではあったが、私らの住んでいた村で単純な庄屋と百姓という関係でなく、家一軒々々が、それぞれの癖をもつようになったことがある。長兄が郷里へ帰らなかった一つの理由は、酒でも飲んで話し合い、お互に意気投合していた時代の仲間が、皆いけなくなったことにある。そのころはどの家でも資産よりやや豊な生活、自由な生活をし、本など読むので口ばかり達者になり、人中に出て酒を飲む機会がふえて、家の財産を失ってしまったという話が多かった。しかし家がまるきり絶えたわけでなく、どこかに移って生活を続けることになる。もちろん東京に出たのもあった。そんな連中が私らの兄の仲間であった。

辻川の本通りから堰溝に沿って地蔵堂の方へ曲る角に、角屋という家があった。床の間があり、掛け物がかけてあったりして、唯の農家ではなかった。表の方は町家造りで、多分運送屋か何かやっていたらしい。主人が私の兄の友人だったが、兄が出京した後、つまらなくなり、微禄して、隣の酒屋がそこまでのびてしまった。この角屋の主人なども、私のいう有志家の一人であった。

どういうわけで有志家というようになったか、はっきりしないが、いわゆる天下国家に志があるわけではない。「志」という字はわれわれが一生考えさせられた言葉で、立志伝とい

「有志家」という意味の志があるから「有志家」というようになったわけではない。通例ただ村の「口利き」というくらいの意味で、何か事件のあるとき、前に出て、一言いわずにはおられないタイプの人間で、機会さえあれば上手にヒュッと口を出す。それが有志家というもので、その連中が出来はじめて、村が急激に変ってきたのである。私のごく小さい時はちょうどこの有志家の発生期であった。その後、私が学生中、あるいはまた卒業の後、あちらこちら歩いた時に、どこへ行ってもこの有志家がいて、とくに役人となってから行くと、有志家が村の表面に立ち塞がり、村の者をじかに見せてくれないことが多かった。村長が有力ならば、表に立つが、そうでなければ有志家が交渉に当る。こういう有志家というものは、もとはどこにもなかったものであった。

維新時代の、いわゆる慷慨悲憤《こうがいひふん》の徒がはびこった時代の産物かというとそうでなく、むしろ四民平等の法令が出てからのものらしい。百姓の中にやや道理が分る者とか、家にいくらか蓄財があるとか、社会に信望があるとかいう中産階級の中で、口が利ける者がその力を集めて発言するようになったものである。

このことを私は奄美大島《あまみおおしま》から沖縄の島々に行ったときに気づいた。与人《ユウンチユ》というので、まあ貴族の別称でもある。ヨカルビトともいうから、良き衆という意味で、島によっては村のいちばんの顔役という所もある。ユウンチュとユウシとは偶然の暗合だろうが、音が非常によく似ている。外来人があると、わざわざ羽織でもひっかけ、分相応な返答をする連中のことである。腹の底には疑惑と警戒との心を蔵しつつも、表《うわ》べだけは「じつは……」などと切り出して、打ちとけた風な口を利くのが、この人たちである。

この村の有志家なるものが、今日の地方の運動員、選挙の運動員というものの基礎をなしたと思うと、確にもう一度、研究し直してもいい問題である。

囚人と兵隊

辻川というような非常に旧い道路の十文字になった所に育ったことが、幼い私に色々の知識を与えてくれたように思う。その道路の上を通った者のことが記録に残っていたり、自分でも様々の見聞をしたりしたので、外部のものの一つ一つに対してこんなに関心を寄せながら成長するようになったのであろう。もしも横丁か何かの隅っこにいたのだったら、私もこんな風な人間にはならなかったかも知れない。私の家の門に、酔っ払いの道楽者のばくちうちみたいな男がもたれかかって、自由の権だとがん張っていたために、自由の権というのはよくないもんだという印象を深くした。

そんな話がまだいくつか残っているが、一つ話したいと思うのは、監獄の囚人のことである。あの時分に何といったか知らんが、やっぱり監獄といったのであろうが、それが自分の村里から川上へ一里半ばかりの所にあって、その囚人が時々外を出歩くことがあった。監視人が付添って、よく赤いべべを着せるぞといったあの赤い、木綿をただ紅殻《べにがら》で染めたような獄衣を着て、ゾロゾロと外を歩いたことを憶えている。それからどういう理由だか、青い着物を着たのも少し交っていた。それらが街道をしばしば往来したのが、私の七つ八つだから、明治十五、六年くらいまでのことであった。屋外労働の道普請などもさせていたようだが、中には無害で逃亡の恐れのないことが判ると、普通の人の家へ、二人、三人と連れて来て労働をさせたものである。つまり今のように監獄の設備が十分でなく、中で働かせる面積も少なかったのであろう。私の家にも青い着物と赤い着物を着たものが二、三人来て、唐紙のはりかえや障子のつくろいなどの仕事をしたのを覚えている。

その時に、今でも記憶していることがある。監視人が自分の勝手な用をするために、座を外そうとして、「おい逃げんなよ」というと、囚人の方は、黙っていてから、後で小さな声で、「ヘェンだ、逃げようと思えば、いつだって逃げられるよ」といって、笑っていたことを憶えている。

もう大変純情でおとなしくなった囚人ばかりを連れて来るのだろうから、そんなことをいいながらも決して逆いはしなかったらしい。このころのことは、制度として何かの記録の上に残ってはしないかと思う。その監獄はどこにあったか、場所は知らないが、隣村川辺《かわなべ》の屋《や》形《かた》という所で、そこには郡役所もあり、色々の公の役所があった。後にはこの生野街道から近い所にあった監獄はなくなったが、そのころはきっとごく簡単な造りで、逃げようとすれば直ぐに逃げられるものだったのであろう。

もう一つ思い出すのは兵隊のことである。姫路の鎮台《ちんだい》が演習であの辺に終始出動した。そんな時、人家を指定して、あそこの家に五人とか三人とか割振って泊りこませる。村でいちばん情なかったのは、三木家であった。長い間きれいにふきこんだ玄関を泥靴のまま上るので、ゴザをしき、座敷の方は畳をすっかり上げ、部屋の回り四分の一だけ、ベッドみたいに畳を残しておく。兵隊はそこまで泥靴のまま上って行って、畳に腰を下し、足を床板の上に投げ出してゴロンとなり、寝るのも、どうもそのまま寝たらしい。最初は軒並に泊りこみ、どこを中隊本部にするとか何とか否応なしに決めたが、そのうち兵隊の出歩くのが減った。そして、前もって個人的に交渉してから割振りの人数をきめるようにしていたが、それも面倒になったものだから、宿屋とか、お寺とか、学校とかを使うようになった。食事の方はどこかでまとめて炊き出しをして、各宿舎に配給したものらしいが、よくは判らない。

それより、何十年もたった今度の大戦争の時、今の私の家なども、いよいよ非常時となったら、兵隊の割振りを受ける危険があった。しかし、私が郷里で見た三木家の一番座敷にまで、兵隊が泥靴のままで上ったような悲惨なことは、あれでおしまいではなかったろうか。

嫁入道具の行列

辻川の道の上の話をもう一つしてみたい。子供のころでも非常にまれなことであったが、道がいっぱいになるくらい、通行人と見物人があふれたことがある。伊勢音頭をうたいながら、時にはそろいの衣装やハッピをきた、嫁入荷物を送る行列の通る時であった。何村のどこの嫁入りだそうな、どこの婿取りだそうなといったふうな話が次々に伝わって、その時だけは村中の人が見に出る。

どこの家でもそうする習慣であったら、あれまで派手にはやらなかったであろうが、とくに資産を誇ったり、見栄坊だったりする理由からか、総出で見られることを意識して、歌も良い声の者を先に立てたり、少し酒気を帯びたりして行列が行きすぎた。

もともと農村では荷物を先に送ったりする婚礼はじつはなくて、あったとすれば大名とか士族のしていたものであった。播州などでもこれが行われるようになったのは、一つの明治時代の現象ではなかったかと思っている。

婚姻の変遷を調べてみるに、荷物を後で送るのは、嫁が落着いたことが明白になってから、目立たぬように送るのが普通であったらしい。奈良から伊賀《いが》あたり、琵琶湖の西岸、高島郡付近でも、嫁の荷物はいつとはなく持って来るという話であった。五年おればこれだけ、十年おればこれだけ、婚家の姑さんが亡くなったからずっと持って来たとか、大きな婚姻でも必ずしも荷物を持って来ることを条件にしないという所が中央部にもある。それから考えると、私の見たような辻川の嫁入りは、明治の文化を区切る一つの目じるしになるのではないかと思う。

何村の某が何村の某の所へ娘を嫁がせるということを、やはり道路を利用して報告するようなもので、ちょうど今日の披露宴の源をなすような制度であろう。もともとは村の縁組というものは、風呂敷だけでいつの間にか知らぬ間に行くというのが普通のようで、あらかじめ景気づけて荷物を送るとか、けばけばしい行列で行くのは、村の人としては新しいことであったらしい。

問題は「嫁盗み」という、日本では非常に面白い慣習に、この嫁入支度が関係していることであった。それについて、私がいつも思い出すのは折口《おりくち》君のことである。私がかつて出していた『郷土研究』という雑誌の第一巻に、しばらくは無名氏という投稿で、やがて折口信夫という名前で寄稿する人があった。後にはそれが折口信夫《しのぶ》君であることがわかったが、信夫という名前も、折口という哲学の哲という字を二つにしたような苗字も、ペンネームであろうと、ほうっておいたところ、二、三ヵ月もしてから、中山太郎という人が、「折口というのは国学院を出た実在の人ですよ。しかし大へん変った人です」という話であった。何とかして会ってみたいと思っていたが、そのころ私は貴族院書記官長の仕事をしていたので、折口君の方では億劫がってなかなか寄りついてくれなかった。後にはごく親しくなってしまったが、その折口君が『郷土研究』に、「三郷巷談」といって大阪の南の方、木津とか難波の報告をよせてくれた。これにはいろいろと、ハッと思うようなことがらが多かったが、とくに「ボオタ」という嫁盗みの風習は興味深いものであった。

嫁盗み

折口君の報告はたしかこんな話であった。大阪の木津・難波・今宮の三郷では、明治の初年ごろまで「ボオタ」という嫁入りの風習があった。

「あの人もボオタで嫁《き》やはったのに、えらいええし（好い衆）になりやはったもんや」などといわれる人があって、「ボオタ」は家計不如意で嫁入支度の出来ない時に行われる嫁入りだった。夕方着飾って支度していると、男の人が来てだまって娘をつれてゆき、大きな声で「ボオタ、ボオタ」といってゆく。ざっとこんな話であった。私はこの報告を読んでハッと思い、大変学問が進んだような気がしたので、折口君に御礼をいったものであったが、「ボオタ」は「奪《うば》うた」ということなのである。これは男の方で「俺が連れて行くんだ」と公言することで、「ボオタ、ボオタ、ボオタ」と大きな声で懸声をしながら嫁さんを男の家に送りとどけるのである。この場合はもちろん娘の父親も母親も承知の上のことであった。家柄からいったら一荷なり二荷なり添えて嫁がせなければならない家柄であるが、こちらにはその力がないという時は、世間体をはばかって「ボオタ、ボオタ」といって女だけをつれてゆく。親は喧嘩して連れて帰っても仕方がないといって、放っておき、後に仲人に立つ者があって親子の対面をさせるという、いわゆる掠奪婚の形をした、一番貧しい結婚の形であった。それであそこの家が一代身上《いちだいしんしょう》で立派になったんだというような時に、裏店《うらだな》の者が、そねみ半分に「ボオタで来やはった」とうわさするのであった。

掠奪結婚、われわれは嫁盗みといっているが、九州の長崎や博多の報告もあって、これは私どもの仲間の手によってだいぶ資料が集まっている。私はこれには三つぐらいの段階があると思っている。一つは本当に親の知らぬ間に男の友人らが加勢して、娘をつれて行ってしまうもの。一つは親が事情があって、くれてやると正式にいえない時に、盗まれたものなら仕方がないという形をとる場合、これは大阪には昔から例があった。徳川秀忠《とくがわひでただ》の娘千姫を、大阪城から救った者に与えると約束しながら、後になって千姫が救ってくれた坂崎出羽守《さかざきでわのかみ》の所に嫁がぬというので、盗まれたことにして本多忠刻《ほんだただとき》に嫁がせたという話がある。そのため坂崎家は断絶してしまったほどである。このころからすでに「ボオタ」という言葉を使っていたらしい。もう一つは折口君の報告のボオタのように、支度のできないという経済的理由のある時である。第一のものだけなら野蛮人でも持っているが、だんだんに発達して、ボオタのように貧しいのを隠すためとか、形式を略するためにするということまで変ってきたのは、婚姻史を書く上にまことに大切なことである。形は変らぬが、内容がすっかり異っているということは、折口君の報告によってはじめて気づいたことであった。

人によっては婚姻史を仲人から書きはじめるものと思っているようだが、それは間違いではないかと私は思っている。ただ単に男女の間に約束をして、それですんだ時代もあったのである。

義太夫道徳の責任

婚姻の歴史のことになるが、平安朝のころ、綺麗な娘の所へ夜通う、妻問《つまどい》の話がよくある。露見、古い日本語では「所あらわし」ともいうが、「じつは貴方のお嬢さんを私の家内にしておりますから、ご承認を乞います」という挨拶があるまで、親は知っていながら知らん顔をしている。けれど待ちきれないで、娘の所から他へ心を移したり、逃げてゆかぬよう、婿の穿《は》いて来た草履を抱いて寝たりするまじないさえも出来ていた。娘の所に通う婚姻は、両方とも自由に決められて良い婚姻にはちがいないが、ただ困ることは、棄てっからし、男が浮気者で「とがれ」すなわち離れて来なくなることである。来なくなられては、娘が一人すたれものになるので、それを大変両親が苦労して、草履を抱いたりするまじないが生れたのだった。こういう感覚は、江戸のころの芭蕉の七部集などにもたくさん例がある。婿の方が威張っていて、そんな嫌なことをするなら今度こそ……といわれると、女がしいんとなってしまう。その気持は現在まで続いており、親の圧制で結婚したとか、泣き泣き嫁入りしたということは、じつはありはしないのである。

田舎ではいったん約束をしてしまった以上、棄てたりすると男はその村におることができないということが多かった。村の人たちが良縁だと思えば思うほど、つまり全体の者が承認してしまうと、それに叛いて他の女に手を出したりすると、村人の制裁を受けるのだった。とくに女の努力が一人々々ではたいしたことはないが、集まった時は非常に大きな力になっていた。貴族のような狭い社会は動きがとれなくて別だが、普通の日本人というものはやっぱり世論というものが背後にあって、これとこれなら良縁だというようなことを考えるわけである。こういう事実を考えないで、昔は親だけが勝手に決めて、泣きながら嫁《ゆ》くなんていわれてきたのは、こうしないとロマンスが面白くないから、王昭君《おうしょうくん》の系統の話を結びつけたのである。それが常識となってしまって、今日のように以前の結婚を馬鹿にし、自由な婚姻制度を初めての獲物みたいに担ぎ出すようになってしまった。「親の許さぬ」などというのは、みんな義太夫《ぎだゆう》道徳がこしらえてしまったもので、まったく文学の罪というの外はない。

簡単に昔の日本人の生活は粗野であったと片づけてしまう人もあるが、婚姻のモラルにしても固い束縛があったのである。私はかつて赤面したことがあった。信州の諏訪《すわ》からちょっと西へ入った村のお爺さんに、若い時の夜遊びの話を人を通じて聞いて貰ったことがあるが、その答はじつに素朴で判り易かった。一ぺん約束すればそれが女房と決っていたんだというのである。今の私どもが考えてちっとも差支えないモラル、つまり愛して、嫁に貰うんだとか、貰った以上は棄てないんだという考え方が、古くからの日本には続いていたのである。このことを何かの方法で証明したいと思っている。

今まで学問は、多く士族がしており、士族社会はその生活維持の必要から、いつも厳格な法則に支配せられていた。だから道徳が守られているのは当り前だということになってしまう。こういう社会ではなく、農村の自由な若者が、春先なんか勝手に野原へ出てお互につき合えるにもかかわらず、自身の判断で乱れたことをしなかったという点を考えてみる必要がある。

男蝶・女蝶

私が何故このように結婚の話をするか。じつは子供のころは、変り目の時に住んでいて、よその人には気のつかないような経験をしているからである。

綿帽子をとって初めて花嫁を知るといったような婚礼に限って、儀式が非常に面倒臭いものになっている。昔からそうではなかったのだが、私はまだ幼年時代に、そんな式に参加したことがある。三三九度のお酌をする役を、私は二度させられた。男の子は五つ、女の子の方は七つに限るわけで、男蝶《おちょう》・女蝶《めちょう》になるのだが、女の子はただお酌だけしていればいいのに、男の子の方にはちゃんというべき言葉が決っている。私はませていて、それがいえるというのと、もう一つ、どんな使いふるしたものでもいいから袴を一つ持っていなければならないという二つの条件のために、私は男蝶に選ばれたのである。

式は子供にとって大変むつかしかった。二つの器に入った酒を合せていっしょにして、またそれを分けてお酌の銚子二つに盛り分ける。それから盃の縁をコツン、コツン、コツンと三つたたくようにして酒をつぐ。すると新郎新婦がそれを飲んでしまうのだが、その時、島台といって巻スルメやなんか色々の肴がおいてある台の上で、箸をもって左の肴を挟んで右へ、右のを左へちょっと移す真似事をしながら、「おさかなこれに」とその五つの男の子がいうことになっている。だから私らの方ではその五つになる男の子の方を、「おさかなこれに」行くといったものである。女の子の方は長い袂《たもと》の着物を着て、黙って座っていればいい。

儀式をなるべく厳粛に、しかも簡単にすませて、後は満座の人たちが酒盛りに入れるようにしなければならないわけである。

私が男蝶に選ばれた婚礼のうち、一軒は私のすぐ隣の家で酒屋であった。娘がたった一人しかなく、およりといったが、家が俄《にわ》か分限《ぶげん》になったので、二里ばかり遠くから又三郎という養子をとったのである。明治十二年のことである。その年のうちにもう一ヵ所、三木家の大東という新宅にお嫁さんが来た。お婿さんは私の兄貴の友人だったから、二十一か二であったろう。そこへ姫路からお嫁さんが来たので、私が二回目に選ばれた。何れも大成功だったが、ご褒美に何をもらったか、それだけはどうしても思い出せない。

しかし、そのときの光景は、今でも婚姻問題、日本婚姻史といったものを書いて見ようとすると、いつでも鮮やかに描かれるのである。両方ともお酌がよかったためか永続し、ことに第二回目の三木家の方は奥さんなど、かなり歳をとられるまで私の顔を覚えていられた。私が婚姻史を書く計画はずいぶん早くからあったが、こんな経験が隠れた刺激になったことは疑えない。

ただ昔を半開時代とか、若《も》しくは非常に乱暴な権力本位のものであったといって、古代人の心遣いを計算に入れないのを非常に残念に思っている。昔の婚姻制度を無視して、ただ士族流に解釈しようとしてしまうのは注意しなければならぬ。四民平等はいいことだが、できるだけ士族を真似しようとするのは良くないことである。昔の農民生活のよかったことを反省してみる必要があるのである。

丹波街道のこと

播州の中央部へと伸びて来る、京都からの丹波街道については、もっと郷土の人々が関心を払ってもいいのではあるまいか。

私は東京に出るまで、じつは読んでいなかったのであるが、近江《おうみ》の学者伴蒿蹊《ばんこうけい》が著した『閑田耕筆《かんでんこうひつ》』を読んだとき、私ははじめて意外なことを発見したのであった。北条の学者児島尚善が自分の通って来た丹波街道における出来事を、その師蒿蹊に語ったことが、その中に現われていたのであったからである。

この児島尚善という人の子孫である二人の兄弟と私は北条で交友があり、その父君も尚善という名の三代目かであったため、懐しさに耐えなかったことである。その顔容や、医師だった祖父の家とは競争相手だった児島氏の家までを、私はいまもまざまざと記憶している。同家は代々尚善を名乗ったものらしい。

それ以来、播州東部から、神戸・大阪を通過することなく京都と直接結ぶこの道路に興味をもち始めたのであった。

播州の中央部を貫くこの道路の存在は他県に見られない特徴あるもので、丹波の多紀《たき》・氷《ひ》上《かみ》二郡が兵庫県に編入された理由と意義もおのずから理解できるようである。山道を何とも思わなかったということは源氏の鵯越《ひよどりご》えだけではなく、昔の武士は山が戦の勝利に貢献するものであれば、山を使おうという気持が非常にあった。つまりこの道路を作った赤松家の利害が、京都の足利氏に近かったのである。いまも人に生国を尋ねて多紀・氷上だと答えられると、同郷人のような懐しさを覚えるのである。

学士院の安藤広太《あんどうひろた》郎《ろう》君が氷上の出身であり、柏原の名家の出身田艇吉《でんていきち》君の三男、園田寛君もこの成城の近所に住んでいて、いつも花山椒の佃煮を貰うのであるが、それは昔から有名なものらしい。もう一つ丹波地方への思い出として、播州の金持は遠隔の地から娶るのが例となっていたが、私のしばしば語る竹馬の友の三木拙二翁の細君は先妻、後妻とも丹波の人であり、そうした関係から丹波のよさが種々伝えられ、私の心の中に植えつけられたのであった。例えば丹波の黒豆の大きさや、そのふっくらとしたよさは全くすばらしいものだと思う。山国であるため、ああいったもので勝利を博そうとしたものであろうか。

私が丹波を通過したことは二度ばかりあったが、もっと頻繁に訪れておけばよかったと悔まれることである。ことにわれわれ民俗学に志す同志の者は、農村調査のためによく丹波へ旅行するから、そこについての知識は相当にあるものの、私の訪れた回数は少ない。福知《ふくち》山《やま》の方から二人曳きの人力車で杉原谷（現加美村）を経て多可郡を横切り、帰郷したことがあったが、それは昭和六年丹波に美しく桜の咲くころであった。

忘れもしないのは、山の高みに寺があり、その周囲に枝垂桜《しだれざくら》が乱れ咲いており、そのように美しい風景は二度とみたことのない印象であった。山桜でない里桜の山奥に咲いていたのが、とくに珍しく感じられたわけである。

匿名のこと

故郷のことを思い出すとき、私には生れた辻川よりも、むしろ北条の町の方に印象が強いというのも、やはり私がいくらか成長した後で住まった土地のせいであろうか。

北条という町は、もう少し郷土史の研究家たちによって探索さるべき土地柄なのであろう。というのは、もともとあの町は天領であったために、人々の改変の手が加えられておらず、古い遺跡が残存しているのである。それはちょうど甲州が天領であったために、江戸とは非常に接近した土地でありながら、古いものを新しくする人工が加えられていないのと同様である。いわば北条は播州の一つの都であった。

私の匿名の一つに尾芝古樟《おしばこしよう》というのがある。これは北条の母の実家の姓と、同家にあった古い樟《くす》の老樹にあやかったものである。思えば私にはこうした匿名が二十近くもある。大正二年三月、高木敏雄君とともに『郷土研究』という雑誌を創刊し、毎月千部ずつを頒ったことがあるが、高木君はやがて私と袂を分って同誌に執筆しなくなり、一般のその雑誌に対する同情は集まりつつも執筆者が少なくなった。ちょうど貴族院書記官長の最も繁忙な時期に当るのであるが、官舎を編集所として、姪の婿に当る岡村千秋《おかむらちあき》が色々の事務を担当してくれた。折口信夫君の読みにくい原稿が届いたのも、それを私が書き直したという評判が立ったのも、そのころのことである。

折口君に触れて思い出す笑話がある。それは京都のS博士が、しきりに同誌の刊行に同情の意を表しながら、一度の寄稿もしてくれないので、「鳥居《とりい》強《すね》右《え》衛門《もん》のようなやつだ」と評したところ、濠端《ほりばた》まで来て城中に入って来ないという私の皮肉を、折口君は自分のことだと誤解し、それ以来私あての手紙には鳥居強右《きょうゆう》と署名して来たのであった。

『郷土研究』の執筆者の少ない分を、私は匿名による、いささか文体を違えた文章で補ったが、四巻十二号休刊のさい、世間を罵倒する「休刊の辞」を本名で記し、その後に、雑誌刊行中使用した匿名を全部使用して短文の報告を載せた。尾芝古樟もその一つ、中川《なかがわ》長昌《ちょうしょう》は祖父の実家の姓と同家の菩提所長昌寺より、桂鷺北《かつらろほく》は曾祖母の実家姫路市砥堀《とほり》の桂家と、その土地が白鷺城の北といういわれ、そして久米《くめ》長目《ながめ》というのは、田原村の南の長目という地に寺があり、久米仙人《くめのせんにん》が堕落して以後同地に隠棲したという伝説のあるのにちなんだものである。匿名を使用した執筆は『郷土研究』誌刊行時に限られており、その他の場合はいずれも本名を用いた。

なおこの他の匿名の由来にも触れると、大野《おおの》芳宜《はぎ》は、かつて那須野《なすの》に旅した際、「思ふこと大野の小萩」という歌を作ったことからである。山崎千束《ちづか》は、私の生れ故郷田原の西を流れる市川の対岸福崎町山崎という所に、淵に臨んだ岩山があり、夜分その下を通った人が、山の上から川の中へ巨大な足がぬっと突込まれたのを見たという伝説がある。その土地を千《せん》束《ぞく》と呼んだいわれがあることによってつけた（千束は多分洗足なのであろう）。榎本《えのもと》御《み》杖《つえ》は、私が一時よく榎のことを書いて榎の杖に触れたことから、そして板垣小棠《いたがきしょうどう》は、東京根岸のさる家の板塀越しに海棠《かいどう》が美しく望まれた印象から名づけた。なお私の養家先の柳田家《やなぎた》は、家系の永続が困難な家で、そのたびに一族の安東《あんどう》、菅沼《すがぬま》両家から養子を迎えたが、私の養父は安東家から来たので、安東と、その逆の語呂を合せて危西《きさい》をつけた安東危西というのもあり、安東家とともに風伝流という槍術の師範の家菅沼家の姓に、同家のあった美濃の国可児《かに》郡の郡名をとり菅沼可児彦と名づけたのもある。ちなみに風伝流という槍術の発祥は播州の明石である。

またこの一族の祖先は一時神奈川県足柄上郡山北《あしがらかみぐんやまきた》の川村という土地にいたことがあったので、川村の姓に、島崎藤村《しまざきとうそん》をからかう気も手伝って、彼の本名春樹《はるき》にちなみ、訓みを同じくして杳樹《はるき》をつけたのもある。小野吾滑《おのあなめ》は、小野小町の伝説に現われる「あなめあなめ」の歌に由来し、清水松亭《しみずしょうてい》という名は古い知り人の名を借りた。森緑《もりみどり》は私の祖母の祖母にあたる人の出身地福崎町の、いまの新町の森という家の名にゆかりをもたせ、森の色は緑であるからという理由でつけたのである。

兄弟のこと

兄の望郷心

一ぺんは記しておきたく思うのは、早く郷里を出た長兄の鼎が、自分の生家に対していろいろの回顧を持ち、自分の幼少であった時分の思い出をたくさんもっていた点である。この兄が郷里で小学校長をしていたこと、若くして娶《めと》った兄嫁と不縁になり、志を興して東京に出たことは前にも述べた。この最初の兄嫁が幼い義弟の私に、その後も大変親切であった有難さが、七十何年後のいまも忘られないと、この「故郷七十年」で書いたのに対し、その兄嫁の近親の人たちから、はからずも心の籠った通信を頂いたことは、近ごろにない嬉しさであった。

下総の布川に開業していた長兄は、医者という商売柄、一週間と家を空けるわけにはいかないので、いつも播州のことを心にかけ、噂を絶えずしながら年取って、殆んと播州へは帰らずに終ってしまった。懐しそうに語る話は、じつに旧式で、兄と私とは年が十五も違うので、同じ辻川や播州の観念が大分ちがっていたのである。

年若く師範学校を出て村に帰り、小学校長になったころ、村には兄を助けてくれる同年輩の人が多かったが、東京に出て五、六年も医者の修業をしているうちに、これらの仲間の上にもはげしい時代の変遷があった。中には不幸にあって英気沮喪《そそう》したのもあり、兄としては、帰ってみてもだれも頼りになるものはなくなっていた。私が「あなたのお友だちは」と聞くと、いちばん親しかったのはだれ、同僚としていちばんよく付合ったのは何某など答えたこともあった。東京へ送り出すときには、酒を酌《く》み交したり、旅費を作ってくれたり、餞別《せんべつ》をくれたりして見送ってくれた連中が、世の波にのりおくれたりして、皆かなり暮し向きが酷くなってしまった。代りに出てきたのが、兄からみると年配の違う若い者であった。

帰村するのには、大まかなゆったりした縁故があればこそ、心をひかれるのだが、その糸が切れ、一つこの男を働かせて、なんて考えてくれる者がいなければ、やはり寂しいことであった。かつて同じ部落の中でも、とくに隣組付合いをした人々でも、都会に出たものがやって来ると、鉢巻を取って挨拶しなければならない。つい面倒だから、知らんふりをしてすごしてしまう。いいかえると、私どもが知らん間に上流階級の人になってしまっていたわけであった。私だけでももう少し頻々《ひんぴん》と帰るとよかったのだが、明治二十六年に帰り、次は三十一年、それから次が三十五年というふうに、間が開いたので、その間に他所から嫁に来たり、他へ移ったりして、故郷というものが、人間を離れて山水だけになってしまうのであった。これはまことに寂しいことである。ただ私は村というものを馬鹿にせず、村の成立ちとか変遷とかを自分の村で経験しなくなってからも、他所の村で十分味わうことが出来たわけである。このように私自身はまだよかったが、他郷に終始した長兄にとっては、人間と離れた故郷というものが、じつに寂しい感じのものであったに相違ない。

長兄は郷里を出て東京に来るときには、決してもう帰らないという気持ではなかった。しかし不在の五、六年間に大分郷里の事情が変ってしまい、ことに前にいった村の有志家のうち、ちょっとした蹉跌《さてつ》で失脚するものが少なくなかった。例えば藤本といって義侠心もあり、個人的にも長兄を可愛がっていた家が、瞬く間に不幸続きとなり、兄が帰っても相談にのってくれそうもなくなった。そういうことがいろいろあって、兄にはもうとても駄目だと思われたらしいのである。

そのうえ、もっと大きな理由は、郷里の親類が皆医者だということである。私の家はしばらく医者をやめていたので、今さらそれらの親類の中へ割り込んで、競争するのは嫌だという点にあった。そうこう考えた末、二度目の兄嫁として茨城県人を貰ったものらしく、大分郷里を出るときの心持とは変っていたように思う。それが偶然の手伝った移住の原因であった。

親の方でも仕方なしに、後から関東へ出て来たが、母などは郷里の常識しかもっていなかったわけだから、どうも双方のために不為《ふため》なことが少なくなかった。明治二十二年の夏から、二十九年に父母が亡くなるまで、体も大分弱っていたし、気持も何となくイライラするようなこともあった。あんな思いをせずに亡くなったのだったら、と思うこともあるが、仕方のないものである。

長兄はそんなわけで何かというと郷里の話をしたが、それはたいてい、子供の私が聞いても時勢遅れとしか取れないようなことであった。こんなことがある。

明治になってから、わが国でも急に木綿織の反物類が盛んになり、一時日本の棉作りの黄金時代のようなときがあった。初めは大和とか河内《かわち》など近畿地方の平地で余計に作っていた。

それが次第にひろがり、山陽線の両側などでは、夜など棉の実が割れ、畑が一面に白くなって月夜のように明るく、それは綺麗なものだった。田圃の水をなくした所にずうっと植え、所々とびとびに摘み取る棉畑の面白さ、美しさというものは関東には少ないものであった。

明治の初めのころ、政府は米にも棉にも高い保護税をかけて、国産を奨励して輸入を防いでいたが、日清戦争のころになると、だんだんそれができなくなり、保護税をやめて、輸入を緩やかにした。それがたしか明治二十九年ぐらいを境にして、それ以来国内ではぱたっと棉を作らなくなり、唐糸《とういと》（外来綿糸）が急激に入って来たのである。織物にするには、繊維の長い唐糸の方がより適しているので、日本棉は年々減ってきたのである。

そんなときに長兄は、茨城県に棉畑を奨励しようとして、種苗を取り寄せたのだから、旧式な話で、成功するはずもなかった。何分にも明治十六年に郷里を出たころの知識を元手に、関東地方の人と交りを結ぼうとして努力をしたのだから、うまくゆかなかったのである。

いちばん郷里に帰りたく思い、そして一生播州のアクセントと国訛りの抜けなかった長兄が、とうとう郷里に帰らなくなったのだから、ときにイライラすることもあったらしく、われわれとしても気の毒に思ったのであった。

一人前の話

長兄松岡鼎が神戸の師範に入る以前のことである。近所の子供を集めて鬼ごっこして遊んでいるので、母が「十五歳にもなって……」と叱責したそうである。すると兄が「タバコ入れを買っておくれなら」と答えたのを、折から居合せた尾芝の祖父が聞いていて、「もっともなことだ。おれが買ってやろう」といった、という。

この話は考えるといろいろなことを意味しているようである。当時一般農家の子弟が一人前になるための元服《げんぷく》の儀式は、十五歳のときときまっており、これを境に一人前の若い衆になったという精神的な自覚を与えられたものである。ところが私の家は不幸にして、子供を若い衆の仲間に入れることなく、単に教訓だけで形づけようとしたのである。従って兄が夕バコ入れを買ってくれと要求し、祖父が兄のその言に感動したということが、私はいまなら理解できるのである。つまり子弟の成長には一つの明らかなきりをつける必要があるということである。

当時のきりのつけ方について面白い記憶がある。私が子供のころ母について近所の家に行っていたときに、その家の母親が「倅《せがれ》はお宮詣りに行きました」という。母は「お宮詣り？　ああ元服だね」と祝辞をのべたが、先方の母は「はい、新しい下帯でね」といいながら、子供をかえりみて、一ぺんオエハンに見てもらえというと、その子はうんとすなおに、両の手で前をひろげるが、そこにはせっかくの現物がないのである。叱られたり笑われたりして、走ってお宮にさがしに行ったが、ちょうど石段の中ほどに「ゆ」の字形をして落ちていたのを、あったといってもって戻って来た。

こんな無邪気な少年が、一人前の若者となるには、どうしても二、三年の中間期があった。それを播州などではヒノデ（日の出）と呼んでいた。ヒノデはまことによい言葉だが、たいていの児童は、この期間に少しずつ母が教え得なかった人生を学んで行くのである。あるいは小若い衆という地方もあり、また青二サイなどともいわれるが、二サイはじつはニイセ、新しいセ、すなわち娶り得る者の意味である。

私たち兄弟三人はこういう空気の中に生れながら、ついに正式の成人教育を受けずにしまった。もとは僧侶とか特殊な芸人とかの、わずかな数に限られていたのが、新しい教育の進むにつれて、年ましにその勢力が増大して、よくも考えずに古い習わしを崩壊させたのは、一種の無血革命ともいうべきものだった。そうしてこの目に見えぬ変動の中に、次第に消えたり忘れつくされたりしたものに、まだいろいろの重大なものがあった。国の近世史の軽く取扱われていたことは、何だか自分たちにも責任があるように思う。

終戦十数年後の今日まで、この問題はなお未解決、あるいは混乱の複雑化ともいえる。人が自由に交通し得る年齢と、世に出て働き得る時期とには、段々と大きなズレが出来て来る。いちばん困るのは少年という日本語で、このごろは少年といわれる若者に、とんでもない犯罪人が時々出て来る。漢語の元の意味ではただ「若い人」だったかもしれぬが、われわれは明治二十一年の雑誌『少年園』以来、単に男の子供という意味にこの語を使って来た。もし範囲をひろげるなら、もっとはっきりとその変革を公示しなければならぬ。察するところこれは近代の「青年」という名に対する、極端な警戒からで、前なら青年といってよかったものを、考えもなしに改めたものと思う。青年という名の用途を制限するのは結構だが、それを「少年」にさしかえられてはたまったものでない。言葉を気にかけない人たちを政治家にせぬように、選挙人がまず考えて見なければならぬと思う。

長兄の境涯

私一人だけはどういうものか酒を飲まないが、兄弟は皆酒を飲んだ。中でも長兄だけは、どちらかというと酒癖が悪い方であった。面白くないことがあると余計飲む、すると日ごろは用心深くていわないようなことも口にする。外で人に迷惑をかけると、それっきりになってしまうこともあるが、家庭でそれをやると、いつまでも後味が残ることになる。おまけに少し飲みすぎると、翌日から寝てしまう。そのうち少し大患いしたことなどもあって、物心つく年ごろの私は、私なりにいろいろのことを考えてしまった。兄は、もう一人井上の次兄があったが、他家へ行ってしまっているし、長兄には子供が三人もあるのに、こんなに不養生で、身体が弱いとすると、両親を抱えて、私としても考えなければならないと思うようになった。もともと私は医者は嫌なのだが、一家を背負ってゆくためには仕方がない。万一の場合は医者の開業試験ぐらいは受けられるようにしておこうと、そんな悲愴《ひそう》な決心まで子供の私はしたのであった。その後兄はねることもよくねるし、飲むこともかなりよく飲んだが、それでいてだんだん大人しくなって、幸いなことには、とうとう七十五まで生きながらえた。

医者の方もなかなか繁昌して、万事が思うようになるので、一時は政治に興味をもち、千葉の県会議員になったり、一期だけではあったが、布佐の町長を勤めたこともあった。その町長になった時の記念として、面白いことに兄は利根川にはじめて橋をかけて、千葉の布佐と対岸の茨城の布川とを結びつけた。まるで布佐町長の兄の便利みたいな長い橋が、昔からあった有名な渡し場にかかったわけである。ちょうど茨城の方から成田鉄道の停車場にゆく道になっていたので、私共のおった布佐の近所がずいぶん繁華になった。橋の名は「さかえ橋」といい、これは井上の兄が県境だから境橋と名づけたのだが、あの地方のイとエの発音の混同から村議会でサカエに訛ってしまったものだとか伝えている。今もこの橋は残っていて、私は橋を渡ったり、写真を見たりするたびに、長兄の一生というものを思い出すのである。一生を酒を唯一の慰めにして、他郷にいる寂しさを逃れていたのが、兄の境涯であった。

これは少しも自慢にならない逸話なのだが、あるとき貞明皇后《ていめいこうごう》さまに、人がわれわれ兄弟のことを、「あそこは四人兄弟がありまして、それぞれ何か仕事をしております」と申上げたところ、「もう一人、上のが田舎にいるはずだ」と仰言《おつしや》ったという話が伝わっている。それを聞いた兄は非常に感激し、「それでもう本望」と、それこそ涙滂沱《ぼうだ》として喜んだのであった。自分は弟どもの世に出るのを裏から助けて、一種の犠牲になったような感じを秘かにもっていたのに、図らずも、その自分に玉の御声が掛けられたと感激して、非常に生きる張り合いを覚えたわけであったろう。

次兄、井上家に入る

次兄通泰《みちやす》の養家井上家は、辻川と同じ元田原村の一部落、吉田という所の旧家であった。

村の中心をなしていた名家で、村との関係がまるでお寺と檀家のように思われた。他にも独立した家があったが、井上家を囲んで何十軒かの小さな家が周囲に集まっていた。播州の海岸に英賀《あが》という所があるが、井上家は初めそこにいたという。小寺《こでら》家の統治時代というから、ずいぶん古いことだが、その時代に今の吉田へ移って落着いたように伝えられている。系図に依れば、河野《こうの》の一族ということで、現に河野通有《みちあり》の兜というのが代々伝わって来ている。次兄の歌の中で比較的いい歌に、

遠き祖《おや》の片身の鎧《よろい》 万代《よろずよ》にいかで我が名も伝へてしがな

というのがある。兜を鎧というのは普通よくあることであって、これは有名な歌になり、父なども非常に喜んだ歌であった。次兄は父母が姫路の熊川舎に学監として行っていた時代に、そこで生れ、私と年が九つちがっている。十一の年の暮に養子に行っているから、幼い私の知らないころの話であった。私が物心ついた時にはもう井上の兄さんといっていた。幼名は泰蔵といったが、河野の一族に入ったので、通泰と名を改めたわけである。

井上の養父は碩平といって、一時姫路病院に勤めてなかなか評判の高い医者であったが、通泰はこの時代に貰われていった。いくつの時に村へ帰って来たか、私にはもちろん覚えはない。ただ他所の子供より比較的早く、十四、五歳で東京へ勉強に出たことだけははっきりしている。東京には姫路の学者で、国富重彦《くにとみしげひこ》という人がいたので、その人などの世話になっていたのではないかと思う。大学予備門のまた予備校みたいな所に入って、簡単な勉強をし、それから大学予備門にいっていたようだが、その留守中、私は井上家を一番の娯しみの場所にして出入りした。行けば非常によく世話をしてくれたし、そのうえ家は立派なので、始

終遊びに行っていた。次兄の養父母のことは、今もよく覚えている。

井上の家では、たった十一歳の通泰を養子に貰った時、なかなか居付かないので、どうかして居付かせようとして非常に苦心をしたらしい。子供の私は大人たちのこういう話をよく傍で聞いていた。例えば養母が、次兄が寝てからも枕元にお菓子とか玩具とか、欲しそうなものを置いておくとか、近所の男の子を二人ばかりえらんで、兄の好きな時、何時でも遊びに来てくれるようにしてあって、いっしょに遊ぶ部屋をこしらえたり、ありとあらゆる方法をつくして、兄を居付かせようとしたものらしく、それを聞いて、幼かった私など、羨しくてたまらなかった。

辻川の村はずれに出ると、遠くに井上の家の屋根が見えた。北側に難波という家があって、そこの黒い板塀と井上の家の白い塗壁とが見えて、いかにも何時でも遊びに来いといってくれているように思われた。子供の私は行きたくてたまらなかったが、そう行っては向うに気の毒だと母がいって、月に一ぺんか二へんしかやってくれなかった。しかし他に行く所もなかったから、私らはほとんどそこの家の子供みたいになって育ったものであった。

中川・井上・松岡三家の関係

井上家は、四代ほど前にお祖父さんとお祖母さんとが残り、息子夫婦は三十二、三の時に腸チフスかなにかで同時に亡くなっていた。そして後には兄の養母になった人とその妹との二人の孫があるだけとなった。お祖父さんは多分六十歳前後だったと思うが、この姉娘に早く養子をしようと思って方々をさがした。その結果、川辺の中川家に二人の男の子があったので、その弟の方の碩平を迎えることにした。ところがこの川辺の兄弟の母親はやはり一族の網干《あぼし》の中川家から出た人で、私の祖父、陶庵と姉弟の間柄である。つまり碩平という井上家の養子と私の父とは従兄弟になっていた。年は父の方が五つ六つ上であったろう。

　この網干の中川がまた、何代か前に川辺の中川から分れた家で、代々医者をしておった。私の祖父の兄に善継《よしつぐ》という医者がおり、長崎へもたびたび往復した学問の深い人物で、この人がその甥にあたる私の父に対して、非常に大きな感化を与えたのであった。

　網干の中川は川辺の中川から別れたのだが、名家として徳望を備えるようになっていた。善継の息子淡斎《たんさい》は、私の父と従兄弟になるわけだが、それが大変優秀な青年で、長崎へも留学したりしたが、若死をしてしまった。後には娘が一人あるきりなので、この娘に明石の中沢とかいう家から養子を迎えたが、これも相当な医者で、姫路病院につとめていた。どうも家の衰える時というものには方式があるように思われるが、この中川にも男の子がなく、娘が後を継いだ。私が最後に訪ねて行った時、中年の婦人が出てきて、私のことを知っており、「あんたは、くにょはんかいな、しずはんかいな」といったりしたので、話をしてきたことがある。このお婆さんの後、二へんか三べん養子が続いたらしいが、今の人はまるで付合っていないから知らない。しかし私の祖父陶庵は、その網干の中川から松岡家に来た人である。おまけに前にもいった通り、その祖父の姉さんが川辺の中川へ嫁に来ている。

　川辺の中川家は六代位前に丹波から移って来たそうだが、学者や医者を出し、私ら一族の一つの目標になっていた。私の祖父の姉の連れ合いは二人の男の子を残して早く世を去ったので、未亡人は亡夫が丹波から連れて来た弟子の尚継という医者を順養子として家に迎え、二人の兄分として医者を営ませた。尚継は二人の弟たちの成長を待って分家をしたが、その子供が東京に出ていた医学生の中川恭次郎というわけである。

　中川家の二人の兄弟はいずれもりっぱな医者になり、ことに碩平は大阪で修業をしてから姫路病院の内科部長として活躍した。その間に井上家の養子になったのである。井上の家つきの細君は両親を失って祖父母に育てられた姉娘の方であったが、不幸にして子供がなく、他家に嫁いだ妹娘の方には多勢子供があったので、その長女のマサを、生れると同時に実家の井上家に貰いうけて育てた。それが通泰を養子に迎えたわけで、つまり私の兄嫁になった人である。

兄の帰省

　井上の家は養子に行った私の兄も、養父母に当る碩平夫妻も、ともに寅《とら》年であった。養子に行った時、通泰が十一歳、養母が二十三歳、そして養父が三十五歳という、何となく不自然な縁組であった。三人寅がいるので、三匹寅という掛物を作るはずだが、何だか具合が悪いといって、よく六つ目の干支を絵にする例にならって、有名な猿の絵描きであった森《もり》狙《そ》仙《せん》の三匹猿をわざわざ買って来て、誕生日などにかけていた。すると、まだごく小さかった義姉が戌《いぬ》年なので、狗《いぬ》の絵を入れたらなどといったこともあって、かわいそうでならなかった。

たようなものであった。

義姉は兄通泰より八つ下だったから、私より一つ上で、子供のころは私といっしょに育った。

養父は他に何もいうことのないほど良い人であったが、どうも酒をのむとよくなかった。あの時代の医者は今のように車など使うというようなことはなく、往診には馬に乗って行った。先方で酒をのんですっかり酔ってしまっても、馬の方も威圧せられてしまうのか、おとなしく主人をのせて帰って来た。時々「音がしたが、どうしたんだろう」などと家の者がいっていると、馬は先生をのせたまま厩《うまや》の中で寝込んでいたというような滑稽な話がある。

ことに晩年は、いろいろ憂いがあり、悲しみがあったりして、いよいよ酒が強くなり、末路は気の毒で、五十にならずに死んだのではないかと思う。母親の方だけはながく残っていたが、この母親が幼い兄通泰を井上家につなぎ留めるために苦心したわけであった。そしてそのお蔭で、弟の私までがいろいろ優遇せられたのであった。

兄は十五歳ぐらいで上京したが、大きくなってからも村に帰って住むわけにはいかないので、できるだけちょいちょい帰って親孝行をしようと考えたらしい。多分二年おきに、三回か四回帰ってきたように憶えている。三回目のときは私を連れて東京へ帰ったときではなかったか。その前のときにはドイツ語を大変勉強していたとみえ、ドイツの話をしてくれた。後で知ったが、それはグリムの童話を教えてくれたのであった。

もう一つ憶い出すのは、兄は字を書くのにＪペンを使っており、いつもたくさん買ってもってきた。少し使っていやになると、つっとすてってしまうので、「もらっていいか」というと、「みなもっていっていいよ」というので、こどもたちはみなそれを貯えるのであった。お互に何とかしてくれたらペンを一つやるといって、ペンの数をふやす工夫をした。兄の帰省中はそれをねらうのが目的で、よく井上の家へ行った。

私の近所にちょっと変った息子がいて、鶴という名の友だちであったが、いつも私の顔をみるとひやかし半分にいったことを思い出す。田圃の傍に畦豆《あぜまめ》を植えてあるが、ある時、私がその一本を根こそぎ掘り起して持ち帰り、植木鉢に植えておこうとしたことがある。すると弟の静雄が「そんなことをする者はない。家へ帰っていいつけてやる」という。こちらは困って、「ペンを一つやるからこらえてくれ」というと、弟は「いや、いう」と頑張る。それで「二つやるから」というと、やはり「いや、いう」と答る。その押問答を鶴というその私の友だちが見ていたらしく、私が、何か得意なことをやり出したりすると、みんなの前でじつに巧みにそのことを話したのであった。

親の幸福

小さいころから私自身は当り前の子供で、古ペンなどを貯めて喜んでいたのに反して、弟の静雄はその時分から兄貴に譲ったりせず、ペン先などで動かされないような強情な性質の持主であった。弟は子供のころからなんとなくませていたらしい。

私の子供のころは、どこの家でもごく普通にお灸《きゅう》を教育につかっていた。子供がいたずらをすると、制裁にお灸をつかうのである。子供の方でも警戒しているけれども、やはりそのうちに失敗してしまう。すると私の家では、おたかという雇い婆さんがいて、さっとつかまえて抑えつけて、母の顔をちらっと見る。それでもうだめになり、お灸をすえられてしまうのである。これは子供にとってはいちばんいやなことであったのに、静雄だけはこれが効かなかった。「隣へ行って灸すえてもらって来たよ」と帰って来て話すので、「なぜそんなことをした」と聞くと「みながすえていて、お腹《なか》のためにいいっていうから、僕もすえてもらって来た」などという。つまりお灸を嚇《おど》しに使えないような不思議な子供であった。

そんな風にして、子供たちが次兄の使いふるしたペン先を集めたときのことを考えると、いまでもほほえましくなってくる。

その次にもう一度次兄が帰省したときは、すっかり変っていた。私はよく人に話すのだが、そのころは鹿鳴館《ろくめいかん》の反動で、国粋保存主義の運動の最も盛んなときであった。兄は日傘をさして帰って来た。頭は無帽で何もかぶっていない。それから着物を着て袴をつけ、黒であったか白であったか、とにかく足袋《たび》をはいていたと思う。あるいは裸足だったかも知れないが、雪駄《せった》をはいていた。

「それ何だ」と聞くと、「これが国粋保存主義というもんだ」と答える。明治十九年のことであったろうと思うが、私はそれによって、国粋保存主義というものをはじめて知った。兄の友だちの中にも大分そういう人があったが、明治二十年に私を連れて帰京するときには、もうきちんと洋服を着て、帽子をかぶっていたのだから、ほんの一時期だけの現象にすぎなかったのであろう。これはまったく、鹿鳴館風俗に対する反抗であった。「東京ではみなこうです」などといっていたことも、よく覚えている。

二年に一度ずつ帰って、郷党《きょうとう》の人々に中央の動きを聞かせたので、田舎では大変重きをおいていたらしく、兄をすっかり大人扱いにしていた。父などことにそうで、酒を飲みながら、いろいろ語る兄の二年間の進歩ぶりや、世の中の移り変りなど、それはそれは熟読玩味《じゆくどくがんみ》していたようである。母親も側にいて、じつに心を入れて聞いていた。そのころの「親の幸福」というものはいま思ってもいちばんだったのではないかと思う。

兄嫁の急逝

次兄と婚約していた兄嫁の井上マサは、はっきり判らないが、多分明治十八年に東京へ出てきて、巖本善治《いわもとよしはる》の明治女学校に入った。前にのべた『文学界』の事務所をあずかっていた中川恭次郎が、巖本校長一家とも親しかったので、いろいろと義姉の世話をしてくれたということである。

その義姉が明治女学校を無事に卒業したので、一族がやれうれしやというので、一遍郷里へ帰って国で結婚の式を挙げたのであったかと思う。はっきりしないが、私が暫く下総に行っておって、今度東京へ出て来てみると、もう兄たちは同居していた。

明治二十二年だったろうと思う。その少し前だったと思うが、二人の兄たちは松岡の実父母を東京に置きたく思い、御徒町《おかちまち》に開業した井上医院が広いので、同居することになった。つまり下総から出て来た母親が主婦権を行使していたわけであるが、そこへ新婚の義姉が加わっても、落着く部屋がない。仕方がないから、二階の兄の部屋の端の方に小さくなって暮すというような状態であった。いろいろわれわれには解らない女の人の道徳というものがあったことを、私もこのごろになってしみじみ考えさせられるのである。

それで兄嫁が妊娠すると、みながすすめて郷里の家へ帰らせた。田舎の方が健康にいいから安産するだろうという理由からであった。まだ井上の養母はそのころ健在であった。ところがある日兄嫁が辻川の友達の所に行った帰り、途中の村落で折から流行していた赤痢に感染して、手当をする間もないくらいに亡くなってしまった。兄も急を聞いて馳《か》けつけたが、間に合わず、事実上、兄嫁の死によって井上の血は中絶することになってしまった。

兄の嘆きは深く、哀れな挽歌がたくさん残っている。兄の歌集は私が『南天荘歌集《なんてんそうかしゆう》』として印刷して世に出したが、その最初であったか、「折にあひてうらやましきは女郎花《おみなえし》枯れても残る姿なりけり」というのが出ている。ちょうど九月末のことであった。もう一首「月見れば月にいよいよ白かりし妹《いも》が面《おも》わぞ面影にたつ」というのがある。顔の非常に綺麗な、色の白い人であった。私は兄嫁より一つ年下で、小さいころから親しく遊んだりしたので、ことに痛恨に堪えなかった。一軒の家の悲劇は、じつにちょっとした手違いから起るものだと、つくづく考えさせられるのである。

由緒ある井上の家を絶やさぬために、次兄が非常に悩んだのも当然の話であった。いろいろと考えた末、他の縁者から養子を迎えて井上家を継がせ、自分は一代だけで外へ出ようという決心をした。こうして養子のことを心にかけつつも、いろいろの手違いから、うまく進まず、その上、兄がまた伝染病で死ぬという悲劇のために、あたら一軒の名家が空しくなったことは、まことにおしいことであった。

井上の母も死に、兄も村へ帰らなくなってから、井上家を管理してくれた人は山口大三郎といって、井上家と血縁の人であった。現在、吉田の井上家を引受けてくれている山口直泰君は、この大三郎の息子さんで、私はいまも親類づきあいをしている。私がいつも山口家を訪ねて辛いのは、健康で聡明な理想的跡取りであった兄嫁マサを、赤痢のような伝染病で、しかも身重のまま亡くしたということである。

姫路時代

次兄は暫く独身でいたが、やがて日置黙仙《へきもくせん》という禅僧のすすめで再婚した。黙仙が眼を悪くして、大学の河本眼科に入院した折、どういうものか井上の気質に惚れ込んで、治ってからも時々、御徒町の井上医院にやってきた。そうして世間知らずの坊さんのくせに、仲人などをしたものらしい。この縁組をみた井上の歌の先生、松波資之《まつなみすけゆき》翁が、日置黙仙と一座した時、「和尚、もう一遍入道せんといかんのお」と、いかにも人をくった警句をいわれたそうである。脇にいた中川恭次郎が、坊さんは何と返事をするかと思っていると、困った顔をしながら、「何をいうぞい」と応答したとか。「あの勝負は明らかに松波さんの勝だったね」と、後で中川が私に話したことがある。

新しい兄嫁は極度の善人で、私らはいつも同情はしていたが、家風のきびしい家には不適当な人であった。

やがて次兄は新しい妻をつれて姫路病院につとめるようになった。その間に私が幸いに高等学校に入ったので、旅費を送ってくれ、骨休めに郷里へ帰って来いといってくれた。

京都で勉強していた弟静雄も招ばれて、兄弟三人が姫路の次兄宅で楽しい何日かを送った。その時、かつて辻川の拙宅で、母の手伝いをしたり、私ら兄弟にお灸をすえたりしたおたかという婆さんが、井上の家事を手伝ってくれていた。このお婆さんは、じつに苦しい生活をして来たが、体も大きくりっぱで、よく働く上に忍耐力の強い、模範的婦人ともいえる女であった。自分の夫に別れ、娘と二人の息子を育ててきた。姑《しゅうとめ》を見送ってから、二人の息子にも大工や何か職を身につけてやったが、その息子たちもまた早く世を去ってしまった。後に孫が残ったのをよく世話をしていたが、悲劇といってもこれくらいかわいそうな女はなかった。

このおたかが、家事を手伝いながらじっと新しい兄嫁の様子を観察していたらしい。何かいいたくてたまらないのに、新しい時代に対して反抗してはいけないという気持があるものだから、我慢強く辛抱していたが、ごく僅だけ自分の感想を私らに洩らすのであった。ああいう風では駄目だというわけである。そんな噂は僅《わずか》四里しか距てていない吉田の井上家へも届く。吉田には母もいることとゆえ、こういう噂はうれしいことではなかったらしい。井上の母は大正八年まで生きていた。

兄は寛大な性質で、兄嫁を叱ることはあっても、ごく淡い叱り方であったが、兄嫁の方で嫁というもののあるべき態度を少しも知らなかったらしい。こういうのが、おたか婆さんの眼にあまったのであろう。

次兄は姫路から岡山に移り、しばらく養家に近い地方で暮していたが、結局東京に帰って開業することになってしまった。

次兄の逸話

次兄は若いころから養家の仕送りを十分に受け、一生ほとんど難局にぶつかることもなかったわけで、ごく大雑把な、いわゆる昔の言葉にある国士の風格があった。家のことは考えないで、世の中の全体のことばかりを考えている。心理学的にいうと、それがまた自分の家の苦労を忘れる一つの手段でもあった。私らのように苦労をしていないので、難局に対して善処するとか、親友に相談して切りぬけるとかいうようなところが、どうも乏しかった。

兄は交際もひろく、いろいろの逸話があった。例えば私の高等学校からの旧友で副島八十六《そえじまやそろく》という人があった。両親の年を合せて八十六になる時に生れたというので、八十六という名をつけたのだそうである。播州から出てきた八木という人の家ではじめて会ったが、副島がある時、そこの家の子供が無邪気に眠りこんでいるのを見て、ぽろぽろ涙をこぼし、そして、「ああ、汝等幼児の如くならずんば天国に入ること能《あた》わずというのはこれだなあ」といったとか。そのころクリスチャンになっていたのだが、ともかく大変な感傷家であった。海外に出て苦労もし冒険もしたが、帰って同郷の佐賀人である大隈《おおくま》［重信《しげのぶ》］伯の陰の秘書みたいな仕事をしていた。ちょうど日本青年館で郷土舞踊が催された時であったが、副島が「柳田君ちょっと」と手を引張って廊下に出た。誰もいない所で、「君、何んとかしなくてはいけない。井上先生、あんなに威張ってばかりいちゃ駄目だよ。あれじゃ評判も悪くなるよ。君ひとつ兄さんに苦言を呈さないか」というのであった。私はそれに対して随分皮肉な返事をした。「どうも折角だけれども、僕はあれ、もっと威張って、もっと人望を悪くしてくれてもいいと思う。君らがやたらに行くから、それでいい気になって、自分で国士だと思っているけれども、もうあれは本当に歌の方の側からいっても、医者の方からいっても、一通り働いているんだから、これから静かに休めばいいと思う。君らが行っていろいろなことをいって突っつくのが困るんだから、みんなに話してやめてほしいと思う」そんなことを私がいったので、副島も閉口してしまったことがあった。

次兄通泰が歌をはじめたのは十五、六歳のころで姫路出身の国富重彦という歌人の所へ東京で入門している。そのころの兄の歌に、「灯のもとに女臥《ねや》せり」という歌題で、

思ひ出にみえなむ夢をさやかにと消さで起きつる閨の灯

というのがあるが、それを松波翁にみせたところ「起きつる」でなく「起きけむ」とせよと教えられたということをきいたことがある。私も次兄を通じて入門を乞うたが、入門させてくれず、松浦辰男翁をすすめてくださり、明治二十五年の一月に入門をした。その後法体《ほったい》となった遊山先生は、後年一年に一度ぐらいは姫路の方へも訪れている。

後年兄は山県《やまがた》[有朋《ありとも》]公を中心とした常盤会《ときわかい》という歌の会をしていたので、自然政治の方面にも関心を持つようになった。内幸町《うちさいわいちょう》で眼医者を開業していたが、そこに来る連中は他の医者の患者とはちがって、政界の情報をさぐるために眼が悪いといって来る人が多かった。ある時など、山之内一次《やまのうちかずじ》がやって来た。薩摩《さつま》の人で、逓信大臣になったこともあり、私が娘さんの媒酌をしたこともあるので、後々は非常に親しくなった人である。私が用事で総理大臣官舎に行った時、山之内がやって来た。私がいるとも知らず、「眼医者へ行ったらい

ろんな政治論をきかされる、きかされる」といいながら、ひょっと私のいることに気がついて、驚いていたことがあった。おかしいことをいうと思ったが、じつは山之内は情報探りに行ったわけで、あそこへ行けばいくらか山県側の情報が判るから、その消息を知りたい者が眼病と称して出入していたのであった。

少し煽《おだ》てると兄がいろいろ話すので、兄の方もまたそれを知りながら話をする、こんなことから兄は国士を以て任じていたわけであった。

手賀沼の蛸釣り

弟静雄は、私より三つ年下で、下総へは私より二年おくれて来たのだから、私が布川へ来た年に比べて一年若かったわけである。

母が暗示を与えたということもあったが、もうそのころから自分でも軍人になるつもりでいるような男であった。母がよく人に向って、「この子はどうも軍人になります」と話しているのを、私も側で聞いたものであった。というのは、静雄が生れた時に母が夢を見たというのである。

何でも母が夕日を見ていた。すると夕日のまわりに後光がかかって、軍旗のように見えた。みなをよんで来て、それを見せようとすると、パタパタパタとはためいて、お日さまだけになってしまう。何遍もそれを見た……というのが母の語る夢の話で、静雄も小さい時からそんな話をきいていて、いくらか暗示を受けたのかと思う。九つぐらいのときからきめていたのであるから、大変な子供であった。

友だちといっても自分より大きな者とばかりつき合って、小さな者を相手にしない。私どもは反対で、餓鬼大将になるのが好きだったのに、静雄は大人びていて、人の話ばかり、じっと耳をすまして聞いていた。

播州から下総へ来て間もなく、私は彼を欺したことがあったが、子供でもこんなに怒ることができるものかと驚くほど怒った。国会の開かれるちょっと前の明治二十二年の九月に、静雄が下総にやって来て、その秋のことだったと思う。私が冗談に手賀沼《てがぬま》へ蛸《たこ》を釣りに連れて行ってやるというと、「蛸がいるの」と本気になって聞き返すので、「大きな沼だからいるとも。支度して待っとれ、明日連れてってやるから」と言葉のはずみで答えると、「竿はどんなのがいいか」などと聞いて、すっかり本気にして楽しみにしてしまった。蛸は塩水にいることぐらい知っているはずと思って、からかったわけであったが、そうこうしているうちに、どうしたはずみか、それが嘘だと判った時の、静雄の不愉快な顔といったらなかった。彼が一生私のいうことをきかなかったのは、あのためだと思うくらい怒ってしまった。

その後、手賀沼の蛸釣りは有名な話になってしまった。「あなたはいたずらがすぎるからいけない」などと、家に来る者が子供の私をつかまえていったりしたこともあった。それ以来、何かというと、「また、手賀沼の蛸釣りだな」などと、みんなからからかわれたものである。

井上の兄が下谷《したや》に開業することになってから、母にしばらく来てほしいというので、下総から下谷に移ったが、その時、静雄、輝夫も母について御徒町にやって来た。静雄は間もなく兄の友人の京都の宮入家にあずけられて、ここで兵学校へ行く勉強をしていた。

次弟松岡静雄

静雄は、私がまだ大学にいる間に兵学校を出て士官となり、遠洋航海も済ませていた。そして日露戦争の時は、新参の大尉で千代田艦の航海長をしており、仁川《じんせん》沖の海戦に加わった。千代田が囮《おとり》になって湾内にじっとしているので、ロシヤの軍艦ワリヤークという六千何百トンのと、ずっと小さいコレーツという二隻が油断している間に、沖から他の日本軍艦がしのんで来て、夜明けに二隻を沈めてしまった。そのため国内の人心もふるい起ったので、静雄も大変な功労者となり、金鵄勲章《きんしくんしょう》をもらった。海戦前夜、いつ死ぬかも知れないからといって、非常に長い手紙を書いてよこしたが、それが戦争が終ってから私のところにとどくということもあった。この戦で、静雄が親しくしていた岩瀬という機関大尉が、他の人はみな戦死したのに、一人だけ捕虜になり、旅順に捕えられてしまった。後からきけば何度か自殺しようとして、その都度抑えられたとか。香という姉さんが嫁にもゆかずに、一生を犠牲にして育てた弟であったとか。この姉さんはかなり年をとるまで生きていたので、私もたびたび訪ねてやったことがある。

静雄は私より早く社会に出たので、月給の一部を私に呉れたこともある。私は「兄さんに小遣をくれたのはお前ばかりだ。名誉なことだ」などと冗談をいったりしたものである。

京都で一人で勉強をし、ぎりぎりの若い齢で兵学校に入ったので、同級生は二つ二つ年上の者が多かった。

私ら兄弟、長兄と次兄の二人はそう露骨にあらわしはしなかったが、私以下の三人は皆凝り性と、人のやらないことをやってみようとする野心と、負けん気というような性癖をもっていた。末弟の輝夫は比較的おだやかな性質であったが、それでもやはり自分の好きな方へ偏《かたよ》り勝《がち》なところがあった。

それが静雄になるともっと極端で、この癖がだんだんひどくなり、終いには海軍そのものに居づらくなってしまった。いろいろのことに理解はもっていても、何か人のやらないことをやってみようとする。これは海軍あたりの均一を好む団体社会では無理な話である。

非常に真面目な一本気の男であった。そのくせずいぶん部下を愛したりしたのだから、一緒に面白く遊んだこともあったのだろう。

海軍の拡張史を見れば判るが、最初は主として英米の方から、そして一部はフランスから、軍艦や武器を買入れて強化を行ったが、たった一隻だけドイツのステッチンから買入れている。それが軍艦「富士」であった。第一次は技術者が先方にゆき、第二次に静雄が航海長として受取りに行った。そのためベルリンでドイツ語を習ったのだが、そのドイツ語が一生ついてまわった。海軍でドイツ語の新聞でも雑誌でも自由に読めるという人はじつに少なかったので、自分でもそれをいくらか履歴にしようとするし、海軍でもそれを利用しようとした。

第一次戦争の時、オーストリアとまだ中立を保っていた間に、海軍のアタッシェとしてウイーンに駐在した。日本から来る人来る人に親切にしたものだから、外交官よりも駐在武官の所に世話になる人が多く、私までよく礼をいわれた。一人で行っていたから酒も飲むし、勝手な生活もしたらしく、この時代がやはり彼の進路を妨げることになったのではないかと思う。

ある時車中で、斎藤実《さいとうまこと》さんに逢った時、親切に弟のことを注意してくれたことがあり、本人にもよく話したが、いっこう遠慮するようなこともなく、かなり批判的なことをいうので、帰国しても軍令部にいることは少なく、いつも局外者という地位にとどまった。

いよいよ第一次戦争が終り、旧ドイツ領の裏南洋が日本の委任統治領になった時、静雄は初代の民政署長になった。中佐だったか、もう大佐になっていたか、そのくらいの時で、自分でドイツ人の残した資料を探して、人の気付かないようなことばかり研究したため、いよいよ軍部から離れて孤立した。

他に適任者がないというので、『日露海戦史』の編纂をさせられると、また凝り出した。そして法制局の私を訪ねて来て、日本の法制にはどうして仮名遣いが二通りあるのかなどと聞く。法律と勅令とを作る人が違うからだというと、どうして勅令の方で法律にゆずらないのかときく。法律の方が間違っているからだと答えると、仮名遣いがどうとかこうとか、そんなことばかり苦心して、終いには海軍きっての言語、国語学者になってしまった。それも一般の国語学者と交際してゆけば、世論にのって新しい方に行けるのだが、向うから話しに来る人は別として、こちらから聞きに行くということは決してしない。彼自身の言語観、国語観があって、大きな本を出したりした。『日本言語学』という本であるが、奇抜なだけでシステムも何もたっていなかった。さらに手をのばして『太平洋民族誌』等も二つ三つ出版したが、何れも専門の学者たちからは甚だ尊敬せられない本ばかりであった。海軍に居づらくなったわけだと思う。

私ども下の三人兄弟が、程度はちがっても同じような傾向をもっているということを、今になってしみじみと考えてみるのである。これは或は母の方の系統から来ているのかもしれない。

日蘭通交調査会

但馬生野の鉱山近くに葬られている祖父の陶庵居士や、利かん気だった松之助という変り者の先祖を思う時、私はいつも、五十九歳の短い一生の間を、まことに充実して濃厚に生きた弟静雄をしのぶのである。松岡の家に伝わる一種の型が、私達兄弟の中で静雄に一番濃く伝わっているのでないかと思う。

静雄は沢山仕事をしたが、どこかに世間知らずのところがあった。書物もたくさん出したし、語学の素養もあったので日本語について非常に独創的な新発見もしたが、誰も研究の友達がいないため、間違った意見が入っていても、注意を与えて統一をはかってくれる人がなかった。外国のものになると、なおさら理解の範囲が狭く、その以外にフランスとかオーストリアとかに、どんな研究があるかまで眼が行きとどいていなかった。つまり平素から学問の比較研究が足りなかった。まだ兵学校にいたころ、父が「あれはあまり早過ぎるからいけない」といったことがある。

何の仕事でもやりすぎたきらいはあったが、一面また夫婦して若い人達を大変可愛がるものだから、話を聞きに来た人は一人も喧嘩して出て行ったりはしなかった。近頃でも私に向って、「松岡さんのお元気な時分には……」などと、懐しがって、あいさつしてくれる人がかなりある。

静雄の仕事の中で、私も一番賛成して一生懸命にやらせたく思ったのは、「日蘭通交調査会」の仕事であった。前から「日蘭協会」というのはあったが、それとは別に、この調査会を作って蘭領印度［現インドネシア］研究をしようとしたものである。弟はいつも出歩いていたので、私が貴族院生活の下半期に、この仕事のために大変働いてやった。

オランダから来る者で、少なくも外務省を通じて物の言える連中は嬉しがらなかったが、じかに蘭領印度から来る人はみな私の所を通るものだから、大分政治的になってきた。それに弟が退役して暇になったため、オランダへ行って事業をやろうとした。オランダではニューギニアをもてあましていたので、日本人に水田を作る場所を提供しようといい出して、大分話が進んできた時、外国から横槍が出て物にならなかった。この頃私はよく中野正剛《なかのせいごう》の雑誌『東方時論』に頼まれて、蘭領印度のことを書いていた。飛行機の利用できなかったあの頃、行ったこともないのに、まるで見て来たように書いたのだから面白い。計画にも穴があったが、もしあの頃、日本人の手にかかっていたら、もう少し日本の文化史が違っていたのではなかろうか。

一時はオランダ語もよく勉強した。随分野心的な話だが、貴族院の書記官長をしていた時代に、オランダ語の字引を作ろうとして非常に時間をかけたことがある。

ともかく一時、私共兄弟が、弟の方はいくらか事業欲もあったかもしれないが、私はそうでなく、一つには今も考えているように、日本人とどんな縁故があるかということが知りたくて、一緒に勉強したという経験は、私と静雄の協力の例として珍しい出来事であった。

快男子江川俊治

私と静雄とが珍しく力を合せ苦心した蘭領印度のことに関連して、江川俊治《えがわしゅんじ》という珍しい人物が、偶然われわれ二人の面前に現われてきた。

秋田県のお寺の生れで、若くて気力のある面白い青年であった。日本国中を自活して歩いているというので、そんなことができるかと聞くと、できますという。小学校の理科で使う標本を自分で造って、売りながら全国を歩いていたのである。まず海の標本を集めることにした。貝類とか、海藻とか、海岸地帯で集まるいろいろのものを標本に作ったらしい。

こうして全国をまわって台湾まで行ってきた。

「面白いですね、台湾の基隆《キールン》沖を流れている潮の冷たさは、金華山《きんかざん》沖と同じですね」とか、「植物帯が同じですよ」などと話してくれた。

郷里の秋田から、縁続きになる綺麗ないい細君を迎えて、大分県の別府《べっぷ》で土産物店をやって、ある程度成功すると、江の島へ移ってやはり土産物店を出した。自分は始終地方を旅行して、珍しいものがあると店に送るし、途中でも標本を造って学校に買ってもらった。

私は金の援助など無論しなかったが、ただ静雄といっしょに力になってやっただけである。蘭領印度の知人を紹介してやったので、江川はジャヴァへ渡って行った。そしてとうとうハルマヘラ島に落着いて、開拓をはじめた。見聞がひろいから、その知識でいろいろなことをしたらしい。例えば菊のような草を煎じ薬にして、利尿剤にすることなども考えて、私の所にも送ってよこしたりした。

話も上手で人を感動させるので、私は『東方時論』に江川のことを書いたことがある。印象に残っていることをかいつまんで話すと、害虫の発生する時には速力が非常に早く、稲作をして、せっかく苗が大きくなったと思うと、一晩たたないくらいの間に、たちまち害虫が拡がってしまう。内地から連れて行った四、五人の青年といっしょに、毎晩寝ないで火をつけて害虫退治をしたが、なかなかむつかしい。しかし家内中で幾晩か働いて、害虫の駆除に成功して、ある朝静かに起きてみると、白鷺がいくつか空をとびまわっていた。それをみて皆が嬉しくて泣いた。そんな話をいかにも当り前のことのように話してきかすのであった。

江川の話でもう一つ今でも憶えているのは、ニューギニアの北海岸のいちばん大きな都会に、日本人の大工さんが、どうしたわけか一人いて、始終船を造っていた。そこへ土人が男も女も真裸で、褌《ふんどし》もしないで見物に来る。するとその大工が、こちらも裸だが、舟を造りながら、一々その丸裸の土人たちに鉢巻をとってお辞儀をしている。それを見ていると、何ともいえない好い気持がしたなどという話をした。そしてあの大工さんは日本の田舎から、誰に頼まれたか、直かにあそこに行ったのでしょう。あちこち回って行ったら、あんな素朴な態度をとる気遣いはないから、といっていた。

江川は大谷光瑞《おおたにこうずい》さんとも連絡があり、ニューギニアの開拓をしようと考えていたらしいが、戦争でだめになり、内地に引揚げて来て、亡くなった。たしか娘さんが神戸に嫁いで幸福な結婚生活をしていると聞いている。細君は秋田に帰っているらしい。

大正から昭和にかけての本当に注意すべき陰の人物であった。一文なしではじめたところが、まずわれわれの気に入った点だが、その仕事のやり方も感心な所があった。

末弟松岡映丘

末弟の輝夫は、小学校、中学校時代から、年下の友だちを集めて、何となく親分になろうとするようなところが早くから現われていた。これは静雄とは正反対の性質であったが、私自身の方は、どちらかというと、この輝夫の方に近かった。

井上の兄は橋本雅邦《はしもとがほう》さんと親しかったので、早くからこの人に輝夫のことを依頼した。雅邦さんは家内中が眼を悪くされたので、次兄が良く世話をしてあげ、大変親しくしていた。あるいは兄の方では、ゆくゆく弟のことをお願いしようという下心がいくらかあったのかもしれないが、ともかくその縁故を辿ってお願いしたところ、快く引受けて下さった。こうして輝夫はまず初めに雅邦先生のお弟子にしてもらった。ところが、どうも雅邦先生の所では落着かないらしく、自分で土佐風の絵を描いてみようという気持を起したのは、やはりどうも松岡流の、何か人と違うことをしようという気持があったからであろう。先生の所を出て、そのころ美術学校の先生で、土佐派の山名《やまな》貫義《つらよし》さんという年とった先生の所へ入門した。しかし、その先生も間もなく亡くなり、輝夫もちょっとまごついたらしいが、もう一度雅邦先生の所に行くわけにもいかず、そのころまだ新進であった小堀鞆音《こぼりともと》さんにつき、美術学校の試験をうけた。鞆音さんは後にはずいぶん偉い先生になったが、そのころはまだそれほどでもなかったらしい。

土佐絵は、小堀さんはまあそうではなかったが、近世の土佐派というものは、型にはまって、少しも新しいものの出る余地がなかった。それでも輝夫は迷わずに、ずっと小堀さんについていった。昔あったような絵具がいまはないとか、絵具の使い方がどうしても判らないのがあるとか、そういう技術上の障害があったにもかかわらず、いろいろ工夫して自分で道を開いていった。五十八歳という若さで死んだのも、あるいはこういう一途に打ちこんだことによるのかもしれない。油絵のカンバスのように斜めに立てかけておいて描くというわけにはいかないので、絹布を下に拡げて、俯向いて片肘をつきながら書く姿勢になる。群青《ぐんじょう》とか緑青《ろくしょう》とかいう岩絵具の粉は重くて垂れるから、絹布を斜めにして下の方が固まったりすると大変な恥になるので、いきおい姿勢が悪くなって、身体に無理があったのかもしれない。健康に障《さわ》ったのであろう。展覧会などにも、見すぼらしいことを嫌って大きな作品を出したのも、健康に障ったのであろう。

いろいろ標本や手本も拵えていたが、戦災で焼けてしまったのは惜しいことであった。外遊してイタリアの名画を見て、日本画と比較していたが、著書としては『絵巻物評釈』など一つ二つあるだけで、自分の美術論をまとめるまでになっていなかった。理屈はあまりいわなかったし、作品も多くなかったので、いまのうちはお弟子が少しはいるが、後世まで名前が残るか、どうか。

単なる浮世絵でもなく、また単なる土佐絵でも狩野派でもない画風を開いて行ったつもりでいたが、いちばん野心を燃やして人に訴えていたのは、従来の土佐派とちがい、山水をもっと描かなくてはならないという点であった。絵巻物を開いた初めのところに出て来るような、風景だけ描いた絵に眼をつけて、それを大きくし、もう少し自然に描けるようにしてみたいということを、私によく話していた。その最初の試みが、日光から塩原に抜ける高原《たかはら》越《ごえ》の風景画で、兄さんのところへおいておくといってもって来たのが、いま私の家の応接間にかけてある人物抜きの作品である。これはたしか神戸新聞社主催の展覧会に出品したことがあった。

瀬戸内の風景を描いたのが大三島《おおみしま》神社の宝物館に入っているが、あれは赤穂に近い坂越《さごし》の景色である。細川家にある室君《むろぎみ》の屏風は、人物を大きく描いてしまったために風景がよく出ていないが、あれはきっと故郷の播州に対する御奉公のつもりだったのであろう。理解者があって、鏑木清方《かぶらききよかた》、結城素明《ゆうきそめい》、吉川霊華《きっかわれいか》等の仲間と金鈴社というのを作っていた。

子供のころ、小さい輝夫をつれて辻川の俥の立場にゆき、車体の背に描かれていた曾我兄弟の絵などを説明してやったのが、とうとう実を結んだことを思うと、私としてもひとしお感が深い。

文学の思い出

洒落の解る子供

子供のころ私はよく大人の側にいて、話をきいていた。父のように多少学問の道に入っていた者の友達との話には、ちょっと特徴があった。

父の仲間はどちらかというと、頼山陽《らいさんよう》なんかに対する反感があったのかも知れない。山陽の話もよく聞いたが、むしろ対立者であった中島棕隠《なかじまそういん》（文吉）のことを、よくいっていた。棕隠の逸話として、幼いころの私が小耳にはさんだ話に、こんなのがあった。

ある雨の降る日に、棕隠が笠なしで、とびこんで来た。するとその家の亭主か誰かが「夕立にぬれて骨まで腐れ儒者」という発句をかけた。すると棕隠は即座に「斐《ひ》たる君子と誰か見るべき」とつけたというのである。『大学』に「斐たる君子あり」といって、立派な君子ありという意味の言葉があるのをもじって、「濡れた」に対し「乾《ひ》たる」とかけて応答したというわけであった。その時分は『大学』を暗記している者が多かったから、子供でもこれを聞いて笑ったものである。

もう一つこんな話も伝わっている。加茂季鷹《かものすえたか》が棕隠と大変仲がよく往来していた。その時の話である。あの時分、浄瑠璃で「染分手綱《そめわけたづな》」が流行り、その中に自然生《じねんじょ》の三吉が出て来る。それで「三吉乗ったか昔のくち合」という文句が行き渡っていた。子供も竹馬か何かに乗る時によく「三吉乗ったか」などといったものである。そこでこの「三吉のったか昔のくち合」に対し、棕隠らしいが、「文吉、すえたか今のつき合」と、文吉と季鷹とを読みこんで詠んだ。それにつづいて「染分手綱、詩歌の道」と詠み、つづいて「五十三次、道行長し」と出て、ますますおかしくなるのを、大人たちがよく話していた。

私は脇できいていて、大人と同じように笑うので、「この子は解ってる」といわれたことをいまだに覚えている。そのころは、これが非常に痛切な洒落であった。洒落を理解して笑う中にも、はじめに本当にわかって笑う者と自分はわからなくても、皆が笑うから解ったような顔をしておつき合い笑いをするのと二通りあるようであった。この気風は今の日本にも少なくない。

『竹馬余事』

人によっては、幼いころからとくに文章を練るために、古典などを読んで修業する人もあるようだが、私はどちらかというと投げやりの方で、別にこれといって目立つような苦心はしなかったと思う。ただ小さい時のことで面白いことが一つある。

まだ播州にいるうちの話で、明治二十年以前のことであるが、私のはじめての著書と名づけていいようなものが一つだけあった。それは表紙と裏とを父が書いてくれたもので、七十年経った今も大切に保存してある。私がいよいよ播州を出るとき、父から、こういう時には、昔の人はみな送別と留別《りゅうべつ》の詩を作って出たものだという話を聞かされた。私もこの父の言葉に従い、ほとんど発つ直前であったが、一生懸命になって留別の詩を作ったのである。半紙を半分に折り、横に二つに折った細長い帳面を拵え、それに自作の詩を書き、自分で製本したもので、これに父が表の題と裏の名前を書いてくれた。

詩は『詩語砕金《しごさいきん》』とか『幼学詩韻《ようがくしいん》』とかいうものを手本にして集めて作った詩だから、誰でも作れる、価値のないものであるが、その父のつけてくれた表題が面白い。『竹馬余事《ちくばよじ》』というので、つまり竹馬の余暇に、この詩を作ったというつもりでつけたものらしいのである。裏の名前もシナ風に書いてある。

たしか十三の時の秋で、そういうことをやりたい年ごろだったのであろう。少しばかり漢字を習うと、すぐ大人の真似をしないと気が済まない年ごろなのである。

明治十七年か八年だったか、宮中の新年の御歌始に、「雪中の早梅」という題の詠進をしたことがある。無論預選にはならなかったが、それもこの『竹馬余事』には書き残してある。学校の作文も、折にふれた記事も、みなこの中には入っている。

もう一つこの『竹馬余事』の中で面白いのは、そのころ『昔々春秋』といって大阪の中井《なかい》履軒《りけん》が、文章の稽古に支那の『春秋』を真似して、昔話の猿蟹合戦やお伽噺《とぎばなし》の類を、一々『春秋』のような書き方をして出したものがあった。私はそのころ生意気だったらしく、これを読んで大変感化をうけ、自分も真似して「花鳥春秋」というものを書いたのである。これも明治十八年のころだったと思う。後になってみれば、何故こんなものを書いたのだろうと思われるが、これが私の文章を作るということの、まず最初の仕事だったのである。

真書《しんかき》で細い字で書いており、その中に挟んでおいた罫《けい》までがまだそのまま残っている。

次に一冊になっているのは、下総から東京に出て来て後と思うが、香川景樹の歌について、批評だか、感想だかを書いたのがある。

前にのべた秋元安民の伝記を『しがらみ草紙』に寄稿したのは明治二十三年のことであるが、この歌の批評集も、あるいはそのころのものかもしれない。

遊歴児童のこと

森鷗外《もりおうがい》さんや家兄井上通泰の『めざまし草』に、たしか二十一、二歳の時と思うが、佐佐《ささ》木《き》信綱《のぶつな》君の歌を批評して、喧嘩になったことがあった。

佐佐木君という人は、早くから世に知られた人で、父君弘綱さんが、明治十三年『明治開化和歌集』というのを出したが、これによると六歳か七歳の時に信綱という名で歌をだいぶ出しておられる。この『明治開化和歌集』を、どういうわけか兄通泰がもっていたので、私は早くから読み、非常な競争意識を起させられた。ちょうど今のように歌のひろまった時代で、この本はそのころいくつか出ていた類題歌集の中の一つであった。信綱さんは小さい時からお父さんに連れられて、各地を歩いたらしく、博文館《はくぶんかん》の『続々紀行文集』の中に、父子いっしょに福井から金沢《かなざわ》の方を歩いた時の紀行が出ている。お父さんの遊歴に子供を連れるのは、いいこともあるが、子供にとっては遠慮すべきこともあって、あまりいいことともいえない点もいろいろあったらしい。

小さい時から遊歴した人といえば、私が大変力を入れて本にした菅江真澄の経歴も、多分そうではないかと私は想像している。一生放浪性を帯びて、各地を歩き、一定の所に落着いて何かするということのできない人になったのは、真澄もきっと小さい時、親か叔父さんに連れられて歩いたのではないかと想像している。この人は三《み》河《かわ》の生れで、真澄自身の書いた文や画がたくさん残っており、父親の書いたものも残っているほどであるのに、三河のどこの人か、今もってはっきり判らないのである。最後は秋田の角館《かくのだて》で死んだが、墓は土崎にある。

佐佐木さんの方は、やがて弘綱さんが東京に落着いて門戸をはったので、遊歴は止まってしまった。後に法学博士になった添田《そえだ》寿一《じゆいち》も、遊歴からはじまり、後には落着いた例である。私も早くからませていて、いろいろのものを読み、どちらかというとその危険性は十分にあった。もっともよく本を読んだのは、一つには身体が弱く長生きしないと覚悟をきめていたからである。

あの時分、われわれの理想としていちばん読んだのは、『大阪新繁昌詩』というのであった。大阪で名を知られた田中とかいうお医者さんの息子が、十九で早死したのを悲しんで、亡児の漢文と詩とをのせて出したのが、この本であった。筆の格律が高いだけでなく、若くて名をなしたというので、大変若いものの心を誘ったものであった。もっともあのころは、こんな早死の才人のことを、もてはやす風潮も一方にはあった。

私は早く親もとを離れ、下総に来て二年間も素裸で棒切れをもってとびまわったりしたのが、かえってよかったのであろう。バイロンやシェリイや高青邱《こうせいきゆう》など、若死した人の伝記をよんで、自分もまあ四十までは生きないと思いこんでいた。後年よく友達から、「おい柳田、もう四十になったぜ」なんてからかわれたものであった。

湖処子の『帰省』

私には若いころの詩集が一つある。六人の仲間のものを集めた新体の詩集で、『抒情詩』という名で出されている。才気のあった国木田独歩《くにきだどつぽ》が、六人の詩を集め、国民新聞にいた関係から、民友社に話して出したものであった。全部国木田まかせにしたものであるが、この詩集については、いろいろ記念すべきことがあるので、それについて二、三話しておきたいと思う。

この六人の組合せは国木田の考えによったが、はじめに知っていたのは、田山《たやま》［花袋《かたい》］と国木田と私が入っていることだけであった。他の三人のうちの一人は、田山の細君の兄さんの太田玉茗《おおたぎよくめい》という坊さん、もう一人は嵯峨廼舎御室《さがのやおむろ》といって、後に二葉亭四迷《ふたばていしめい》などとロシア文学の研究をし、割におそくまで文筆活動をしていた矢崎鎮四郎《やざきしんしろう》である。坪内さんが春廼舎《はるのや》朧《おぼろ》といっていた時分に、ナニノヤナニという名前の人が四、五人出来た中の一人であった。この人をどうして六人の中に入れたか、私には判らない。

それからもう一人、この人が、故郷というものに関連して、私が一度は伝えておきたかったと思う宮崎湖処子《みやざきこしよし》であった。年配も国木田より上で、われわれより十も上だったのではないかと思う。国木田と同じように国民新聞の記者をしていた。私がはじめて国木田の渋谷の家を訪問したところ、そこに山路《やまじ》愛山《あいざん》君もいた。国木田の家から少し出た所、ちょうどいま渋谷の地下街になっているあたりが、昔の世田ヶ谷にゆく道路で、その脇のごく普通の宿屋の二階を湖処子が借りておった。非常にいい人で、後には私のやっていた紅葉会という歌の会にも入って、松浦先生の門人になったりした。もっとも先生の方ではあまり歌をほめず、細君むつ子さんの歌の方がうまいなんていっておられた。湖処子の小説として有名な『帰省』の中に出て来る理想の婦人というのが、この細君である。私は湖処子には一、二遍会ったきりで、松浦先生へもあまり来ないし、後には居所も判らなくなり、亡くなった時には通知もうけなかった。弟が一人あって牧師になったが、この人も長生きしなかったように聞いている。

『帰省』という本は、理想の細君をもらうというだけのことを書いたものであるが、この中に出て来る「故郷」という概念は、あの時分の若いものの考えの、代表的に表わされたものであった。湖処子の郷里は九州の筑後川《ちくごがわ》のほとりの、秋月《あきづき》領に入った所である。ごく静かな通り路で、湖処山という有名な黄楊《つげ》のたくさんある山があり、この山の下の村である。『帰省』は小説ともつかず、感想文ともつかない、新旧の中間になる文学であるが、大変大勢の人に愛読され、われわれもその熱心な読者であった。この中にいう「故郷」が、今私が「故郷七十年」の中でいっている「故郷」という概念に似ているような気がするのである。せんじつめると、どこが故郷のいいところか、故郷とはどこまでいいものか判らないけれども、帰ってみれば村の人はみな知っていて、お互の気持が口に出さなくとも通じるとか、中には子供で別れたのがもう大人になり、細君になっているといったセンチメンタリズムもあるが、宮崎君はそれを忠実に書いたのである。

帰省という思想は、あの時代のごくありふれた、若い者の誰もがもっている感覚で、もっていないものはないといってよいくらいであった。そのころの読者はみな学生で、しかも遠く遊学している者が多いので、みなこの『帰省』を読んで共感したのである。

歌口

民友社から出した我々六人の新体詩集『抒情詩』については、いろいろの思い出がある。そのころちょうどフランス留学から帰った和田英作《わだえいさく》君という無名画家を、国木田が紹介して、六人の詩人のために一枚ずつ挿絵を書いてもらった。墨一色の絵で、原画は今も布佐の松岡の家に残っている。昨年亡くなった和田君に見せたら、なつかしく思い出してくれたであろうが、あの時はそれらの絵を無料で描いた上、六人の作者に一枚ずつくれたのであった。それがたしか明治三十年の春ではなかったかと思う。

私の詩は「野辺のゆきき」という題であった。利根川べりの秋の寂しい景色を描いた抒情詩で、想像でスケッチ風に書いたものである。

六人のうちの一人、宮崎湖処子が、われわれの作っていた紅葉会という歌の会に入り、松浦先生のお弟子になったのも、この詩集が機縁であった。紅葉会というのは、ある時の紅葉狩りの帰りに成立った会で、私はまだ松浦先生の門に入ったばかりであったが、誘われて仲間になっていた。

また、紅葉会の連中が『松楓集』という歌の本をまとめて出したことがある。今では珍本だが、みな「題詠」ばかりである。ただ稽古のつもりで書いた歌を集めたにすぎない。戦前に改造社が『新万葉集』を出した時、折口信夫君が自分にまかせてほしいといって、その『松楓集』一冊を種本にして、私の旧作を入れようとした。私は、稽古のために作った題詠の歌を、そのまま後世に残る選集に入れられるのは困るではないかといって止めてもらった。

題詠の歌は実情を詠まなくても、想像でもいいわけである。だから妙齢の処女にも何々の恋というような歌を詠ませることになる。今から考えれば、じつに不穏当な話だが、題詠は「四季」だけでは寂しいので、「恋」と「雑」とを添えている。時々そんな題が出ると「我が背子が……」などと、想像で作るわけである。今では題詠は軽蔑すべきものとみられているが、和歌の伝統からいえば、こうして口を馴らしておいて、何時でも必要な時に詠めるように訓練しておくのだった。つまり柔道の乱取りみたいなものである。それを何度もしているうちに、いよいよ自分がどうしても詠まねばならない辞世の歌とか、別れの歌とかを作るときに、すらすらと出るようにしておくのが、歌の道のたしなみであった。私どもが子供のころ、それを歌口《うたくち》といっていた。

題詠は、要するに歌を詠めるようにしてもらう方法に力をいれすぎたものであり、そんなものを本筋の作歌として世に出されたのではたまらないというのが、私の折口君にいった、本当の気持であった。

無題の歌

香川景樹の『桂園一枝』という歌集には、無題の歌をまとめて「事につき」「折にふれたる」として末尾に入れてある。どういうときに詠んだか分らない歌のことである。これは他の人の歌集にはあまり見当らない、いわば『桂園一枝』の特徴である。しかしこの派でも、その方を主にはしていないのであるが。

本当は折にふれ、ことにつけて詠むのが目的で、題詠を練習するのであるが、そのころは題詠で競争する風習があった。体裁上やはり四季にわけて作ってはいたが、新しい歌とのつながりはこの「無題の歌」にあるのではないかと思う。『桂園一枝』にはそれが大分ある。私ども先生にわかれ歌の会を離れてからは、むしろこの無題の歌を詠んでいたわけである。したがって出来ない年もあり、出来ない旅行もあったが、題詠はしなかった。この無題の歌というものが、新旧歌道の過渡時代ではないかと私は思うのだが、まだこのことを説明した人がない。

松浦先生は明治四十二年に亡くなられたが、そのころまで、私は旅行するとたいてい、七つか十、あるいは十二、三首歌が出来ると、もって帰って先生に見てもらったりした。それからこの方あまり自由になりすぎ、題詠はもちろん無題とも遠ざかり、自然に歌と縁が切れるようなことになった。つまり歌口が渋ったというわけである。

宮崎湖処子の「帰省」という心持にしても、そのころの学生がなんとなくこれに共鳴するのあまり、一種の概念にしてしまった感がある。歌でもそうで、すべて一般の定義みたいなものを形づくってしまった。それが日清戦争ごろまでの思想になっていた。私らも要するにその奴隷のようなもので、そのような考えの追随者であった。

今日のように実験したものを直ぐに書くという文学は、明治三十年以後に盛んになったのではないかと思う。湖処子あたりがその境目になり、誇張はしても、空想でなく、事実あったことを誇張したものであった。私どもの「野辺のゆきき」なども全部これであった。題詠の習慣があったので、新体詩も大体そのように考えられ、恋愛を若い者が詠むのが普通だということになり、恋愛ならばおよそ湖処子の『帰省』みたいなものか、そうでなければ往来の行きずりの話とか、大体題材がきまっていた。今の人には、当時の風潮ということを考えて、それだけの用意と理解とをもって読んでもらいたいと思う。

私は昔の詩集は手元にないままに、省みないことにしているが、大阪の沢田四郎作君のような熱心家がいて、どこからか掘り出してきたりするが、同君は私どものもう一つの詩集、これはまったく私どもの知らぬ間に本屋が勝手に作った『山高水長』という詩集なども探し出してきた。

探し出した話の中で、いちばんなつかしく思うのは、ある男がひょっこりやって来て、「こういうのがありました」といって『抒情詩』を見せられたのには驚いた。何でも日露戦争の折、満州の牛荘《ニユウチヤン》と営口《エイコウ》の間で斥候《せつこう》に出され、一人で馬に乗ってゆきながら、ふと道端に目を落すと本が一冊落ちていた。珍しく思って拾いあげてみたら、なんとこの『抒情詩』であったというのである。そして「これは支那まで行った本です」といいながら見せてくれたが、わずか千部しか刷らなかったのにと、深い因縁にしみじみと心を打たれたのである。

文学の両面

歌や文学のもつ両面を、私は身をもって経験させられたと思っている。すなわち一つはいわゆるロマンチックなフィクションで、自分で空想して何の恋の歌でも詠めるというような側と、もう一つ、自分の経験したことでなければ詠めない、あるいはありのままのことを書く真摯《しんし》が文学だという、近ごろの人々のいうような側との二つで、この対立を私はかなりはっきり経験させられた。

私などの作った新体詩はその前者の方であった。やっと二十そこその若い者に、そうたくさんの経験がある気遣いはない。それでいて歌はみな痛烈な恋愛を詠じているのだから、後になって子孫に誤解せられたりすると、かなり困ることになる。もちろんこの当時の新体詩にも二つの方向があった。一つは西洋の詩の影響を受けたもの、もう一つは私のように短歌からきた、題詠の稽古と同じ方法をとるものであった。

そういった作詩、作歌のうえのフィクションが一種の情操教育になったのではないかという点になると、それはたしかにあったかと思う。われわれのような男には、露骨に男女の情を表わすようなことは、実際生活にはあり得なかったので、詩文によってやさしい気持を養うには役立ったかも知れない。私の「野辺のゆきき」という抒情詩に出ている作品の多くは『文学界』にのせたもので、それも北村透谷《きたむらとうこく》がなくなってから、しばらくと絶えて再興してからの、第二次の『文学界』であった。他にもしあるとすれば『帝国文学』であろう。そのころ私の仲間はそれ以外には発表機関はもっていなかったのである。

同じ『文学界』に出た上田《うえだ》敏《びん》君の「まちむすめ」なども、私ども非常に感心し、あのころの文学青年はみな暗誦していたものである。ちょうど土井《つちい》晩翠《ばんすい》君の歌と対立して世に出たが、双方ともなるべく相手を意識していると見られないようにしていた。土井君はけっして『文学界』にふれようとしなかったりして、二人は大学で同級だったが、あまり仲がよくなかったらしい。

大体二高［仙台の第二高等学校］出身の人はみな一脈相通じたものをもっていて、上田派に対立していた。私はじつは両天秤で、二股の役をしていたらしい。土井君の影響をかなり受け、短い詩ばかりでなく、長いのを作れといわれて、『帝国文学』に「桐花操」という長い詩を書いたことがある。操というのは一つの曲だが、果して私の詩が操になっていたか、どうかは分らない。「奥山で桐の木が成長し、大きくなって、川を流れ、里に下って、琴になって弾かれた」ということを、空想でロマンチックに作ったものである。このときは土井君の側は大いにほめてくれたが、上田君の派はあまり感心してくれなかった。たしか私の高等学校卒業の年で、上田・土井の両君は大学の三年のときであった。

一方では、西洋文学の翻訳などを聞くときは上田君のところへ行ったりして、要するに私は中間だったらしい。土井君のは詩吟に近いので、当時の高等学校の学生などには、大変人望があったものである。

頓阿の『草庵集』

日本の文学は不幸な歴史をもっていて、事実応用するような場合のない人にまで、「嗜《たしな》み」として和歌を作らせ、お茶、花、琴などと一列にして、歌も少しは教えてありますなどといって、お嫁にやる時の条件にしたりした。そのため、本当はどこの恋だったのかと談判されると、閉口するような「待つ恋」だの、「待ちて会わざる恋」だのを、平気で若い娘さんも書いたのである。これが日本の文学の一つの大きな歴史であったことに注意しなければならない。

こういうフィクションの歌をいちばんたくさん詠んでいるのが坊さんであるというのも、興味あることである。室町時代にも頓阿《とんあ》とか兼好《けんこう》などという歌僧がいて、秀歌を残している。頓阿は門人を集め『草庵集《そうあんしゅう》』というのを出しているが、その中にももちろん恋の歌がずっと出ている。面白くないことにかけては、これくらい面白くない歌集はないが、半折の本で誰でももっていた。

大体、足利時代から江戸時代の初期にかけての和歌はみな、こういうような安らかなものであった。今ではあのころの歌を悪くいうが、当時は歌を作る人数がずっと少なく、詠む者は珍重せられていたので、あれでも何か一節あるように思われた。「ああも詠める」という手本にはなったのである。これが「類題集」というものが出来たもとであった。題をたくさん集め、作例を下へ並べたのが類題集で、これは大変な仕事であった。手紙を書いても歌がなくては求婚にならないとか、そのまた返歌を書くなど、どうしても男女ともに歌を詠まねばならぬ時代であったから、誰でも「恨む恋」とか「待つ恋」の練習をするため、類題集が必要であった。『草庵集』はこの類題集のいちばん早いもので、前に記した秋元安民の『青藍集』までできているのである。

この類題集を見ると、恋歌の変化や、恋歌の目的の変化がよく分る。松浦先生は非常に堅くるしい方であったから、わざと恋歌などは出さなかったが、それでも酒の出た時などの当座の題に、何々の恋というような題を出した。人によってはそれに力をいれて、いくらか興奮させる点を利用して、深窓の娘さんにまで作らせる例もあったのである。

新しい人たちが、古風な歌を月並《つきなみ》だといって馬鹿にするのも、つまりは歌の必要が一地方にいた一人、二人の職業歌人とか詩人とか以外の、素人にもあり、一通り嗜みとして題詠を練習したことからきているのである。

石坂素道さんのこと

近世の国学を興した契沖《けいちゆう》は、歌の方にも秀れており、歌集があるが、恋歌は避けたらしく、彼の歌集には恋歌が見当らない。恋歌などを作って普通の文人の仲間入りをするのは、不本意だったのかもしれないが、他の坊さんは品行方正の人でも、必ずその歌集に恋歌の部が入っていた。

しかし時には契沖のような人もあったらしく、私の父の友人の石坂素道《いしざかそどう》さんという歌詠みの坊さんもそうであった。私が十ぐらいの時にもう七十歳ぐらいであった。何か訳があって寺を離れて旅に出、辻川からも北条からも二里ばかり離れた南の方の、別名《べつめ》という足利時代の開墾地の村の野原の中に、小さな庵室を作って一人暮しをしていた。国学に詳しく、字が上手で、契沖に私淑している人であった。他に友達という人もないらしく、月に一ぺんは私の家に話しに来た。

母もよく知っていたので、私に話したことがある。「素道さんは女嫌いなんで、杖をあげようと思って差出すと、ぱあっと引ったくってしまう」そしてありがとうともいわなかったらしい。「仕方がないので私の家ではなるだけとりやすいところに置いておく」と、母は笑いながらいっていた。

その素道さんが晩年になり、大分弱って、やっと私らの頭を撫でてくれるくらいになったが、とうとう一人では暮せなくなって、世話役のおばあさんを呼んだ。「素道さんも変ったもんだ」という話なので、子供心にも一ぺん行って見たいものと思っていたが、とうとう行かなかった。四畳半一間に住んでいては、やはりまあ夫婦生活のようなものだから、人々の興味をよんだわけである。

素道さんについて、私にはただ一つ忘れられないことがある。晩年の素道さんが「國男さんに上げてくれ」といって父に手渡した記念品がある。それは梅の種子の中をくりぬいて、その中に台付の天神様の入っている、小さな小刀細工であった。白い紙で包んで、その外紙に小さな天神様の由来が書いてあり、それに署名をして、私にくれると書いてあった。

ところが、私はそのころいたずら盛りで、この包紙や由来書の紙に落書をしたばかりか、いたずら書の悪い絵をいくつも書いてしまった。父がそれをみつけて非常に怒って、私の一生を通じて後にも先にも、父からあんなに叱られたことは他になかったほど叱られてしまった。子供にはなぜかよく分らず、「そんなにいけないことだったのかしらん」と後で、思ったりしたほどである。

素道さんは大変上品な、都会人のようなお坊さんだったが、晩年は寂しくなって、よその子供に秘蔵の品をやったりするようになったのであろう。仏教とはだんだん疎遠になって、歌の方へ深入りした、わびしい歌学者の経歴として、今も私の心に残っている。

その庵室も、また素道さんを知っている人もいなくなったであろうが、一ぺんはその別名という所へ行って見たいと思いながら、そのままになっている。芭蕉の門人にも同じ素道という名の人があったから混同されやすいが、石坂素道さんの短冊をもっている人も播州にはあるかと思う。

国木田独歩の想い出

今度の戦争の済んだころのことである。ある日、国木田収二《しゅうじ》の息子さんという人が訪ねて来た。東京で、どこかの新聞か雑誌の編集をしているとかいう話であった。私も久しぶりに国木田兄弟のことを想い出したが、私は二人の両親も知っていた。父の専八《せんぱち》は播州竜野《たつの》の出身で、藩のお船方か何かをしていた時、千葉の銚子方面へ航海して難破し、土地の婦人と結婚してそこに落着いたのであった。そこで亀吉《かめきち》（即ち独歩で、後に哲夫《てつお》と改名した）と収二とを設けたものらしい。その生れについてはいろいろ伝説めいた噂が伝わっているが、私は独歩とつき合うようになってからも、そんなことをきいたこともなければ、先方から説明したこともなかった。作品の「運命論者」の材料になるようなことがあったとか、なかったとか、詮索する向きもあるが、私には興味はない。ともかく二人の兄弟は大変よく似ていて、身体は収二の方が大きかったようである。

今でもよく憶えている、本郷の大学前にあった喜多床という床屋の前を私が歩いていると、後から田山花袋がやって来て、「おい」といって私の肩を叩いてから、「君に会いたがっている奴があるからいっしょに行かないか」という。「誰だい」ときくと、「国木田って男だ」「それは面白いねえ」といって、いっしょに会ったのが、たしか明治二十九年の秋だった。田山とは松浦辰男先生の歌塾の同門であったから、早くから知っていたが、それに比べれば、国木田との交遊は、ずいぶん後のことであった。

青山にいたころ、独歩の両親はひどく年をとっていて、ただ息子の世話にばかりなっていた。十月以後に生れた子供をその年の干支のマル児というが、そのうちでも巳年生れのマル児は特に仕合せがいいとか、哲夫の子の虎雄はそのマル児だからめでたいなどということをよくいっていた。竜野の話もきいてみたが、あまりはっきりしたことはいわなかった。そのころが国木田の家として、いちばん穏やかな時代で、間もなく両親とも亡くなった。

一身上の事件をひき起したりしたが、『民声新報』というのを編集していたころの独歩は、大分融通が効いて、良い着物を着て、郷里の者などが訪ねて来ても、長い間待たしておいて、私どもとしゃべったりするほど勢が盛んであった。

西園寺《さいおんじ》［公望《きんもち》］侯の私設秘書みたいなこともしたが、初め自分であんなに文才のあることを悟らないで、代議士に出る気をもっていたらしいのである。

　私が柳田姓になったばかりの明治三十四年のころ、私としげしげと往来しはじめていた。何しに来たか分らんような日に突然やって来て長く喋って行くが、表に車を待たしてあったというようなことが何遍もあった。

町の学者

　若い時から、いろいろの文壇の話や文壇人のことを知る機会をもった私は、やや年をとってからでも、遅塚《ちづか》（麗水《れいすい》）なら知っているとか、田山（花袋）なら懇意だとかいったことを、少し憎らしい位、口にしたようである。正しく文学青年の一つの見本にほかならなかった。自分では何も創作しないでいながら、文壇について聞きかじって知っていることばかり材料にして話すのである。ほんの僅な間ではあったが、前に記した郁文館中学に通う往復の途上で短冊を買い集めたという、あの時代がそうである。

　御徒町の兄の家の門前に、鳥の羽をたくさんぶらさげた、綺麗な弓屋があった。その隣は焼芋屋で、焼芋屋といっても非常に有名な家であった。繁さんという息子があって、私らより四つか五つ年上の、年中本を読んでいる人だった。奥村繁次郎といって、後に町の学者として、すっかり世間に知られるようになった人である。自分でも書いていたが、あの時分にあのくらい江戸文学に深入りした人はそうなかったようである。秀才だったのであろう。中には悪口をいう人もあって、焼芋屋をやめてからも「芋繁」などといって、「芋繁が珍しいものを持っている」などとよくいっていた。後年私も懐しく思って、その家の前を通ってみたら、焼芋屋をやめて古本屋になっていた。

あの時分の東京には、まだ文化、文政ごろのような粋人の学者がたくさん残っていた。終いには田舎者にとって代られたが、私の若いころにはまだ残っていたのである。

築地河岸《つきじがし》に住んでいた三村清三郎《みむらせいざぶろう》、普通竹清《ちくせい》といっていたが、この人もこういう町の学者の一人であった。父親の代に伊勢か大和からか東京に出て、竹材屋を開業していた。それで竹清と自ら号したらしい。私はこの人が竹屋さんの息子として、継母にいじめられて困っている時分からよく知っていた。『佳記春天（書き捨て）』という著書もあった。この人の筆記類というものは、字が達者で速くて、非常に上手なのがたくさんあった。

こういう人たちとは、私が山中共古《やまなかきようこ》さんの所に行きはじめて、懇意になったのであった。『文学界』の人たちとつき合った時代よりもう一時代過ぎて、すでに柳田になってからである。外神田の筋違橋《すじかいばし》を渡った所で、毎月集古会《しゆうこかい》という会があり、『集古』という雑誌を出していた。和綴の本で、一年のはじめに十二ヵ月の題を出して、その月毎に題に関係あるものをもってくるのである。思いがけない突飛《とつぴ》なものさえ出せば、当って賞められるというような、少し道楽の気味があったので、私はそうひんぴんとは行かなかった。しかし前記の芋繁とか、清水清風という、怖い顔をしていながら、玩具の本を集めて、自分でも著書のある人とか、大変物を識っている人がたくさん集まった。あるいは墓ばかり調べている人もあり、まあ好事家《こうずか》の集まりであった。

竜土会のころ

町の学者だった人々と知り合いになったのは、何れも山中共古さんのおかげであった。たびたび訪ねて来られたらしく、そのころの日記にはよく山中さんの名前が出ている。山中さんには明治二十年ごろ、甲府でキリスト教の牧師をしていた時の見聞をまとめた『甲斐の落葉』という著書や、遠州の見附で書いた『見附次第』、同じ静岡県の吉原に住んだ時の『吉居雑話』などの著書がある。『甲斐の落葉』は私が「炉辺叢書《ろへんそうしょ》」の中の一冊として出版したもので、山中さんのスケッチも入っていて、じつに懐しい本である。ああいうのを読んでおかないと、明治を一つに見てしまう弊害を免かれない。あの時分の明治と、それからわれわれが成長した時の明治とは大分違うわけである。今の甲州の諸君などが、鬼の首でもとったようにいっている奈良田などにも、すでに入っていて、この寒村の生活が記録されている。また出版はされていないが、「共古日録」というものがある。この中には友人たちとの手紙が、みな半紙の大きさに書いてもらって綴じ合わせてある。

大磯《おおいそ》を海水浴場にした林洞海《はやしどうかい》さんの孫に当る林若樹《わかき》という人も収集家で、自宅の土蔵にたくさんの珍本を集め、同好の士を集めてよく会も開いた。会の連中の中には、日本橋の堀野文禄堂という、珍しい本ばかり出す本屋の主人らも来ていた。こういう人たちの収集欲は少し凝りすぎていて、ちょっとゆきすぎるくらいであった。私はそういう人たちに比べて田舎者だったので、いっしょになって「左様でゲス」なんていって歩くことはできなかった。

そのころの日記をみると、じつにいろいろな会を私の家でやっている。家の養親たちは、私を落着かせるために、こんな会合に座敷を提供したばかりでなく、菓子を出したり、食事を出したりして、皆をもてなしてくれたわけである。

文学者の集まりは、そのころ英国大使館につとめていたコックと家政婦が結婚して、同大使館の裏通りに快楽亭という料理屋をはじめたのを、誰かが見つけて来て、そこで会を開こうということになり、拙宅の会をそのままもっていた。そこの亭主はツンボだったが、大変純な男で、後に麻布《あざぶ》の竜土町《りゆうどちよう》に引越したので、会もそちらで開くようになり、店の名竜土軒をとって竜土会と名づけられたものであった。

まだ武林無想庵《たけばやしむそうあん》が青年のころで、いちばん主になって世話をしていた。薄田泣菫《すすきだきゆうきん》、国木田独歩なども来た。小山内薫《おさないかおる》などはまだ学生で、飛白《かすり》の羽織などを着ているので、われわれは子供扱いにしていた。そのころすでに小説の種になるようなことをしていたのに、われわれは知らずにいたわけであった。

こんなことがあった。ある男が、小山内に喧嘩をしかけたことがある。私は大変怒って、「これは僕らの作っている会なのだから、この会に来て、そんなことをされては困る。やりたければ別の所でやってくれ。そうすれば僕らも干渉はしないから」といったことを覚えている。そのころからだんだんと形が変って、古い人が少なくなって、小山内あたりが中心になってきた。あのころの竜土会のことを知っているのは、いまでは正宗白鳥《まさむねはくちよう》さんぐらいであろうか。

鷗外に知らる

医者で、文学に親しむというところから、井上の兄は森鷗外さんとつき合って『しがらみ草紙』『めざまし草』以来いろいろと協力していた。私が十代の子供のころ、秋元安民伝を『しがらみ草紙』に寄稿したのも、兄との関係からであった。従兄弟の中川恭次郎なども、多少ドイツ語ができるくらいであるから、森さんのものを愛読していた。兄のところの書生たちも森さんのものを崇拝して読んでいた。近所には芋繁などという風変りな文学好きがいたし、井上医院の玄関の空気はじつに面白いものであった。私なども自然に感化をうけ、鷗外の『於母影《おもかげ》』『水沫集《みなわしゅう》』など、文章のいいところを暗記していたほどであった。『於母影』が国民之友に出たのが明治二十二年だったかと思う。S・S・Sすなわち新声社という名前で掲載された。そのときのお礼が三十円で、それを元にして『しがらみ草紙』が出来たのだという話である。井上医院の玄関が文学談でにぎわったのは、この『しがらみ草紙』のころであった。

子供だった私は、森さんのお宅に伺うとお菓子が食べられるので、よくお訪ねしたが、『万年草』の時代には行かなくなっていた。高等学校のときでも、訪ねて行くと案外快く会ってもらえたことを憶えている。それにあまり説諭とか、訓戒をしてくれる人がいなかったので、よく伺った。すると「いまは何を読んでいる、どんなものが面白い」などという風なことを聞いて、可愛がって下さった。弟さんの三木《みき》篤次郎《とくじろう》君や、潤三郎《じゅんざぶろう》君などのまだ小さいときであった。

森さんという人は、私どもには大きな影響を与えた人であった。露伴《ろはん》さんの方が長生でもあり、付合いも長く続いたけれども、この人ははじめから高いところにいる人だと思っていたためか、あまり影響を受けなかった。森さんはこちらの方に降りて来て、いろいろと相談に乗ってくれる人だったから、本当にありがたかったと思っている。たとえば本一冊読むのにも、こちらの立場まで戻って来て探してくれたりした。私はドイツ語はあまりやらないが、パウル・ハイゼなど、森さんの翻訳が二つ三つあるので、「私はどうもハイゼが面白いように思います」といったら「ハイゼならあるよ、君もって行きたまえ」といって、『ノイエン・シャッツ』というドイツの短編集を出して下さったことがあった。それを見ると、ハイゼの短編がいくつも出ているのである。ドラマもあるらしいが、ハイゼはハルトマンなどの現れる一つ前で、向うでも相当な地位にいた。

この間も小堀杏奴《こぼりあんぬ》さんに会ったおり、「私はあなたの生れるより何十年も前に、千駄木《せんだぎ》のお宅に伺ってお菓子をたべた人間ですよ」と話したことであった。

賀古鶴所

次兄や森鷗外さんの仲間の賀古鶴所《かこつるど》さんはじつに面白い人で、私を大変可愛がって、暇さえあると呼んでくれた。寄宿舎時代の鷗外さんのことなど話してもらったこともある。

壮士みたいなのが大変いる中に、年も若く身体の小さい森さんが交っていた。

寄宿舎の格子戸の桟がはずれて一ヵ所だけ開くようになっており、小柄の森さんなら潜《くぐ》って出られた。他の連中が捉えようとするとひょいと外へ出て、屋根の上を歩くので、危くてしようがない。いいから入って来いといってもなかなか入って来なかった。その時分から賀古が森をかばってやったという話であった。

賀古さんはまあ鷗外ファンで一生暮して来たようなものだといっていた。その賀古が中心で、山県、森、井上などの連絡もついたと聞いた。

私も山県が勢力をもっているころ、賀古を説いて山県を動かしてみようかと思ったりしたこともあるが、とても駄目なことが判ったので諦めた。

この賀古さんの夫人の長姉が、駿河台《するがだい》の今の明治大学の所にあった樫村清徳《かしむらきよのり》という病院主の夫人で、その一門はずいぶん広い範囲に拡がっていた。樫村病院は佐々木東洋の杏雲堂《きょううんどう》病院にも匹敵するものであった。その樫村夫人の妹たちが、播州人の陸軍一等軍医正の中島一可にも、やはり軍医の賀古鶴所にも嫁いでいたわけである。

それから樫村の長女が松山の人で［正岡《まさおか》］子規の叔父に当る加藤恒忠《かとうつねただ》の妻、また次女が何といったか日米関係の仕事をした財産家の妻君となり、今も小田原《おだわら》に住んでいる。主人は銚子の人であった。三女がおたまさんという才女で、外交官の石井菊次郎《いしいきくじろう》の後妻として活躍し、ピアノなども嗜み、パリ社交界のクィーンと謳われたこともある。その次の娘が、江木《えぎ》翼《たすく》の弟で旧姓羽村、後に国光という家に養子に行った人の妻君になった。

中島一可は御徒町の近所に住んでいた。井上がそこに医院を開いた頃もその辺にいたのであろう。奥さんも客好きで、播州の学生でそこへ行って御馳走にならないものはなかったほどであった。もちろん井上はそこで皆と懇意になった。賀古もその義弟になるから、そこへ出入りしていたことであろう。

私が大学生時代に樫村家へ年始に行って御馳走になっていると、そこへフランス帰りの外交官加藤恒忠夫妻がやって来た。鼻眼鏡をかけていかにも外交官タイプで、奥さんも綺麗な人であった。こんなのが外交官というものかと、いささか好奇心をもち、また批判的に眺めていた。しかしよく知ってみると、どうしてあれ位立派な人は滅多にないことが解った。やることが飄逸《ひょういつ》でしかも正道からはずれない。私らも本当に敬服したが、河井弥八《かわいやはち》君なども心から感心していた。ところが不幸で、私らが訪ねていった頃、すでに小さな長屋みたいな家に住んでおり、子供も五人あったが、みな学生時代に死んでしまった。そして三番目が正岡忠三郎《まさおかちゅうざぶろう》といって、従兄子規の後を継いでいる。いま大阪の毎日放送にいるのはこの人である。

樫村家は娘たちはみなきれいでしっかりしていた。男の子は三人で、随分大切に育てられていたようである。数年前、正岡忠三郎君が来たので聞いてみると、祖母さんの樫村刀自《とじ》は戦争中亡くなられたということであった。

どういうわけだか、樫村の一族は非常に繁昌したものであった。石井夫妻は四人の子供のうち、二人を亡くし、ことに最後は今度の戦争で明治神宮表参道で一緒に戦災死したのだから、じつに悲惨であったというの他はない。

加藤恒忠は司法省法学校の出身だったが、日本新聞の系統で、三十五、六のころ、郷里の愛媛県から一文も使わずに代議士に選ばれた。帰りがけに見送りに来た村長や何かの中心人物を呼んで、「何々君、僕はとくに松山のために働くことはないからね」といって帰京したときいている。

今でもこんな代議士が一人や二人あってもいいはずだと思う。一生金も作らず、りっぱな文化人であった。

尾崎紅葉に会う

日光《にっこう》の神橋《しんきょう》を渡って直ぐ左へ入った所に、照尊院《しょうそんいん》という寺があった。高台の上にあって大《だい》谷《や》川《がわ》の音がきこえてくるといういい所である。後に川筋が変り、崖崩れがあったために寺はなくなり、神橋だけが残ったわけだが、以前は上州館林《たてばやし》の旧藩主、秋元子爵家の菩提所になっていた。文士の歴史を書く時によく出てくるお寺である。

昔、秋元家が日光の役人をしていた時分に、亡くなった人が一人あって、照尊院という号があったと見え、日光に葬ってから、そこが菩提所になったのであった。田山花袋はその秋元家の旧臣の家に生れたから、その手づるでよくこのお寺へ行って仕事をしていた。一度私を連れて行ってやろうというので、中川恭次郎だの二、三人といっしょについて行ったことがある。

日光羊羹《ようかん》がそのころ一本五銭だったのが、表通りの店では急に五銭五厘に値上げをした。一人が元宿《もとじゅく》の方の廉《やす》い店までわざわざ買いに行った。それを他の者がお茶を入れて待っているという具合で、かなり貧乏しながら、その寺の厄介になっていた。私らより若い小僧で、気の利いた人がいた。後に出世して、日光の執事になった菅原英俊という人である。ずっと後になって、家内や矢田部《やたべ》［良吉《りょうきち》］の甥などを連れて、一夏いたことがあったが、その時はもうこの人の代になり、厄介をかけたことがあった。

田山花袋といっしょに照尊院にいた時ある日、田山が、「今日は尾崎《おざき》さんが来るから迎えに行かなくちゃ」というので、私もどんな人か、まだ尾崎紅葉《こうよう》を知らないので、神橋の傍まで随《つ》いて行った。向うから派手な浴衣に、チリメンの兵児帯《へこおび》をだらりと締め、何にももたずに来る二人連れがある。それが石橋思案《いしばししあん》と紅葉の二人だった。何を履いていたか、履物は憶えないが、いかにもどこか良い衆だなと思われるような暢気《のんき》な恰好であった。

私もちょっと挨拶はしたことをおぼえているが、どちらかというと、そんな時には反撥をする癖があるので、話はしなかった。

紅葉と思案とは、日光ホテルに泊るというので、田山が案内して行った。ホテルは私らの泊った寺のもう少し奥の方であった。私どもの方はそろそろ懐中が乏しくなってきたので、「もう帰る」といい出したら、田山が「そんなに早く帰られちゃ困る」という。きかずにいると、「それでは国木田を呼ぶ」というわけで、私や中川その他の者が帰った後へ、国木田が行って、二、三ヵ月も滞在したのであった。このころから、いよいよ小説家になってきたが、それまでの彼は、詩人みたいなことをやっていた。

彼らの文学を論ずる者が日光時代などとよくいうが、私からみればむしろ日光時代は空白の時代だったように思う。私が大学の一年の時だったかと思うから、この日光行は明治三十一年のことであろう。

泉鏡花

星野《ほしの》家の天知《てんち》、夕影《せきえい》の両君と、妹のおゆうさんとの住居は日本橋にあった。中庭のある変った旧家で、すぐそばに平田《ひらた》禿木《とくぼく》も住んでいた。おゆうさんはどちらかというし、兄の友人などからちやほやされることに、意識的な誇りを覚えるというような型の婦人だったように思う。後に吉田賢竜《よしだけんりゅう》君の所へ嫁いだ。

吉田君は泉《いずみ》鏡花《きょうか》と同じ金沢の出身だったので、二人はずいぶんと懇意にしていた。よくねれた温厚な人物で、鏡花の小説の中に頻々と現われてくる人である。私が泉君と知り合いになるきっかけは、この吉田君の大学寄宿舎の部屋での出来事からであった。

大学の一番運動場に近い、日当りのいい小さな四人室で、いつの年でも卒業に近い上級生が入ることになっていた部屋があった。空地に近く、外からでも部屋に誰がいるかがよく判るような部屋である。その時分私は白い縞の袴をはいていたが、これは当時の学生の伊達であった。ある日こんな恰好で、この部屋の外を通りながら声をかけると、多分畔柳《くろやなぎ》芥舟《かいしゅう》君だったと思うが、「おい上らないか」と呼んだので、窓に手をかけ一気に飛び越えて部屋に入った。偶然その時泉君が室内に居合せて、私の器械体操が下手だということを知らないで、飛び込んでゆく姿をみて、非常に爽快に感じたらしい。そしていかにも器械体操の名人ででもあるかのように思い込んでしまった。泉君の「湯島詣《ゆしまもうで》」という小説のはじめの方に、身軽そうに窓からとび上る学生のことが書いてあるが、あれは私のことである。泉君がそれからこの方、「あんないい気持になった時はなかったね」などといってくれたので、こちらもつい嬉しくなって、暇さえあれば小石川の家に訪ねて行ったりした。それ以来、学校を出てから後も、ずっと交際して来たのである。

鏡花は小石川に住む以前、牛込横寺町《うしごめよこでらちょう》の尾崎紅葉の玄関番をしばらくしていた。しかし誰でも本を出すようになると、お弟子でも師匠から独立するのが一般のしきたりになっていたようだ。ことに泉君は何となく他の諸君に対する競争心があって、人からあまりよく思われないような所があった。

酒を飲むにしてもまるで古風な飲み方をするし、あとの連中はまあ無茶な遊び方が多かった。そのいちばんの巨魁は小栗風葉《おぐりふうよう》で、この連中は「ああ、偽善者奴《め》が」と泉の悪口をいうものだから、しまいには仲間割れがしてしまった。

同じ金沢出身の徳田秋声《とくだしゅうせい》君などともあまりよくなく、徳田君の方で無理してつき合っているような様子がうかがえた。徳田君は外国語の知識も若干あったが、泉君の方は、それは昔風で、ただ頭がいいから、他人が訳した外国のものなども、こっそり読んでいたようである。いろいろなことがあったが、私にとっては生涯懇意にした友人の一人であった。

江見水蔭

同じ播州の関係者として、後に神戸新聞の初代社会部長になった江見水蔭《えみすいいん》とも、はじめはなかなか親しくしていた。

江見は元来は岡山の人であったが、母方は播州赤穂の森家の家老の出であった。村上真輔という人の娘で、岡山の池田家の家臣である江見陽之進という人に嫁ぎ、忠功すなわち水蔭が生れたのである。そのため播州に近い親類があったが、私がそのことをよく知っていたので、余計に親しくしていたのであった。

外祖父の村上真輔という人は、家老であった関係から、維新のころ守旧的な佐幕派に属していた。そのためか村上家から養子に行った河原翠城という赤穂きっての慷慨家の学者が、勤王派との板ばさみになって切腹するというようなことがあった。私の父なども、この人のことをよくほめていた。その上、勤王派の足軽か何かの、ごく身分の低い侍たちが、村上真輔を斬り殺して逃走するということがあった。村上の一族は、下手人たちを探し出し、彼らが最後に高野山に逃れようとするところを待っていて、復讐に成功した。

明治四年のことで、高野の仇討といわれ、日本最後の仇討として有名である。江見は何かの折によくそのことを喋って、われわれに聞かせたものである。

杉浦重剛《すぎうらじゅうごう》さんの日本中学にいたことがあるから、巌谷小波《いわやさざなみ》と親しくなったのかと思うが、江見も硯友社《けんゆうしゃ》に属していたことがある。ちょっと異色のある人物で、紅葉さんなどにも喰ってかかるようなところがあった。その作品もいろいろ変化して、はじめはいくらかセンチメンタリズムかもしれないけれども、新しい文学に出て行こうとするような傾向が見えた。『小桜縅《こざくらおどし》』という雑誌を出していたが、田山花袋はそれに二、三の小説を書いてなじみになったらしい。そのうちに江見はだんだんと作風が変り、何となく村上浪六《むらかみなみろく》のような風になっていった。

父を早く亡くしたので、母堂に育てられたが、晩年には品川に住み、邸内に土俵を設けたりして、書生を大勢養っていた。その中には、長井金風という、明治になってからの人としては珍しいほどのすぐれた漢学者などもいた。江見はどういう動機からか、考古学にかぶれて、暇さえあれば発掘などをしていた。土器の把手をたくさん集めたり、どこのものか判らない土器もあって、ただやたらに集めていたらしい。少し眉唾だったのかもしれないが、「江見はもう一万点も集めているそうな」などというような話を聞いたことがある。今の考古学とはまるでちがった行き方だった。

晩年には押川春浪《おしかわしゅんろう》などの天狗倶楽部に関係して、『武侠世界』の豪傑連とつき合っていたこともある。江見郷というのが美作《みまさか》の東部にあるから、先祖はそちらから出たのかもしれない。播州に近い地方だったので、赤穂との縁が結ばれたのであろう。その赤穂出の母堂は大変昔めいた人で、一人息子が粋筋の婦人と結婚したことには不満があったとか聞かされたことがある。

『山の人生』

私が法制局の参事官になったのは、明治三十五年の二月で、大正三年までいたのだから、私のいちばん若い盛りの時をそこで過したわけである。仕事としては、どれもみな威張ったり、得意になったりするのに足るようなものばかりであったが、たった一つだけ、皆の嫌う仕事があった。それは特赦《とくしゃ》に関する事務を扱うことであった。

大赦《たいしや》の方は、一律に何々の罪の者は赦すというお触れが一つ出ればそれでいいのだから、ことは簡単であるが、これに反して特赦の方は、個々の犯罪内容をよく調べて、再犯のおそれがないとか、情状酌量をするとか、一つ一つ定まった標準に照らしてみなければならない。だから関係資料を年百年中読んでいなければならないし、時によると、新規に出来た政府の方針で、少し特赦にしてみようなどという気持に副《そ》って、ことを処理しなければならぬことがある。それでいつも新参の参事官に押しつける習慣になっていた。ところが私だけはそれを面白がって、いつまでもその仕事をやっていて、他人にまわそうとしなかった。

文字を早く読むことに馴れていたので、私としてはそんなにこの仕事を重荷に思わなかったせいもあるが、それよりも、内容そのものに興味をもったのである。事件の内容そのものに心をひかれて、もとの予審調書からみていった。一つの事件が、六寸とか八寸とか、たまには一尺近い厚さにとじてあったものもある。それをみてゆくのであるから、興味のない者には嫌な仕事であったが、私は好きなために熱心に眼を通した。そして面白い話を知ると、どうしても他人に話したくて仕方がなくなるものである。

私に『山の人生』という本がある。何故書かれたか、主旨がどうも分らないといった人があるが、無理もない話で、じつは法制局で知った珍しい話を喋りたくてたまらないものだから、そんな本を書きはじめたわけであった。新聞社に入った当座に『朝日グラフ』に連載し、後に本にまとめたものである。

「山に埋もれたる人生ある事」という題で、私のいちばん印象の深かった人殺しの刑事事件を二つ続けて書いたのであるが、本の終りには「山男」というものの研究は、人類学上必要だということを書いた。こんなちがった要素が『山の人生』という一つの本にまとめられているため、読む人に不思議な感を与えたのである。

第一の話は、かつて非常な饑饉の年に、西美濃《にしみの》の山の中で炭を焼く男が、子供二人を鉞《まさかり》できり殺したことがあった。自分の男の子と、どういうわけがあってか一人は育てていた小娘で、ともに十二、三歳になる子供であった。炭は売れず、里に行っても一合の米も手に入らない。最後の日にも手ぶらで帰ってきて、飢えきっている子供の顔を見るのがつらさに、小屋の奥へ行って昼寝をしてしまった。眼がさめてみると、小屋の口いっぱいに夕日がさしていた。秋の末のことであったという。二人の子供がその日当りの所にしゃがんで、一生懸命に仕事に使う大きな斧を磨いていた。そして「もう死にたいから、これで殺してくれ」といったそうである。そして小屋の入口の敷居の上を枕にして寝たそうである。親の方はくらくらして、何の考えもなく二人の首をきってしまった。その後でおそろしくなり、死ぬことができなくなって、一人で里へ降りて自首したというのである。じつに悲惨な話で、これくらい私の心を動かした特赦事件はなかった。

同じ頃、先の話と同じような悲しい事件がもう一つあった。九州の或る村の女が、ある男と大変仲良くなったが、親が許さぬので二人で逃げた。どうにか世の中へ出てみたが、病気をしたり、いろいろ不幸にあったりして、貧乏のために食えなくなった。子供も出来たが、どうしようもないので、恥を忍んで非常な山の中の生れ故郷へ帰って行った。しかし身寄りの者は死んでいないし、笑い嘲《あざけ》る人ばかり多かった。すごすごとまた町に帰ろうとしたが、男は病身でとても働ける見込みはなかった。子供を負ぶって引返して来る山道で、下に滝が落ちているところへ来かかった。夫婦で、もう世の中へ帰ったって仕方がないから、三人で死のうじゃないかと、三人の身体を帯で一つに縛って、滝壺に向って思い切ってとび込んでしまった。ところが女だけが水の中へ落ち込んだものらしく、しばらくして生き返ってしまった。助かって岸に上ってみると、亭主の方も死に損ったと見え、首をくくって死んでいた。小さい子供は崖の途中の樹のてっぺんに引っ掛って死んでいた。

つまり落ち方が良かったのか、悪かったのか、後の二人が死んでいるのに、自分だけ助かっていたというわけである。

その時の心理は我々には解らないが、やはり当人はもう死にたくなくなるものらしく、自首して出た。子供は無意志なので殺人罪が成り立ち、何でも十二年という長い刑に処せられた。しかし、あまりにも品行が正しくて殊勝だし、環境も憐むべきものであり、再犯のおそれは無論ないから、特赦にしてやってくれといって、私から印を捺して申し出た。それで特赦になったわけである。

この二つの犯罪を見ると、まことにかわいそうな事実であった。私は誰かに話したくて、旧友の田山花袋に話したが、そんなことは滅多にない話で、余り奇抜すぎるし、事実が深刻なので、文学とか小説とかに出来ないといって、聞き流してしまった。田山の小説に現われた自然主義というものは、文学の歴史からみて深い意味のある主張ではあったが、右の二つの実例のような悲惨な内容の話に比べれば、まるで高の知れたものである。

そんなわけで法制局の資料から見出した二つの悲劇が、私の心の底に溜っていて、何時かそれを世に知らせたいという気持を持ちつづけた。それで朝日新聞に書き、さらに『山の人生』という本を作る時、その序文のような形で、これを一番最初にもってきたのである。

田山にとって、この二つの事件は落第だったけれども、他に少なくとも四つか五つ、私が特赦の取調べで知った珍しい知識を、田山の方で採入れて自分の小説のたねにしたものがある。記憶している話の一つに「葱一束」というのがあった。一寸したことから大きな犯罪になるという話である。その記録を読んで、私が興奮している時に、田山から何か話はないかと聞かれたので話してやったものである。「一兵卒の銃殺」というのも、日露戦争の前後に私がたねを提供したものであった。

自然主義の作家は、極《ご》くあり得べき事柄が、すうっと妙に展開してゆくのに興味をもち、それを自然に書いて喜んでいたものであった。

自然主義小説のころ

自然主義という言葉を言い出したのは、田山であったろう。しかも英語のナチュラリズムという言葉をそのまま直訳したのだが、はじめは深い意味はなかったと思う。田山は何か私らの分らない哲学的なことを言い出したりしたが、それはもう後になってからの話であった。それよりはもっと平たく言えば、やはり通例人の日常生活の中にもまだ文学の材料として採るべきものがあるということを認めて、それを扱ってみようとしたといえると思う。

別に私が田山に話したような奇抜なものだけを書かなければならないわけはない。たとえば二葉亭《ふたばてい》の『浮雲《うきぐも》』や坪内さんの『書生気質』だって、別に変ったところもないだけに、かえって広い意味の自然主義の発端といえないこともなかろう。田山は私の犯罪調査の話ばかりでなく、私が旅行から帰って来ると、何か珍しい話はないかといって聞くことが多かった。私が客観的に見て話してやったのを彼が書いたものの中には、特赦の話以外にも多少注目に値するものもあった。不思議なことには、文学者というものは、われわれの話すことを大変珍しがるものである。想像もできないとかいって感心する。いわゆる「事実は小説よりも奇なり」というわけだろう。それにこちらもいくらか彼等にかぶれて、西洋の写実派の小説などを読んでいるために、そんな例までくらべて話してやるものだから、時は大変なものであった。そしてとうとう、あすこへ行きさえすればたねがあるというようなことになった。

小栗風葉など一番熱心に参加した。家があまり困らないものだから不勉強で、代作などを盛んにさせた元祖であった。真山青果《まやませいか》などは初めのうち、ずっと風葉の名前で書いて生活をしていた。青果の方では自分の名で出せるようになるまでは、練習のつもりで代筆をしていたわけであろう。ともかく風葉などは、私のところへ来れば新しい話があるという気で、私に対していたのである。

それからもう一人は、硯友社の川上眉山《かわかみびざん》であった。眉山は家庭が複雑で、気になることが多いためか、酒でまぎらすことが多かった。それに文筆で生活をする必要があって、骨が折れたらしい。しかも硯友社同人の立場にいながら、新興文学の端緒にも触れようという気持が強くて、森鷗外さんのものを片っ端から読んでいた。それに続いては国木田のものなどをよく読んでいた。死ぬ一年か一年半くらい前は、よく私のところに来た。

それで十人ばかりの仲間が私の家に集まった。土曜日に催したから土曜会ということにしたが、毎週ではなく、たしか月二回ぐらいやっていたと思う。国木田がもちろん陰の黒幕で、島崎君もときどきは加わった。皆が集まった動機といえば、田山ばかりがたねをもらいに行って、うまいことをしているからということであった。明治三十七、八年のころだと思う。欧州でも二十世紀の初めで、英国の文学の一つの変り目にあたり、大陸の文学を盛んに英訳をしだした、ちょうどその時期に当っていた。フランスのドーデのものの英訳などが出始めたので、私が田山にすすめたことを憶えている。船に乗る人が盛んに買ったジャックの船上本などという英訳本が、日本にも来たものである。私は丸善に連絡をとっておいて、手元に届くたびに土曜会の連中に紹介した。この土曜会が後に快楽亭の会になり、三転して前にのべた竜土会となったのである。

田山花袋の作品

田山の若い頃は、母親も兄も苦労している中で、花袋は英語だけを勉強した。いい男ではあったし、殊に私は歌の方で早くから松浦先生の所で相知り、一緒に紅葉会を作っていた昔馴染だから、終始後押しをしていた。土曜会の連中はみな文学をやっていたが、その中では田山が比較的先に世に出ていたのである。

松浦先生の晩年には、淡路出身の人で、神戸に定住し、湊川《みなとがわ》新開地などを開拓した武岡豊太氏などの庇護があって、明治四十一年七月頃須磨寺《すまでら》に歌碑が建てられ、その翌年亡くなられたのである。その松浦先生が晩年言われたことがあった。「私はもう歌道を退く。後継者は、田山君が一番適任だと思うが、何分にも文壇に乗り出して、もう一つの職業についてしまっている。それで一つ貴方が、伝来の文台と硯函とを受継いで、後を引受けて下さらないか」と私に話されたことがあった。つまり田山はその頃すでに世間からも、文人として認められるようになっていたのである。

少し固すぎる位真面目な人間が、後生大事に小説を書いている、それが田山だった。ところが長い間には、だんだんと世の中の風潮に漂わされ、自然主義といったような言葉の意味も前とは変って来ていた。内容も議論の筋も作品の上に現われた気分にも、私どもはいつも悪口をいって、「ああ書いちゃ駄目だよ」など、批評するものだから、正宗白鳥君がいつぞや、「柳田君は田山に会うと罵倒するので困る。田山がちっとも、何とも反抗しないで黙っているのに……」などと書いたものだから、私が非常な悪者のようになった。しかし元の起りはそうではない。

殊に「重右衛門《じゅうえもん》の最後」を書いた時など、私はわざわざ訪ねて行って、「これは一番同情ある作品だった」といってほめた。今も私はあの作品には感心している。あの副主人公は北信の人で、田山の家へ来ていたものだから、私もよく知っていた。その次に「蒲団《ふとん》」が出た時は、私はあんな不愉快な汚らしいものといって、あの時から田山君にけちをつけ出した。重要な所は想像で書いているから、むしろ自然主義ではないことになる。

文学が現実の問題を取扱わねばならぬといったのは二葉亭で、彼が出てはじめて、我々としても、小説というものはこんな生活まで取扱うべきもので、ただ佳人と才子との結合だけを取扱ってはだめだということが判った。しかし私としてはどうも二葉亭には馴染めなかった。

その後に、いわゆる私小説のような、何にも何処にも書き伝うべきものがなくても、毎日々々ぼんやりして考えていることを書きさえすれば、小説になるというような傾向を生じたが、あれはどうも蒲団なんかがその手本になり、こんなことまでも小説になるという先例になったと私はみている。それで私はよく田山君の顔をみると「君が悪いんだよ」などと無遠慮にいったものである。

花袋への好意

私があまり田山君の悪口をいうので、暫くの間私の所へ来ない時がつづいた。そのお互が遠ざかっていた時代が、どうも田山の生活でいちばん豊になったころだったらしい。旅行をしてもお伴をつれて歩いたりしていた。

私はどういうものか、まあ虫が好くというのか、ずっと好意をよせていた。彼が亡くなって間もなく、新宿のどこかの料理屋で、田山以後の新しい文士連中が、田山君のためと称して集まったことがあった。その折、田山君のためといいながら悪口ばかりいっているので、その席上で私は遠慮なくいった。「田山君の君らに対するいちばん大きな功労は、死んでやったことだと思う。田山君が今日生きていたら、君らはまだそんなにやれないんだろう」といったところが、大いに喝采を博したことであった。

田山が去った後に出て来た人たちというのが、『文藝春秋』の菊池《きくち》［寛《かん》］君の仲間ではないかと思う。そろそろ前後重なり合った時期で、田山の方で圧迫していたから、そういっては悪いかもしれないが、いちばん対立関係にあって、抑えつけられていたのがあの連中であった。菊池、芥川《あくたがわ》［龍之介《りゅうのすけ》］の両君とか、ことに久米《くめ》［正雄《まさお》］君などは、同じような所を歩いていながら、今までの田山のやり方を野暮だとか何とかいったり、田舎臭いと罵ったりして、やって来たわけであった。私は前に坐っていた久米君の顔を見ながら、そんな冗談をいったことを今も憶えている。

そんなのが田山の一生であった。私は非常にふるい友達でいながら、何とも評価しようとしなかったばかりでなく、世間で田山の小説をほめたりすると、むしろ首をかしげたりしていたが、関係は大変深いのである。

田山に『東京の三十年』を書くようにすすめたのも私であった。ドーデの『パリの三十年』というのから刺戟をうけて、田山に、「君、東京生活が三十年になったら、こんな本を書くんだねえ」といったことを憶えている。たしか田山の本の序文に、そのことが書いてあったように思う。

日本の文壇でツルゲニェーフを非常に崇拝して推奨したのは、われわれの一派であった。ドーデがいつしかツルゲニェーフに代って行った。田山なども、フランスで出たツルゲニェーフの仏訳本と同じ体裁で、イギリスで出た英訳本を買って読んでいた。まだモオパッサンは出て来ないころである。

『東京の三十年』は、小僧に行った時のことから書いたので、少し糟も混じっている。田山の兄弟は父親のない家庭としては実際よく勉強した兄弟であった。姉さんが一人あったが、早く亡くなってしまった。大変利巧な人だったそうだが、私はとうとう会わずにしまった。兄さんも穏健ないい人であった。

ただ何となく全体に世の中から忘れられて行くというのは、かわいそうなものである。ここの所をこうしたのが、あれのいちばんの仕事であったというように、仔細に書いてくれる文学史があるといいのだが、日本にはそういう概観を扱った文学史がない。ただ無闇に賞めたり悪くいったりするかと思うと、機械的に年代別をして論じたりする。そしてグループを一纏めにして批評する癖があるが、同じグループといっても、個々の人物でまるで立場も作風も違っている点を無視してしまいがちなのは困ったものである。

ピネロの全集

若いころからの私の、一つの特徴といえば、本をよく買ったということであろう。ちょっとした所へ行っても、必ず何か本を買って来た。丸善などもよく行ったもので、明治三十九年の日記にもそのことが書かれている。私の日記はくわしいことは書かず、人の往来とかメモぐらいしか書いてないが、あのころはよく丸善に行ったらしい。

丸善については、こんなおかしな話がある。ある時、本を注文して届けさせたところ、めちゃめちゃに破れた本をだまって配達して来た。文句をいうと、あの本はあれ一冊しか来ませんで、あなたに頼まれたからお届けしましたが、途中で破れたらしいからどうすることもできません、と断りをいって来たことがあった。

同じ三十九年の日記に、

「志賀直哉《しがなおや》といふ人、ピネロの作全部を買ひたりと、如何なる人にや」と書いてある。

ピネロというのは、プローズ・ドラマ（散文戯曲）を英語で書いた有名な人である。私のところにも一時ピネロの作が非常にたくさん集まった。イプセンなどと相前後して、韻律をふまない、勝手にかけるドラマを書いたのであった。同様の人は他にもあるが、ピネロがいちばん有名な人であった。それが一時丸善に大分来たのであろう。

この日記は、志賀君という人がピネロのものを読んでいることを聞いて、私がちょっと驚いて書き止めておいたものらしい。お金に困らない人だからそんなものを買って何とも思わなかったのだろうけれども、私の方ではピネロの全集を買った人のあった話にびっくりしたわけである。今からかぞえると志賀君はまだ二十三、四のころのことであったろうと思われる。

私は英語の会話の稽古をするのに、少しでも面白い本がいいと思って、このピネロを次々に買っていた。ところがそれから十年近くもたって、たしか貴族院に行ってからであったろう。ある日のこと、今度の大戦中に京都と奈良を爆撃から救ってくれた、例の米国の日本美術学者、ラングトン・ウォーナーがやって来た。最初は人に連れられてだったが、後にはたびたび私の官舎に来るようになって、来れば私の部屋に入っていろんなものを見て帰るのである。ある時、私がピネロを本棚の端から端まで並べているのを見て、こんなことをいった。「柳田さん、あなたがこの本を並べている主旨は、私にはよく判るのですけど、だめですよ、これじゃ覚えられませんよ」といった。つまり英語の稽古にはこんな本は適しないと注意したつもりであったらしいが、まったくそのとおりであった。

そのころのウォーナーはただ面白いいたずらっ児のような人に見えていたが、それが何十年もたってから、日本文化の恩人になろうとは、誰が想像したであろうか。

ラングトン・ウォーナー博士についてはこんな思い出もある。

若いときシベリアへ行っていたというので、たくさんロシアのルーブル紙幣をもって来て、いっぱいポケットに入れていた。どうするんだときくと、今にこれが高く売れるんだといっていたが、そのうち銀座の夜店にルーブルが出るようになったので、笑い出してしまったことがある。

戦後にも日本へ来たが、非常に素直な、面白い、良い人であった。彼を私の所に紹介したのはイギリス人のスコットで、二人でよく訪ねて来た。スコットの細君が少しいたずら好きで、「あの真似をしてくれ」とウォーナーに頼むと「よし」といって、毛布を腰に巻いてスコットランドの男のする短かいスカートみたいにして、歌をうたう無邪気な男であった。最後に来た時、戦争中の御礼をいうべきだったけれど、とうとう会わずじまいになってしまった。

学生生活

二兄の心遣い

私と長兄とは十五、次兄とは九つも年が違っている上に、次兄は井上家を継いで、形だけは他家の人になっていた。下の二人即ち静雄と輝夫はまだ頑是《がんぜ》なくて、別に面倒なことを考える余地もなかった。いわば私だけが中途半端で、何となく新たな長兄みたいな気持になったものである。

もう一つ私の子供時代のもっともらしい考え方があった。それは両親もいい加減弱っているし、兄も丈夫でないから、この家から学資を貰って学問することはできない。何でも構わない、学資のいらないところへ行こうというわけであった。それには師範学校へ行きさえすればいいことは判っていたが、これはどうも気が進まない。それで学資のいらない商船学校へ行って船長になろうかと考えた。船の中で本も読めるし、外国にも行かれる。

私の船長熱はかなり強かった。しかし一方では私の知らぬ間に、長兄と井上の兄とが相談して、他のことは大きい兄がする代りに、私の学校へ行く学資だけは次兄の方で出すと決めておりながら、私には知らせずにいたのであった。私は高等学校に入ることは、大学へ入る前提だから、そんなことができるはずもないと、初めから考えても見なかったのに、二兄の間ではすでに膳立てがしてあって、私に高等学校の試験を受けろというのである。私として二兄に十分感謝しなければならないわけであった。そのため幸いにも私の船長熱は立ち消えになってしまったのである。

高等学校の生徒の極く一部には、余計に学費をもらっているのもいたが、たいていはみな極端に質素な生活であった。私も最少額を兄からもらっていた。多分最初は月八円で、その中、学内の寄宿舎費が三円三十銭、すなわち食費が一日十銭、舎費が月三十銭で計三円三十銭になる。そのうち少し値上げになったと思うが、とにかく入学当時は八円で余裕があった。今日たくさん手許に残っているレクラム版の本とか、カッセルのナショナル文庫とか、あのころの文学書は、新本でも一冊十銭、古本なら三銭くらいだった。シェイクスピアの「マクベス」でも、「マーチャント・オブ・ヴェニス」でも多分三銭で買った。ウィルソンの綺麗な本なども、レクラム版によったのだろうが、表紙はずっと美しかった。われわれの、名を伝え聞いていた西洋の名著は何でも簡単に見つかり、古本屋の店先で、いちばん愛嬌のある所に並んでいたので、安いから、煎餅をちょっと買うような心持で買うことができた。

そんなわけで、食費と舎費とで月三円三十銭、月謝が一円二十銭で計四円五十銭、あとの三円五十銭もの使い途がない。それは楽な暮しで、ちっとも苦労はなかった。学資のいる学校など私としては諦めていたのに、兄たちのお蔭で入れたのだから、その喜びも手伝って、私は非常に勉強した。中学校の生活というものをしないので擦れておらず、学生仲間を偏見なく素直に批判することができたのである。

入学試験に合格した時、次兄は姫路の病院に勤めていたので、早速お祝の意味で私を呼びよせてくれた。旅費といっても三円か三円五十銭だったろうが、それを兄が送ってくれたので、喜んで出かけて、大分しばらく姫路に厄介になっていた。そのついでに郷里へ行ったのが、十三の年に国を出てから初めての帰省であった。

寄宿舎生活の有難味

高等学校に入った私は、二年余り寄宿舎に入っていた。そのころは寄宿生活を奨励していたのである。初めの一年は北側の寒い部屋であったが、そこの同室に乾政彦《いぬいまさひこ》や菊地駒次《きくちこまじ》などがいた。乾は大和十津川《やまととつがわ》人の特徴を備えているのが、われわれの敬愛した点であり、菊地は旧幕臣の御家人の出で、外務省に入り、後にはフランスの参事官になったりした。一年おくれて松本烝治《まつもとじょうじ》が加わった。先代荘一郎博士が播州福本の出身であることは前にもいったが、烝治君はじつにいい友達で、かなりいやなことも遠慮なくいい合えるような間柄であった。あそこの部屋で出来た三、四人の友達は、一生親しくつき合ってきた。

私がはいったときは高等中学校という名前で、その後は高等学校と呼ぶようになった。われわれのころには、地方の県立中学校に三人とか四人とか割り当てて、無試験で入れる制度があった。そのため試験を受けて入ったわれわれは、よくいたずらに、「オレたちはジャンケン組だから、無試験のヤツらとはいっしょになれないよ」などと悪口をいったものである。こちらは苦しんで入ったのに、まず東京の府立第一中学とか、付属中学の連中が上にいて、それから順番に関東五、六県のが上に入っていた。しかしこれらを混合するのが寄宿舎の目的であったらしい。下の部屋で勉強して、夜は階上の、畳を長く敷きつめた八畳ぐらいのところに枕を並べて寝る。けんかもする代りに、親兄弟にもいわないようなことを話し合ったりした。

私はわずかな年限で中学校の上級までの試験を済ませるために、わざわざあちらこちらと転校して歩いた。一つの学校の一年に入ると二ヵ月ぐらいで他の学校の二年に入り、また三ヵ月ぐらいで済まして第三の学校の三年に転入するというふうにして、中学の課程を終えたことにしたので、じつに忙しいものであった。体操したり、絵を習ったりする暇はなかったのである。最後に絵の試験があったとき、石膏《せっこう》の柱を写生することになったが、絵など習ったことがないので、真中の凹《へこ》みをどうスケッチしていいのか分らない。十九にもなっていたのに、一人でシクシク泣き出してしまった。その後もお世話になったいい先生だったが、「君は絵のけい古をしたことはないのか」ときいてくれたので、「私は方々の学校を飛び歩いていたので、絵の方はやらなかったのです」と答えた。「そりゃ気の毒だな」といって、先生が鉛筆でぐーッと描いて真中の凹みをつけてくれたので、はじめてくぼみはこう描くものだということが分った。そんな思いをしたこともあったが、どうにか中学を卒業したということにして高等学校の試験を受けたのである。本郷の千駄木にある郁文館にも籍をおいたが、「一年もいたのなら証明してやるが、六ヵ月では証明ができない」というので、郁文館も証明できず、ましてその前におった中学はもちろん証明してくれない。ただ開成学校、もと開成所といったところの学校だけが、私を出身生の中に入れてくれたくらいのものである。

こういう中学生活をして来た私にとって、高等学校の寄宿生活というものは、大変大きな改革であった。中学をろくにやっていないので絵は描けない。器械体操はしたことがないから、鉄棒にぶら下ったきり、どうすることもできない。だから高等学校入学早々、アメンボウという綽名《あだな》がついてしまった。そのうえ家にばかりいたので、行動が敏捷《びんしょう》でなかったらしく、「お嬢さん」という綽名をつけられたりして、入学して半月ぐらいの間についたこの二つの綽名はいつまでも消えなかった。

体が細くても、みなが思っているほど意気地なしでないつもりだったから、腹の中にきつい気性をもっていることを、なんとかして証明してやろうと思っていたが、一度受けた印象というものは、なかなかものをいうものであった。だからただの同級生は私を柔弱なヤツと思ったかもしれないが、寝食をともにした同室の仲間は、さすがに早くから気心をのみ込んでいてくれた。

岡田武松君との初旅

茨城県布川に仮住いしていた長兄は、やがて利根川の対岸の、千葉県布佐に移住した。播州へ帰る宿望を実現せずに、ついにはそこが永住の地となってしまった。

ところで、その布佐の家のごく近いところに、偶然にも播磨屋という古着商があった。その家が後に気象学者になった岡田《おかだ》武松《たけまつ》博士の生家なのである。みなが「播磨屋、播磨屋」といっているのに、その播磨には気づかずに、ただ岡田君としてつき合っていた。
　岡田君は親類か縁者かを頼って東京に出て、一中に入った。そのため私はただ夏休みに一、二度彼と会う程度に止っていた。それがいよいよ私も東京に出て高等学校に入ってみると、一つ上の級に武松君がいるのである。いっしょに旅行しようといって、茨城の辺を旅行したことがあったが、これが私の旅行というものの面白味を感じた最初であった。木戸孝允《きどたかよし》の遺児で、昭和三十四年の春、京都で亡くなった木戸忠太郎君に会ったのも、この旅先であった。
　母が生きていたので、旅費をねだって三円もらった。岡田君も、それくらいもって行ったのであろう。もちろん汽車はまだなかったから、布佐から歩き出し、利根川を渡しで越えて、筑波山に登って山上で泊った。一晩の宿賃に弁当までこしらえてくれて、わずか二十七銭であった。それから山を越えて向うへ降りようとすると、山の途中で、ひょっこり一人の高等学校の生徒に出くわした。それがかねがね寄宿舎でみなが世話になっているいちばん先輩の、委員長か何かして尊敬せられていた木戸忠太郎さんであった。
　木戸君からいろんなことを教えてもらった。「これをよく見て行き給え、これが〝尾花がもとの思い草〟というものだ。薄《すすき》の根元に生えているラッパのように、先の開いた綺麗な草だが、この辺では煙管草《きせるそう》と呼んでいる」と、そんなことも教えてくれた。思い草というのは『新古今集』などにたくさんうたわれていて、たしか和泉式部《いずみしきぶ》のうたに、
　　野辺みれば尾花がもとの思ひ草枯れゆく冬になりにけるかな
というのがあった。

木戸君とは水戸までであったか、あるいはその途中までであったか、同行して別れた。その親切な先輩の忠太郎君は、前から学校で知ってはいたが、話したのはそのときが初めてだったと思う。

水戸に泊って常磐神社にまいり、夏の盛りだったが、宿賃が二十二銭、やっぱり弁当がついていた。そのころ弁当は多分三銭くらいなものだったのだろう。その翌日は太田《おおた》「現常陸《ひたち》太田市」の西山荘《せいざんそう》（西山公徳川光圀《とくがわみつくに》の別荘）も拝見して、一泊した。それから海岸に近い松林の中にある村越の虚空蔵様《こくぞうさま》に行った。今日の東海村原子力研究所の近くである。それから磯崎《いそざき》に行った。ここは那珂《なか》の港からもう少し向うにあって、大洗《おおあらい》と別なところである。そこに一泊し、翌日は銚子泊り。次の日、鉾田《ほこた》に来て、利根の汽船に乗って布佐に帰った。これだけ歩いてもまだ三円の旅費がいくらか残っていて、母に返したことを憶えている。

それが私どもの旅行の面白味を解したはじめで、そのころから長者の風のあった木戸君が、親切に導いてくれた好意は、いつまでも忘れることができなかった。

第一高等学校はもと五年制であったが、その後四年制になり、また三年制に改められた。岡田君は五年制の最後に、三級から入ったものと思うが、私は一年後に英予科二級というのから入った。その翌年から三年制になり、予科が一年だけ縮まったわけである。

関東の播磨人

布佐の播磨屋の息子であった岡田武松君は、文科系統の学科もよく出来た。家へ行ってみると、いつでも家の人たちに学科の話をしている。ドイツ文学の説明をしていることもあれば、理科や数学の話をしていることもあった。いよいよ文科に行くか、理科に行くかということになった時、岡田君は大変奇抜な決め方をした。火箸かステッキかを地面に立てて、それの倒れた方向で理科行に決めたというのである。ドイツ文学はいつまでも趣味でつづけるが、職業としては数学を本位とする理科に進むというのが彼の説明であった。それを聞いて若い私は大いに尊敬の念を抱いたものであった。

お母さんが若くていい人で、二人の妹があった。夏休みには必ず会っていたが、そのうち、布川で長兄一家が厄介になっていた家主の小川さんの孫娘を細君に貰ったので、かえってこちらの方できまりが悪くなって、あまり会わなくなった。この小川の小父さんは四十そこそこで若死して、後は大変難儀をしたらしい。その娘が海老原という家にお嫁に行って産まれた外孫が、岡田君の細君になったわけであった。

晩年の岡田君の世話をしていたのは、甥と老妹夫婦とであったが、どちらかというと寂しい生活であったようである。甥というのは家業を継いだ兄の子で、やはり岡田君と同じ気象学の方に進み、気象台の布川出張所の所長をしていたから、叔父さんの世話をしやすかったのであろう。

とにかく播磨から出た人で、関東に落着き、正式に播磨屋と名乗ったのは、私の知っているところではこの岡田君の家だけであった。父の代に来たのだが、どうして来たのか聞こうと思いながら、そのままになってしまった。お母さんは純然たる江戸っ子で、じつに綺麗な江戸言葉を使っておられた。

竜野出身の股野琢《またのたく》という学者は元老院議官まで進んだ。また股野さんの兄弟の長尾という人は、千葉医学校を作った関係で千葉に根を張った。銀座にも一軒出版業で播州出身の長尾という人があったが、この両者の関係は聞いたことはない。本家の長尾は股野さんの親類で、竜野出身というので、当時の千葉県令である柴原和《しばはらやわら》という竜野人に招かれたのかと思う。

銀座の本屋の長尾の養子がちょうど下総の布川から来ていた。そして同じ布川の小川の小父さんの姉娘が播州人の海老原に嫁ぎ、その孫娘がさきにもいった岡田武松君の細君になった。そんな関係で、この海老原の世話で銀座の長尾出版業の養子が布川から来るようになった。

このような事情から、播州人、ことに竜野出身者は、東京へ来ると必ず海老原の家に行った。私の長兄が偶然にも下総に永住するようになったのも、まったく竜野人に連れられて海老原の家に行き、そして夏休中働いたり、世話になったりしたのが因をなした。「どうだ、俺の家内の実家で、主人の医者が若死したきり後が空いてて困っているが、君行って呉れないか」といわれた時、長兄もいろいろと考えたらしい。播州へ帰ったところで資本はないし、親類はみな同業の医者だから競争はいやだ、いっそのこと下総へ行って見ようか……というような偶然のことから、下総に住むようになってしまった。

小川の家は祖父の東秀という人が医者をはじめ、父の東作という人が大変な蔵書家であったのに、四十歳ぐらいで早死した後、幼い私が小父さんといっていた小川虎之助氏は、医者を継いでいなかった。ことによると赤松宗旦が『利根川図志』を作った資料の大部分は、この小川家の蔵書によったものではないかと思われるくらいである。

辻川で生れた長兄が下総布川のような辺鄙な所に住みついた由来は、以上のようなわけであった。

同郷の人々

柴原和は後には元老院議官にもなった人であったが、愛郷心が強く、国元出身の人々の後援につとめた。私の長兄が上京して東大別科に入学したさいも、学費の不足を支弁するため、父が漢文で柴原氏に手紙を書き、種々の世話になったことがある。いつも郷土出身の苦学生を二、三人、書生として自宅に預かっていた。さきに語った当時の嬰児扼殺《やくさつ》が対岸の茨城県に比して少なかったのは、柴原県令の撲滅対策があずかって力が大きかったのである。

松本烝治の父君、松本荘一郎氏も播磨出身であった。私の生地辻川よりも北部の、市川に沿った粟賀町福本の出身で、家は医者であったと思う。表向きには岐阜県の士族出身ということになっていて、大垣藩士ということではあるが、彼の出身が神崎郡であることは周知のことである。私たちの幼いころは、身近なところから出た郷土の立志伝中の人として、よく彼の話をきかされたものであった。福本という土地は池田藩の飛地で、わずかな士族グループが支配していた、池田藩の特権として与えられた領地であり、福本という、めでたい名がつけられたのであった。福本からは藤井という、軍人ばかりを何人も出した家もあった。

松本荘一郎氏は後に工学博士、鉄道院工務局長となった人である。外国留学の便宜から岐阜の大垣藩に籍を移した。後に鉄道院の汐留《しおどめ》駅前官舎に住んでいたころ、私は東大生として友人たちと訪ねて行ったことがある。

四方山《よもやま》の話の末、維新当時、渡米しようと思って横浜まで出掛けた時の思い出をきかされたのを憶えている。何でも四人か五人の同輩と旅館の二階に泊っていた。全部まだ丁髷《ちょんまげ》をつけていたので、いよいよ出帆するという前夜、みなで申合せてこれを切って散髪になった。雨のしとしとと降っている夜であったが、みなで、切取った丁髷を、宿の前の堀に投げ込むつもりで二階の縁側から外に投げすてた。これで過去一切と絶縁したと思って、さっぱりした気持になって床についた。

ところが翌朝起きて見ると、何と堀の中へ投げ込んだつもりでいた丁髷が、全部下の屋根の庇《ひさし》に引っかかっていた。四つ五つの全部が雨にぬれて屋根の片端に引っかかっていたのには驚き呆れた。その話を松本氏は私たちにして、「旧い行き掛りというものは、きっぱり断ち切ったつもりでいても、実はまだ軒先に引っかかっている場合が、案外多いものだ」といったような話をきかされた。そんなことを今も憶い出すわけである。

赤穂出身の大鳥圭介《おおとりけいすけ》は、大阪の緒方塾［洪庵《こうあん》のひらいた適塾《てきじゅく》］に学んだ医家の出だったが、徴用せられて幕臣になった人で、私がこの人に会ったのは日清戦争より以後のことである。それは五稜郭《ごりょうかく》の勇士としてではなく、日清戦争で示された毅然たる氏の態度が非常に懐しくて会いに行ったのであった。この人に同郷学生の学友会の会長になってもらっていた。

高砂《たかさご》市出身の美濃部達吉《みのべたつきち》にはじめて会ったのは、次兄通泰の下宿先であったと思う。「美濃部の弟が来ているよ」といわれ、私はそれをのぞきに行った。病気してしばらく帰郷していたが、帰京すると同時に、東大の本科の二年にいきなり受験して、入学したことも記憶に残っている。

一高水泳部の起り

私が毎週治療を受けている平方さんという鍼医のところで、思わぬ旧知に出会うことがたびたびある。この間も工学博士の井上匡四郎君に会った折、高等学校時代に三浦半島の大津《おおつ》［現横《よこ》須《す》賀《か》市］に水泳場があったころの話が出た。

浦賀《うらが》に石渡《いしわた》というりっぱな家柄の旧家があって、私どもはこの家の兄弟をみな知っていた。上から順に秀吉、信太郎、雅治といい、上は学校を終らないで独立してしまい、次が工学博士、三番目の雅治は子供の時分から神奈川へ養子に行って、中村姓を名乗っていた。どれもなかなかのやり手であったが、ことに中村雅治は才気《さいき》潑溂《はつらつ》たる男で、台湾あたりで働くうちに、内田良平などという右翼の人とも、つき合いが出来ていたらしい。この中村は箱根環翠楼《かんすいろう》の鈴木英雄氏と親類になっているので、やはり同じ環翠楼出の小田原市長、鈴木十郎氏を頼って、いまは小田原に落着いているように聞いている。

同じく一高の仲間に入江一雄というのがいた。作州の人であったが、建築の清水組の分家にあたる清水連蔵という人に見込まれて、その養子になった。この入江が同郷の植物学者川村清一、鳥の学者川村多実二の兄弟と懇意にしていた。作州津山は古式の水泳、神伝流の発祥地であるし、ことに川村家はその家元であった。そこで入江と井上匡四郎とが話し合い、第一高等学校に一つ水泳部を作ろうじゃないかというわけで、川村兄弟を仲間に引入れ、清水組の賛成も得て、これをはじめることとなった。

さてつぎには場所をどこにするかという問題になったところ、私たちは級友の中村雅治を通してその実家にあたる石渡家に一肌脱いでもらうことに成功した。夏期の水泳合宿所が石渡家に近い浦賀と大津との間に出来、すっかり石渡家の世話になった。毎夏五十人も七十人もの若者が出入りし、私らも行ったことがあったので、ますます石渡兄弟と親しくなった。どういうわけか、信太郎さんのことを私らはオーチャンといって慣れ親しんでいた。ずいぶん永くつづいたものである。旧一高の寮歌に「大津の浦にもののふの」とかいうのがあるのは、そこのことである。

石渡家の家風は、じつにゆったりしていて、親切で申分なかったが、石渡家から出た中村雅治の養家にあたる神奈川の家へも、時々みなで押しかけて行った。そこへ五つ、六つ年下の連中も、石渡兄弟の紹介でやって来て、いっしょに遊んだものであった。田島房太郎君はその仲間の弟分で、非常に優しいいい人間だった。感覚の豊かな人で、学校を出て大阪の住友へ入ると聞いたとき、そんなことはしない方がいいと引留めたことを憶えている。偉くなった晩年のことは知らないが、その田島君の妹さんが芦屋の詩人富田砕花君の夫人だと聞いて、少なからず驚いてしまった。

私の義姉にあたる矢田部《やたべ》良吉《りようきち》夫人なども、後家になってから、子供を育てながら若い書生さんたちの世話をよくしたものであった。リヨンに腰を落着けてしまった滝沢敬一君や、上野直昭君にしても、みんなその仲間であった。家が広かったのでそんな楽しみをしていたわけであろう。

播州帰省

私はしょっちゅう播州の人と交渉があるので、どうも頻繁に帰ったような気がしているが、古い日記を繰ってみたところ、案外その度数は多くないことが判った。十三の年に郷里を出てから後、十九の年、第一高等学校に入った時帰ったのが、まずはじめである。前にもふれたが、ちょうど京都に行っていた弟静雄もやって来て、しばらく兄弟三人くらしたことをおぼえている。

私も静雄も、大分大きくなっていたので、二人で但馬まで歩いて行ったことがある。そのころはまだ播但線《ばんたんせん》がなかったから、歩いたわけである。東京に帰って、父母に郷里のことを話したけれども、両親が離郷してからまだあまり時がたっていなかったので、それほど珍しそうにも聞いてはくれなかった。

そのつぎに行ったのは、私が大学に入ってからであった。しかし帰京して郷里の移り変りを話そうにも、その時はもはや両親とも亡くなっていたのは残念であった。多分明治三十一年の夏だったと思う。私ははじめ三河の伊良湖岬《いらこみさき》へ行っていた。そこへ東京から田山花袋ら大勢の友達がやって来た。島崎藤村《しまざきとうそん》は来なかったが、私が伊良湖で拾った椰子の実の話を、後に東京に帰ってから話してきかせたことが、藤村の長詩「椰子の実」の材料になった。伊良湖から田山たちといっしょに伊勢に行き、そこで別れて私一人だけ播州へ帰った。

そのころ、井上の兄はもう姫路から岡山へ転任していたので、まず岡山を訪ね、帰りに播州へまわって幾日かをすごし、東京へ帰って来た。

故郷とはいえ、肉親は誰もおらず、旧知の三木家にばかり世話になるので、故郷というものの印象が大分変って来た。遊び仲間の子供達との因縁、その子供らのお母さんやお祖母さん、それから近所の人、親類の者などとの心の繋がりが、何となく疎《うと》くなってゆくような気がした。はじめ帰った時、声をかけてくれた人たちまでが、だんだん遠のいて行くようで、やがてすっかり他所行きの感じになってしまった。三木家の厄介になっていなければ、井上の留守宅に行って留守番のお婆さんの世話になっていたわけである。大学の一年から二年になった夏のことかと思うが、これが二度目の帰郷であった。

私はそのころ文章などを書いたりしていたので、中央ではすでに名前を知られはじめていた。例えば「伊勢の海」（改題「遊海島記」）という文章を書いて、国木田独歩の病気見舞にみなで贈った『二十八人集』という本の中へのせたりしていたので、郷里の人たちの中にもそれを薄々知っている者があって、多少遠慮勝ちになっていたのかもしれない。

それからずっと経って、明治四十二年に北陸を歩いてから谷中《たになか》を入って播州へ行ったことがある。大学生時代からこのころまでの十年足らずの間にも、播州へ行かない気遣いはないはずなのだが、果して何度行っているか、今は、はっきりと判らないのである。

坊っちゃんクラスの出現

高等学校の寄宿舎でもまれもまれしてから、大学に入ったのが、明治三十年のことであった。

大学へ入って、全国から集まって来た連中の中に混じり、これは鹿児島《かごしま》県人とか、これは佐賀県人だとかいってつき合ったのが、非常に為になった。私の学校生活は非常に変則で、短かったが、それでもいい面も多かったと見え、友達もたくさん出来た。ことに鹿児島出身の人の中には、未だにつき合う仲間がいる。こんなことから、田舎を方々歩いてみようという気持がいっそう強く出たのではないかと思う。

そのころの東京は、田舎者の立身する場所のようになっていた。いわゆる笈を負うて東京へ出て来る者は、等しく貧しい者が多かった。その中でもいちばん普通だったのは、昼間働き、夜はそのころ流行った夜学校へ行く、そして郷土の先輩等に頼んで玄関などにおいてもらい、書生をしながら学校へ行くのが多かった。高等学校の予科二級四ノ組にいた時、一人非常に年とった憂鬱な男がいて、いつも前の方に坐り、後の方の人間と没交渉で勉強している。後できくとその人は俥夫をしながら勉強している者で、時間が惜しいので、なるべく吉原の付近で働いて、思いがけなく都合のいい収入を計り、朝のうちだけ学校へ出ていたという話であった。パトロンでもない限り、昔でも苦学生というのは自立してやっていては、なかなかうまく行かなかったようである。

ただそんな中にあって、そのころの特色として「坊っちゃん」というクラスが台頭し始めた。私が次兄につれられて、初めて横浜から東京へ来る汽車の中で、ビスケットを女中から受取っていた若様みたいな人達は、もとはわれわれとは接触もないし、数も非常に少なかったが、見ているうちに「坊っちゃん」が盛んに出て来、そのうちでいちばん優秀にしてかつ早く世の中に出たのが松本烝治だった。

松本が寄宿舎に入れられることをお母さんなんかが大変嫌がって、入れない運動もしたらしいが効果はなかった。はじめのうち、本郷の新花町に一軒家をもち、妹二人と三人で住み、世話役を二、三人つけていた。それがどうしても寄宿舎に入らなければいけないといわれて、一年だけ入ったのであった。その間にすっかり悪いことを覚え、酒の味もこの時覚えてしまったらしい。「お父さん怒りゃしなかったか」ときいたら、親父は黙って見ていてから、「飲めるんなら仕方がないから、まあ用心しいしい飲んだらよかろう」と答えたとか。とうとう「蹴込み党」という綽名までついてしまった。他所で酒を飲んで帰って来る時、ぐにゃぐにゃになってしまって、人力車に乗っても上の腰掛けに上げられず、車の蹴込みに寝てしまったままそっと曳いて送ってもらって来るというわけである。いい男だったので、友達も大勢おり、そのために、私らまで自分の地位がだんだん固まって来るような気がした。

そのうちに大学が各地に出来、それに先立って高等学校が全国に広く出来てきた。どうもそれから東京というものが変って来て、以前のように田舎者の立身する場所ではなくなったようである。それがまた坊っちゃんクラス台頭の一因をなしたわけであろう。

丙画展覧会

高等学校では、毎年三月一日に記念祭という催しがあって、部屋毎に正面に看板をかけ、飾りつけに趣向をこらすことになっていた。私の同室者はみな絵が下手だったから、私の発案で「丙画展覧会」という、自分たちの丙ばかりついた絵を飾ることにした。他の部屋からも出品の申込みがあり、汚い絵ばかりたくさん集まってきた。雉子の剝製をスケッチしたのを出したが、皆肥っていて、アヒルのような絵ばかりであった。一人ウィット（頓智）のある学生が、ローマ字で、キジョムルキナと、いかにもラテン語のような題をつけたりした。

これが明治二十七年三月のことであったから、ちょうど私の二十歳の時である。二十で思い出すが、その年に「未成年者禁煙法」が出た。私もそれまで吸っていた煙草を止め、その代りに二十八年の二十一歳になった時に、もう成年だからというので、その当日から大っぴらに吸い出して、せっかくの禁煙が何にもならなかった。

私の高等学校時代の同級生で、もう残っているのは非常に少ない。一人この三、四年前からまたつき合っている人に、もと台湾におった大里武八郎という人がある。私よりも年は二つか三つ上だが、今は秋田の花輪に住んでいる。若いころは本当に綺麗な人であった。男の美しさとして、ちょっとあのくらい綺麗な人はないと思うほど、堂々たる背の高い立派な人であった。当時高等学校に雅楽の会があり、大里君はその一人であった。日清戦争のころと思うが、私の作った歌に合わせて舞ってくれたので、私はその会の人達をよく憶えている。私のは歌わせるつもりで書いたのではなく、他の軍歌調に叛いて作ったのだが、何しろ他のは漢語がたくさん入っていて歌いにくい、それで私の歌が用いられたらしい。「むら雲騒ぐ黄海の……」という七五調のと、もう一つ「大八洲《おおやしま》」というのを作った。高等学校の寮歌集にも、これが断片的にのっているようである。

雅楽を教えてくれた先生は、信州北部の出身で面白い人であった。その先生が、体格のいい、しっかりした眼付きで、眉の坐ったような、りっぱな人を幾人か入れて、雅楽の舞の群を作っていた。高等学校の学生、とくに一番上級の学生が多かった。まるで雅楽に縁のなかった先生が、どうしてそんなことをするようになったか。大里君の話によれば、その先生はフランスで西洋音楽を学んだ人で、耳が非常によかった。日本へ帰ってどこか宣教師の学校か何かで音楽を教えているうちに、日本の雅楽に傾倒しはじめ、それを復活する気になったらしい。宮内省の人たちには少しも相談しないでやっていたとか。

大里君の他に桃沢という美術学校の学生が、やはり選ばれて雅楽をやっていた。四人のこともあったが、たいていこの二人でよく舞っていた。この桃沢君は、景樹の弟子で、信州上田の近くの人桃沢夢宅の孫か何かにあたる人であった。

『文学界』への寄稿

私は柔道だけは珍しく早くからやっていた。次兄は嘉納治五郎《かのうじごろう》さんよりもう一つ前の時代の、やはり井上という名の先生についていたので、それについて私も通うようになった。天神真楊流《てんじんしんようりゅう》といって嘉納さんもその先生についたという評判であった。道場は大学から池の端《いけのはた》へ出る途中、天神下の吹抜《ふきぬき》の横丁という所にあった。大学生がたくさんいたが、私としては東京へ来てからいちばん新しい経験であった。晩飯を少し早目に食べて出てゆくのだが、広小路を横切って行く時、夜店があったりして、もちろんいまより汚かったはずなのに、美しく思いながら往復した。

私の柔道はただ転んだ時に頭を打つようなことさえなければいいと、最小限度の目的をもつばかりで、仲間がどんどん上手になっても、いっこう平気であった。その時の稽古仲間がいまだに一人拙宅へやって来る。宮本さんという、私より一つ年上で、火災保険の取次店をしている人である。

この町道場の経験があったので、私は高等学校でも寒稽古に行った。来ている仲間は、乾政彦を除けばたいてい上級の身体のいい連中ばかりであった。このごろよく会う旧友井上匡四郎も、そのころはまだ岡松といって、クラスは一年上だったが、非常に柔道に熱心であった。寒稽古の時、痩せた相手とやると痛いので、私はいつでも岡松が来るのを待っていて、彼と組むことにしていた。彼ばかりは肥っていてぶつかっても痛くないのである。明治二十六年に寒稽古をしてもらった相手で、まだ元気でいる人が一人いる。それ以来会っていないが、斯波《しば》孝四郎《こうしろう》君という、大人しい、おっとりしたりっぱな人で、私はいつも尊敬の的にしていた。兄さんの忠三郎君の方は、その後もしばしば会って孝四郎君の噂をしたことだったが、造船で長崎にゆき、会う機会もなく、それっきりになっている。

そんな状態で、高等学校だけはじつに単純な暮しを続けたのである。ところが一方では、私はその間に『文学界』の同人諸君と知り合いになっていた。『文学界』に詩を発表したのは二十歳のときではないかと思う。『文学界』が再興したのは、二十七年か二十八年のどちらかだったろうか。星野男三郎（夕影）さんが努力して、上田敏君が非常に力を入れてやったのだった。

私の義理の又従兄弟の中川恭次郎という播州から出て来た医学生が、高等学校の前を入った横丁に住んでいた。開業医になる勉強中であったが、但馬の出石町《いずしちょう》出身の巌本善治のところで会った星野兄弟から頼まれて『文学界』の発行所を引受けていた関係で、私も出入りするようになった。恭次郎は『文学界』の中に中川尚絅《しょうけい》という名で出ている。私の祖父は中川家から出ているが、その祖父の姉婿にあたる人が若死したので、弟子の中の一人を家においたのが、恭次郎の親であった。

星野慎之輔〔天知〕君と男三郎君との兄弟が『文学界』の創立者であったが、二人の妹のおゆうさん、後に吉田賢竜夫人になった人が、巌本の明治女学校に通っていた関係で、巌本が星野兄弟の相談にのり、中川の借家を『文学界』の発行所にしてもらうようになったわけである。私は中川の関係でそこに出入し、寄贈雑誌類を見せてもらって、その批評や紹介の短文を手伝ったり、新体詩を寄稿したりしたのであった。同人のうちでいちばん親しかったのは戸川秋骨《とがわしゅうこつ》君で、他に平田禿木君や、そのころ田舎から帰って来て、音楽学校へ入り直して、金釦《ボタン》の制服を着ていた島崎藤村君あたりとも、旧交を温めることになった。

明治女学校と播州人

中川恭次郎は変った男で、何でも知っている代りに、医者の試験だけはどうしても通らなかった。仕事としては、医者の著書の代筆をしていた。ずいぶん大胆な話であったが、医者の中には暇のない人や、文才のない人がある。そういう人が、これこれの主旨の本を出したいがと中川に頼むと、彼は多少ドイツ語が読めるので、ドイツ書を参考にして本をまとめてやっていた。本郷通りの大きな医書店で中川に御礼をしたものが大分あったらしい。中川は

『文学界』とも接触し、他方でこういう仕事をしていたので、じつにいろいろの物知りになっていた。

但馬の出石から出たクリスチャンの巖本善治は、巣鴨《すがも》の庚申塚《こうしんづか》に明治女学校というのを建てて、その校長になっていた。巖本君は神崎郡の粟賀とか福本とかに大変縁故のある人であった。明治女学校は、巖本君が世話になった木村熊二牧師夫妻の後援があったらしく、木村牧師は旧幕臣で米国留学生であったが、本来は、但馬の出石藩の桜井熊一（後に内務省地理頭になった桜井勉の旧名）の実弟で、木村夫人鐙子《とうこ》は、田口卯吉《たぐちうきち》の姉であったと聞いている。そんな関係から木村牧師が巖本君を助けたのであろう。木村牧師は芝白金《しばしろかね》教会を建てたり、後には信州に行って小諸義塾《こもろぎじゅく》を設立して、島崎藤村、三宅克己、丸山晩霞などを教員に迎えたりした人で、藤村は明治学院時代に木村家の書生をしていたこともあったようである。

明治女学校は寄宿舎もなかなかよく出来ていて、播州人で入学した者が大変多かった。早く亡くなった私の兄嫁（井上の兄の最初の妻）井上マサなどもその一人であった。後に巖本の夫人になった若松賤子《わかまつしずこ》さんよりも、もう一期前の卒業生である。『女学雑誌』という赤い表紙の雑誌を出していた。『文学界』の姉妹雑誌のようなもので、非常によく売れたときいている。

庚申塚の上の小高い所にかなり立派な校舎があったが、追々と外部資本が入ってきて、後には巖本君の地位も少し危くなったが、それまでは教員にも播州人が多くて、われわれに非常に縁の深い学校であった。私の義姉などもそんな関係ではるばる上京して入学したのであろう。中川恭次郎なども、始終巌本家に出入していたので、星野君兄弟やその他の人達と知り合いになり、そんなことから『文学界』の発行所を引受けたわけであった。

柳井子の弟

次兄井上通泰は、大学を卒業してから、医局に籍をおきながら、自宅で開業することも許されていた。

下総の長兄の許で二年半、拘束のない生活を送った私は、東京に出て、この次兄の下谷御《したやお》徒町《かちまち》の家に厄介になり、あちらこちらの中学を転々としていた。

そのころの下谷は古風で、兄のいた家がやはり低い旗本の家で、主人は桂木という退役の陸軍少佐であった。兄は表の方を借り、大家さんは裏の離れに住んでいた。御徒町一丁目の通りで、「柳の井戸」というのが一丁目と二丁目の境にあり、井上医院は井戸から一軒おいて隣にあった。この井戸は非常によい水が出るので有名で、兄はこの井戸にちなんで、柳井《りゆうせい》子《し》という号をつけて『日本新聞』に寄稿したりした。私も時々「柳井子の弟」という名前で投稿したことがあった。『しがらみ草紙』に歌を寄せたころと同じ時代である。

大家の桂木さんに背の高いお嬢さんがあったのを、世話焼きの兄が自分の同級生の宮入慶之助氏に媒酌した。宮入さんは一時、京都で教授をしていて、家が広かったので、弟の静雄を預かってくれた。私は東京にいて、高等学校に入る準備をしている間に、弟はしっかりした人間であったから、京都で一人で勉強して、海軍兵学校に入り、私が高等学校にいるころには少尉候補生となり、私が大学に入った時には、もう少尉になって世に出たわけである。

末弟の輝夫は静雄と反対で、母親にばかりくっついている秘蔵っ子だった。下谷練塀町《ねりべいちょう》の小学校に通って、自分の好きな子ばかり集めて遊んでいた。市河三喜《いちかわさんき》さんも同じ小学校だったが、輝夫より二、三年下とかいう話である。

この御徒町にいた時代が、私のためにいろいろ新しい力ともなり、偉い人々を識る機会ともなった。今もよく記憶しているが、そのころは徳富蘇峰《とくとみそほう》さんが文筆界の中心となっていたようである。文壇という言葉も、このころ田村参治などの仲間がはじめて使い出したとか、田村からきいたことがあった。したがって当時は文壇人という者が非常に少なく、徳富さんに招ばれるということが、一つの登竜門になっていた。三十人とか四十人とか集まったが、やはりいちばん余計に威張ったのは小説家の方ではなかったらしい。

井上の兄もその派だったが、どこでも『日本新聞』に働いている人たちがいちばん勢力があった。そのうちでも好き嫌いがあって、落合直文とか小中村《こなかむら》（池辺《いけべ》）義象《よしかた》などが仲間で、その連中が牛耳をとっていたらしい。兄は集まりから帰って来ると、少しほろ酔い加減で、会合の時の話や、逸話をいろいろと聞かせてくれたので、そんな所から、私の文学に対する野心といったようなものが生まれ出たわけであった。

蘆花《ろか》さんの方は、まだ「不如帰《ほととぎす》」も書かず、いろいろの西洋の小説を翻訳したりして、ずいぶん若かった。私は偶然なことから若いころの蘆花さんを知ったが、それは蘆花さんのお母さんが眼をわずらって兄の医院にかかり、蘆花さんが薬をとりに見えたことがあった。その時ちょうど居合せた私が取次いで、蘆花さんを知ったのである。

桂木邸の、兄が借りていた正面の部分からいって、左の方に区切りがしてあり、そこをぬけて入ると、小さな借家が一軒あった。ここにいたのが随筆家の遅塚麗水である。母堂と弟二人の四人暮しであったが、家同士の交際があったらしく、幸田《こうだ》成友《しげとも》さんやその妹さんたちがよく来ていたそうである。『報知新聞』の記者をしていたが、その関係からか、村上浪六なども始終訪ねて来たという話であった。

官界に入って

就職

友達にも恵まれ、順調だった私の学生生活にとって、いちばん不幸であったのは、私が高等学校から大学に入る夏、父母が相ついで死んでしまったことであった。私の両親はどちらかといえば、巡り合せが悪く、寂しい生涯を送っていたので、私はそのころ東京に見られるようになった馬車、それを乗りまわしている人たちはみなヒゲを生やしたりっぱな人たちだったので、早く私もそうなって、寂しい両親をのせて喜ばせて上げたいと願っていたにもかかわらず、母が亡くなり、父も間もなく後を追ってしまった。その上、私はその後腸チフスのひどいのに罹り、寄宿舎にもおられなくなったため、まるで気持が変ってしまった。

大学はせっかく法科へ入ったが、何をする気もなくなり、林学でもやって山に入ろうかなどとロマンチックなことを胸に描くようになった。しかし林学はそのころいちばん難しい実際科学で、大変数学の力が必要であった。私は数学の素養が十分でないので、農学をやることにした。両親も亡くなり、もう田舎に住んでもかまわないくらいの積りであった。そこへ松崎蔵之助という先生が、ヨーロッパ留学から帰り、農政学（アグラール・ポリティク）ということを伝え、東京大学で講義をしておられた。新渡戸博士が東大へ来る以前の話だが、そんなことから、私も農村の問題を研究して見ようかということになり、三十三年七月に大学を出てから、農商務省の農政課に入り、三十五年二月までそこにつとめた。仕事は産業組合のことと、農会法が主であった。

農商務省には、私の大学にいたころまで、高等官は一人もいず、局長の下はみな技師で、一人の事務官もいなかった。そこへちょうど産業組合とか農会法とかいう農業関係の法律が一時にたくさん出たため、岡野敬次郎《おかのけいじろう》さんの口利きで、われわれ法学士が四、五人も同省へ入った。在学中の成績で、月給が違うというようなことがあり、大学で特待生だった松本烝治だけが五十円、私が四十五円で、他の人たちが四十円というような扱いを受けた。

そのころ私は柳田《やなぎた》家に入る気持になっていた。両親を失って寂しい思いをしていた私を、柳田家に推薦して下さったのは、歌人として知られていた松波遊山〔資之〕翁であった。翁は明治初期の十四の名歌人の中に入っており、『十四家集』中にその作品が収められているが、この本を、加納諸平系の海上胤平が『十四家集評論』というもので片っ端から悪評し、それを鈴木弘恭が『十四家集評論弁』として反論したこともあった。兄の依頼と松波翁の紹介で、私は松浦翁の門に入ることになった。そして翁の門人の田山花袋が私の許を訪れ、歌会に誘うようになり、太田玉茗や宮崎湖処子、桜井俊行、沖永良部島《おきのえらぶじま》出身の土持綱安らのグループによる紅葉会の文学運動に私も入ることになったのである。

市ヶ谷加賀町にあった養家から、毎日、木挽町《こびきちょう》の役所に通ったわけで、まだ電車もなく、市ヶ谷見付まで出ると人力車の溜りがあったので、そこから俥に乗って行った。月給の半分は車代に、残る半分を小遣にという、思えば気楽な身分であった。

三十三年に役所に入り、三十五年にはもう法制局へ連れこまれてしまったから、農商務省には二年足らずしかいなかったが、この間に主に田舎を歩いたわけである。そのころは官民の政治争いがひどくて、国会の解散ばかりがつづいた。そんな時に農政局なんて役所は何の用もなくなる。「どこかへ行って来ないか、旅費はあるぜ」というわけで、中にはちょっとでもいいから外国へ行く者などもあったが、私は専ら国内を歩くことにしていた。その後、法制局でいっしょだった上山満之進という人が山林局長になったので、いつでも私を後援して、山林問題が起きるごとに私を出張させてくれた。なかなか頑固な人だったが、気持は柔い人で、いわず語らずの間によほど私を助けてくれた。山林のある所を、日本中どこでも歩くことができたのは、ありがたいことであった。

信州の柳田家に入る

柳田家に入ったのは、三十四年のことであった。その時籍を早く移していたわけであったが、結婚したのは三十七年であった。柳田家は信州飯田《いいだ》の藩士であったので、公務を兼ねて父祖の故郷飯田に行った。そこには、風伝流の槍をつかう、通称「飯田の伯父さん」という義父の兄に当る人が達者でいたので、そこを訪ね、親類へも挨拶をしてまわった。

三十四年の九月末か、十月早々に出かけ、信州の一市十六郡のうち、木曾《きそ》一郡を残した全県下を、草鞋《わらじ》履きでしんみりと歩いたことをおぼえている。北信の大町へ行ってみたら、もう氷柱《つらら》が二尺も下っていて、非常に寒かった。産業組合の話もしたが、主として農会の話をした。県農会とか、町村農会とかが、どうあるべきかということを一人で話して歩いたが、県庁から生意気な役人がくっつき歩き、いつも後の方で傍聴しているので、同じ話を二度するのはいまいましいと、大変苦心したものである。痩我慢のために余計な骨を折ったわけであった。

あまり寒くなったので、木曾郡だけを残して引き上げたところ、木曾の郡長が怒って、木曾は信州ではないのかなんて談判されたりした。後に木曾へ行ったのも、そんなわけがあったからである。

同じ三十四年に、やはり産業組合の講演をしながら群馬県を見て来いといわれ、同県に出張したことがある。あのころ上州三社といって、土地の養蚕家が自発的に結束して作った手繰りの製糸会社が三つあった。甘楽社《かんらしや》、下仁田社《しもにたしや》、碓氷社《うすいしや》がそれで、みな有力な会社であった。そんな関係から群馬県の西南部はじつによく歩いたものである。一ヵ所一回ずつ話をし、馴染みになったので、それから長い間交際がつづいたが、その後潰れてしまったとか。何にして五十年以上も前のことである。

三十五年にどこを歩いたか、東の方は岩手県まで行ったが、西の方は記憶にない。

三十七、八年の日露戦争の時、私は横須賀《よこすか》の捕獲審検所の検察官になっていた。したがって横須賀にも長くいたし、長崎はじめ九州方面へ出張もした。この三十七年に私は結婚したので、その前後はごく気楽に暮していたように思う。それでも奈良へは行ったが、播州へはどうであったろうか。

三十九年には北海道を歩いた。そのついでに私だけ一行と分れて、新領有の樺太《からふと》へ渡った。上半期に家内がチフスにかかって危かったが、幸いによくなったので、ひとつ北海道へ行って来ないかとのすすめを受けたのであった。その時の日記はいま読んでみても大変面白い。

捕獲審検所のころ

私の大学を出たころは、たいていどこかの私立大学へ講義に行かせられたものである。まあ一つの関門であった。私も明治三十四年から五年にかけて、早稲田へ出かけて行った。また三十五年から日露戦争の前まで、専修大学に行っていたこともある。科目は農業政策であった。そのずっと後に、慶応に招かれて民俗学を教えたこともある。

早稲田の時に教えた学生には、大山郁夫《おおやまいくお》、永井柳太郎《ながいりゅうたろう》などの諸君がいた。大山君はいつも首席で、播州赤穂郡（現相生市《あいおい》）の出だったが、その時分から理性の勝った性格であった。永井君の方は、どうしてなかなか熱心で、時々教壇の側へ来て質問をしたりしていた。文科の方ではやはり吉江孤雁《よしえこがん》君などが旧い方であろう。謝礼は一回が二円であった。

そのうち日露戦争になり、いつ召集されるかも知れないというので、戦争に関係のある仕事をしている方がよかろうということになり、捕獲審検所に出ることになった。長官は長谷川という人で、その秘書官の仕事までさせられて、横須賀に行っていた。

アメリカの方から津軽《つがる》海峡をぬけるような無茶な汽船があったり、樺太の南あたりで捕えてつれて来たりするので、一時はなかなか忙しかった。シャンペンを何百ダースもつんでいる船があったり、ドイツの船でタバコの良いのを非常にたくさん積んでいるのもあった。たしかパロスという名の船であった。積載物の目録を、私が字引をひきながら作ったが、どうしても解らないものがあった。フランス語で書いてあるのを字引でさがすと、どうも日本語の朝顔に当るものである。こんなにたくさん朝顔を運ぶはずがないと思っていると、「それは便器の朝顔だろう」などとひやかす者もいて、困ったことがあった。じつはセロリイみたいな野菜であった。まったくおかしな話が多かった。

はじめアジア方面から来る船が多くて、佐世保《させぼ》の方でばかり捕まるので、うらやましく思って、戦争の最中に長崎まで見に行った。佐世保にしばらく滞在している間に捕獲船を訪ねてみると、船長の部屋は汚かったが、船長は小説が好きらしく、非常にたくさんの小説がおいてあった。イギリス船だったが、私も英語の小説を三、四冊持って東京に帰った。そしてイギリス大使館付の武官でアイルランド出のソマビルという少佐に見せたところ、その一冊をさして、この本の著者は自分の姉だといったのには驚いた。ミス・ソマビルといって、そのころちょっと有名な女流小説家であった。

しばらくすると、その少佐が姉の写真をお目にかけるといって、自分の邸宅の写真もいっしょに見せてくれた。狐狩をするために飼っている犬だけでも二十四もいるような大きな家で、その狩のグループと撮った写真の真中に姉さんがいた。まったく偶然のことであったが、その後ソマビルとは親しくつき合ってきた。

そのころソマビルといっしょに日本に来ていたカールスロップという武官とも、よく行き来していた。後に本国から母親と妹を迎えて、麴町《こうじまち》の平河町《ひらかわちょう》に住んで良い生活をしていた。本当に素朴ないい人間であった。この人はその後、第一次大戦の折、もう少佐になっていたが、北の方のいちばん難しい戦線の要塞地帯の指揮をしていた。味方の危険をしらせるため自動車にのって連絡しようとした時、敵方からねらわれ、車もろとも爆撃されてしまった。後に何一つ残らなかったとか、まったくいたましい最期を遂げたものであった。このことをイギリスから知らせてよこした時には、本当にびっくりして暗然とした。かわいそうなことをしたものである。

九州の旅・北国の旅

明治四十一年には、九州と四国とに行った。五月下旬から約三ヵ月に及ぶ長旅で、内地における私のいちばん長い旅であった。

福岡から久留米《くるめ》に行き、矢部川を溯って肥後《ひご》に入った。阿蘇《あそ》から熊本《くまもと》、天草《あまくさ》、鹿児島《かごしま》から宮崎《みやざき》に行き、近ごろ評判の椎葉山《しいばやま》まで足をのばした。東京の人間で椎葉村へ入ったのは、私が最初のようにいわれたが、ともかくいたる所で大変な歓迎をうけた。その時の土産が、後に珍本になった『後狩詞記《のちのかりことばのき》』である。今日ではこれが日本の民俗学の出発点のようにいわれているが、この本はその時の旅費がわずかばかりあまったので自費出版したものであった。たしか五十部ぐらいしか刷らなかったと思う。

さて次の明治四十二年に私は木曾へ行った。木曾の汽車が初めて出来た時であったが、塩《しお》尻《じり》までしか行かず、そこから建設列車で鳥居峠のこちらまで行った。そこから歩いて峠を越え藪原《やぶはら》に出、ここから人力車に乗って福島に出た。それから馬車で上松に出、そこから山に入った。王滝川を溯って、濁川の温泉に一泊し、三浦《みうれ》に出て、ここで非常にいい案内者を見つけ、それをつれて三国峠を越え、飛驒の竹原村の御厩野《みまやの》という部落に入った。それから下呂《げろ》に出、益田川のほとりの吉村屋に泊った。翌日落合のカラ谷伐木所を見にゆき、出会所という所で休んだ。

そこから一ぺん高山に行き、二、三日いて山越えに白川村《しらかわむら》へまわった。庄川《しょうがわ》に沿って北に行き、五箇山《ごかやま》を越えて越中《えっちゅう》に出た。

金沢《かなざわ》、七尾《ななお》、和倉《わくら》、富山《とやま》、滑川《なめりかわ》を歩き、黒部《くろべ》に行った。黒部のいまの水力電気の工事をしているあの上の所を、大分奥まで入ってみた。

転じて能登《のと》をざっと見、帰りに加賀の海岸地帯をずっと歩いて、越前《えちぜん》を通り、若狭に入り、なかなかよく歩きまわった。それから丹後《たんご》から但馬の豊岡に出、出石に立ちより、生野に下車。ここにある祖父真継陶庵の墓に詣ってから播州の故里を訪れた。五月末から七月初めまでずいぶん長い旅であったが、この時のことを書いたのが「北国紀行」である。

さて四十一年の九州旅行でもいろいろの事柄を見聞きしたが、そのうちことに興味をおこしたのはお茶のことであった。子供のころ辻川にいた時、山の方の人がたくさんの山茶を担いで里に売りに来た。その情景は今も鮮かに覚えている。

お茶は僧栄西《えいさい》が支那から持って来たとか、五山の坊さんの某が伝えたなどといわれており、私もこの九州旅行までは、そのくらいにしか思っていなかった。

ところが九州の山間に入ってみたところ、いたる所で野生のお茶がとれるのである。筑後八女《やめ》郡の黒木《くろき》にはお茶の試験所もあったが、ここのお茶は全部栽培したのではなく、山から野生の茶をとって来て精製しただけというのであった。

そこで私は茶の歴史について一つの発見をし、新知識を得たのである。

茶の話

黒木にあるお茶の試験所で扱っている茶は、全部山に野生したもので、栽培したものでないのみならず、九州全体には、この野生の茶を今ものんでいる所が多いのである。

黒木では、これで紅茶を製《つく》って外国へ輸出してみようという大胆な計画まで、明治の末期にはあったらしい。

黒木という所は、ずっと山に入って行く道にあたり、町の両側がザクロの並木になっている、極めて古風な町であった。そこで山茶を根元から刈って来て、茶を精製するというのである。

九州の、ことに南部の海岸の人たちは、このお茶がなかったら、働く張り合いがないというほどで、この番茶を大変な分量送っている。九州の山で焼畑耕作をすると、最初に生えて来るのは山茶だそうである。ところが、沖縄や奄美大島にはかえってそれがなく、全部内地からの輸入茶を飲んでいるらしい。

黒木で山茶の話をきいて、気がついたが、昔から背振山《せぶりやま》に茶を植えたとか、高山寺《こうざんじ》の僧明恵《みようえ》が栂ノ尾《とがお》へ植えたとかいう話は、じつは自然に野生していたところへ、単に茶の飲み方だけの輸入をしたに違いないことが分った。そんな気持で茶を見たところ、山茶の生える区域は大変広いのである。そしていま有名になっているお茶所というものは、みな山茶の生えるところなのである。

天然に生えた茶は、干して、湯をさすと赤い色は出るが、一ぺん入れたらもうそれきり、後は茶カスになる。それに、味にコクがないのである。それを若い芽をつんで製ると、玉露まで出来るというのは、製り方というものが非常に大切だということになって来る。つまり茶を輸入したのではなく、特別な良いお茶を製る方法を明恵のころから始めたというのではないかと思う。

王朝時代すでにお茶をのむ習慣があったという説や、あるいは鎌倉時代に、仏教の寺の規則にお茶をのむ儀式のことがあるなどともいうが、その辺のことはよく判らない。

日本でお茶のある区域は、ずっと北の方にはないが、群馬県まではたしかにある。越後などには山には少ないが、ごく粗末な番茶は岩船《いわふね》のあたりにもある。それから中央の方から西にかけては大変に多い。

坊さんに頼んで支那からもって来て貰ったと解釈するのはかわいそうである。のむという習慣も、大昔は知らないが、ずいぶん長い間、ごく単純なのみ方をしていたらしく、今でも農家などはこれをつづけている。

私の播州の家などでも、煎茶というものは客でもないかぎり、常はほとんど買わずにいるくらいであった。山の方の村から「タテ」という、畳一帖より広いものをまるくした大きな袋に入れて担いで来たのを、桝で計って買いこみ、大きな壺に入れておいた。日ごろの使い分は、長火鉢の引出しの一つに、底に紙をしいて、その中にほうじて入れておく。毎日少しずつ引き出しをあけて使うわけである。「茶ん袋」というものに入れて、茶壺の耳についた金の輪に紐でしばりつけ、釜の湯がくらくらたぎると、そのしばりつけた茶袋を、そのまま放り込む。そして色の出た茶を茶杓で酌み出してのむようになっていた。湯がなくなれば、茶ん袋はそのままに、いくらでもあとから足してわかしていた。そのため茶ん袋というものは汚い茶色になっていた。

田舎ではたいていの家でお茶を汲むというが、それはこの茶杓を考えての表現の仕方に外ならない。

煎茶は今日でこそ何処へ行っても出されるが、第一あの煎茶茶碗の出来た時代は新しいのである。急須《きびしょ》という言葉も、何がもとか知らないが〝急〟か〝求〟に〝須〟を書く。だから「きゅうす」というが、これも支那語の輸入で、そう古くはない。

お茶所というものは、東京近くの狭山《さやま》でも、駿河《するが》の奥山でも、やはり非常によく出来る所はみな同じ地形である。それが自然生の基礎で、とくに優秀なものは、宇治《うじ》とか、どこそことかにあるというものの、普通のものなら、この成城《せいじょう》あたりにも、散歩のたびに見かけるのである。狭山には宮中御用の茶園があったり、宇治などは京都に近いし、とくに黄檗《おうばく》の寺もあったので、良い茶を製ることを心がけたわけであろう。

通例茶の歴史は、支那から持って来たというので、全部持って来たというふうに考えられがちだが、そんなに全部を簡単に輸入できたとは思えない。日向の椎葉などでも、私が見たのは、山の全面に山茶が生え、それで土砂崩れを止めているところへ、翌年櫟《くぬぎ》などが少しずつ生えて来るらしい。

どこの山地にでも茶が育っているのだから、別に茶園を作る必要もなさそうだが、宇治をはじめ方々にあるのは、いっしょに規則正しく栽培すると、特別に濃い、良い茶が出来るからである。普通の牛より乳牛として飼育した方が、いい牛乳がとれるのと同じようなものであろう。

私は子供の時、播州から関東に来て、関東の人のお茶をのむのには驚いた。そしてお茶うけにいろいろのものを食べる。香の物の新漬など非常に人望があるが、秋田などでは、柿のへたに塩を入れて出すのがある。所によっては茶に塩を入れてのむ所もあるらしい。茶の中にお粥などを入れてのむ所もあるが、これなど出雲のボテ茶などと同じで、お腹のすかないことを考えたのかもしれない。

内閣文庫

内閣の記録課長を四年ぐらいつとめていたため、私はまた別の方面の文献に、親しむ機会に恵まれた。内閣記録課長は別に内閣文庫に手を触れなくてもいい地位であるが、前任者の江木翼氏が、私に頼むのが名案だと建白して、内閣文庫の仕事が私にまわってきた。

内閣文庫は、昔の林道春《はやしどうしゅん》［羅山《らざん》］の時分から伝わってきた「千代田文庫」と、明治初年からの出版法で納本された新刊書とが、いっしょに所蔵せられていたので、管理のしにくい文庫であった。

林道春の旧蔵本などには「滑雲遠樹書屋」の捺印や、本人の書入れなどのある貴重なものが少なくない。支那のものには、明朝のごく初期の文化の盛んな時代の、いわゆる古渡りの詩文集などもあった。あのころ、これを見るためにわざわざ日本に来た支那人もあるほどであった。

日本の本でも、明治になってから、伊勢の旧家の神官の家のものや、京都の社家の蔵書など、ここに収められたものがあった。一生かかって調べてみたら、さぞかし面白いだろうと思うものがたくさんあった。

内閣文庫の整理については、いろいろ面白い話がある。皇居の一部、もと近衛師団本部に近い乾門《いぬいもん》の二階は、本がいっぱい入ったまま開けずの間になっていた。不浄倉《ふじょうぐら》といって、どちらかというと一種の穢れのある本、刑罰にあった人の家にあったのを没収した本が、一般とは別にしてそこにしまってあった。

この本を、京都から来た本好きの新村出《しんむらいずる》君といっしょに調べてゆくうちに、大阪の大塩平《おおしおへい》八郎《はちろう》の家から出た本などが出てきた。ことに格之助という子供の、子供らしい字で名を書いた手習いの本なども混っていた。これも今は内閣文庫の中に入っている。

文庫には書物の他に、明治初年からの公用文書も保存せられていて、それの置いてある所へ入るとほとんど蝙蝠《こうもり》ばかりで、窓のすき間からたくさん出入りして、薄気味が悪いくらい、人のゆかない所だった。内閣になる前の太政官《だじょうかん》時代には、金に糸目をつけず、分量の多くなることをむしろ自慢にして、大きな文字で悠長に書いたものらしい。

びっくりしたのは、沖縄のことを少し調べたいと思って知人に相談したところ、大蔵省の倉の中に地方から集めた本が非常にたくさんあり、その中に、奄美大島の記録がたくさんあった。もちろん明治になってから写したり、集めたりしたもので、まだ内閣文庫に入れない本である。昔の人は用がないので、悪くいえば、何をしていいかわからぬ人が多かったので、人をたっぷり使って写本をやらせたものであろう。

私は本のことではずいぶん苦労をしたが、いちばん最後が内閣文庫であった。もう少し長くいたら、いろいろ私なりの考えの仕事があったが、何分兼任だったので、早くここと別れてしまった。

この尨大《ぼうだい》な記録類の中に入ってつくづく思ったのは、書物というものは一生かかっても見終ることはないということであった。

農政などでも田制、土地制度など、藩によって違うが、江戸時代に始まったものはなく、何れももっと旧いものである。それらの制度や慣例の違いを、書物だけで学ぼうとしたら、一生かかっても足りない。そこで我々の今している学問が必要になるわけである。要点をつかみ、それを実地に即して調べて行く方が、文献だけを漁りまわしているよりは効果がありはしないかということを、書物に埋もれた結果、私は考えたのである。

台湾から広東へ

台湾から大陸にかけて大旅行をしたのは、たしか大正六年である。前の佐久間台湾総督と内田嘉吉民政長官とが、生蕃《せいばん》事件で退いた後を引受けた安東貞美《あんどうさだよし》総督は、養家の叔父に当っていた。桑木厳翼《くわきげんよく》夫人の父である。そして民政長官に選ばれたのが下村宏君であった。私は内田君が本好きだったので親しくしていたが、下村君とも知合いだったので、何だか同君を叔父に推薦したように思っている人も少なくなかった。そんな噂を聞いて、下村君は私を歓待するつもりで台湾に誘ってくれた。しかし実際は内田君の時、下準備をしていてくれたらしかった。招かれていい気になって、貴族院議長［徳川家達《とくがわいえさと》］にもあまり相談せずに、その申出を受けてしまったが、それが私の失敗の原因で、後々いつまでもごたごたしたのである。

けれども旅行そのものは実に痛快であった。まず島を一回り、高雄の南まで行って台北に帰ると、まちかまえていて歓迎会を開いてくれた。その折、私は型破りの挨拶をしたことを覚えている。はじめ序文と称して実に太平楽な長い演説をしておいて、本文は歌を六首吟じたのである。随分傍若無人なことをしたものである。

第一首は、台南か台中か、生蕃が叛乱して大勢殺された西螺街《せいらがい》とかいう所へ行った時、非常に強い印象を受けて、折があったらその悲しみを話したいと思っていたので、「大君は神にしませば民草のかかる嘆きも知ろしめすらし」と吟じた。一座はしいんとなったが、私としては、実はそれが目的だったのである。畏れ多い話であるが、私どもは東京にいるから、大正天皇さまがこういうことはまるで御承知ないことをよく知っている。それで詠みあげたものであった。私も若くて、意気軒昂としていたのであろう。

台湾では、そのころ下村君の秘書官をしていた石井光次郎《いしいみつじろう》君にも、いろいろ世話になった。またちょうどその時、広東《カントン》領事をしていた太田喜平夫妻（安東総督の娘夫婦）が台北へ来ていたので、三人一緒に厦門《アモイ》に行き、同じ船で汕頭《スワトウ》に寄り、そこから潮州へ遊びに往復し、それから香港に出て、広東の日本領事館に泊めてもらって、あの辺を見物した。

第一次世界大戦の折だったので汽船がなかなかない。滞在が長くなり、その間に川舟で珠江をさかのぼって三水という所に行き、それから更にさかのぼって広西に近い方まで行ってきた。幸い三井《みつい》の人でよく言葉のわかる人が同行してくれたので、いろいろきくことが出来た。湖南省からの汽車はまだ韶関《しょうかん》（韶州）までしか来ていなかったので、私は川舟でそこまで行ってみた。

この時の川舟の旅行は非常に強く印象に残り、後年、家船《えぶね》などの水上生活者をしらべるようになったのも、この時の川舟旅行が動機になった。蜑民《タンミン》の舟なのである。六十近い客扱いになれた快活な婆さんが、若い息子と二人でのっていた。言葉もよく通じないのに、その婆さんが私にいろいろなことを話してくれた。いわゆるシイ・ジプシイ（海の漂泊者）で、福州あたりが根拠地になっている。

子供が大きくなって一人前になると舟を造ってやる。すると子供は嫁を貰って、新しい舟で自分の世界にとび出してゆく。この婆さんにも三人の子供があったが、上の二人が独立したので、自分は古い舟に末っ子と二人で乗って仕事をしているわけである。必要上の末子相続で、その意味からでも蜑民の生活は非常に興味をひかれた。広東の周囲には、蜑民が舟で開いている大きな料理屋があったりして、すっかり客ずれがしていた。

シナ大陸旅行

やっと英国船に部屋があったので上海に向った。上海では河合良成君であったろう、視察に来ていた。大谷光瑞さんにもいろいろ世話になったし、早稲田にいたころ、たびたび私の家に来たことのある、日本語の非常に達者な戴天仇《たいてんきゅう》の案内で、孫文《そんぶん》に会って話をしたこともあったが、その内容はよく憶えていない。

やがて長江通いの日清汽船で漢口へ溯った。船の中でまだ三十代のアメリカ宣教師と話し合うようになり、日本のことを根掘り葉掘り聞くので、こちらも英語の練習のつもりもあって一々答えていたが、終には面倒になる程であった。私の養母が、十五年程前に綱島牧師の有名な教会で洗礼をうけ、クリスチャンになったのに、お盆にはちゃんとお精霊様《しょうりょうさま》を迎えておまつりしていると、不確な英語でおもしろおかしく説明したところ、相手は顔色を変えてきいていた。東京へ帰って来ると、大変熱心な手紙をよこし、迷惑だろうが、この本をお母さんに読んであげてくれないかといって、伝道の本を送ってきた。この程度の知識で日本を処理したりしていたかと思うと、実にけしからんという気がしてしまった。

一旦漢口に行ってから、江西省の大冶《だいや》鉄山へ引返した。鉄山のやや荒れかかっている所を一人で歩いていると、十ばかりの子供が背後から大きな声で私を呼ぶ。そして小さな青い石をくれるという。何だか分らないが、好意らしいから、銭を出して渡そうとすると、受取らないで、すうっと行ってしまった。この石は持ち帰って弟映丘にやると、非常にいい緑青であることが判った。だまってそれを日本人にただで呉れて行った子供のあったことに、私は大変強い印象をうけたことをおぼえている。

京漢線はまだ開通したばかりで、心に残ることが多かった。沿線の駅で物売りが柵の外にいて、プラットフォームを散歩する客に売りつけている中に混って、脚のない乞食が、商いと同じ気持で金をもらっている姿や、田舎の大官が駕籠に乗って、後先に三、四人お供をつれている姿など、今も眼に残っている。

北京公使は林権助《はやしごんすけ》さんであった。他に鈴木虎雄《すずきとらお》君そのほか二、三人の友人も留学で行っていたし、早稲田で教えた向うの人で、相当な地位についていたのも少なくなかった。米国系の清華大学にも行って、いろいろの人に会った。顧維鈞《こいきん》（Wellington Koo）もそこの教授をしており、英語が達者なのには参ってしまった。公使館ですすめられたので議会も傍聴したが、それが偶然にも議会の最後であった。

日本からきた新聞によって、政情が大分怪しいことが判った。留守中に内閣の更迭《こうてつ》でもあったら、さぞ悪くいわれるだろうと思って気が気でなく、あとは奉天《ほうてん》［現瀋陽《しんよう》］に一泊して大連《だいれん》へ往復したきりで、朝鮮を通り、大急ぎで東京へ帰ってきた。

横浜まで家族が迎えに来ていたが、長男がまだ四歳位だったろう、私の頭をじっと見つめていてから、「はげあたま」といったのにはびっくりしてしまった。六月の暑いころ、大陸は空気が乾燥していたのに頭髪の手入れをせず油もつけなかった為か、すっかり禿げてしまったのである。その後スイスへ行った時、ジュネーヴのホテルの床屋が、日本の方を沢山知っているが、あなたの様に禿げている人は珍しいというので、「いや今にもう一人来るよ」といっておいたが、実は上野精一《うえのせいいち》さんが来ることを知っていたのである。この床屋の話では、支那とか欧州とか、空気の乾く所では髪に何か油のものをつけなければ毛が切れてハゲてしまうということであった。

朝日新聞記者となる

貴族院書記官長でありながら、十分な諒解もとらないで、長い大陸旅行をしたことが非常に私の人望を害してしまった。そしてだんだん役人生活を続けられない空気が濃くなって来た。その上、その翌年にも、私は同じようなことをしてしまったのである。

大陸で蜑民の生活に触れた私は、この問題に大変興味をもちだして、本も読むし、また同じようなくらし方をしている日本の海女《あま》などと比較できるものかどうか、いろいろ知りたいと思うようになった。

それで用事を作って長崎に行き、平戸《ひらど》へ渡った。平戸の北の方にある大きな海女村を見たり、また大分県にあるシャアと呼ばれる海上生活をする人たちや、家船などを見に行った。その留守中に内閣が異動したり、衆議院の官舎が焼けるという事件が起きてしまったのである。どうもますます評判が悪くなってしまった。豊後《ぶんご》の日出《ひじ》という所に泊った時に、下関《しものせき》の鉄道管理局長をしていた大道良太氏に電話をかけて、東京の様子をきくと、「いや何もかも丸焼けで、君の官舎も丸焼けだ」といわれてびっくりしてしまった。じつは嘘で、衆議院の官舎だけが焼けたのであるが、何しろお互にまだ四十そこそこだったので、私があまり真面目に聞きすぎて、冗談をいわれたわけである。

　急いで東京へ帰って来るまでのうちに、もう大分批判があって、そうでなくとも役所にはおられないと思っていたところだったから、大正八年までいるのに非常に骨が折れた。その年の下半期になると、親類の者までがもう辞めなければ見っともないなどといってきた。しかし長い役人生活だったから、いろいろ後始末をしておきたく思ったりして、その年の末まで役人をしていた。再び役人になる気持はなかったが、将来は何でもいい、旅行生活が自由に出来る職業がよかろうと思った。それには新聞しかないというわけであった。

　そんなことを考えていた翌九年春、朝日新聞の安藤正純《あんどうまさずみ》氏が、朝日に入らないかといってきてくれた。

　その七月朝日新聞へ客員の名義で入った。入社の条件として、最初の三年間は、内地と外地とを旅行させて貰いたいという虫のいい希望を並べたが、幸いにも全部、村山老社長の快諾するところとなった。

　その三年間の前半は国内を、後半は西洋、蘭印、濠州から太平洋方面をまわりたいと思っていた。そしてこの三年間の旅が終ったら、正式の朝日社員になるということにしていたのである。

国内旅行

　右から左にお受けしてはいかにも計画的のようで変だからというので、六月まで自由に歩き回ってから、七月から朝日の客員ということにしてもらった。

まず大正九年、東北旅行に出た。その旅の印象を「雪国の春」と題し、朝日新聞の夕刊にあった「豆手帖」の欄に連載したところ、案外あたっていろいろ反響があるので、もう一ぺんどこかへ行って来ないかということになった。

そこで次には三河を中心とした一帯、つまり静岡から愛知にかけての旅行記を書き、それを「秋風帖」として寄稿した。

一旦帰京してまたすぐ旅に出ようとした時、次女が病気で入院した。普段あまり文句をいわない養父から、この時だけは、「こんな時ぐらい旅行を止めたらどうか」といわれたので、さすがの私もすっかりへこたれてしまった。「秋風帖」の旅がたしか大正九年の十月で、それから一ヵ月ぐらいぼそぼそして家に居り、十二月末に九州の旅に出たのである。

八月末、東北旅行の折、尻屋岬《しりやみさき》に行った時、あそこの鉱山の若い夫婦連れと一緒になった。四方山の話のついでに、「今年中に日本の一番西の端の佐多《さた》の岬に行くから、お正月にはそこから君のところへ便りをあげよう」という話になった。

その後ずっと各地を歩いて、佐多の岬の突端へ行ったのは大正九年の十二月三十一日であった。明くれば元旦というわけで、正月付の手紙だったか電報だったかを、彼の北の端の岬の若夫婦に出し、泡盛を送ってやった。灯台守が大変喜んで、「灯台を見に来る人は大勢いるが、初めから計画して、北と南の両方を一遍に見る人は珍しい」とほめてくれたのを憶えている。

この時の旅の話は『海南小記』の中にくわしく書いてあるが、二つの岬の話は有名になって、私の鞄と靴とを背負って山を越えた女の人まで、私の名を知っているということであった。その人は、荷物が軽くて勿体ないといって背負いこみたいな簣篕《ほき》に蒲葵《こば》の葉を一束つみ、その上に私の鞄と靴をのせてきてくれた。大泊のヨクという、誰でも休む頂上で一休みし、さあ行こうと立ち上ったら、その蒲葵の葉がかさかさと南国らしい音を立てた、とその時の様子を書いたのが大変評判になり、南の岬ではそれを記念碑にとり入れるといってきかなかったことがある。

沖縄に渡る

大隅《おおすみ》半島から薩摩湾を横切って指宿《いぶすき》の方へ帰って行くと、ちょうど明日船が出るというので、正月三日だったと思うが、船に乗った。そして奄美大島に上陸し、ほんの一日二日いて琉球《りゅうきゅう》へ渡った。正月の七日か八日ぐらいだったと思うが、早速伊波普猷《いはふゆう》君を訪ねた。同君はほとんどつきっ切りで話をきかせてくれた。伊波君も奄美群島を歩いたあとだったので、奄美の話もした。伊波君は奄美は三百年前に琉球から薩摩にとられてしまったから、もうあそこには沖縄の事物は何にも残っていないと思って歩いたものらしい。しかしあの群島には、今も沖縄の言葉が古い形で残っていることを知って、伊波君も考えが変り、もう一ぺん奄美の研究をしようかという気持になっているところへ、私が行ったわけである。

伊波君が図書館長として、たくさんの文献を集めた功績は大きい。

しかしあの文献は、今度の戦争でどうなったであろうか。戦争中の図書館長には、伊波君ほど文献に執着をもつ人がいなかったらしいし、終戦後は駐留軍が、沖縄の家は衛生上良くないといって焼いたり、島の人の中にも、勝手に貴重な文献をとって反古《ほご》に使った者があるとか聞いている。惜しいことをしたものである。

この沖縄の旅の折、島にはお爺さんなどで、字を書くより他にすることのないという人が大勢いたので、私はその人たちに頼んで、貴重な文書をたくさん筆写して貰って持ち帰った。この中には今では唯一の琉球文献となったものが少なくない。

伊波君は東京大学で、大阪の上野精一君といっしょだったように聞いている。上野君の方でも伊波君に好意をもっていたらしい。私も琉球のことで何か朝日にさせたいと思う時は、村山翁よりは上野君に相談していろいろして貰った。

伊波君とは「おもろさうし」の話をし、その校訂を引受けて帰ってきた。それから日が経って、大正十三年一月九日の日記にこの校訂のことが出ている。西洋から帰って一ヵ月足らずだったが、私は上田万年《うえだかずとし》さんに会って、「どうしてもこれを出版したいと思いますので、骨を折って下さいませんか」と頼むと、話のよく解る人なので、直ぐに運動をはじめてくれ、それを幣原坦《しではらたいら》さんに引継がれた。こうしてみなが好意をもってくれて、約一年かかって、たった三百部だったが、出版費は学士院から出して貰った。それもおそらく伊波君の東京に出て来る動機の一つになったことであろう。何しろ一部しかないものを基にしたので、今になってみると、原本が悪かったとか、台本がよくないとか、校訂が十分でなかったとか、いろいろ悪口をいう人もあるが、他に方法がなかったのである。

伊波君の他に、やはり沖縄の人でわれわれが大きな影響をうけている人に佐喜真興英《さきまこうえい》君があった。沖縄に渡った時中学校の先生から、今まで教えてきた青年の中で、いちばん前途の楽しみなのがこの若人であると聞かされて帰ってきた。その後穂積陳重《ほづみのぶしげ》さんを訪ねた時、「沖縄にもなかなか真面目な青年がいるよ。よく本を読む」といって、やはり佐喜真興英君の名をいわれた。私も前に沖縄で名をきいていたので、会いたいものですと話したことがあった。其の後穂積さんが機会を作って、佐喜真君に引合せて下さった。一高から東大法科を出、その時は裁判官をしていたが、方々転任を命ぜられて動きながら、いろいろの著述をしていた。私が出していた「炉辺叢書」の中にも、沖縄の諸君のものが七、八冊出ているが、そのうち二つまでが佐喜真君のものである。

ジュネーヴで働く

沖縄から内地に帰る途中で、国際連盟の仕事でジュネーヴに行けという電報を受けた。私は役所の方を怒って辞めているので、おそらくこれは誤報だろうと思っていた。ところが熊本まで帰ってくると、酷いのがいて、「お口があっておめでとうございます」などという。県庁の役人がそんなことをいったので、「断ってくれ給え、ぼくはもう政府のためには働かないんだから」と言ったりした。長崎へ着くと、もう亡くなったが渡辺勝太郎さんという、よく物のわかった人がちょうど県知事をしていて「そんな馬鹿なことがあるものか。君が喧嘩したのは内閣であって、国じゃないだろう。政府のために働かないでも、国のために働かないということはないはずだ」と、じつに簡単に説伏せられてしまった。「それでは仕方がない。じつはぼくは大阪朝日の社長と、ぼくの養父とには事前に相談をしなければならないのだから、二人が同意したならば受けるという条件つきで返事を出すことにしよう」といった。すると渡辺君は私の見ている前で電報を打ってくれた。

大阪からも、非常に結構なことだからぜひ行くようにという返電が来たし、養父の方も賛成であるということが、長崎を歩いているうちにはっきりした。こうして行かずにはおけないことになってしまった。

今でもよく憶えているが、諫早《いさはや》駅で小さな子供がよちよちプラットホームを歩いているのが目についた。そのとき、あの子は西洋へ行かんでいいなあと感じてしまった。こちらは気が張りつめていっぱいになっているのに、その子供はのんびりとしているのが羨しかったわけで、そんな滑稽な心境も今思えばなつかしいことである。

朝日の方は客員ということにしてもらって、最初に出かけたのは大正十年五月のことで、アメリカ経由にした。和田英作君といっしょに春洋丸《しゅんようまる》の船室をとり、ずっと行動をともにしたが、和田君とは遠く明治三十年のころ、国木田独歩や宮崎湖処子などと六人で出した新体詩集『抒情詩』に挿絵を描いてもらったとき以来の古なじみであった。同じ船でやはり信州飯田の出身であった樋口秀雄（竜峡）氏の他に代議士が大勢出かけた。

シカゴに和田君の妹さんがいたので、いっしょにちょっと途中下車をしてから、南の方を通って東部に出た。ワシントンを見物したことは憶えているが、他はもう記憶にない。ニューヨークでは、高等学校時代からの親友で住友につとめていた今村幸男君がいて、大変親切に世話をしてくれた。それからフランスの船に乗ってフランスへ直行し、イギリスへは寄らなかった。

七月末か八月初めにスイスに着いた。仕事は国際連盟本部の委任統治に関するものであった。農政学の先輩であり、また郷土研究会以来、とくに懇意にしていた新渡戸博士が、連盟の事務総長をしておられたので、大変心強く感じた。当時ジュネーヴには内務省から国際労働局に行っていた吉阪俊蔵君の一家もいた。また今の侍従長の三谷隆信《みたにたかのぶ》君が新婚当時で、夫妻でスキーなどしていた姿も、はっきり眼に浮ぶのである。

連盟の仕事は割に楽で、春から秋にかけて一通り会合や通常事務などが忙しかったが、その後は翌年にかけて冬休みのようなもので、関係者はみな一応帰国することになっていた。私も最初の年は用事を済ませてから東京に帰り、翌春また出かけて行った。

大正十二年九月一日の関東大震災のことはロンドンで聞いた。すぐに帰ろうとしたが、なかなか船が得られない。やっと十月末か十一月初めに、小さな船をつかまえて、押しせまった暮に横浜に帰ってきた。ひどく破壊せられている状態をみて、こんなことはしておられないという気持になり、早速こちらから運動をおこし、本筋の学問のために起つという決心をした。そして十三年の春に二度の公開講演を試みたのである。

ジュネーヴの思い出

国際連盟の仕事は、委任統治委員会の委員というので、日本の役人ではなく、日本側で指定した向うの人間になっていた。英仏が憎らしく幅をきかしていたが、小さい国々は日本と同じように一種の憂いをもち、そのなかで自国をどう維持していくかということに苦心しているようなところがみえた。オランダ代表は、元ジャバの行政長官かなにかしていた、非常に立派な人だった。ノルウェーは大学の先生であった。女で大学の先生をしていた人がいたり、政治家がいたり、大変いい印象をうけた。それに五月から九月いっぱい会を開けばよくて、あとは翌年春までゆっくり遊んでいられる。それに本国へ帰ってくる旅費もくれることになっていた。はじめの年は、吉野丸《よしのまる》というドイツから取上げた船で帰ったが、翌年（大正十一年から十二年にかけて）は帰らずに、ドイツ、オランダ、フランス、イタリアと、欧州各国を旅行した。イタリアは旧知の関口泰君や矢代幸雄君などの案内で、ずっと南の方まで、くわしく見て歩いた。エジプトからやってきたという木下杢太郎《きのしたもくたろう》君の一行にも会い『即興詩人』を語り、一緒に鷗外さんをなつかしんだりした。

ジュネーヴではホテルがざわつくので、一人でフランス領に近い奥の方のボーセジイルというところに借家をしていた。宮島幹之助君がここに訪ねてきてくれて、沖縄の話をしたことを覚えている。同じ町には日本ではだれ知らぬものもないチェンバレン博士が住んでおられたが、目を病んでおられて、あまり人に会われぬという話だったので、とうとうお目にかからずにしまった。先生の旧蔵の書籍が古本屋に出るというのを聞いて、たった一冊、先生の著書の『日本口語文典』を買ってきた。たくさん書き入れのしてある本だった。ときにはジュネーヴの大学へ人類学の講義を聞きに行ったり、書物や辞書類をみせてもらいに行ったりしたが、どこでも大変親切にしてくれた。

ただ言葉の不自由な点が困った。ときどきは、ひとりごとでもいいから思いきり日本語でしゃべってみたいという気がしたこともあった。同じような悩みをもつ人たちが始めていたエスペラントの運動に加わってみようかと思ったことがあった。国際連盟の通訳室にプリヴァという有名なエスペランチストがいて、この人につつかれて私から新渡戸さんに話し、連盟でエスペラントを用語に採用する決議案を出そうとして話を持出したところ、大変な反対にあった。英仏が反対したばかりでなく、他の国の代表も、いまさらエスペラントを覚えるというのでは、学生がかわいそうだと躍起《やっき》になって反対したので、とうとうものにならなかった。

こんなこともジュネーヴ時代の一つの思い出となったが、この言葉の問題では実際に考えさせられることが多かった。われわれ日本人は機会があっても、どうも避けるようにしてしゃべるけいこをしたがらない傾きがある。連盟で私は日本の不平等な実例をみせつけられたが、この言葉さえ、心を打ちあけて話すことができるようになっていれば、かなりの難問題が解決せられるのにと痛感させられたことであった。

イタリア・子安貝

ローマではいろいろ珍しい経験をした。木下杢太郎君からゆずりうけた『即興詩人』を片手に見物したが、あれを持って歩くと、そのために書いたかと思うようであった。サンタ・マリア教会では、九州の五島《ごとう》から修行に来ているという若い学生に会った。東京さえ知らずに来たといっていたが、懐しがっていろいろと話しかけて来た。私が今も五島に対して非常に興味を持っているのも、そのことと関係がないとはいえないようである。

ローマの北門を出た所に小さな博物館があって、館長さんが大変志のある人で、陳列の仕方に苦心していた。広間の壁に沿って、キリストを抱いたマリアの像がずっと年代順に並べてあった。その中にはもちろんローマ以前のころのものまで並べてあった。つまり母と子の像の陳列である。私はこれをみた時、何の説明はなくとも、聖母マリアの信仰は、遠くキリスト教以前から受けつがれてきたものである、ということがはじめてわかった。それについて思いおこすのは、支那から日本へ来たいわゆるマリア観音と、日本固有の子安観音《こやすかんのん》とのことである。いずれもキリストを抱いた聖母マリアの像と、何か連絡がありそうにも思われるのである。

子安という言葉は、私が未だに一つのテーマとして持ち続けているものである。日本で子安神という名称はかなり古く、神の名としては三代実録に「美濃国児安神」とあって、いわゆる式外古神である。この子安という言葉は形容詞があとについて、今の語法からいえばおかしいが、昔はこういう語法があったのが、後、段々と脱けてしまったのである。現に沖縄にはこういう言い方がまだ残っている。つまり子安というのは、子供を愛する心持につながるのであるから、キリスト教にも、仏教にもあって差支えないわけで、ほとんど理想の母親ということになる。

それについて連想するのは、日本でいう子安貝、即ち宝貝のことである。ドレスデンの博物館にアフリカから持って来た土人の木像の眼に、この子安貝が入れてあった。古いところではエジプトから宝貝が出るが、アフリカは南部だけでなく、北アフリカの土人にもまれにそれを使っているのがあるとか。この貝は地中海にはないから、どこか遠くから持ってきたものであろうが、どういう経路で運ばれたものであろうか。

シナ大陸では、ずっと昔からこの宝貝を非常に珍重して、貨幣や装飾につかっていた時代がある。ところが、この貝は産地が非常に限定されていて、大陸周辺の海ではとれない。一番手近な所は沖縄である。沖縄では、今ではこの貝を網を曳く時の鎮子《しず》に使っているが、むかし貨幣に使ったのは小さな宝貝であったろうと思う。海のすれすれぐらいに、珊瑚礁の上にこの宝貝がすんでいる。夜、灯りをともして、すくい取るので、たいへん面倒だが、肉は美味しいものですと、島から来た人がいっていた。

古い文献をみると、沖縄から絶えず何万、何十万という数の宝貝をシナに貢いでいることが記録されている。現に明代には、琉球から海巴（宝貝）五百五十万個を貢進した旨が貢物目録に出ている。この貝の産地と、これを珍重した所とをくらべてみると、あるいは民族の移動、文化の伝播ということを考える上に、重要な手がかりになるのではないかと思う。

ドレスデンの博物館の子安貝は、今も私をこの研究に結びつけているのである。

柳田家のこと

両親の急逝

私は高等学校から大学に移る前年に、相次いで両親を失った。

又従兄弟の中川恭次郎から、「近いうちにお母さんが布佐から来られるそうだが、来れば私の所に泊るのがいちばん便利だから、宿をするつもりでいる」という話をきいて、お礼をいって間もなく、母が東京に出てきた。二週間ばかり厄介になっていたであろうか、突然中川の家で卒中になって倒れてしまった。布佐の田舎から父も長兄も出てきたが、直ぐにどういうことはなかった。しかし出先で倒れたので、田舎へどうして連れてゆくか、皆が非常に心を痛めた。私も中川の家に行って看病していた。

とうとう具体策として、高瀬舟を一艘借りよせ、浜町河岸《はまちようがし》まで持ってきておいた。病体をそこまで戸板にのせて運んでゆき、そっと舟に移して、私どもみながいっしょにのって、二日がかりで利根川をまわって布佐へ連れて帰った。それから半月か二十日してからと思う、母はとうとう亡くなった。明治二十九年の七月八日のことで、年は五十七歳であった。みな看病疲れでへとへとになったが、誰よりも第一に父がまいってしまった。

父親は郷里を出てからは、だれか介添がなくては、世の中が一人あるきできないような状態であった。例えば上野の図書館へ本を読みに行くにしても、母から十銭だけもらって行くというような、子供みたいな人であった。天保銭だけは八文だということを知っていても、波銭《なみせん》の文久銭は二文であったか三文であったか、はっきりしないという旧時代の人であった。今まで母にささえられてきたが、突然の死にあってすっかり弱り、外出もせずにただじいっとしているだけになってしまった。

私も大分体を痛めたので、みなにすすめられて銚子の海岸に三週間近くも行っていた。すると家から、「もういくらかよくなったのなら、ひとまず帰って来ないか。お父さんがその後少し元気がなくなったから」という手紙が来て、びっくりして大急ぎで帰ってきた。事実父はすっかり弱って、間もなく母の後を追うように亡くなってしまった。母の死から二ヵ月もたっていない九月五日のことで、年は六十五歳であった。丈夫な人だったが、母の死によってすっかり弱り、早く死んでしまったのではないかと思う。

こうして両親の急逝にあって、私のそれまで抱いていた計画もすっかり変ってしまった。例えば人並にえらくなって、両親を馬車に乗せて上げたいとか、もし万一兄に不幸があった時は、両親や甥姪たちのために、医者にでもなって世話をしてやろうとかいう気持も、時がたつに従い、だんだんうすれてしまった。

辻川へ帰ったのは、両親の生きているうちに一ぺんだけで、そのときは早速両親に復命したが、二度目にはもう両親はいなかった。それ以後は、帰郷しても、直ぐ布佐の兄の所へ報告に行くことはしなくなってしまった。

青年はわずかの境遇の変化で、気持がぐらぐら変るものらしい。私も両親の急逝にあって、学問でも何でも自由な道を選んだのであったが、今から思うと、仕方のないことだったのかもしれない。

父の死と自作のノリト

私の父は中年から神主となったので、既存の神道に対し何となくもの足りなく思っていたらしい。祖母は地蔵信仰に熱中した人だし、母にはまだ本当に神道というものが解っていなかったのに、父の方ではよくよく思いつめたものとみえ、祖母の死後すぐに思いきって家の仏壇を片づけ、仏具類をみな市川へ流してしまった。私の生れた時には、すでに仏教を離れて神葬祭になっていた。子供のころ神棚も神に供える机類や器具もまだ真白だったことを憶えている。父は先祖を祀る時も、自分の息子が死んだ時も、自分一人で拝んで、自分の感覚に相応するノリトを作っていた。葬式を神式でするというので、神葬祭といったものらしく、神道とはいわなかったように思う。ともかく日本の神道の弱点は、その場合に応じてそれに相当するノリトをあげるということができなかった点である。中央の神主ですらそれが難しく、平田《ひらた》盛胤《もりたね》などという人は名家に葬式があると必ず頼まれて行き、いい声で哀れに長いノリトを読んでいたが、これなどにもどうかと思う点が多かった。

まだ葬式の時はそれでもいいが、何か特殊の問題が起った時に困ってしまう。相手がしらないからそれをいいことにして、どうにかごま化しているが、祭の種類と目的とはいくつもあるのに、ノリトの数はそれほどない。いちばん極端な例があらわれたのは、母が二十九年七月に死に、その九月に父自身が死んだ時のことである。

布佐の私どもの神主は、金毘羅さんの行者からあがってきた、もと船乗りかなにかしていた男で、何時でもノリトは大祓いの時のものしかやらない神主であった。みればそれもふり仮名つきのものであった。大祓いというものは「先ぶれ」のようなもので、ただ場所を清め、心を浄める用意だけをするにすぎないものであるのに、人の最後をこのノリトで片づけられては、後に残る者の良心が済まなかった。父の葬式の時は私自身気持が非常に弱って、悲しみに何もわからなかったが、一年祭の忌あけには、もっと父の魂を引き留めておきたいし、とても大祓いのノリトでは気が済まず大変に苦しんだ。どこかに古代作文の能力のある人はいないかと探したが、千葉の田舎などにはそんな人がいるはずはない。土地では神主さん自身の家の葬式を仏教でするような時代であった。そこで私は自分で作ろうと思いたち、まとめてみた。大変な事業だったが、父はさぞ私の心持を喜んでくれただろうと信じている。今はもう残っていないが、いろいろの祭のために三つほど書いたことを覚えている。

これは今でも神主の悩んでいる問題だが、多くの神主は相手のわからないことをいいことにして、例の「高天原に……」という重宝な文句で片づけてしまっているのである。

谷中墓地の碑文

このごろ注意してみると、それぞれの場合に相応するノリトについての本が大分出来てきた。最近にも静岡の稲村さんという国学院のいちばん古い卒業生で九十歳近い神主さんが出した本が二、三冊ある。『祝詞文範』というのもたしかその一冊であったと思う。

神道というものを今のままの方式で進めて行こうとすると、日本語とこちらの感覚とが大変複雑になっているから、その本の中にあるような言葉で果してあらわせるかどうか、それがすでに疑問である。かりにあんな言葉でなくては感じが出ないとすると、よほど上手に導いてゆかないと、これからの人は神道をやっているために偽善になってしまう。それに人が亡くなって悲しみの最中に、あんな浄めばかりいっているノリトを読まれたのではやりきれない。読む場合というものも、ずっと限定してよく考えなければならない。と同時に気持をなるべく素直にもち、出来るならば横で聞いている人にも感じがうつるような心持で、ノリトを作らなければならない。いまはまだ戦争後の思想の混乱から、日本の神道があるいは衰えはしないかというような不安のあるときであるから、問題はどうしても国語として解決しなければならないと思う。

碑に刻む場合は、ノリトのように口でいうものとおのずから違って来る。石碑の場合はどうしても漢文がよくうつり、仮名まじりの口《くち》言葉はかえってだらだらになるような気がする。私も両親が亡くなってから後に、一度この碑文を書いたことがある。

矢田部良吉へ嫁いだ家内の姉の子供に、雄吉という非常にいい男の子があった。高等学校に入り、やがて大学に進むというとき、柔道をして急性腹膜炎か何かを起して急死してしまった。家の長女が生れたばかりのときで、元気で見舞いに来てくれたのに、それから一週間もたたぬうちであった。これには私も大変考えさせられた。こんな腹の底から起る人間の悲しみをあらわす方法をもたなければ困るではないか。仏教でもいいが、坊さんのお経はあまりにも客観的すぎる。そう思ったので、私は父の一年祭のときのノリトとは違った碑文として、この悲しみを書いてみた。漢文で書いたのだが、幸いにもそのころ森槐南《もりかいなん》先生が宮内大臣秘書官をしておられたので（私も宮内省に勤めていた）折があったら拙文をご覧下さい、とお願いしておいた。槐南先生も大変同情して、その中の八字か九字を訂《ただ》して、漢文としても、また日本読みの調子としてもいいように直して下さった。今でも谷中《やなか》の墓地に、矢田部雄吉の墓の背面に刻んである。義姉や養母の悲しみをくんで、苦心しているうちに、一周忌には間に合わなくなったかと思う。

　たしかこのとき、養父に見せたところ、養父は親友で同じく法律家であり、漢学者でもあった倉富勇三郎《くらとみゆうざぶろう》さんにそれを見せたらしい。すると倉富さんは雄吉が柔道の黒帯だったので黒帯《こくたい》という文字などを使って、素人眼にいいように直してしまった。せっかく槐南先生に手を入れていただいてよく出来たと思っているのを、さらにまた直されたりして、このときは私も大分憂うつになってしまった。しかし碑文は結局もとのままで谷中にたてることになった。

　これも感情をあらわすのに、昔からのままのをとるよりほか仕方がないという考え方に反発した、いわば私の文章作業の一つだったのである。

　碑文の文字はたしか飯田藩出身の、大審院の書記をしていた人が書いてくれたと思う。

慈恩寺の碑文

私はもう一つ碑文を書いたことがある。いまは埼玉県の岩槻《いわつき》市［現さいたま市］に編入されたが、慈恩寺という村があった。昔の寺領で、同じ名の慈恩寺と呼ぶ天台宗の寺があった。この寺には後年本願寺の大谷光瑞さんの秘書をしていた水野梅暁《みずのばいぎょう》氏も厄介になっていたことがある。その関係からか、シナの南京で発掘された玄奘三蔵《げんじょうさんぞう》の遺骨の一部がここに安置されている。梅暁氏は戦後あそこで亡くなった。そのお弟子にあたる筋の人が埼玉県には大分いた。その慈恩寺の坊さんで、内務省の事務なども手伝っていた若いハイカラな坊さんで、始終私の所に来る人があった。

慈恩寺という寺は、昔は周囲が原野ばかりで、徳川将軍が狩りに行った辺にあった。一村ことごとく寺内で、この中にどういうものか小さな神社がたくさんあった。そしていちばん大事なお社は諏訪神社であった。そのうちあまり多いので、県の方で、合併整理して減らすという方針になり、その代りに慈恩寺の境内に由緒を書いた石碑をたてることになった。いつも宅へ来ていた若い和尚さんの口添えで、村の人たちが共同して、私にその碑文を書いてくれと頼みに来、とうとう引受けることになった。私としては「心が安まるように、満足ができるように」といった心持と、文章というものは目的を達しさえすればそれでいいのだというような気持とが自然にあって、仮名混りのだれにでも読める文章を作った。なるべく新聞のような口調で、ハイカラな文章であったが、内容は堂々たる政治論であった。つまり昔の政治的、学問的な問題を扱い、将軍家の狩りに来た原野のことなどにも触れたように思う。あのあたりは、書道の盛んな土地なので、県の女子師範学校の先生で一人人変よく書く人があり、その人に字を書いてもらった。建碑のときに私も招ばれて行ったが、かなり長い文章だったので、なかなか大きく、立派な石碑だった。寺から半丁ばかり手前に立っていたが、いまは諏訪神社の境内に移されているそうである。

他の文章の中には、慰みに書いたり笑いながら書いたりしたものもあるが、親の喪に大祓いだけでは困ると思って作ったノリトと、甥雄吉が亡くなったとき、皆の意見を阻んでも、その悲しみを表現しようとした、この二つの文章は、私の自然に書かずにはいられないものであった。その他に別格の碑文がこの慈恩寺の石碑である。

以下鎌田久子さんが現地で取ってくれた拓本によりその全文を掲げる。

表慈恩寺区愛宕神社遷祀記

此邑起立年久シト雖記録ニ拠リテ之ヲ詳ニスルコト難シ独リ産土ノ神諏訪明神愛宕明神其外ノ神々ノ鎮リ坐スアリテ神ナカラ往古ノ様ヲ示シ給ヘリ伏テ惟ミレハ聖皇都ヲ関東ニ遷シ給ヒテヨリ恵ノ日益煦ニ慈ノ露愈沾ヒヌ道開ケ里栄エ父老ハ業ニ安シ子弟ハ学ニ就ク家トシテ昭代ノ沢ニ漏ルル者無キコト且ハ冥助ノ致ス所ニシテ深ク神徳ヲ仰クハカリ也唯憂フラクハ世ノ営ミ事繁ク人ノ心常ニ忙シクシテ四季ノ祭供時ニ厚薄アリ諸処ノ参拝或ハ之ヲ労シトスル者アラムニハ神ヲ軽スルノ懼少カラサルカ故ニ明治四十三年十月十五日官ノ裁許ヲ得テ先ツ一地ヲ諏訪神境ノ内ニ相シ愛宕ノ御社ヲ此ニ遷シ奉ル愛宕ノ神ノ旧址ハ悉ク之ヲ常緑ノ林ト為シ更ニ故ノ木ヲ伐リテ基金八百五拾円ヲ得タリ表慈恩寺九十一戸ノ民同心シテ此業ヲ完成シ故老三城信七郎厚沢貞司等主トシテ之ヲ勧進ス固ヨリ凡智ノ謀ル所偏ニ神慮ニ違ハサラムコトヲ希ヒ此財涓滴ノ微ニ過キスト雖積ミテ永久ノ用ニ供セムコトヲ期ス曾テ他意アルコト無シ後ノ人深ク思ヘ家聚リテ邑ヲ為シ邑ハ又

国ノ基タリ此国千万歳ノ栄ハ言フモ更ナリ邑ト家トノ永続ハ誠ニ我々カ身ノ外ノ望ニシテ兼テ又祖先代々ノ切ナル願ナリキ昔始テ此武蔵野ノ奥ニ来リ住ムヤ蘆荻谷ヲ塞キ荊棘径ヲ埋ム僅ニ丘ノ片平ヲ伐拓キテ爰ニ耕作ノ便ヲ求メムトスレハ四境寂寥トシテ鳥獣虫蛇ノ害絶エス神明ノ力ニ頼ルニ非スンハ誰カ安シテ子孫ノ計ヲ立ルコト得ヘカリシ諏訪ノ大神ハ山ノ幸ヲ施シ給ヒ愛宕ノ権現ハ火ノ災ヲ護リ給フ村民懇禱ノ誠ヲ抽ツルカ故ニ風雨宜キニ順ヒ五穀年ニ稔リ今ニ至ルマテ眷族ノ繁昌シ郷党ノ和熟スルハ一ニ御蔭ニ因ラスト云フコト無シサレハ凡ソ此里ニ生レム者謹ミテ累世ノ神徳ヲ思ヒ祖先ノ恩ヲ忘ルルコト無ク必ス四時ノ祭ヲ重シ以テ一郷ノ洽厚クセハ庶幾クハ霊感幽応シテ永ク神国ノ恩沢ニ浴シ鼓腹撃壌ノ喜ハ尽クルトキ無カルヘシ

大正二年四月十七日

法制局参事官従五位勲五等　柳田國男代撰

埼玉県女子師範学校教諭　木村増二敬書

柳田家の墓所

柳田の家の墓はさきごろ焼けた谷中天王寺の五重塔の背後にあるが、あの付近も昔の大名の墓所がなくなって、様子もだいぶ変ってきた。

柳田の家は私の養父に当る人もやはり養子で、先祖の墓地を何かと気にしてすごしていたが、忙しくて見に行く折がなかった。柳田家は寛文《かんぶん》年間まで下野《しもつけ》の烏山《からすやま》にいたが、飯田の脇《わき》坂《ざか》家が播州竜野へ移った後、堀《ほり》家にしたがって飯田へついて行った。それ以後の墓所は飯田にあるが、それ以前の旧い墓が烏山にあるにちがいないという気がしていた。しかし父はどうしても行く暇がないので、たしか日露戦争のすぐ後であったと思うが、私と、いま谷中に葬られている甥の矢田部雄吉と、二人で出かけていった。

寺にゆくと、「どうもお気の毒様でした。寺では整理の必要があって、無縁墓を片付けましたので、おそらくお宅様のもないでしょう」といいながら、「火事がありましたが、過去帳はこれだけ残っています」と、過去帳を出してくれた。それを繰ってみると、先祖の戒名がいくつも出てくる。「ここにありますよ。これは私の家の戒名です」こうして戒名は見つけ出し、翌日はお経を上げてもらうことになったが、肝心の墓石がない。「墓石がなくてはねえ」と甥と話しながら、翌朝もう一度寺に行ってみた。

住職が読経《どきょう》の支度をするのを待つ間に、墓石のことを気にかけながら境内をぐるぐる歩いていると、お寺の代々の住職の墓というのがあり、そのすぐ脇をふっと見ると、探していた私の家の戒名がずっと並んでいるではないか。さっそく和尚さんを連れてきて見せると、「これは青木という、この地でいちばん主な旦那の墓です」という。しかし墓石に柳田と書いてあるのだから間違いはないということになり、お経を上げて大変成功して帰って来た。青木というのは町の饅頭屋《まんじゅうや》で、念のため訪ねて行ってきくと、何でも先祖が柳田家から頼まれたというので、代々墓所を守ってくれているということだった。長い間の好意に感謝し、今後のことも頼んで帰ってきた。

その話が伝わったので、旧藩のお爺さんたちが大変喜んでくれて、羽織袴でうち連れてやって来、「承ればご先祖の墓所がお見つかりになりましたそうで……」と、わざわざあいさつしてくれたことを憶えている。その後父が母といっしょに烏山へ墓参に行ったところ、驚いたことに、墓が一つもないのである。寺で処分してしまったのであろう。父が非常に憤慨し、夜も眠られぬくらい怒ってしまった。「わしはこっちへ建て直す」といって、谷中へ代りの墓所を建てたのが、現在の墓である。父にとって烏山というところは、長い間の先祖の墓所を保存してくれて、じつに有難い所であったのが、急に印象の悪い所になってしまったらしい。もうそれっきり一族のものがだれも行かないのである。

播州の柳田

昭和九年の四月なかば、久しぶりに故郷の山々の花を見歩いて、竜野に一泊し、それから斑鳩《いかるが》の御寺にはじめて詣り、同じ車で室の津まで出てみたら、ちょうど明神様の本祭の午後で、白粉《おしろい》をつけて眉墨を描いた女の子たちが、親や姉につれられて、一人ずつ御宮から降りて来るところだった。昔は必ずこうではなかったろうが、港はひっそりとして小舟の出入が少なく、沖にはただ折々の白い波頭を見るのみであった。崖の端まで出て左右の磯山を見渡すと、桜はもう過ぎて藤にはまだ少し早く、躑躅《つつじ》も薄紫のもちつつじ、私たちが小さいころに女郎つつじなどといったのが、松や雑木の間にいくらでも咲き続いている。これと関東の山々で野州花、またはヤシオなどというものと、色は同じだが形だけに違いがある。

汽車では片隅だけしか見て歩くことができない。今度は一つ海から見ようと浜に降りていって、明日の小舟を約束し、小さな宿屋を見つけて、この晩は泊ることにした。

できるなら備前《びぜん》の鹿のいる島のあたりまでもと思ったが、祭の疲れもあるか、そう遠くへは出ようとしない。それでは赤穂の浜の、海水浴の人の行く宿屋までときめて、朝はゆるりと発ったが、昼過ぎ早くそこに着いた。見晴しのよい広間があいているのみか、湯まで沸いているのですぐ入った。久しぶりに一人になって、寝転んで本など見ていると、思いがけなく宿の主人が入って来て辞儀をした。

「今日は何とも珍しいことがございます。つい今のさきまでこの座敷においでた神戸のお客様が、昨晩からしきりにあなたのことをお尋ねになっておりました。どうやら県庁のお役人の親御様のようで、署長さんや警察の人たちも尋ねてこられて、色々とあなたのお身元について評議してゆかれました」

という。それは大変なことだと眼を円くしたが、話の後先きをとり集めて考えると、事件の成立がごく手軽に解けた。ちょうど二番目の娘が学校を出て、時折、縁談の下話のようなものを聴かされるころであった。父の郷里が播州と聴いて、まず赤穂にやって来たのはよいねらいであり、おかげでまた私も楽に間違いの因が判った。赤穂の町の内外には有力なる柳田家が多く、一方にはまた柳田美郷《よしさと》のような美しい歌を残した歌人もいたが、私の生家は松岡で、この一統とは何のゆかりもない。もしまた必要があるなら、神崎郡の田原村で、旧姓の松岡で調べてもらいたい。あそこにも柳田という苗字ばかりの一部落があるからご用心、と余計な伝言までして帰って来たが、この縁談はついに進展しなかった。

それよりも私が興味をひかれたのは、どうしてこのように飛びとびに、互につながりのない柳田氏が分布しているのかということであった。かつて「芳賀《はが》郡と柳田氏」という一文を草して、ゆかりの人々に読んでもらったことがあるが、私の一家は宇都宮氏の家来筋で、主家の没落の後、浪人をして土を耕していたのが、真岡《もおか》の堀という旗本が大名になった際に取立てられ、烏山からさらに信州の飯田に移って、一軒だけ辛うじて伝わった。故郷の栃木県から相接する三つの県にかけては、何十という同族が土着している。確な系図はまだ見たことがないが、古いところでは群書類従の「結城合戦記《ゆうきかっせんき》」の付録の「結城首帳」というのに、柳田某という首が四つ五つ出ている。それによって同姓のものが、宇都宮家没落の後に結城家にも仕えており、落城と運命を共にしたことがわかるわけである。処が、私の方の家系の者からは首をとられるような者は一人も首帳に出ていないのをみると、よくよく首をとられるのが嫌だったらしい。あるいはもう首になるのに懲りて、野に下って農を営むものが多かったのか、というようなことを書いたのである。

近世の柳田美郷翁のように、きれいな歌は残さないが、私の柳田にも加藤千蔭の晩年の弟子に、柳田為員という若い歌人があって、多くの歌書を家に残している。折があったらこの人のことも書いてみたい。

柳田家のはじめ

柳田の先祖はもともと相模《さがみ》の大磯《おおいそ》と二宮《にのみや》付近から出ているのではないかと思っている。今の東海道の国府新宿《こくふしんしゅく》（江戸街道が海岸沿いに出来た為に新宿の名がついたわけである）より少し奥に入ったところに、六所様を祀る所がある。今は八幡様になっているが、そこに柳田という地名がある。ここに関係があるのではないかと思う。柳田という姓は小田原《おだわら》、国府津《こうづ》から厚木《あつぎ》にかけて、更に群馬、栃木など関東に広く分布しているが、なぜこのように広く分布しているのであろうか。この一族の源は、下野の領主の俵藤太《たわらのとうた》秀郷《ひでさと》まで溯ることが出来る。秀郷はなかなかの政治家で、長男か孫を相模守にしたが、その子供が秦野《はたの》家の先祖になり、その又分家が松田家であった。更に分れて今の山北《やまきた》に川村という家があり、これが柳田の一族であった。つまり俵藤太の一族のその所領のはずれに柳田という所があって、同姓を名乗るものが、小田原から国府津付近にかけて沢山あるわけである。この中の川村の一族である柳田が、信州飯田藩に仕えて維新を迎えたわけで、私はこの柳田の家に入ったのである。

『将門記《しょうもんき》』などを読むと、俵藤太は近江《おうみ》の出身で、下野で成功し、そしてそこを根拠として将門《まさかど》討伐をしたわけである。この俵藤太一族が何代も相模守を兼ねていたことが、柳田一門の相模から下野に拡がる主な原因となり、この辺一帯に柳田姓を名乗る家系がたくさん散らばったものと見ることが出来る。

記録によると柳田の先祖は、その後野州に出て、宇都宮家に仕えたことになっている。そんな関係から、私は宇都宮から一里半ばかり離れた処に柳田という地名があるのを知って調査に行って、大失敗したのである。

宇都宮家は太閤《たいこう》がその娘を差出せといったのを聞かなかった為に闕所《けっしょ》にせられて、その子が浪人をし、ずっと南の芳賀郡の真岡という処に逃げのびた。そこで私らの柳田も真岡に一応落着いて百姓をしていたのである。そしてずっと後になって、野州烏山の堀家に召出されるようなことになった。堀家は後に、信州飯田から播州に移った脇坂家のあとに入って、飯田に国替えになった。

堀家はもとは越後高田にあって大々名であったが、ある疑獄事件の為に、お家断絶になってしまった。しかし幕府はあまりきびしすぎると思ったのか、真岡の付近に三千石の知行を与えられていた堀の分家の旗本を大名に取り立てて、烏山で一万五千石に封じたのであった。急に大名になって侍が欲しくなったので、それまで帰農していた私の柳田の一番先祖がそこに抱えられたのである。

さて堀家に召し抱えられた柳田の先祖は、柳田勘兵衛といって（勘兵衛、清兵衛というのが代々の通称であった）なかなか役に立ったものと見え、中流以上の役についている。この人から四代目に里右衛門という人があり、非常に働き手だったが、どういうわけか四十になっても妻帯せず、御側御用人《おそばごようにん》をつとめていた。時の殿様は、後に大変遣《や》り手になった人だったが、若い頃はどうも身持が修まらなかった。里右衛門はそれを諫《いさ》めるために切腹をしてしまった。親はすでに隠居していたし、子供は勿論いない。吃驚《びっくり》した殿様はその為に改心し、自ら里右衛門の為に碑文を書き、これがつい最近まで飯田にあった。その頃から柳田の家にはいろいろ災難が始まったのである。

各地の柳田族

跡継のない柳田の家では里右衛門の甥を養子にしたが、監督者がないためか、道楽をしていったん潰れそうにまでなった。それでも殿様の方で好意をよせてくれたので、切腹した里右衛門の弟で、滝という家を継いでいる人を呼び戻すことにした。この人には沢山な子供があったが、皆死んでたった一人しか残っていなかった。それで滝の家には別の人を養子に入れて、その末っ子をつれて実家の柳田へ帰ってきた。それが私どもの家内の曾祖父になる人物であった。

江戸詰だったので江戸文化がすっかり身に染みていて、加藤千蔭のところに出入りして歌などをたしなんでいた。大変丹念な人で、細かく日記をつけていた。上欄三分の一くらいに今の新聞に当る記事、たとえばめ組の喧嘩とか永代橋《えいたいばし》が落ちたとかいう事件が細かに書いてある。連れ帰った末っ子が死んでからは、この日記もはたと止っている。次に養子に入った人が家内の祖父で、この人が柳田家を再興した人であった。しかし万延年間養父が七つくらいのとき失敗して、それまで江戸詰だったのが、信州飯田に帰ることになった。養父も一族の安東家から入った人で、その兄が先に述べた台湾総督をした安東貞美大将である。こうして柳田の家は血筋が細々と続いて来た。私の養母も兄が一人あったが、武田《たけだ》耕雲斎《こううんさい》が来たとき「天狗党の乱」に関所を設け、その番人になって野宿したりしたために、風邪をひいて早死してしまったし、養父にも男の子が一人あったが早死して女の子しかないので、私が養子に入ったわけである。

信州の上田付近にも柳田という、明治初年に生糸貿易をやった呉服屋さんがあった。信州の柳田だというと、よくその上田の柳田氏と間違えられた。栃木県に拡がった柳田が、どうして上田まで行ったか調べてみたところ、浅間の北の方を上田に通っている、真田《さなだ》などの往来した道を移住して行ったらしい。私の知っている柳田の名家に、群馬県の吾妻郡中之条《あがつまぐんなかのじょう》の有名な町長さんがあった。信州へ飛ばして一日の距離である。それから同じ群馬県でも、赤《あか》城山《ぎやま》の南で勢多郡《せたぐん》の桂萱《かいがや》という珍しい名の村にも柳田姓が沢山ある。

それに関連して興味を抱き出したのは、姫路の藩士に一人柳田という人があることだった。養父が姫路の柳田氏も裁判官だと言ったことがある。そこで分ったのだが、姫路の酒井家は姫路に来る前に前橋《まえばし》にいた。そしてそのときに大きくなったので、土豪の次男、三男を沢山召し抱えたらしい。その中に柳田の残党が交っていて、姫路へお供をしたわけである。酒井家が姫路に移ったのは、赤穂の仇討のあったすぐ後ではなかったろうか。姫路の柳田家はそのころからずっと続いていることが分った。前橋の方の本家と交通がなかったが、祖先の墓があることを知ったので、参詣に行くことになったという話も聞いた。

その他にも播州には柳田姓が大変多い。辻川の隣村の大門の裏に当る鍛冶谷という大きな村など、ほとんど全村が柳田姓を名乗っている。丹波多紀郡の方にも柳田姓が少なくないらしい。

柳田という姓は、私の調べたところでは、福島の付近に一村ある。これは栃木とは関係がないらしい。さらに北に行って秋田の山形よりに少しと、津軽《つがる》に小さなグループがある。西では播州以外には鹿児島の指宿《いぶすき》市付近に柳田という村がある。全国に広く分布した柳田は二万を下らないと思うが、その複雑な分布状態など、家を研究するのには、まことにおもしろい一族と思っている。勤勉であったのか、あるいは土地を判断するのが上手であったのか、とにかく大変にふえたものである。

最後に柳田という姓の起源であるが、植物と田の組合せの苗字は非常に多く、苗字の半分以上になっているかもしれない。柳田というのは、田圃の中で一番大事な儀式を行う親田の目印に、川楊つまり柳の木を植えてあったので、この一族を柳田というようになったものであろう。

時勢と姿勢

柳田の家は信州飯田で槍の家柄だったので面白い特徴がいくらも残っていた。養父が槍を使っているのを見たことはなかったが、二十歳くらいまで自家で本当に稽古をしたそうである。鼠が部屋に入って来ると獲らないではおかなかったとか。じつに巧妙で、長い棒か竹で畳をフッと上げる、すると鼠はその隙間を狙って入って来る、それを突くのである。玉突きなども、少し稽古するとすぐに上手になった。三男坊で早く家を離れた人間すらそうであった。

風伝流というのだが、その流派の家が四軒あった。もともとこの風伝流の元祖は、明石で浪人をしていたという話だが、それはずっと古いころの話である。槍は私も見たことがあるが、一丈何尺かの長槍であった。養父の実家の安東家には、明治の中ごろまでもまだ道場が残っていた。私が明治三十四年に飯田に行った時には、柳田の父の実家安東の父が出た菅沼家から、別れて嫁に行った人の子供で、松本の学校の教員をしていた人が、槍の先生であった。特殊の身体つきをしており、後から見ても、横から見ても、身の構えで槍の使い手ということがよく判った。腹へうんと力を入れて腰をちょっと落している。そのために少しばかり背が低くなるが、その姿勢は槍を使う目的から起って、士族の多くに行き亘っていた。こんな姿勢がみなから笑われるようになったのは、憲法発布よりずっと後の、明治も二十九年か三十年ごろからのことで、それまでは誰も笑わなかった。

今の東京駅が出来て間もないころ、私は東京駅の降車口から出て来る若い人のズボンの折目の綺麗なのと、脚の真直ぐなのを見て、「ああ世の中が変ったなあ」と、本当に心から考えたことがある。あのころでも田舎へ行けば、まだみな腹へ力を入れて、尻の方がいくらか飛び出して歩いている人が多かった。都会の学生はもういわば吹けば飛ぶような恰好をするようになったが、それがつまり一種の文化というわけであった。お腹に力をいれるということは悪くはないのに、それでは瀟洒《しょうしゃ》たる青年に見えず、従って新時代の結婚には適しなくなるわけである。

ところがこの槍使いの姿勢にしても、槍の芸が始まってからのことだから、大昔からあった気づかいはない。敵が馬に乗っているのを、下の方から上に向って突きあげるのだから、下駄穿きみたいなふらふら腰では突けはしない。

私らの学校時代には、まだ士族の子弟は、平民の子弟といくらか違っていた。何となく腹へ力を入れることを、子供の時から教えられていたからである。それがいつの間にか、吹けばとぶような、脚の真直ぐな恰好に変ってしまった。つまり自重する君子から、片々たる才子に移ったわけで、それには槍などのような武芸が非常に関係があったように思う。これは、それっきりにしてしまってはいけない面白い問題を含んでいるのである。

武士気質

安東という家は、愉快なことに一族四軒がいい合せて、どこかに欠員ができると、まず親類から跡取りを送る習慣で、幾重にも親類になっていた。

士族なんて考えは私らにはロマンスで読む以外になかったが、悪いところばかりでなく、いいところもあった。私の母なども、姫路で僅二年くらいしか武家奉公をしなかったし、その後結婚してから夫婦でふたたび姫路の塾監になっていたくらいのものなのに、やはり士族というものに同情をもっていた。そして維新当時の逸話を何かと聞かしてくれた。

たとえば、いよいよ姫路藩が降参して勤王党の方に明け渡すというとき、皆で選んで、ある家を指定し、その家から人質を出すことを考えておいた。そしてその家の若い士人とか息子、娘とかに腹を切る練習をさせた。実際には切らずにすんだが、小さい男の子などにも、侍の名誉にかけていちばん綺麗に振舞うように教え込んだそうである。

もう一つの話は、姫路藩か竜野藩かの町はずれに、たくましい鍛冶屋の兄弟がいた。その前に侍の息子が来て喧嘩をしかけ、「棄ておかれん」といって刀を抜いたところ、鍛冶屋の兄弟がそれを取上げて、金敷《かなしき》の上でたたいてくちゃくちゃにし、鞘に入らないようにしてしまった。そこで藩でも困って侍にあるまじき醜態だというので、刀を取り上げて追放を命じた。そのため侍の親類が承知せず、とうとうその鍛冶屋の方もやはり所払いをくわされた。しかも、ちゃんと親類が役人と打ち合せておいて、鍛冶屋の兄弟が藩の領分を一足出たところで、たちまちその二人を斬り殺してしまった。

今ならそれだけで小説になるような話を、母は自分の見聞によって、いろいろ話してくれたのである。

四民平等ということも大きな効果をもち、「もう侍と百姓とはちがいないのだそうだ」というと、みないっせいに大急ぎで侍の方の生活をしだした。日本社会の面白いところで、反感をもっていたとはいいながら、憧れていたことが解る。

飯田などでも維新の際に兵力の不足を補うために、百姓の子弟をつれて来て調練をさせ、足軽とか徒士《かち》とかに入れた。御目見得《おめみえ》以下という意味で、この連中のことを「以下」と呼んだ。養家の祖母の話に、身分のある侍の奥方たちが、以下の細君が来たのを見て「以下だ、以下だ」と蔑んだところ、相手は「タコとは申しません」といって逆襲したということであった。面白い話なのでいまだによく憶えている。また祖母の叔母にあたる菅沼のお婆さんという人はしっかりした婦人だったらしく、こんな話が伝えられている。

信州の高遠《たかとお》の城は丘の上にあって、大手の道は坂になっている。ある時、川尻という侍が城門の所で、理由があって人を斬った。そして菅沼の家に入って来て、「今人を斬って来た。どうぞ暫くの間休息させて下さい」という。菅沼のお婆さんは落着いて応対をし、「あそりゃよかった。さあこちらへ入って一服して下さい」と座敷へ通して休ませておいて、正式に届け出た。そして、その同じ日にそこで腹を切らせたのだが、この人の姪に当る安東の祖母は、「あんな偉いお婆さんはなかった」といって、大変ほめて話してくれたのである。

私らは要するにそんな空気の中で育った人間で、昔の仇討時代とは違うが、過渡期のいろいろな矛盾だの撞着《どうちゃく》だのを体験して来たものである。

交友録

黒坂達三のこと

和辻哲郎《わつじてつろう》君と私との共通話題になる播州人が一人ある。姫路の人、黒坂達三君のことである。お父さんの黒坂淳三郎という人は、漢詩をやるので、私の父のいわばお弟子のようになっていた。父が北条にいたころ、月に一ぺんぐらい、姫路から来て、詩を見てもらったり、話を聞いたりして帰って行った。私がもう東京で役人になってから、手紙をもたせて子供を二人よこした。長男は軍人になって独立していたので、次男と三男をよこしたらしい。

次男の方は近年亡くなったそうだが、ドイツ文学をやり、高等学校の先生になり、鹿児島の造士館《ぞうしかん》［第七高等学校］にずいぶん長く勤めていた。三男の方が、この黒坂達三で、私の旧い日記に非常によく出て来る。次男が、どちらかというと、実際的で、実直だったのに比べて、達三は無口で、どこか違った所があった。私が声をかけてやるので、たびたび私の所に来、後には自分の前途の相談までするようになった。和辻君とは早くからつき合っていたらしく、文学ものを非常によく読んでいた。二十三、四のころだったと思う、外交官試験をうけて失敗し、少し失望しているころの達三を、東大の文学部の助手の人が連れて来た。そして「先生、一つ小言をいって下さいませんか」という。「どういう訳だ」ときくと、「じつはあまりよくないことをしているんです」といったが、詳しいことがわからない。普段はきちんとした身なりをしている黒坂が、その日は少し顔が汚れており、髪の毛も乱れていた。

わけは最近和辻君に聞いてはじめて判ったが、あの当時黒坂は自分の下宿先の娘と約束して、だましたような形になってしまったので、その娘さんが鎌倉の海にとび込んだのだそうである。黒坂も同じ時かどうか知らないが、やはり海に飛び込んだが、この方は助かった。助かったが、しかし新聞種になって非常に騒がれた。こんなことがあった時、文学部の人といっしょに私の所に来たのである。事情をきいたそうにも、黒坂はだまって俯向いているし、連れて来た人もはっきりしたことをいわないので、いいかげんにあしらって帰したが、それから一ヵ月足らずして黒坂が自殺したのであった。

嫂《あによめ》さんから電話があって、私もびっくりして行って見た。何でもその夜は家中がまだおきているのに、二階で寝ていた達三が降りて来て「ああ今日みたいに頭がさっぱりしたことはない。思ったことがこんなに出来たことはない」といって、また二階へ引返して行って、そのまま死んだのだそうである。つまり薬を飲んでおいてから階下に降り、それだけいってから死にに行ったのであった。

非常にはっきりしたいい男だった。それから間もなく追悼会を芝の青松寺で催し、二十人足らずの人が集まったが、その中に芦田均《あしだひとし》君がいたので聞くと、兄さんの方の友達だそうであった。兄は芦田君、弟は二年下で和辻君の友達だったらしい。死ななくてもよかったと思うのに、打ちしおれていた時に、引止める力がいかにも足りなかったのが、残念であった。

同じ播州の出身で、個人主義で周囲に非常な影響を及ぼしていた魚住影雄《うおずみかげお》〔折蘆《せつろ》〕の影響もあって、懐疑的になっていたのかも知れない。兄は昔風の気持でいたのに、逹三はちょっと新しくなりかけていた時代で、迷うことも多かったのかも知れない。さっぱりしたいい男だったのに、惜しいことであった。

ついでながら、魚住君はたしか飾磨かもう少し東の方の出身であった。あの辺に魚住という地名があったと思う。

高田十郎君のことなど

播州の人で、いちばん我々が大きい影響をうけたというよりは、親しくつき合った人の一人に高田十郎君がいる。早稲田大学の高等師範部を出て、奈良の師範学校につとめ、とうとう播州には帰らずにしまった人である。

赤穂郡矢野村小河《おうご》（いまの相生市）の旧家光葉《こば》という、妙な苗字の家の出であった。この家は蘇我馬子《そがのうまこ》の家臣光菴の子孫とか伝えている。十郎は高田家へ養子に行ったが、生家の祖父、曾祖父といった人たちのことを大変よく書いているので、この古い家のことがよく判る。

筆まめにいろいろなことを研究して、大正のはじめころから、一人で『なら』という謄写《とうしゃ》版《ばん》の雑誌を出していたが、決して本にしようとはしなかった。何べんも何べんもすすめて、やっと「奈良百題」と「随筆山村記」などをまとめた。『大和の伝説』も私が序文を書いたのでよく覚えている。『なら』という雑誌も、自分で原紙をきって、謄写版で刷ったものなので、部数も少なく、今となっては得難いものになっている。

専門はたしか歴史だったと思う。ながい間郷里を離れているので、あるいは播州の人には親しみがないかもしれないが、彼の文集はやはり誰か赤穂の人が纏めてくれたらと思っている。

この高田にしても、前に記した黒坂にしても、外に出てから私と知り合った播州人だったが、両人とも郷里に帰らず、播州と縁が切れてしまった。こんな人が他にもちょいちょいある。樺太長官までいった平岡定太郎《ひらおかさだたろう》という人も、私はこちらの人として知っていたが、聞けば印南郡《いんなみぐん》の石の宝殿《ほうでん》あたりの出身だそうである。小説家三島由紀夫《みしまゆきお》君のお祖父さんに当るわけで、夫人は永井亨とか大屋敦とかいう人たちの姉妹だという。この人たちの父君だった永井岩之丞という人は、例の有名な玄蕃頭《げんばのかみ》［尚志《なおむね》］の子息で、柳田の養父の友達だったから、家同志よく知っている。定太郎氏の子息の平岡梓氏は農林省の局長まで行った人であることも、ごく最近耳にした。

和辻哲郎君は姫路市の北部、仁豊野《にぶの》町の出である。和辻君の叔父春二さんは拙家と同じ医を業とせられ、その令息が春樹君である。和辻君に初めてあったのは、黒坂達三の追悼会の席上であったかと思いこんでいたところ、最近学士院で和辻君に聞いてみて、その前に一度会っていたことが判った。

第二回目の『新思潮』を出す時に、私のところへ頼みに来たことがあるという話であったが、すっかり忘れていた。そのころにはまだ魚住影雄が生きていた。

播州の青年で、私が家に連れて来て話などした人がずいぶんあったが、その後どうなったろうか。『神戸新聞』のこの文章は、学士院でも時々話題になっている。動物学者岡田要君は竜野付近の人ではなかったかと思う。養子に行った鹿島守之助君は、その岡田君の従兄弟だが、竜野の南上野の出身であろう。子供のころ二人でいっしょに市川で鮎を捕えに行ったような話も聞いている。鹿島君は養子に行く前から知っていた。

太田陸郎君のこと

播州出身の太田陸郎君は、惜しいことに戦争中、台北で死んでしまったが、播州のためにかなりつくしてくれた人であった。はじめて私のところにあらわれたときは、神戸の県庁の役人をしていた。元来、飾磨郡置塩村の旧い家の出で、お父さんは名倉次《なぐらやどる》といって御影師範に学び、私の長兄とは同窓の友人であった。陸郎というから六男であったにちがいないが、網干の太田家に養子に行ったので姓が変ったわけである。

南方熊楠《みなかたくまぐす》氏の影響を大変に受けて、ことに植物のことをよくしらべ、召集を受けて支那に行っていた間にも勉強して、『支那習俗』という一冊をまとめるほど、じっと向うの人の生活を見つめていたのである。こんな人は滅多にないと思う。

上海に上陸してから、いつも一定のところに長く滞在する部隊にばかり付いていたので、暇を見つけながら書いていたのであろう。最後は漢口《かんこう》と武昌《ぶしょう》へ行ったが、それまでの間に、そちこちの記録をとってまとめたのが、その本であった。

戦地から、もう帰ってよろしいといわれてから、せっかく来たのだから第一線の戦場を見ておこうというので、志願してマレーまで行った。ところが、その帰りに台北の上で悪い気流にあって飛行機が墜ち、死んでしまったのである。遺族としてはあきらめられないことであろう。

男の子が一人あって神戸のどこかの学校の先生をしているとか。女の子もあった。細君は網干に住んで、子供の成人を楽しみにして暮しているらしい。

太田君からは私もいろいろと教えられた。いつかやってきたときも、今日は半日暇だというので、二人で小田急沿線を散歩したことがある。梅の咲くころだったが、太田君は村のつくりが、上方とはまるでちがっている、何かわけがあるのだろうが、上方では見られない景色だといったり、村全体を梅で埋めているようなのは播州では知らないといったりした。

同じ仲間の島田清君という人は、同じ職業だが、多く歴史の方へ入って、縦に観察する傾向があるのに対し、太田君は横断面を見ようとして、大変ちがった立場をとっていた。兵庫県下をよく歩いて『近畿民俗』などに発表しているが、一つにまとめておいてやりたいものである。

はじめにいった通り、私の家とは二代にわたって懇意だったわけであるが、そのうえ、今も太田君の形見が私の家の庭にはある。たしか武昌大学の並木の実だといって、ケンボナシの種子を送ってくれた。太田君はよくいろいろな種子を、細かく説明をつけて友人や知人に送ってくれた。このケンボナシが今は大きくなり、私の庭のいちばん大きい木になっている。いつか見えた娘さんの話には、他では育たなかったとか。さすれば、この木は太田君の何よりの形見となっている。遺児達に返してあげたいと思うが、今はそれも不可能なくらい大木になってしまった。

南方熊楠先生のこと

大勢の人とつきあって来たが、その中でも、紀州の南方熊楠という学者は変っていた。明治四十三年、私は『石神問答《せきしん》』という本を出した。十人ばかりの名士から来た手紙を中心とした書簡集の形式を踏んだもので、これを坪井正五郎《つぼいしょうごろう》博士にお贈りしたところ、人類学会の方々へ紹介して下さった。その中に紀州田辺の南方熊楠氏へも贈るようにとすすめられ、それが交際のはじめであった。そのときからおよそ一年半か二年の間、毎日のように手紙をもらった。日によっては一日に三、四回も便りが来るほど、じつに筆まめな人であった。

驚くべき記憶力と総合力との持主で、決して同じことを重複させたことはない。言葉も六、七ヵ国語ができて、各国の本を読み、ことに珍本をよく読んで憶えていた。外国の本を一冊読むと、その夜は夢にも幻にもその国の言葉が頭に浮ぶというから大変な人であった。英語が主であって、ときどき手紙の中にイタリア語もたくさん出て来た。幅の広い学者で、外遊中は、ただみたいなわずかの俸給で大英博物館につとめていた。

私は二年近い間の手紙を半紙に写して、「南方来書」と名づけて幾冊かの本にしておいた。南方全集十二巻のうち、一冊半までは、その私あての来書ばかりである。

明治四十四年の春先、親友の松本烝治が、どこかへ旅行しようといい出したので、紀州方面へ行って南方氏を訪ねて見ようということになった。乗物がまだ不自由なころで、大阪から人力車を傭って田辺まで行った。東京からお目にかかりに来ましたといって訪ねて行ったが、会ってくれない。そして細君を通じて、「何《いず》れ、こちらから伺う」という返事であった。夕食を済まして大分経ってから、もう来そうなものだといっていると、女中がいえもう見えているのです。しかし初めての人に会うのはきまりが悪いからといって、帳場で酒を飲んでいらっしゃるのですという。そのうち、すっかり酔っぱらってやって来た。少し酒が入ると面倒になるらしく、松本を見て、こいつの親爺は知っている、松本荘一郎で、いつか撲ったことがあるというようなことをいい出した。よく撲ったという癖があるらしいが、松本はただ苦笑いをしていた。感心なことには、いつまで飲んでも同じことは一回もくり返さなかった。しかし、このときは、大切な学問上のことは何もいわなかった。

一晩しか泊れないので、翌日挨拶に私一人で行くと、細君が困った顔をしている。そして、僕は酒を飲むと目が見えなくなるから、顔を出したって仕方がない、話さえできればいいだろうといって、搔巻《かいまき》の袖口をあけてその奥から話をした。こんなふうにとにかく変った人であった。年百年中、裸で暮していた。

私とつきあっていたころ、一生懸命になって奔走していた仕事に、紀州地方の神社が合併になってその廃社になった方の神域の大木がどんどん伐り倒されることを大変に憤慨して、それを取りやめる運動をしていた。私がそのころ役人であったので、この反対運動を手伝わせようとしたのである。和歌山県の方ではあまり効き目がなかったが、熊野川のすぐ東にあたる、三重県の阿多和神社については成功した。よほどうれしかったと見え、「……楠の木もただ柳の蔭を頼むばかりぞ」というような歌を書いてよこした。いつも手紙には、じつに細かいことが細かい字でぎっしり書いてあったが、困ることには話題がいつも飛躍するのであった。

南方氏の仕事の中で、何とか後の世に伝えたいと思うのは粘菌《ねんきん》の研究で、これは世界一ではあるまいか。西洋から帰って来るまではたった二十ぐらいしかなかったものが、いまのようにふえたのは、まったく南方氏の功績で、あの英文の遺稿を、世界に発表することができたらと願っている。

英人スコットとの旅

新渡戸さんの家で開かれた郷土研究会には、ほとんど毎回のように外国人が来て、いっしょに食事などをした。大正四年の夏ごろ、ロバートソン・スコットという英人夫妻が参加したことがある。細君はアイルランド人、主人はスコットランド人で、もとは本国で『ペルメル』という雑誌の記者をしていたが、南阿戦争の時に反対論を書いたために退社させられ、それからは民間の文筆人となって、たくさんの著書のある人であった。日本のことを書いた大きな著書もある。私らにとってはいちばん良い友人で、「君はこういうつもりで、こう言うんだろうけれど、そういっては向うに分らないから、こういい給え」などと、親切に教えてくれる先生であった。日本では『ニュー・イースト』という、今では珍本の雑誌を出していた。

大正四年に御即位の大嘗祭《だいじょうさい》があったので、その始終を広く人々に伝えてもらいたいというわけで、十人ばかりの人が手分けして歩いたことがある。私は六県ほど引受け、香川、愛媛、広島、山口、島根などを歩いた。その時スコットが、日本語はわからないが、邪魔をしないで、顔付だけで理解するから連れて行ってくれというので、いっしょに旅行した。

旅の間に何かスコットを喜ばせてやろうと思っていたところ、愛媛県の内務部長をしていた知人が「柳田君、御礼に何をしたらいいか」というから、水上警察の小さな汽船を一日借りることにした。船長に、今日一日は私のいう通り、どこへでも行ってほしいと頼んでおいて、スコットと二人で乗込んだ。最初に地図を開いて上陸したのが興居島《ごごしま》であった。だんだん沖に出て、藍《あい》の島という孤島に寄ってもらった。今は滅多に用もない小島だが、昔の航海では、大変重要な所であった。そこまで西南の風に乗ってやって来て、今度は西北による様な風で動かなければならない中継の所で、風が六十度だか八十度だか変る間、待つことになっている、大事な小さい港がある。昔は遊女屋もあって歓楽の島であったが、汽船になってからはどうなったことかと興味深く、この島に船をつけてもらった。若いころ一ぺん来たきりだとか、いまでもオナゴらがいるかしらとか、船員たちが口々にいいながら、近づくに従って望遠鏡でのぞいて、「おります、おります」というのである。黒い縞の着物をきている中に、中形の洗い晒した浴衣をきた婆さんがまじっていた。それが昔は栄えていた遊女の名残りで、望遠鏡で沖からみてもそれと判る姿であったが、今は完全に島の人になりきっていた。それから何か話をきいてみようと思って、岡の上の小学校へ行ってみた。四十あまりの教員がたった一人昼寝をしていたが、赤い下帯一つで寝ているので、起すのも気の毒と、そっと下りてきたのを憶えている。

それから広島の宮島に行って碇泊した。船員にご馳走しようと思って宿屋に交渉し、引返してみると、いつの間にかその船はいなくなってしまっていた。よほど厳しくいわれてきたものと見えるが、今でも気の毒なことをしたと思っている。

それっきり船と別れてしまったが、あのときばかりは私も、日本人の生活にはまだこんな面があるんだと、西洋人に向って自慢したい気持になったわけである。そして遊女の今昔について下手な英語で説明してやったら、スコットは非常に面白がっていた。

その足で宮島から小郡《おごおり》に行った。それから防府《ほうふ》の近くの湯田温泉に一泊して山口に寄った。そこで講演してから、ずっと津和野《つわの》を通って島根の海岸に出た。途中ところどころ見物して松江《まつえ》に泊った。ハーン（小泉八雲《こいずみやくも》）の旧邸に案内してほしいというスコットを連れて、ハーンのいた根岸家を訪れた。根岸家の主人というのは磐井といって、私の大学時代の同級生である。

瀬戸内海を旅行する前、その年の夏にスコット夫妻と、那須皓《なすしろし》君も同行して那須温泉に行ったことがある。いちばんてっぺんの三斗小屋とかいう高い所にある温泉まで、歩けるだけ歩いて泊った。幸いに他に客が誰もいなかったが、この温泉は混浴だなどとスコット夫人にいうと吃驚《びっくり》していた。しかし間に仕切りを立てたりして、ともかく細君にも入浴させた。

それから会津《あいづ》へ下りたが、あの道は昔からある有名な街道だけれども、ひどく荒れていた。見ればスコット夫人はあたり前の靴をはいているので、とても無理であった。足から血が出ている。歩いて行くといった以上、一言も泣き言をいわずに、下まで歩き通した我慢強さには感心した。

それから田島の里に出たが、ちょうど秋の初めにある夏祭の日にあたっていた。まことによい祭礼で、細君も非常に喜んで、それを見てからすっかり元気が出た。そこで綱引き俥を四台頼み、輪を列ねて山道を下り、途中で一晩、越後の方から八十里越を越えた所にある只《ただ》見《み》という小さな町に泊った。翌日阿《あ》賀《が》野《の》川《がわ》の岸を越後へ降りると、もう汽車が開けていた。野沢から汽車にのって三条に行った。

三条の町から一里あまり行った所に、井上の兄の歌のお弟子さんで外山君という人がいた。早くからしらせておいて、できるだけ純日本式に、西洋人が来たなどと思わないで、君の家で泊めてほしいと頼んでおいたところ、万事その通りにしてくれた。あの時は本当に誇りを感じた。

美しい月夜で、ちょうど青田が、もう一週間のうちに穂を出そうとするのが、ずっと広く、末は雲に入るほど続いている。あのあたりの座敷は庭からまわって入れるように、縁側の外にもう一間だけ庭を造り、その外側に作った囲いは夏になると開けひろげてある。そのために家の中に土間があるように広々として見える。細君も非常に喜んだ。外山家の子供たちが、小学校を出る時に歌う「蛍の光」を歌ってきかせてくれたので、那須君が「あれはバーンズのロングサインのメロディをとったものだ」というと、細君はそれではといって、その本歌を歌ってくれた。外山家の家族も皆一緒になって歌ったが、それから何年か後、私がロンドンに行ってスコット家を訪ねた折、夫婦して越後の田舎の家を懐しがっていた。細君はすでに亡くなったが主人はまだ元気で、時々手紙をよこしてくれる。今度の戦争のあとでもすぐ、どうしているかと便りをよせてくれた。年は私より十歳も上である。じつに印象に残る夫婦だった。

英人・本尊美

ついでにもう少し心に残る外国人のことをのべてみよう。たいていは私が日本文で書いて出す手紙を喜んで読んだ人たちである。

大正六年、私が香港に行った時、そこのイギリス総督の私設秘書をしている人で、ポンソンビ・フェーン・リチャードという大変な日本通の人がおった。この人が後に本尊美利茶道という日本名をつけ、日本の神道を研究した人である。

イギリスの名家ポンソンビ家の一人息子に生れ、フェーンという財産家であった叔母の跡取りにもなったので、ダブル・ネーム（二重苗字）を名乗っていた、大した家柄の人であった。香港時代でも、日本人の会があると和服でやって来て、日本語でしゃべるという変り者であったが、後に京都の賀茂《かも》に本式の日本家屋を建てて住んでいた。齢は私よりほんの僅か若かった。このくらい日本というものを尊敬し、かつ有難がっている人は珍しかった。面白いことに、日本にいる間は和服を着て、しかもシャツなどの下着を引込めて、外から見えないように気をつかっていた。洋服はどこで着るのですかと聞くと、本国へ帰って、イギリスの領海に入ったら、イギリスの着物を着る。英国人ですから、といっていた。

イギリスの家はりっぱなもので、貴族の住居らしく、広い牧場の中に一軒ぽつんと建っており、その周囲に執事や小者が住んでいた。行った人があるかもしれないが、有名な人では三菱の三好重道君の息子さんの道矢さんが、留学中厄介になっていた。頼めば、日本人で身元の確な人なら、だれでもおいてくれた。

この人の学問はまったくオーソドックスで、日本人の国学院の人たちのいうことと、ほとんど同じようなことしかいわなかった。正統派の人に本を読ませて、頭の土台を作ったので、国学にしても、神道にしても、まるでいままでの人の翻訳にすぎなかった。つまりあまり自分の判断は持たなかったのである。

病身のため大学も本式に出ず、温い地方ばかり歩いて、西印度にもしばらくいたし、香港以南でもあちこち旅していた。日本はおそらくいちばん寒い旅行先であったろう。汽車がきらいで、旅行は熊野、日光、弥彦《やひこ》など、非常に良い自動車でしていた。兵庫県では出石神社の研究をしていた。播州の高砂神社も調査したことがあった。

昭和十二年の暮日本で亡くなったが、京都の賀茂の社家町《しやけまち》の家は、財団法人にして保存してある。日本人がみな大変同情した親日家で、私の娘の婚家先の姑さんなど、アメリカでも香港でもつき合っていたそうである。あの人くらい日本人の方で喜んで優遇した人も少ないと思う。いかにも英国の貴族で、財産家の変り種という感じの好人物であった。

エリセーフ父子

ロシア人で、私が日本文の手紙をやっても平気で読める人は、後にのべるネフスキーの他にもう一人いる。今パリにいるエリセーフがそれである。二、三年前訪ねてきたとき、多摩川の川向うにある古風な紀の国屋という料理屋へいっしょに行った。純日本料理、それも川魚料理であったが、その折、店の主人が「どうか一筆、記念のためにぜひ」といってきた。断るかと思って見ていると、筆を使い、懐から用意の印形を取り出した。まったくの日本通である。

昔エリセーフが東京に勉強に来たころから、つきあっていたが、非常に変った人で、モスクワの有名な百貨店の持主で、大変な金持であった。革命でそれをすっかり没収されてしまい、わずかばかりの身の回り品をパリへ送っておいて、身一つで逃げ出した。パリに着いても、なかなかその荷物が受取れないで困っていた。

非常に難儀して、パリの日本大使館に、低いわずかの月給で働いていたが、そのころ私はパリの大使館で会った。日本人が代る代る行って、とうとうその引掛っている荷物を取戻すことに成功した。そしてやっとフランスの国籍を得て、今ではフランス人である。

昔、偶然東海道の汽車の中で会ったことがあるが、その時ニキタという子供をつれていた。その名前を憶えていたので、今度来た時に、ニキタのことを聞くと、今は偉いアラビア学者になって、フランスがアラビアに設けた研究所の所長になっているという話であった。子供は二人あったが、弟の方もハーバード大学かどこかで勉強して、今はフランスに帰っているとか。たしか発掘考古学の専門家だったと思う。研究の中心点は中央アジアか、どこかあの辺で、兄弟とも有望な学者である。

ロシアから日本に来た時は、最上級の若旦那のようなくらしで、それがフランスへ逃げ出した当座はまるでどん底だったのに、それをまた通り越して、今ではたくさんの年金ももらっているらしく、面白い一生といってよかろう。

それにあんな国際的な人になると、親子兄弟が一年に一ぺんずつ会う約束をしている。アラビアとアメリカから息子が、パリから父親が、各々飛行機で来て、スペインの海岸でいっしょに夏をすごして、また解散するという、じつに痛快な暮し方をしていると聞いた。

支那の学者では、われわれが『民族』という雑誌を出していた昭和の初めに来て、社会学を勉強して帰った何思敬《かしけい》という人がいた。もとは何畏といって、国民党の大長老で、浙江省出身の張静江の甥という話であった。帰国して、満州事変の前後には、広東の中山大学の法学部長などをしていたこともある。

あのころはやって来ても、日本が威張っているころで、気の毒だったが、今訪ねて来てくれたらいろいろの話ができそうに思う。細君は支那大使館詰の人の娘で、実践女学校出身だそうで、日本婦人と全く変ったところがなかった。

オランダ人の知り人

オランダ人ではヴァン・デ・スタットという人を知っていた。青山の宮益坂《みやますざか》の上にある長井長義《ながいながよし》さんの邸内に住んでいた。私が貴族院の書記官長をしていたころに、石黒忠篤《いしぐろただあつ》君の紹介か何かでやって来たのがはじめである。

つき合っているうちに判ったが、元来ジャヴァの近くの石油か石炭が出るバンカビットン島という小さな島と、もう一つ他に小さな島があって、そこに中国の出かせぎ労働者がたくさん入っていて、悪いことを考える者がまじっていたので、この人はそれを調べるのを仕事にしていたらしい。客家《ハッカ》といって、広東から台湾にかけて拡がっている、纏足《てんそく》をしない人種があるが、その言葉を研究して、『客家・蘭印・和蘭語辞典』を作った人物である。

日本語の手紙を判読する目的でやって来たらしいことが判ったので、逆手を出して、私の所へ来る徳川公爵をはじめ名士の手紙をみんな彼にやった。大変喜んで、向うからも何かすることはないかというから、二人で日蘭語の交換教授をすることにし、一週に一ぺんずつ会っているうちに、彼は日本語とオランダ語との字引を拵えた。あまり高い身分の出の人ではなかったらしい。しかし人間は素朴のようにみえた。日本語をおぼえるのには芝居を見るのがいいといって、あのころ赤坂にあった女ばかりの芝居へよく行っていた。細君はオランダ本国人と蘭印の人との合の子で、子供もたくさんあって、日本を引上げてからも手紙をよくよこしたが、その後どうなったであろうか。この人には私の方からも平気で日本語のむつかしい手紙を出していた。

どういうものか、弟静雄は、蘭領印度に興味を持っていながら彼を好かなかった。字引を出すのは感心じゃないかと私がいうと、静雄の方でも大急ぎで辞典を先に出してしまったりして、双方とも折合わなかった。

通訳官のフィッシェルという人もいたが、この人は面白い論文ばかり書き、いつも私にくれていた。教員上りの、大変熱心で親切ないい秘書がいて、私の所へはその人を通していろいろのことをいって来た。私の方でもオランダへ行った折、訪ねて行ったが、ちょうど留守で会えなかった。長崎出島のものなどたくさん集めているオランダの日本関係の博物館で働いていたが、もう死んだそうである。

最近では一年間、私の研究所へ勉強に来たアウエハントという人がいる。ライデンの民俗博物館の日本関係の主任をしているとか、候文《そうろうぶん》でも何でも読む力をもっている。オランダ人は全体として大変ひかえ目で、アメリカ人などに比べて、会って話がしやすいように思われる。何でも彼でも日本のものでありさえすればやるというアメリカの風も感心しないし、ロシアみたいに日本のアラ探しだけやっておられても困るから、外国人で日本のことを調べに来る人があったら、本当に親切にして、こちらでもこういう問題をやってもらいたいというところまで引張ってゆくようにしなければいけない。

露人ネフスキーのこと

私は少し旋毛《つむじ》曲りなので、外国人が訪ねて来ても、本当に日本のことが知りたくて来る人にだけ親しくすることにしていた。だから人数は少ないが、交際が非常に細やかで、かつ長くつき合うことが多かった。私の貴族院官舎時代に、ほとんど一日おきにやって来ていたネフスキーなどは、その主な一人である。この人は日本の学問のためにいろいろつくしてくれたから、どうしてもここに追憶してやりたいと思う。

帝政ロシアから日本に来て、学校の先生をしながら民俗学の研究につとめ、北海道で日本の女性と結婚し、革命後騙《だま》されて労農ロシアに帰り、夫婦とも酷い最期を遂げたのであった。じつに気の毒な学者といわなければならない。

一八九二年（明治二十五年）ペテルブルグの近くの中産の家に生まれ、お祖母さんに育てられたという。明治初年から向うへ行って帰らなかった日本人から、日本語を習い、学生中に修学旅行で日本に来て、二ヵ月ほど国文学を研究している。長崎に着いて、その日本人の先生に教わった言葉を使ったところ、町の人に通じなくて、皆きょとんとして返事をしなかったとか。あの時は情なかったと後で私らに話していた。

日本に官費留学生として渡ってきたのは一九一五年で、労農革命より三年近くも前のことである。私はその前年の大正三年に貴族院の書記官長になっていた。はじめに私に紹介したのは折口信夫君と中山太郎君であった。珍しいロシア人が来ておりますよというので、いつか連れて来ないかということになり、それからいつでも三人連れで来た。ただ喋っていてもと思い、輪講でもしようと私がいい出したところ、偉いロシア人で、風土記をやりたいという。たしか「風土記逸文」をやったおぼえがある。輪講といっても、自宅で読んで判らない所に印をつけてもって来る。そしてここはこう思いますが、どうですかというような質問をした。月に二度くらい三人で来て、大分ながい間続けた。そのうちロシア革命のために国からの送金が停止されて、どうしても生活できないので、はじめは明露壱商会などにつとめたが、運よく小樽高商《おたるこうしよう》［現小樽商科大学］の露語教師になることができた。大正八年のことである。

この小樽時代に増毛《ましけ》の網元の娘と正式に結婚した。小樽に二年あまり、三年近くいて、大阪の外国語学校へ行った。そしてやはり三年近くいて、大正十二年ごろは京都大学の講師も兼務したことがある。地位が不安なので、細君にも楽をさせたいと思って、何とかしてロシアに帰って正式の地位を得ようと希望した。革命も静かになったので、もう大丈夫だろうから、帰ってもよかろうといわれて帰国したが、何分にも帝政時代に日本へ来て、ロシア革命を遠くから見ているだけで、判らないのも無理はない。不安は抱きながら夫婦して帰国したが、行ってしばらくはよかったが、間もなく二人とも牢死してしまった。

　最近、石田英一郎《いしだえいいちろう》君がカリフォルニアで、ロシア人で同じ考古学とか民族学とかを学問している人間に出会った時、ネフスキーのことをきくと、非常に詳しく知っていたとか。それによると細君が大分先に死に、彼が日本へ出す手紙はみな遮断されてしまったとかいう話であった。

ネフスキーの功績

　ネフスキーが日本のためにつくしてくれた仕事は大きくわけて三つあった。あるいは学問のために働いてくれた功績といった方がいいかも知れない。

　第一はオシラサマの研究である。そのころの私は旅行が自由でなかったが、彼は自分で北海道の任地から、東京へ出て来る往復にしらべて、各地におけるオシラ様の信仰について、慣習の違いがあるということをしらせてくれた。はじめてオシラサマを見つけたのは、遠野《とおの》川《がわ》あたりだったから、岩手県の中央部におけるオシラサマはどんな形かというようなことは、私たちにも判っていた。青森県でも東と西とではまるでちがうだろうということは、ほぼ想像していたのである。

　それが仙台以南ではどういう形になっているかということを、ネフスキーは往復の途中で調査を続けて、大変大きな問題にしてしまったわけである。これは非常に大きな仕事であった。

第二は、どうかしてロシアに帰りたいという気持からだろうと思うが、ロシアのかなり有名な老学者で、東アジア研究をしている人があったが、この人の学問を継ごうとして、西夏《せいか》の発掘事業のことなどを勉強した点であった。突厥《とっけつ》文字と漢語との対訳、それから満州語との対訳、蒙古語との対訳を刻んだ碑文が出てきたので、それをきいて、じっとしておられなくなり、北京へ出かけてゆき、ロシア本国の老学者を助けて調査をした。

これは日本には直接関係はないが、大きな功績であった。『西夏文字考』とか『西夏助辞考略』等五、六冊研究書を出している。

第三は沖縄の人にはぜひ知ってほしいが、沖縄の言語の研究であった。今の大学の教授でも、日本語と沖縄語とは同じであるということを証明するのに、数字などを使ってやっており、主として首里《しゆり》とか那覇《なは》とかのおそろしく変化した言葉の形と、京都あたりの言葉とを比べているのである。つまり百年にこれだけずつ変ってゆくものだというような数学的な研究をして、それで結論として、両方はもともと同じ言葉だったのだということをいうのはいいとして、その方式としては、われわれにはどうも同意することのできないものを使っているように思われる。

ところがネフスキーの方はわれわれと同じく現地へ行き、現在の言葉が、何年何月ごろのどこそこでは、これであったというふうな報告をして、事情を明らかにしようとした。非常にはかのゆかない仕事であるが、その功績は無視するわけにはゆかない。日本語と沖縄語とが共通であるという結論は両者同じでも、それを導き出す方法には帰納の方が演繹よりも適当なわけである。しかもそのノートは葉書大の白い紙に、暇さえあれば書き留めていたものだが、それが、今も東京に残っているのである。

ネフスキーの晩年

ネフスキーがロシアに帰ったのは何年のことであったか、どうもはっきりしない。夫婦でロシアに帰って、しばらくはよかったらしいが、手紙は来ないし、こちらから出しても何の反響もなかった。後で判ったことだが、ロシアとの交通が開けてから大阪外語の教授が一人先方へ行き、ネフスキーに会ったのである。

　その話は非常に印象的であった。その人が行った時、もう北海道から伴《つ》れて行った細君は牢屋で死んでしまっていた。そしてネフスキー自身も監禁されていたので、面会を許されて行って見ると、顔の色からすでに変っていて、日本の悪口をいろいろいったそうである。

　日本には恨みがあるとか、不満があったとかいうので、それだけで背後にだれか立ち聞きしているものがあることが自然に分るほどだったので、強いて争わず、ただそんなはずはないと思いながら、別れて帰って来たのが最後であったそうである。それから間もなく牢死したのであった。もっと可哀想なのは細君で、一ぺんも便りをよこさないといって、増毛の網元の親爺さんがおこっていたが、みな途中で取られてしまったらしい。あの時分のソビエットのやり方はひどいものであった。

昭和二十二年文学者や評論家七、八人といっしょに北海道へ講演旅行に行った時、小樽の石川とかいう古本屋が訪ねてきた。そして「珍しいものが見つかりました」というから、聞いてみると、ネフスキーのノートがすっかり出て来たという。帰国する時、細君の実家にノート等をあずけて行ったのである。それを帰国したきり娘夫婦から何の連絡もないので（事実は妨害されていたのである）親爺さんが怒って、そのノート等をつめた大さなトランク一杯五十円でくず屋に売ってしまったのを、この本屋が見つけ、それを拓殖銀行の頭取をしていた長谷川という人に、五百円で転売したのだそうである。譲ってもらいたい人間はいくらでもいるが、何しろ金に困らない人なので、蔵《しま》いこんだまま人手に渡したがらない。このごろ東京へ引揚げて来て、その目録を謄写版に刷ってごく少数だけれども他人にも見せ、私のところへも一部送ってくれた。

私どもの贈った抜刷や他から貰った資料も大事に集めてあるが、それよりも彼自身の調査を葉書大のメモに何百枚も書き入れたノートが大切なのである。蔵いこんでしまっては、学問のため惜しいのである。

A類、B類と分類してY、Zくらいまであったかと思うが、大よその想像では沖縄へ研究に行った時のノートにちがいないと思う。一度見せてほしいとごく非公式に申入れたが、だれか中間にけちをつけた人間がいたと見えて、私が、そのノートは沖縄について大事なもので、北海道には用がないといったことを、悪意で先方へ伝えて、先方がつむじを曲げてしまった。しかし研究上どうしても必要なので、私から直接先方へ依頼状を出したうえで承諾を得て、そのノートを写真に複写させてもらった。

いま東大の服部四郎教授のところに委託してあるのがそれである。

ネフスキーのノート

ネフスキーの遺品のノートはそんなふうに不遇な扱いをうけて来たが、幸い彼が最後に大阪外語と兼ねて、京都大学の文科で講義をした時に、そのノートをもとにして沖縄の言葉の話をしたらしく、それを聞いた人が三、四人いる。

彼が宮古島から帰ってきた時の話によると、宮古島の言葉は、入り交りに何べんも移住したらしく、極端にいえば、部落ごとにちがっているといってもよく、大体三つの系統にわけることができるという話であった。

第一にはアール（R）音をゼット（Z）音に発音するのがある。「アル」というのを「アズ」という。これがいちばんひろい区域に行われ、いわば宮古のいちばん中堅になっている文化層の言葉である。

第二によく調べてみないと判らないが、狭い区域でアール（R）の代りにエル（L）を用いている所がある。

第三は普通に沖縄あたりで使っているようなドロップ（落音）するだけで、内地に近いものがある。

この三つの入り交りがどうして出来たか。それからその共存がどういう風に出来たか。この点にネフスキーは大変興味を覚えて、二度も三度も宮古島へばかり行き、大変辛苦してノートをとったのである。このことはよほど耳のよい人でないとじつは分らないのであって、ネフスキーはそれが出来たのである。おかしなことに、耳が少し遠くていながら聞きわけ、そして仕分けが非常に上手であるという特長をもっていた。

このノートが埋もれたままになるのは、いかにも惜しいので、私はその長谷川という持主の作った目録のことを、京都大学と大阪外語に手紙でしらせ、この宮古島の部分を何とか買取って、利用の方法を講じてはどうかと相談した。

京都大学の図書館長は泉井久之助君で、言語学専攻だったから、たいへん興味をもってそれをほしがった。また大阪外語の方は、石浜純太郎教授と懇意な間柄だったし、とにかく自分の方にいた教師の遺品だからと、母校の立場からいろいろ考えたらしい。ところが、こうして四方八方からやいやいとつついたのがかえっていけなかったらしい、両方とも成功しなかった。北海道関係のものは、その長谷川という人に興味があるにしても、われわれの方では必要としない、われわれはただ沖縄のノートだけを参考にしたいのである。

ネフスキーが友達のコンラッドという同国人といっしょによく来たころ、「私どもは二人とも二十五歳になりました」などと話したことがあったが、今生きていれば六十七歳くらいになっているであろう。何とかして終りを全うさせてやりたい篤実な学者であった。

オシラサマ

ネフスキーは北海道からの往復、よく相馬《そうま》の高木誠一君のところに寄って、オシラサマの研究をしていた。二、三年前、高木君の手によって、ネフスキーとの往復書信が印刷されている。

ネフスキーは一方で、沖縄の言語は内地と同じ言葉の変化だという問題を明らかにし、もう一方で東北の小さい地域の非常に奇異な文化現象であるオシラサマを研究していた。

オシラサマという言葉は東北でも北の三県にしかなく、南の方ではオクナイサマ、トウデサマまたはトデサマ、シンメサマなどという所がある。太くて短い棒の形をし、手に持って神様を拝むのが目的であったのが、目の前にじいっと見つめるので、片端に顔を画くようになった。後々の人は、それを一つの偶像のようにとりあつかって、人形のようにしてしまったのである。弘前《ひろさき》から見える山裾に、久渡寺《くどじ》という寺がある。あの辺一帯のオシラサマの総本山のように思われている寺である。ここの和尚に、すばらしく空想的な計画好きな男があったらしく、この寺におさめてあるオシラサマは、手があり、まるで人間のようになってしまっている。腰から上を人間にし、頭に瓔珞《ようらく》をつけ、チリンチリン音のする金属をつけ、顔をきれいに白く塗ってある。上半身を見るとお姫様の人形のようである。これは明らかに明治になってからの現象である。三月十六日のおまつりには、付近から、オシラサマをあそばせるイタコが非常にたくさん集まり、他の地方のオシラサマとはまるで違ったものになっている。

オシラサマの実物については、南部の太田君という人が自分で集めていたものを、そっくり渋沢敬三《しぶさわけいぞう》君の研究所に譲ったのが、東京に来ていたが、どうなったであろうか。足利末期のがあり、天正《てんしょう》とか慶長《けいちょう》とか日付のはっきりしたものもある。それ以上古いというのはいまのところ分らないらしい。

　オシラという言葉は東京の近くにもあり、蚕《かいこ》のことをさしている。オシラを蚕の神としている所は広く、蚕と関係があることは考えられるが、東北で養蚕が盛んになったのは江戸時代の中ごろからといってもよいので、この言葉と一本の棒の信仰が結びついたのではなかろうかと私は考えている。オシラサマの信仰のいちばん盛んな南部の八戸《はちのへ》地方には養蚕があまりないのに、蚕の神をまつるのは不思議である。だから話の面白味だけで普及したもので、東北のオシラサマは蚕の祈禱《きとう》とは関係ないのではないか。

　東京付近のオシラサマは、人形も粗末だが、蚕のよく出来ることをねがう女たちが、みな集まって拝んでいる。それをオシラ講とよんでいる。

　東北地方では、イタコという巫女がオシラサマを手にもってまわしながら語る「オシラサマ祭文」というのは、馬と人間とが結婚した話であって、一方が馬オシラ、一方が姫オシラといって、この二本のオシラサマを持って物語する。まことに奇妙な物語で、もともと日本にあったものとは思えない。昔から支那にある「捜神記《そうしんき》」とか「太古蚕馬記」などの、「馬と人間と婚姻した話」とまったく同じ筋なのである。つまり物語そのものは、漢文学とか仏教とかが仲立してもって来たものにちがいない。

　青森県の金木《かなぎ》町《まち》付近の川倉の地蔵祭の日など、夜通しイタコがオシラ祭文を語ったり、仏の口寄せをしたりしているが、これはもうオシラサマの末期というわけであろう。語る文句が四つとか五つとかあるといって「きまん長者」「せんだん栗毛物語」「まんのう長者物語」など、今まで採録されたものが十数種あるらしいが、結局ちょっとした語り方の違いだけで、文句は一つであることがわかった。これが秋田に来ると、もうないのである。

オシラサマはまことに面白い問題で、これに頭をつっこむと、他のことは顧みなくなる心配があるが、幸いネフスキーは、少し後に下ってものを見ようとする態度をとっていたのでよかった。

日本の学界のために、これだけよく働いたネフスキーという人間の仕事の成果が、なんにも残らずに消えてしまうということは、なんとしても気の毒であったというべきであろう。

私の学問

余が出版事業

岩波書店の雑誌『図書』が出た初めのころ、何か書いてくれといわれたので、私はよほどふざけた気持があったとみえ、「余が出版事業」という題で書いたことがある。本を作る（ブック・メイキング）意欲は、私には非常に古くからあった。前に書いた、子供のころの『竹馬余事』は、私の本を作る事業の最初である。詩も歌もあるが、「大和尚伝」などという文章もあった。七十年前の辻川のことである。村に酔っ払いの堕落僧がいて、いつも怖い顔をして村人の家に入り込んできた。そして酒ばかりねだって、村のもてあまし者になっていた。その乞食坊主のことを書いたものである。村でもただ「大和尚」と呼んで、名前はいわなかった。その他にも、人を笑わせるような文章が、少なからずこの『竹馬余事』におさめられている。それから大分間をおいてからではあったが、いろいろな出版をやってみた。自分でも書き、他人にも書かせて、本を次々に出した。いちばん永続したし、また根底の出来たのは「炉辺叢書《ろへんそうしょ》」である。しかしその前に「甲寅叢書《こういんそうしょ》」というのを出版している。甲寅というのは大正三年の干支で、予定目録には大いに本の名を並べたが、実際には六冊しか出さなかった。

そのころ私はひそかに出版界の状況を心配して、書物の良いか悪いかということが、売れるか売れないかで決まるのはいけないと思うようになっていた。一つには新聞が広告で経営するようになってから、新聞の広告した書物にいい批評をしてやったりする習慣が出来た。そして新聞が少し落着いて紹介すると、それが大きな指導標になる。そんな批評などを無視して書物を作らなければならないというのが、そのころの私の意見であった。私のこういう考え方を知った西園寺八郎《さいおんじはちろう》が、懇意にしていた鹿児島出身の実業家赤星鉄馬に話したのだった。たしか明治四十二、三年ごろだったと思う。私も宮内書記官を兼ねていたので、西園寺とつき合いがあったのが、きっかけとなったわけである。赤星は啓明会に基金を出した人で、何か文化的な仕事を助けたいと、かねがね考えていたらしいのである。西園寺もただ取次ぎをしただけではなく、自分も三分の一だけ出し、後は赤星に出させて、黙って私の所へ三千円届けてくれた。そのころとしては大金だったから、私も大いに志を起して、これを活かしてつかおうという決心をした。

最初に、金田一京助《きんだいちきょうすけ》君の『北蝦夷古謡遺篇』を五百部刷った。後篇が出ないでしまったが、珍本である。この叢書は、一巻五百部ずつ刷って、それが五百円くらいかかった。一部一円か一円二十銭ぐらいで売ったので、寄贈などを含めて三分の一損をするつもりでよかった。出版資金は西園寺と赤星の金で融通し、後は足りなくなれば私が心配するということでつづけていった。

この叢書を世の中に出した時、私は全力をあげて良い本をつくる努力をした。私はもう貴族院の官舎に入っていたが、さすがに官舎を発行所にするわけには行かないので、市ヶ谷加賀町の親の家を発行所にして出した。

第二冊目は、たしか白井光太郎《しらいみつたろう》さんの『植物妖異考』上巻であった。

甲寅叢書

「甲寅叢書」の第三冊目が私の河童の本すなわち『山島民譚集《さんとうみんたんしゅう》』である。これはずっと後に再刊したが、最初はやはり五百部しか出さなかった。私としては次々と河童のものを発表するつもりでいたが、一冊であとがつづかなくなってしまった。

第四冊目が香取秀真《かとりほつま》君の『日本鋳工史稿』であった。全体に大きな著述だったが、「これを出してくれるのならありがたいが……」というのを聞いて、まず関東の分だけを出したのだが、この本である。今もある現物に基いて、その鋳工の歴史を調べて行こうというのだから、新しいことから初めて古い歴史に溯ったもので、あの時分としては可なりよく調べてあった。著者は無論あれから大いに進んだであろうが、それはそれとして有益な内容をもっていた。

第五冊目は金田一君より少し古い文学士の斎藤励《さいとうれい》君の『王朝時代の陰陽道』であった。著者は明治の英語学者斎藤祥三郎の長男で、その弟が、後に駐米大使として客死した斎藤博である。類のない篤学者で、貴重な研究をしていたのに、勉強がすぎて惜しいことに早死してしまった。

第六冊目は『植物妖異考』の下巻であった。それから、巻末の予告が大したもので、偉い連中が名を連ねていた。地方からの注文や月定めの購読者も出てきたが、その中に、私がそれからの長い年月、いっしょに仕事をした諸君が大分入っていた。つまり「甲寅叢書」というものよりも、一つのグループが作られるようになっていたのである。

購読者の中には、まだ学生時代の芥川龍之介もいた。後に世間で芥川の名を見るようになった時、「どこかで会ったことのある名前だが」と思ったりしたが、実は「甲寅叢書」の熱心な読者の一人であった。ずっと後のことであるが、有名な「河童」という小説は、私の本を読んでから河童のことが書いてみたくなったので、他に種本はないということを彼自身いっていた。

芥川にはじめて会ったのは、彼がもう一人前になり、大分偉くなってからであった。ある時長崎の図書館に行って、あそこにある古い資料を見ていると、今日東京から本を見に来ている人があると館長がいう。誰だろうと思いつつ、書庫に入ってゆくと、向うから二人連で、ひょろひょろと背の高いのと、背の低いのとがやって来た。「あの人です」と館長が囁《ささや》くので、お辞儀をしたのが初対面であった。非常に懐しく思って、「あなたは甲寅叢書の読者でしたね」というと、「ええあれは拝見しております」といっていた。

連れの人は菊池寛であった。この二人連れは背が高いのと横に平たいので、そのころ浅草の十二階とその横にあったパノラマにたとえて、「パノラマと淩雲閣《りょううんかく》」とよくいわれていた。長崎の物持の好事家で永見徳太郎という人の所に泊っているということであった。

それっきり、手紙を貰うことはあっても、会う機会はなかった。ところが昭和二年であったか、芥川が亡くなるちょっと前に、菊池寛が星ヶ岡茶寮に招んでくれたことがある。その時に芥川も来ていて、菊池が命令的に「おい芥川君、君、柳田さんを送れ」といったので、二人で話をしながら帰った。二人が「小学生全集」を出している時だったから、「どうして君、あんなものに手を突っ込んだの」ときくと、「ええあれは菊池君ですよ。あの人は強い人で、何でも私にさせるんです」というような、少し泣き言じみたことをいって別れたが、それから間もなくの自決であった。

私にはもう一人「河童」のお弟子がある。それは泉鏡花君で、泉、芥川の両君は私のよい河童のお弟子だといって、いつも笑うことであった。牛久沼《うしくぬま》の小川芋銭《おがわうせん》君はまったく独自の河童研究で、文通はしたが、とうとう会わずにしまった。

郷土研究会

明治四十三年の秋ごろ、新渡戸稲造博士を中心に郷土会を創立したが、その定例会員は石《いし》黒《ぐろ》忠篤《ただあつ》、木村修三《きむらしゆうぞう》、正木助次郎《まさきすけじろう》、小野武夫《おのたけお》、小田内通敏《おだうちみちとし》、牧口常三郎《まきぐちつねさぶろう》などという人たちであった。そのときのことは、私が筆記した「郷土会記録」にまとめられている。石黒忠篤君は、今では政治家になってしまったが、もとは本当のわれわれの仲間であった。大学にいるころから、私どものやっているものを読んでかぶれていたらしい。

「郷土会」のもとになったのが、「郷土研究会」という集まりで、明治四十年か四十一年ごろ、私の家で始めたものである。そこへ新渡戸博士が西洋から帰って来られたので、後には新渡戸先生のお宅に伺うようになったが、中心はやはり「郷土研究会」からの連中であった。話題のもとは会員各自の旅行の報告で、いちばん熱心だったのは早稲田大学の小田内通敏君であった。小田内君を私に紹介したのは、やはり早稲田の人で、国木田独歩の友人とかきいている。ことによると牧口君が連れて来たのかも知れない。小田内君の関係で一人、二人会員になった人があったが、とにかくそういう人たちが、全部新渡戸先生の方へ移ったのである。新渡戸邸へ移ってから初めて加わったのは三宅《みやけ》驥《き》一《いち》君であった。那須皓君もそのころから来たが、この人はどちらかというと新渡戸先生の宗教的な方のお弟子だった。先生のお宅では毎回会費五十銭をおさめて、そのころとして二円か二円五十銭くらいのごちそうをして下さった。名ばかりの会費をとって、来客の面目を害しないように心づかいして下さったのである。場所もよく、そのうえ本もたくさんあり、ごちそうも出て、楽しい会であった。

　明治四十四年の五月、私は牧口君を誘って、甲州の谷村から道志《どうし》谷《だに》をぬけ、月夜《つきよ》野《の》を経て相模に出たことがある。そのころ電報が三日もかかるという山村をみながら、農村調査の方法を研究し、指導する目的であった。非常に気持のよい旅で、今も道志川の風景が鮮かに思い出されるほど、印象深いものがあった。

　この牧口君は創価学会の創始者であり、最近後継者の戸《と》田城聖《だじようせい》君も亡くなったので、世間の関心もあるかと思う。

　牧口君は越後《えちご》の人で、早く北海道へ移住し、そこの師範学校を出た。戸田君はそのころからのお弟子だったらしい。

私は前からなかなか関係が深かったから、『価値論』という本に序文を書いているが、創価学会そのものは私にはよく分らない。若い者を引立てることが好きで、師範学校で教えたお弟子たちを大変可愛がったりするのが、一つの特徴であった。北海道出身の社会学者田辺《たなべ》寿利《すけとし》という人も、お弟子の一人だったと思う。牧口君はどういうわけか文部省に入って、私のところへ来たのは、文部省の嘱託をしていたころであった。

郷土会はやがて郷土研究を出す母胎となり、今日の民俗学会の基礎となって来たが、そのころはまだ民俗学という言葉は一般化されなかった。たしかいちばんはじめにフォーク・ロアを訳されたのは上田敏君で、俗説学とされていた。大藤時彦君が、そういう歴史をよく調べているが、その話でも上田君がいちばんふるいということである。

炉辺叢書

西園寺君の世話で贈られた資金で、もう一つ「炉辺叢書」というのが、三十何冊か出ている。私もその中に『郷土誌論』など一、二冊書いている。「甲寅叢書」のときから全力をあげて参加して来た岡村《おかむら》千秋《ちあき》という男が、続いてこの方の仕事をやってくれた。『郷土研究』といい、この叢書といい、民俗学の雑誌に関しては、岡村の功績は大きい。今から考えると、よく怒る男だったけれども、とにかく親切で、自分も興味をもっていて仕事をするから重宝だったが、戦争中に脳溢血で死んでしまったのは惜しかった。はじめ読売新聞にいたが、いやになったというので、私が博文館の長谷川《はせがわ》天渓《てんけい》に頼んで、「僕の親戚にこんなのがいるんだが、採ってやってくれないか」といったところ「ああ、いいから寄越し給え」というわけで、田山花袋の関係していた『文章世界』に使ってくれ、それから『女学世界』に移り、あちこち働いているうちに、中山太郎も入ってきた。その後、博文館の中にもいろいろ厄介なことがたくさんあったりして、岡村は責任を逃れることばかり考えていたが、若いものだから、すぐ口に出してしまうのであった。「炉辺叢書」の時も岡村がやってくれたが、本によって売れ方が疎《まば》らになったのには困った。一つ悲劇があったのは、支那で本屋をして貧乏しているのが来て、「私は支那へ持って行って売るんだから、特別割引値段で売ってくれませんか」というのを、岡村が騙されていう通りにしてやった。すると、その本を支那にもって行かず、本郷あたりでまとめて売払ったらしく、非常に安い値で店頭に出た。とたんに、ぱたっと発行所からは売れなくなってしまった、というようなこともあった。

「甲寅叢書」の時は非常にペダンティック（衒学的）で、名士の道楽仕事みたいなところがあったが、「炉辺叢書」の方は、埋もれた執筆者を見つけて育てた功績は大きなものであったと思う。今まで本を書くなんていうことは夢にも思わなかった人達が、それでは自分も書いて見ようかという気持になり、各地に謙遜な態度で自分の知っていることだけ書いてみようという考えを持つ人を作ったことは、この叢書のおかげであった。この人達が今日の民俗学を育てる一つの基礎になったのである。琉球のことなどが少しでも日本人の関心に上ったのも、東北地方などの生活が調べる値打のあることだと認められたのも、この叢書によってであった。

その前から私は貴族院にいる間じゅう、『郷土研究』という雑誌を編集していたが、貴族院もそろそろ辞めなければならない情勢になってきたと思ったので、『郷土研究』も残っていると後がまずいと考え、口実を作って四巻で廃《や》めてしまった。大正六年だったと思う。最後に前に記したように色々の匿名を使って一人で雑誌を作り、それからはもう雑誌は出さなかった。

われわれの『郷土研究』をやめた後、岡村千秋が編集名義人になって『民族』という雑誌を出していた。人類学の岡正雄《おかまさお》君の兄の岡茂雄《しげお》君の本屋であったが、実際は渋沢敬三《しぶさわけいぞう》君がポケットマネーを出して助けていた。表紙に一回々々、植物の絵を入れたりして、なかなかいい雑誌であった。

これも四年目で潰れてしまったが、その後、折口君などが熱心に働いて、『民俗学』という大型の雑誌を出して、これは大分つづいた。この時はもう私は退いて「余が出版事業」の範囲をはずれてしまっていたわけである。

「民間伝承」のこと

私が直接干渉はしなかったが、同好の士の間にはいろいろの雑誌がつぎつぎと計画されて、出版されたが、中には横道にそれてしまったものも多かった。

昭和十年、私の六十一の還暦の折に、明治神宮外苑の日本青年館で民俗学の講習会を催し、その際私のために祝宴会を開いてくれた。そうされてみるとこちらも黙っているというわけには行かないので、この成城の私宅で園遊会にしようという話を持ち出して、在京者よりも、地方の因縁のあった人たちを主にして約六十人ばかりを招いた。会の途中で、先生は来ないで下さいといって、日本間の方で何かこそこそ話をしていたが、そのうち代表者がやってきて、「いよいよ会を作って雑誌も出すことにします」という話になった。それが「民間伝承の会」のおこりで、発足は昭和十年の八月の初めであった。

民間伝承の会は、初め六年程の間はタブロイド判十六頁ばかりの機関誌を出していた。東京の委員が十人近く、大挙して活版所へ校正に行く。すると活版所は昔からの仕来りで、来た人には茶菓を出したり、時分どきには御飯をとったりする。たった十六頁の校正に十人近くも行って、応接間はすっかり占領するし、接待はしなければならぬので、とうとう活版所で閉口して、私のところに謝りに来るようなこともあった。七巻から普通の雑誌の体裁に変えたが、これも最後はうまく行かなくなってしまった。一方が乗気になると、他方が熱がさめる。それに一人で掛りきりになって編集するという人がないのが欠点であった。

その他にもいろいろと人にすすめて出版させたりしたが、たいてい途中でつぶれてしまった。それでもそんな古本を手に入れて、同好の士になってくれた人も少なくない。つまり私たちの最初の目的は実現したわけである。

田舎の人にまで民俗学に対するかすかな興味をもたせたことのほかに、私のねらっていたことは、国際的に、いろいろな人にもう一度この種の問題を考えさせた点である。表向きは神道とか皇室論とかに外国人の研究を引きつけ、外国人で日本に興味をもって調べたり、渡米する研究者に力を貸してやる、そういった方面に私は余力を大変使った。外国に日本のことを考えて見ようという人が出来、その人たちの著述が日本における研究を刺戟するようになったのも、嬉しい副産物であった。私は役所生活のころから、いつも少しずつ暇があって、そんなことまでできたというのは、幸福なことであったと思っている。

この意味で、私の勉強は研究的であるとともに、じつはポリティックであり、また国内的であると同時に、国際的でもあったといえるかと思う。

苗字の研究

大事な問題だが、あまり人が取り上げない問題、私はこういう問題があると、自分がしなければならないと、いつも真面目に考えて来た。家内にひやかされたり、子供に不思議に思われたりしたのは、やはり私も弟どもと同じように、一つのことをやり出すと凝ってしまう癖があるからであろう。

一時は苗字に興味をもって、カードを作って分類したりしたものである。そのうち馬鹿らしくなってやめたが、苗字のコレクションをすると非常にいろいろのことが分ってくる。ある土地に固定して動かない苗字がある。例えば鮫島《さめじま》とか、伊集院《いじゅういん》とか、地名をそのまま名乗っているのは、当然その地名のある鹿児島ということが分る。ところが中村、小林、山田などというのは、かえって起源が分らない。そのうち小林の方は、群馬県の方に小林という非常な豪族があったのが拡がったらしい。渡辺というのも摂津《せっつ》の渡辺だろうと思う。長谷川というのも多い姓であるが、あれは越後の長谷川がいちばん元で、あの一族が遠方へひろがってゆく習慣があったと見てよい。その点はっきりしているのは鈴木という一族である。辻川で私の家の地面を買取ったりしたのは、鈴木という姓の家であった。辻川で松岡の次に多いのも鈴木であった。昔あった職員録などを繰ると、東北から九州までいちばん多いのが鈴木であった。

鈴木姓は多く重《しげ》の名乗りをつけるが、旗本の中にもある。「春は花咲く青山へんに、鈴木主水《もんど》という武士《さむらい》が……」などという有名なのがあり、紋所はみんな「稲の丸」である。穂積《ほづみ》氏も鈴木一家で、陳重先生も若い頃は鈴木といっておられた時期があった。仙台の方にもご親類があって、鈴木男爵といって伊達《だて》家の家臣であった。先生の方は宇和島《うわじま》の伊達家に仕えられた家である。

美作の山の中にも他とかけ距った鈴木姓があって、外へ出ないでじいっとしていた。いつか三百年祭か五百年祭かの先祖祭をするというので、当時岡山にいた井上の兄に、「祝の歌」を詠んでくれといってきたことがあった。兄の歌は、

なかなかに世に離れしや花すすき末開くべき基なりけむ

基だったかしるしだったか、はっきりしないが、美作あたりに行って詠めば、非常にいい歌だったのであろう。ところが、到る所にこういう飛び離れた鈴木がいて、前にもふれたが、それがもとはみな紀州から出たことが判った。辻川などは、氏神様の左寄りの林の中に、鈴木姓だけの墓地があったが、今はどうなったであろうか。私は子供のころ、はじめて石碑の並んでいるのを見た時、ぞうっとして寒くなったのを憶えている。

鈴木というのは「鈴のなる木」ということで、つまり熟した稲のことだという話である。

地名の研究

次には、地名の研究をした。これは苗字の基礎になるのだけれども、苗字よりも少し動かないもので、土地と離れないと思って手をつけた。まず二音節のものが旧かろうと思ってそれからはじめた。三音節、四音節のは複合して出来たものと思ったからである。地名の研究は、どうしても地理学と提携しなければ出来ないことである。近ごろやっと日本地名学研究所というのができて、本も出るようになった。

最近、京都の大学の鏡味《かがみ》という人が、地名の研究を模範的にやろうとしている。西洋では割に進んでいるので、日本でもやれないはずはないというのである。日本でも、アイヌの地名は簡単な物の名前を二つずつくっつけたりして、読めばすぐに分るように出来ている。文化が遅れたといわれるアイヌの所でさえあんなによく判るのに、内地が判らないはずはないと、学問的に研究し出したのであった。

地名の研究は邨岡良弼《むらおかりようすけ》（櫟斎《れきさい》）先生などが早く、吉田《よしだ》東伍《とうご》さんなどは、その後であった。探せば、明治以前にもあったかも知れない。日本の文化史を、書いた物以外からやろうとすると、最初は苗字と地名とに手を着けることになる。

苗字は半分以上明治政府になって、役場あたりで、にわかにつけたのがあるから困るが、地名の方は昔からそんなに動かない。起りがはっきりしているのと、何だか判らないというのがあるが、とにかく簡単には変らないものである。

明治の初年、内務省に地理局をおいて、全国の地理をいっせいに調べて、何ものかを得ようとしたことがあった。各府県に地誌の編さんを求め、それに一々地図を添えるようにしてあった。この仕事は大変な労力であったにもかかわらず、伊能忠敬《いのうただたか》の実測図からあまり進んでいなかった。内閣の記録課長をしていた時、その資料をよく調べたが、どうも不十分なものが多かった。しかし判ったことは日本にはアイヌ語と違ってどうしても説明のつかない地名が非常にまだたくさん残っていること、それがやはり苗字の上にも影響するし、誤解をも生じることが解り、研究すべきことが多いと思ったが、どうもある程度しか成功しなかった。

例えば柳田という苗字と地名の関係について調べた時、こんな失敗をしたことがある。二万分の一の地図を拡げて、柳田家の出身地である栃木県宇都宮からほんの一里半ばかり離れた川っぷちに、柳田という村があるので、ああこれだと思って出掛けて行った。土地では「昔の御領主様」などと、嬉しがらせてくれた。ところが、役場へ行って見ると、係の人がニヤリと笑って、「それでいらしたのですか、御気の毒に。此処はもと柳原新田といったんですが、明治の初年に、気がきかないから縮めて柳田としただけで、柳田家とはちっとも関係はないんですよ」という説明で、すっかり参ってしまった。

近ごろはこの類の地名の変更が少なくない。そのため、三十年前、五十年前はどうであったかということから調べて行かないといけない。播州なんかに帰っても、昔の地名を残した村という公共団体は、もうほとんどなくなった。

センゾクという所

日本の地名を調べてゆくと、説明のつかないものが多いのに驚く。その中でもことによると判って来るのではないかと思うのが、各地にある洗足、あるいは千束とも書いている地名である。私もずいぶん長くかかって調べているが、本当はまだはっきり判るまでにはなっていない。

播州でも、辻川の少し北にあたる山崎というあたり、市川の流れに山裾の崖がせまるところが、洗足とよばれていた。今は千束と書いている。暗夜などにあの崖の下の川っぷちに沿った狭い道を歩いていると、崖の上の方から大きな足が出て、通る人の頭越しに川の水で足を洗うという話が伝わっており、それで洗足というのだと、土地の人はいっている。

荒唐無稽のようだが、山の高い所にいる神様が、山の下で足を洗うという話は、一種の巨人伝説として各地にある。いちばん古い話は奈良朝に出来た「常陸風土記」の中にある。山の上から手をのばして海の魚を捕ってたべたとかいう話の類である。利根川を溯った、上州のずっと山奥にもあって、巨人伝説には必ず流れがつき物になっている。今では何処でも旅人が脅かされたという話しか話題にならないが、私は地名の研究をする毎に、あの郷里の山崎にある洗足の話を思い出すのである。山が両岸にせまって川幅が括《くく》りになり、あそこを回るより他、往来のしようがないという地形である。

洗足とか千束とかいう地名の所は、どこでも巨人の足がぬっと出たというような伝説がついているが、これには、もう少し深い意味をもった所として考える必要があるように、このごろ私は思っている。いずれも水流に関係があるのは、おそらく古代人の葬地に関する信仰が根底にある所ではなかったろうか。この点で洗足より多いのは、菖蒲谷《しょうぶだに》という地名である。事実そこに菖蒲は生えているが、それだけでおこった地名ではなさそうであって、たいてい、川の上流の山に入った辺の静かな寂しいところである。私の考えでは、どうも人間の埋葬に関係のある地名のように思われる。それと似たような地名は全国の隅々にあって、なかなか説明しがたいものが多いが、洗足もやはりそれに類した地名の一例ではなかろうかと考えている。他にも、昔の葬地の跡かと思われる地名が五つも六つもあるが、これをよく調べてゆくと、日本人の昔の葬法、屍体を葬った形が見つけ出せるのではなかろうか。洗足は千束と書いた方が多いが、全国におかしいくらい広い区域に亘ってこの地名がある。

日本人は魂を大事にする割には、体を非常に軽く見る傾《かたむき》がある。魂の方は何遍でも形を変えて生れて来るが、体は極端なことをいうと、その場限りでなくなってしまうような気持があるのではないかと思う。古い葬法もまずこの信仰を考えなければならぬ。あとに木地屋の話をするが、彼等の葬法は崖の川に迫った、やはり洗足みたいな所へそっと死骸をおいておくというのである。それが自然に、天然現象で水の中へ落ち、そして朽ちて失くなってしまうことを期しているらしいのである。東京付近に大変多い洗足とか千束とかの地名は、ちょっとこれでは説明がつかなくなるが、ともかく私は洗足（千束）とか菖蒲谷などの地名と古代葬法の痕跡とに、きっと繋《つなが》りがあると思っているのである。

幼いころ毎日のように後の丘にのぼって眺めた市川の洗足が、今も私の心から離れずに、この問題を考えている。

木地屋のこと

ふるくから山奥の原始林地帯に入って、木地の材料を求め、これに加工していろいろの木器を造って里に出していた木地屋の生活には、われわれとして研究すべきものがたくさん含まれている。小倉とか小椋、大蔵など、オグラという言葉は、私は山上の「小暗き所」という意味だろうと思うが、こういう苗字や地名は、大体において、この木地屋に縁由《ゆかり》があると見られる。

近江の君ヶ畑や蛭谷《ひるたに》などを心の故郷としたこれら同業の人々は、近江、伊賀《いが》、伊勢はもちろん、北陸にも東海にも東北にも、また中国から西国の果ての九州の島々にも、いたるところその足跡を残している。

田中長嶺《たなかながね》の書いたものとして世に知られる『小野宮御偉績考』なども、木地屋についての問題を扱い、遠く南北朝の時代にも溯ろうとする面白い試みであるが、何分にもその基になるものが全部近江蛭谷に伝わる作りごとから出発しているので、信用いたしかねるのである。本の出来た年代にしても、私がこの事柄をいい出したときよりは、やっと十年くらいしかさかのぼれないのである。収録されている古文書の写しなども、太閤時代の長束正家《なつかまさいえ》という人に関するものなどは、本物らしいが、他はどうも疑わしいものが多い。

しかし木地屋そのものは、なかなか興味のある問題をもっている。播州西部の谷間でも話にきくし、但馬、丹波から丹後、越前あたりにかけても、その拡がりが認められる。

全国の木地屋の総元締と伝えられてきた近江の木地屋も、愛知《えち》郡の蛭谷や君ヶ畑、犬上郡の大君《おじ》ヶ畑など、それぞれの系統があったらしい。しかもここでは寛政《かんせい》、享和《きようわ》のころにはすでに木地の材料がなくなって、ただ諸国に散らばっている木地屋を糾合するだけであった。木地屋の系統といえば、私は面白いことから近江と地方とのつながりを知ったことがある。

明治四十年前後私が内閣の役人をしていたころ、賞勲局に横田香苗という人がいた。彦根《ひこね》藩士で、名家の出で、学者でもあった。もと警視庁の捜査係をしていたこともある。他のこととではあまり冗談もいわない人だったが、この人の話に、維新前、今の日比谷に彦根藩の邸があって、そこに一人、近江犬上郡大君ヶ畑の木地屋に関係のある者がいた。いつも道楽をして金が足りなくなると、箱根の木地屋に行って僅だけれど借りて来たというのである。つまり箱根の木地屋が大君ヶ畑の系統であったからという話であった。

箱根の木地屋は一時寄木細工などをしていたが、やがてこれでは手数がかかるので、それも廃れてしまったようである。明治になって、山林を自由に伐ることができなくなった木地屋は、大体二つに分れてしまった。まず少し有能の士は里に降りて来て木地の卸売をし、方々と連絡をとって大規模な生産や供給をした。次に能力の乏しい方は、コケシなどを造るようになったのではなかろうかと考えている。

私が近ごろまた木地屋のことに興味をもち出したのは、民族の国内移動ということを調べるのに、この山間を漂泊した木地屋などは最もよい例だと思うからである。

木地師の葬法

明治四十四年、私は岐阜県にゆき、木地屋の話をききながら歩いたことがある。郡上八幡《ぐじようはちまん》に出て一泊した時、郡長が来て、私は警察上りで、木地屋の山荒しにさんざん閉口した苦い経験をもっているといいながら、こんな事件の話をしてくれた。

伊勢の宮川の下流で警察署長をしていた時に、ずっと上流のところで、アンペラのようなムシロに包んだ死骸が一つ出て来た。上手に絡めてしばってあり、そこに一つ小刀がさしてあった。なかなか紐が解けなくて、大変な犯罪事件ということになった。ところが一人ごく老巧な警察官がいて、「ええ、こりゃ、あれじゃありませんよ、木地屋です」といったとか。何故分ったかというと、そこが面白い。

木地屋の葬法は、普通とはちがって棺桶を使わないらしい。アンペラのように綺麗に編んだむしろで屍体を包み、上を幾重にも括り、その上にお守りにサスガ（小刀）を一本つけて置く。その小刀を見れば、木地屋かどうかということがすぐ判るのだという話であった。木地屋の小刀は刃のつき方が普通とちがっている。普通の人の使うのは、手に持って右の下に刃がついているのに、木地屋のは木材を剞《く》りやすくするため、刃が左の下についているから、すぐ見分けがつくというのである。珍しいことと思って聞いたわけである。この木地屋は、初めから轆轤《ろくろ》だけで仕事しなければならぬ近江の君ヶ畑などではなく、同じ惟喬親王《これたかしんのう》の子孫とは称するが、別の木地屋の残党で、杓子を拵えるのを主な職業としている者たちだった。

杓子を作る木地屋のことは『本朝国語』などにも確に出ている。伊勢から南に出て行くにしたがって、轆轤をよけいに利用するようになるが、最初はやはり刃物で削っていた。それが杓子ではあまり値打がないというところで、お椀となった。あの合子《ごうし》という白木の器を造り始めるようになったのは、それから後のことで、時代ははっきりしないが、足利時代かと思う。

食器も朝廷だけは、何か特殊の技能者があって京都で作っていたが、普通の者は、掌の上で食べたり、木の葉に盛って食べたりしていた時代があった。合子が一般に使われるようになったのは、木地屋の力なのである。だから木地屋の存在は馬鹿にならないが、そのくらいの需要しかなかったらしい。合子という言葉は、よく坊さんたちが白木の合子というから、禅の言葉ではなかったろうか。足利時代には無論あったにちがいない。塗物でなく白地のままだったから、一度使うと汚くなって、厭なものであったろう。

但馬の養父《やぶ》郡のいちばん奥にある元の西谷村の奥の方の横行《よこゆき》という部落などは、割箸ばかりを造っていると聞いたことがあるが、ここでも木地師とか、木地屋とかいう呼び名が残っているらしい。昔はどこの家にもあったハンボウという、強飯《こわめし》を冷やしたり、餡ころ餅を作るのによく使うくりものの器も木地屋の作であるが、丹波や丹後の奥にゆくと、今でも使っている家があるとか、なつかしいことである。

コケシ人形のこと

木地屋の作っているものの中、最も実際的で誰でも知っているコケシのことをとりあげてみよう。

コケシというものは、今では全国到る所にあるが、そもそもの流行の中心は大阪であると私は思っている。つまり大阪で収集の習慣がはじまって、それから全国へ拡がって行ったのではないかと思うのである。明石に橘文策という人がいるが、画も描けるとかで、コケシ人形のデザインなどもやるように聞いている。この人たちがコケシ流行の中興の祖ではなかろうか。本なども出しているそうである。多分この橘君あたりの発起だろうが、コケシに「木形子」という字をあてることにした。しばらくは通用していたのだが、このごろになって異議が出て来た。秋田県あたりの若い研究家が、木地屋の研究とともにコケシのことを調べて、さまざまの解釈を下しているが、どれも、どうも納得できかねる。福岡県にも人、民俗学をやっている曾田君というお医者さんが、やはりコケシを収集しているとかきいている。

東京で子供の髪形でオカッパというのを、郷里の播州ではオケシというが、そのことを考えれば、コケシという言葉は、容易にわかると思う。われわれの子供の時分にいちばん安い小さな人形を「ケシ坊主」といったが、つまりこれである。オケシ人形とか、ケシ人形とか呼んでいたのが転じてコケシとなったわけで、別に荘重な起源があるわけではない。小さなケシ人形という意味なのを、ケシという言葉を知らないで、コケシという一つの言葉と思ってしまったのだ。

オシャブリと東京でいう人形を、上方では舐《ねぶ》り人形とか、ネブリッ児とかいっている。私らの子供のころは、一個一厘で一文菓子屋で売っていた。円い木片の一方に顔が描いてあった。中には両方の端に顔のついているのもあって、白木をまるく削って滑らかにし、子供がしゃぶれるようになっていた。つまりこれはゴムのおしゃぶりが出て来る前には、どこにでも見られた品である。それがコケシの起りだというと気に入らないかも知れないが、私は両方が同じ系統のものだと思っている。

山の木地屋が木材も少なくなり、作品の販売も難しくなったので生活に困り、少しの材料で、どこへでも売りに出せるコケシのようなものを造り出すようになったのではないか。明治四十一年に福井県の山中を歩いた時、椀屋が昔通りの仕事ができなくなって、ケシ人形などを造るのに転じつつあったのを見聞きしたことを覚えている。

コケシの盛んになったのは、確に大正年代であった。私がいちばん木地屋の問題に熱中していた明治の末から大正の初めごろは、まだそれほどでもなかった。いずれにしても、今日ほど盛んになったのは大阪の連中の力であろう。

さて、ここで考えてみたいのは、お河童、あるいはケシ坊主のことである。頭の真中をどうしてあんなに剃らなければならないのか。それを剃るものだから、河童と間違えられるのであろう。頭の真中を直径一寸くらいの丸い穴に剃るのだが、痛いものである。だから子供はみな「オケシはいや」といって泣き出す。後にはどういうものか、真中を剃らずに、女の児などもみな髪を伸ばしたまま下にさげるようになった。それでもやはりお河童という。頭の真中に丸い水だまりがなければ、河童というのはおかしい。昔の方が剃るのは痛かったが、出来上りを見ると、ずっと可愛らしく見えた。

しかし、どうして頭の皿を剃らなければならなかったかということになると、どうも理由が分らない。老人たちはのぼせないためなどと説明しているが。それから日本髪に結っていた女の人も、カモジが頭の真中にあたるのでそこに大きな禿が出来る。見せないように工夫していたらしいが、この女性のカモジ禿げと小児のお河童頭と、何か関係があったのではなかろうか。

河童考

この間漫画家の清水崑《しみずこん》君に会ったとき、「清水君、君はよくないね。白い女河童なんか描いて、河童をとうとうエロチックなものにしてしまって……。河童には性別はないはずだよ」というと「いや議論をすると長くなりますから……」と逃げ口上で話を避けてしまった。

河童という言葉はもともと仮名でカワランべ、即ち川の子供ということなのだから、男女があってはおかしいのではないかと思う。しかし九州などには河童が婿入りをしたという話もあるが、大体において性の問題はないように思う。

私の河童研究は非常に古く、明治四十一年九州へ行ったころから、二、三年位が絶頂であった。今でも崑君なんかが利用している『水虎考略』、これは必ずしも珍しい本ではないが、「河童は支那にいわゆる水虎なり」という説からこの本が出来、写本も出ている。その中に大変値打があると思う話も四つか五つある。麴町の外堀で見つけたのはこんなのだとか、どこそこのはこうだとか、みんな違った河童が描いてある。幕末に朝倉善庵という学者があって、この人の本から引用しているのもある。頭がお河童で、背中に甲羅のある、まるで亀の子のようなものから、褌をしめて素裸になってつっ立っているものなど、五つくらいあったと思う。

後に内閣文庫を探していたら、同じ『水虎考略』といいながら四冊本になったのが見つかった。一冊はもとのそれを入れ、あとの三冊は九州の書生さんが、興に乗じて方々からの話を集めたもので、書翰体になっていた。多くは九州の話だったが、それは面白い本であった。九州のは群をなしていて、一匹で独立しているのではない。極端な場合には、馬の足型だけの水溜りがあれば、千匹もいるなどという。とにかく狭い所に群をなしているものらしい。東北や関東では九州とは違って一匹ずつの話が多い。河童はこんなに種類は違いながら、名前にはどこでも全部、童児、ワラワという言葉がついているのである。

私の郷里の方ではガタロウ（河太郎）とよぶが、この区域は存外広くない。大阪あたりでも通用しないことはないが、例の『東海道中膝栗毛』が出たころから、河太郎という名称に、差障りが出来たらしい。大阪に河内屋太郎兵衛という豪奢《ごうしゃ》な者が出て、通称河太郎といっていたので、それに気兼ねをしたため、ガタロウといいにくくなったものであろう。京都あたりでは何といっていたか、やはりガタロウといっていたのではないかと思う。

明石のカワカムロ

京都はガタロウで通用するとして、丹波の由良川あたりでは何というか。中部地方では河童《かわらべ》の系統でカワランベ、カラランベというのが多く、九州では少し発音を違えてガラッパ、またはカワッパ、カワトノなどと呼ぶ所が多い。

面白いことに、東西の中間にエンコというのが入りまじっている。すなわち瀬戸内海の両側、山陰、山陽、四国ではエンコという所がある。猿《えん》の字をあてているが、淵猴とも書くことがある。

その他に、カワゴ（川子）という所がある。エンコを使わない所ではゴウゴとか、カワゴとかいって、これが大分多く行われている。カワゴは河童と同じで、童が児になっただけの違いである。今では川の字をあてたり、河の字を書いたりしているが、漢字の概念ではこれは解釈できないことである。なぜなら日本ではカワというのは水汲み場、水使い場のことをいうのである。水の流れている所、どうどう流れている所ではない。今でも九州あたりでは、流れている筑後川などという方はカワラといい、水汲み場の方をカワとよんで区別している。沖縄あたりでは川がちっともないが、カワという言葉はあり、それは水使い場を指している。

水使い場を意味するカワという言葉と、童子という言葉を結びつけた河童の名称が、全国に少しずつ違えて三十幾つかある。関東地方の東部のようにカワガッパとはっきりいっている所もある。つまり「水の童子」「水汲み場にあらわれる怪童」といった心持は、全部に共通し、非常にひろく行われているのである。

河童の名前の中で今も探している名前が一つある。神崎郡の名家で、川辺（神崎郡市川町）に近い屋形出身の、かつて京城大学教授をしていた内藤吉《ないとうきちの》之助《すけ》という人があった。この人のお父さんは久三郎といって、私を大変世話してくれた人であった。その内藤教授がまだ東大の学生だったころ、「明石の河童は海にいるんです」と話したことがあった。何というのかきくと「カムロ、カワカムロといっています」ということだった。それ以来私は、明石の人にあうといつも聞いてみるが、今以て内藤君の話を裏書きする証拠をつかめずにいるのである。

なぜこの言葉に心をひかれるかというと、遠く離れた沖縄にあるのである。沖縄では河童のことをカワカムロともインカムロともよんでいる。カムロというのは禿だから、頭を小さめにした毛髪の短い子供、切り髪にした童子にほかならない。沖縄のカワは水汲み場のことであるから、水汲み場にいる子供という意味になる。またインカムロのインというのはこちらの海ということだから、沖縄では海にも河童がいるということになる。所によっては沖縄でもいろいろによぶが、童子《どうじ》と見ている点と、それから九州と同じように、たくさん集まっていたずらをするという点はよく似ているのである。

海に河童のいる話は、この明石のカワカムロと、もう一つ常陸の那珂《なか》の港の海で河童をとった話が『善庵随筆』に書いてある。

この方はいつもうつむいて、四つ足で歩いているので、まるで亀みたいなものということになっている。

駒ヶ岩の河太郎

私が『民族』という雑誌を出していたころ、亡くなった早川孝太郎《はやかわこうたろう》君が、天竜川と大井川

という話がある。

てあった。その中に、水の神様から保護を受けている家が、何かの折に神様と縁切れになる

との流れについて調べたことがあった。ことに天竜の流れの水の神様のことは丹念に報告し

この家では年に一度だけ川から来る人に助けてもらっていたが、その人ははじめに、「俺は蓼《たで》が嫌いだから、決して蓼を食わしてくれるな」と固く申入れがしてあった。ところが、あの付近では、ゴンゲノボウといって田植のすんだ時、客を招いてご馳走をするが、ちょうどそのころ蓼がよく育っていて、何処の家でも食膳につけていた。この家でもうっかり蓼をご馳走の中に入れて出したので、川の客も口にしてしまった。するとそれを喰べるや否やと び上って、大声を張りあげ、何か怒鳴ったまま川へとび込んでしまい、それっきりその家へは寄りつかなくなった。それからは今までのように融通してもらえなくなって、とうとう旧家が一軒亡びてしまったという話である。川から来る人は河童だというのである。大竜川辺では河童のことをカワランべとよんでいるが、カワランべは信州の北部の方まで、こういう所が多い。松本の田中磐君《たなかいわお》という若い民俗学者の調査によると、信州ではどの流れにも必ずといってよいほど椀貸伝説があり、その中には河童から品物を借りる話もあるということである。水の神様から特別に恩恵をうけていたが、たった一つの条件を守らなかったために、幸せを失ってしまったという話の筋で、昔話の重要な趣向である。

辻川あたりでは河童はガタロというが、随分いたずらをするものであった。子供のころに、市川で泳いでいるとお尻をぬかれるという話がよくあった。それが河童の特長なわけで、私らの子供仲間でもその犠牲になったものが多かった。毎夏一人ぐらいは、尻を抜かれ

て水死した話を耳にしたものである。市川の川っぷちに駒ヶ岩というのがある。今は小さくなって頭だけしか見えていないが、昔はずいぶん大きかった。高さ一丈もあったであろう。それから石の根方が水面から下へまた一丈ぐらいあって、蒼々とした淵になっていた。そこで子供がよく死ぬのである。私ももう少しで死にかかった経験がある。水が渦を巻いているので引き込まれるが、あわてないで、少しじっとしていると、流れのままに身体が運ばれ、浅瀬へ押し流されて、浮び上ることができる。そこであまりバタバタすると、渦の底へ引きこまれてしまうのだった。鰻のたくさんとれる所で、枝釣りをよくしたものであった。

最近の写真でみると、市川べりの駒ヶ岩の頭がほんの少ししか見えなくなっている。岩の頭を欠いて火打石を採ったりしたため、小さくなったのでもあろう。あるいは市川の流れが変って岩が砂に蔽われたものか、子供のころの流れはもっと川幅が広かったことを憶えている。あの付近の人は今でもガタロがいるといっているであろうか。

河童と虬

河童の名前は全国を通じて、河の字と子供という意味の言葉をつけたカワランベ（河童）とかカワコゾウ（河小僧）カワタロ（河太郎）などというのが三十何種かあるが、それ以外に能登半島の東海岸と鹿児島県の南端薩摩湾の指宿あたり、それからとんで北には津軽の北端から北海道へかけて、別系統の名前が残っている。すなわちM音ではじまる河童の呼名である。

能登ではミズシンといい、土地の人は水の神様だからミズシン（水神）というのはあたり前だといった気持で呼んでいるらしい。鹿児島ではミツドンといい、これは虬《みずち》のことだといっている。虬は何だかわからないけれども、虫扁の字を書くので蛇の一種だと思っているらしいが、ミズシンと関係あるものであろう。

北の青森県にはメドチという言葉が残っている。外南部あたりではいわないらしいが、津軽のことを書いた古いものの中に平尾魯仙《ひらおろせん》という人の本がある。明治のごく近くになって出来た本だが、この中にメドチのことが詳しく書いてある。河童とは違うなどということもあり、メドチという一種の動物がいるように思っているらしい。ところがこのメドチ、ミズシン、ミツドンは、他地方の河童と同じような性格や話をもっているのである。日本の北と南と真中と、三ヵ所離れたところに同じようにM音ではじまる似たような名前があって、お互の間に往き来がない。それでこの三つが別々のところにあるというだけでも、かつて河童のことを水神《みずしん》といった時代があるだろうということが証明できるように思っているのである。

メドチ、ミズチ等の「ち」は、「霊あるもの」の意で、虬は「水の霊」のことをいうのであろう。しかしまだ形がはっきりしていないのに、虫扁に書いてしまったので、この漢字に影響せられて、これは蛇に違いないということになった。蛇は水の中で棲息しないが、虬《みずち》、蛟《みずち》は水中に棲む。土の底に虬がいるといったりする。また日本人はよく間違えて、大蛇も水の底にいるようにいう。この問題はもう少し手掛りを見つけたいと思うが、まだ解決するに至らない。

河童でもう一つ、戦の時に人手が足りなくて、藁人形《わらにんぎょう》を拵え、手の代りに横に竹を一本通して、人間にし、戦に勝ったという話がアイヌにも残っている。飛騨では大工仕事に手が足りなくて藁人形を作り、使って用がなくなると、そこらあたりのものに、とってよいといって水の中に放したという話になっている。そのために、そこらにいる子供までとってしまうのだというのである。虬の手は行き抜けだというが、これもミズチすなわち河童であろうという一つの例である。

足利時代に流行った「猿猴月をとる」という猿が片手を極端に伸ばしている画題があるが、これが中間にあって、そんな極端な藁人形の行き抜けの手が考え出されたものではなかろうか。

利根川の白帆

布川という町は、利根川沿いの一つの高台のまわりに発達した所であった。長兄の借りていた小川さんという昔のお医者さんの家も、やはり高台の裾を回った片側町の東町字東という、寂しいけれど興味のある部落にあった。非常に大きな邸で、庭にいろいろの木が植えてあり、石の乏しいその地方としては珍しい飛び石が、百をもって数えるほど置かれていた。

利根川の流れに沿って出来た村でありながら、丘陵の裾を回ってのびているので、いつの間にか家並が川から離れて、直角に東の方を向いてしまっていた。それに、利根の流れがやはりそこで屈曲して、やや東北に向って流れているので、川は私の家から遥か半里以上も離れた遠方にあり、直接には見えなくなっていた。途中には低いしめっぽい排水の困難な水田が一里ばかり続いて、その左向側に羽中《はなか》という村があった。布川から見渡すと手前の方にかなり背の高い松をたくさん植えている家並が続いていたが、そこからちょっと外れると、向う側はずっと松が低くなり、草っ原に近いような低い松林に続いていた。

布川に行って二、三日目に、私は、その低い松林の上をだしぬけに、白帆がすうっと通るのを発見した。初めは誰かが帆のようなものをかついで松林の向うを歩いているのではないかと思った。何しろ船も見えず、そこに川が流れていることも知らなかったからである。水害の多い所だから出来たのだろうが、その川の屈曲しているところに、約一里ほど長い中の島が、かなり急流に洗われながら横たわっていた。布鎌《ふかま》といって、初めはむろん砂っ原だったのだろうが、地味が豊なので、誰かが行って畑作開墾をやり、そして松を植えたらしい。そこへ屋敷が出来、部落ができた。茨城県側から見ると、手前にある松林と向うの中洲の松原とが一つの地続きになったように見えていた。この陸地続きに見えている間を、白帆がいくつも通って行くのを見たのだから、私が、はじめ吃驚したのも無理はない。利根の川口から十七、八里も溯った所の松原の上を、そんなふうにして白帆が三分の二ぐらい姿をあらわしながら上下している。

これほど変った景色を私は大きくなってからも知らない。郷里の辻川は海から三、四里しか離れていないが、それでも海を見、船を見ようとすれば、かなり高い山の上に登ってちらっと眺め、「ああ海が見えた」といって喜ぶくらいのものであった。今までついぞ白帆など見たことのなかった私にとって、このように毎日、門の前からほんの少し離れたところを、何百という白帆が通るというのは、本当に新しい発見であった。それが子供の私にとって非常によい刺戟となり、私が風というものを観察し、その名称や方向に特別の興味を引かれるようになった一つの原因のように思われる。

イナサ（東南風）

利根の川口から十七、八里も上った布川の辺を、白帆をはった川船がひんぴんと通る日の風は、あの付近ではイナサと呼んでいた。「良いイナサが吹く」といえば、風が海の方から吹いて来ることを指していたのである。私はイナサという風の名を初めて耳にした時、非常に深い印象を受けた。それからこのかた、イナサという言葉をきくと、いつも布川のころの少年の日を思い出す。

東京でももちろんイナサという。例えば「今日はイナサが強いから火事が大きくなる」などといって心配するのである。大体は海からの東南風の意味だが、もう少し幅の広い風らしい。帆というものは、真正面の風だけでなく、いくらか紐か綱で自由に加減しながら、少しぐらい正面から外れた風でも帆に受けて溯れるものである。つまり真東南だけでなく、その両側に少し外れた左右の風も含めて、広い東南風をイナサというのである。

イナサのイナというのは、万葉集など古い書物にたくさん出てくる海原《うなばら》、海神《うながみ》、海界《うなさか》などという海の古語、ウナがイナになったもので、海のことである。関東の平原などではもう風の名にしかこの言葉は残っていない。イナサのサは風のことである。すべて風にはキとかシとかチ・サなどがついているが、みな風のことである。

土地の者はもちろん古い言葉だということを知らずに、東南から吹いて来る風をイナサと呼んでいた。このイナサという風の名前を使う区域はなかなか広い。ただ北はそうひろくまで行っていないようだ。西の方は思いの外ひろく、四国の土佐、九州の日向の海岸の一部でも聞くことができる。大体において海を南にする地域に行われているのである。

子供の私が大利根の白帆に驚き、イナサの名に強く心をひかれてから、その後少しでもこれに似よった言葉があると、すぐ結びつけて考えるのが常となった。しかし一歩進んで、沖縄にも類似の言葉があったらと思いはじめたのは、そう古いことではない。といっても、もう二昔も前のことになるが、沖縄にヨナミネやヨナバラなど、ヨナという言葉がたくさんあるが、あれが海ということではないかと思うようになった。所によってはイナミネなどといっている所もあり、稲という字を書いたのもあるから、まだはっきりしたことはわからないが。

けれども、少なくとも、沖縄で「物いう魚」として伝わっているヨナタマという魚の名のヨナは、ウナ・イナの関連から海のことではないかと思う一つの資料を提供してくれる。この話はちょっと面白いのであとにのべるが、ヨナタマは海霊のことなのである。

とにかく私がイナサに近い発音の言葉を見ると、いつでもパアッと利根川の白帆を思い出したり、それからまた似たものがどこかにないかと探したりする習慣は、明治二十年九月、布川に移り住んだあの時に身につけたものであり、それがずっと今日までつづいているのである。

ヨナタマ（海霊）

ヨナタマの話というのは、魚が人語をしたという話の一つで、沖縄だけでなく、こちらでも形を変えてあちこちに伝説として伝わっている。沖縄では昔からシガリナミ（海嘯《つなみ》）の記憶が強いためか、この話が大海嘯《おおつなみ》に結びついて残っている。本島にも宮古の離島来間《くるま》にも残っているが、その中で有名なのは『宮古島旧史』に記録されている話である。

昔伊良部島《いらぶじま》の下地《しもじ》という村の者がヨナタマという魚を釣った。人のような顔をもった魚で、よくものをいうと伝えられていた。漁師はあまり珍しいので、明日まで保存して人々に見せて楽しもうと思い、炭火をおこしてこれを炙《あぶ》って乾かしていた。ところがその晩おそくなってから隣家に母親と泊っていた子供が、急に大声で泣き出して、どうしても伊良部村へ帰ろうという。夜半だからといって、母親がいろいろとなだめすかしてもいっこうにきかず、ますます泣き叫ぶのだった。仕方なく、母親は子供を抱いて外に出ると、どうしたことか、子供がしっかりと母親にしがみついてふるえている。母親もどうしたのかと怪しく思っていると、遠い沖の方から、

ヨナタマ、ヨナタマ、どうして帰りが遅いのか

という声が聞えて来た。すると隣家の炭火の上で背中を炙られていたヨナタマが、

今、炭火の上にのせられて半夜も炙り乾かされているのだ。早く迎えをよこしてくれ

と答えた。これをきいた母子は吃驚仰天し、恐しくなって伊良部村に帰った。翌朝、昨晩の

村へ行って見ると、一夜のうちに大海嘯にのまれて、村中跡形もなく洗いつくされていた。母子だけはどういうご利益があったか、その災難を免れたという話である。

ヨナタマの罰を受けて村中が流されてしまったというのは、ヨナタマは海霊で、すなわち海の神の罰を受けたということである。このヨナタマから、ヨナが海という言葉と同じではなかろうかと思うのである。

布川付近のイナサの風は、利根川の平和な時には船に帆風を与えて、幾艘となく白帆がのぼってゆくが、春の雪解けのころになると、上州越後の山々に吹きつけて、山の雪をとかし、利根川の大水となり、下流の人々を脅かしていた。こういう例は他にないように思われる。そのためか、布川のように陸地の方のことしか知らない農民までが、イナサの風を知っていたのである。

日本の文化の移動は、陸地を歩いて北の端まで行ったように考える人もあるが、昔の日本は山が嶮しく陸路の交通は困難であった。事実日本海側の海上交通は早く開かれて、津軽海峡を通り越し、少し太平洋側に出てから、東側を北に上って来た文化と出会っているのである。このような古い日本文化の移動の跡を知るには海岸の研究をしなければならず、それには風の名前から入ってゆくのがよいと思っている。

ダシの風・アイの風

風の名称にはまだいろいろある。

ナライというのがある。これはどちらかというと、太平洋岸の東京、神奈川など狭い区域で使用され、西の方ではあまり聞かない。北から吹いてくる寒い風のためか、船方でない者も、よく知っていた。

それから日本海岸に春から夏にかけて吹く風に、ダシというのがある。海岸線に直角に陸地から沖へ吹く風で、ダシというのは船を出す意味だろうと思う。

もう一つ面白いのは、アイの風というのがある。アイをアユともいい、万葉集などにも「安由之加是《アユノカゼ》」と巻十七、大伴家持《おおとものやかもち》の歌なんかにたくさんあって、現に越中はもちろん、ずっと北の先までこの名称がある。これは海から陸に向っていろいろなものを打ちつけて来る風で、ダシとは反対の風である。なぜアユというのかよくは分らないが、ごちそうすることをアエルといったり、饗応の饗をアエと訓む、あれと同じではないかと思う。海がいろいろの珍しいものを打寄せることを、アユまたはアエルというような用語があって、それを約束する風であるゆえに、アユの風と名づけはじめたのではないか、風の名もたしかにヤ行である。

福井県に武生《たけふ》［現越前市］という大きな町がある。昔はここに国府があり、越前の守がいた。越前を道の口といい、日本海岸の旅路のとっかかりであった。催馬楽《さいばら》に有名な歌が残っている。

　みちのくち、武生の国府《こふ》に我はありと、親には申したべ、心あひの風や　さきむだ
　　ちや

遊女の、私の生国は何処、などとよく使う感情であるが、いたって分りやすい歌である。

心あいの風よ、親にいってくれないか、私は越の国の武生の国府にいて難儀をしているから、お前があっちへ行くのなら親に報せてくれ

この歌のあひの風はハ行になっているために、お前の心と私の心が合うという風に解釈されてきたが、やはりもとは饗の字に当るアエ・アイと同じ、たよりをもたらす意味だったのである。この風が吹けばうれしいことばかりで、一方では船が入って来る、砂浜にはいろいろの物が吹き寄せられて生活をうるおしてくれる、人々の喜ぶ風だった。

私も二十四歳の時、三河の伊良湖岬に一ヵ月あまり滞在して、風の吹いた翌朝など椰子の実や藻玉《もだま》を拾ったことがある。島崎藤村の長詩「椰子の実」は、その時の私の土産話を材料にして作ったものであることは前に話したが、あの辺から伊勢湾にかけては漂着物が大変に多いところである。伊勢湾の突きあたりの愛知郡は旧くは年魚市潟《あゆちがた》といって、楊貴妃《ようきひ》や徐福《じょふく》が漂着したと伝えられるほど、遠くから種々のものが流れついたのであった。このアユも日本海側できくアユの風のアユと同じ意味であろうし、チは風のことで、つまりごちそうをもって来る風という意味であった。

このようにアイという言葉は日本海側だけでなく、太平洋海岸でも有名なアイナの名を残しているほどで、この風がなかったら日本の本当の文化は進まなかったのではなかろうかとさえ思われる。昔は漂流物の拾得は、今よりはるかに大きな生産事業であったに違いない。外国の学問を手本にとるといっても、海岸のない国の人間の考えていることを鵜のみにし、いっしょになって考えることは、海に住む国民として反省しなければならないことである。

海のロマンス

日本の自然史を調べ、日本の国土の歴史を考えるとき、昔からこれを豊富にして来たものは、何よりも風と潮とであったことを、しみじみ感じる。定期風が吹く、それ以外にも強いの、弱いのさまざまの風が海と陸とに吹きつける。潮流がたえず海岸を洗っている。この国土は年百年中風と潮とによって鍛えられて来たわけである。

播磨灘を出て瀬戸内海を旅してみると、波打際まで木の生えている島などがあって、本当に昔がなつかしく偲ばれるのである。崖が崩れていれば崩れた際まで草木が青く茂っていて、もし何かのはずみで海に流れ出ると、そのまま流木となってしまい、しまいにはどこかに漂着する。流木といえば、紀州の沖でも、山形、秋田あたりの沖でも聞く話だが、何年かに一遍ぐるっと回って来る流木があるという。年経てまわりに苔や藻が生え、それに小さな魚などがびっしりとついている。小魚がついているためか、それをまた鰹などの大きな魚の群が後から後から追いかけている。何処にも漂着しないらしく、たしかにあの木にちがいないと思う流木を見かけるという話であるが、この話など、風と潮流の生んだ日本の海岸の一つのロマンスであろう。

こういう風や潮流に関係深い日本の平民生活の歴史を書くには、どうしても本島だけでなく、小さな島々、例えば鹿児島と奄美大島との間にある川辺十島《かわなべじっとう》などの小さな島のことも調べてみなければならない。

島とは名ばかりの、何にも生えない所で、人々は朝起きると必ず一ぺん島の周囲を見てまわるという所がある。親代々の一つの習性となって、朝毎に寄り物を探しているのである。たまには椰子の実などの流れついたこともあるらしく、琉球などでも貴重なものになっている。よほど遠くから来るのであろうが、ずっと北の、津軽海峡に流れついたことも記録に残っている。南の方では長崎県のある有名な漁港で、海底が浅くなって困ったことがある。よく調べてみると、どこからか珊瑚礁のかけらが潮で運ばれて来て、少しずつ溜って港を浅くしたことが解った。

たんにイナサという風の名だけをみても、関東や四国、九州、沖縄とで共通に用いられている。私は今、このイナサが不思議な力を働かせて、昔から海を大事にして来た日本人の信仰をかたちづくった痕跡が窺えるのではないか、とそこまで考えているのである。

欧米人は、沖縄とこちらと言葉が耳できいてあまりに違うので、ながい間別の人種だと思っていたらしい。シナでもしきりにそういって、沖縄を自分の方へ引き寄せようとし、あれはシナの領土だからといって、まるで東南アジアの諸国と同じに考えていたらしい。私は早くから日本と一体であることを知っていたが、証明がどうも容易でなかった。ところがごく最近になって、言語学の権威ある学者が同じだといいだしはじめたのである。沖縄でも那覇とか首里とかの中心地は、朝鮮やシナと交通したため複雑になっているが、本島でも辺鄙な所とか、小さな離島に行ってみれば、日本語の元の発音のままの言葉を保存しつづけて使っている所がある。悪い癖で、日本人は田舎のものを粗末にしやすいが、じつは辺鄙な所のものが大事な参考になるのであり、平素の言葉や習俗が注意すべきものをたくさん含んでいることを忘れてはならない。私は十三歳の時、初めてイナサに吹かれて一日に何百も利根川を上ってゆく白帆を見たとき、本当に広い世の中を見たいという気がしたのである。

引割麦のことにふれて

私の故郷では、よく「津の国は七分の飯」といって、摂津の国は麦七分に米三分の混合率の食事を摂る所であると、貧しさの譬えに引いたものである。播州でも半麦飯を摂る家もあったが、この場合の麦とは裸麦で、それを引割《ひきわり》にしたものを指していたのである。ところが十三歳の時、長兄のいる茨城県布川に移ってみると、驚いたことに、まだこの地方に裸麦は伝播しておらず、麦といえば大麦のことであり、引割麦という名称すら知る人もなかった。

大麦というのは食用に供するまでには非常な手数のかかるもので、臼で麦皮を除くために、麦つきという非常な労力を要する作業が、まずあった。よく冗談に「茶うけのないお茶を飲むのは麦つきよりコワイ」という言葉もあったほどで、コワイということばは、苦しいとでもいう風の下総地方の方言なのである。

麦つきの季節が訪れると、大家の広庭を借りて、屈強の若者らが五、六名でグループを組み、昼間は寝《やす》んでいて夕刻の涼しい時分から、大きな杵で夜を徹してついたものであった。もちろん女性もその手伝いをするのであるから、よくなまめかしいことも伴う、いわば土地の若い男女の夜会ともいうべきチャンスでもあった。徹宵、力仕事ができるのでなければ、男性としての魅力や誇りもなかったのであろう。若者にとってはそれを異性に誇示する絶好の機会であったわけであろう。夜になると、私は、遠くからズシンズシンと地を伝わって来る地響きの震動を枕上にきき、「チャボが三度鳴きゃ、夜が明ける」などという麦つき唄の文句をもいつしか憶えて、何となく心のときめきを覚えたことであった。

　このように、播州と下総では麦ひとつにもこれだけの差があったのである。もっとも裸麦の栽培には北限があって、関東以北では出来にくいとか、収穫の量も少ないという事情もあったわけではあるが、私はこうした播州・下総両国間の距離を子供心に考え、ひいては女性労働の問題や民謡その他の事柄に目をひらいていったのである。つまり、大麦にはまずこうした苦しい労働があり、さらにこれを米と混じて煮るには、米と大麦には煮え上るまでに時間の差がある。従ってまず麦を茹でて、え[咲]ましておき「咲ますとは、浸してふやかす意」、適当にやわらかくなった時に米と混ぜ合せて、煮え上りを同時にしなければならなかった。そのためにはまず燃料が二倍も要るし、主婦の手数も倍加される結果となった。後には麦を喰べやすくするため、山芋のトロロを掛けて供するという方法もとられた。

　私は幼時のこうした印象がきっかけとなって麦つき唄を採集してみたことがあるが、茨城県も香取付近に残っており、それはみな女唄なのであることに気づいた。つまり、ずっと以前は女性がこの麦つき作業に従っていたのである。したがって、つぎの歌からも推測されるように、男性が使う撞木型の大きな横杵《よこぎね》ではなく、棒状の両端が太く、中央部を握ってつき下す竪杵《たてぎね》を使用して、軽くコンコロ、コンコロと長い時間を掛けて、麦をついたものである。

麦ついて
夜麦ついて
お手にマメが九つ
九つのマメを見れば
親の里が恋しや

「万葉集」東歌《あずまうた》の「稲つけば皸《かが》るわが手を今宵もか殿の若子《わくご》がとりて歎かむ」の歌のように、昔の女性労働の名残りが、この麦つき唄には偲ばれるのである。

麦つき唄から

麦つき唄の中にはさらにこんな男唄もあった。

米のオヤクで
何故このように
麦はバカやら
カラばかり

麦と米とは親戚なのに、なぜ麦にはこんなにも殻が多いのであろう、というのであるが、このオヤクの語に、私は重要な意味を考え始めたのであった。オヤクとは漢字の親子という字が使用せられる以前のもので、最初オヤとは、生みのオヤという今日の「親」ではなく、一つの集団、例えば職人らのいうオヤ方とか、博徒らの使うオヤ分のように、古くからあった親族・一門のカシラという広義のものではなかったかと思うのである。生みの親などといいう肉親の関係は、それより後になって使用されはじめたのではあるまいか。

思えば故郷を離れて七十一年の間、私はこうしたことに心を寄せて来たのであった。いま機会あって故郷の人々に、私の歩いて来た足跡をここに少しずつ報告しているわけである。

さて、各地の方言を調べているうち、紀州の一部では、このオヤが山林の管理人や巡査、つまり一種の権力をもつ人々のことを意味し、九州豊後《ぶんご》では、尊敬すべき年長者のことをイヤさんと呼ぶことなども判って来た。古語で礼をイヤと訓むのであるが、ヤアといえば今日でこそ軽々しい応答語になっているが、じつは礼を尽すべき長上に対する返答の言葉で、恭々しいのウヤなどと同じくこうしたところに源を発しているように思われる。イヤも、オヤクのオヤと同じ系列のものではあるまいか。ちなみにオヤクとは、後世のオヤコ（親子）と意識して区別するための、この地方での発音であろうと思われる。

現に東北地方では、はっきりオヤコと発音している。

なぜこうした問題を語り始めたかといえば、じつはこのオヤとかイヤという問題が、日本人の民間信仰、ひいては民族の起源にまで溯る重要なことなのである。つまりイヤという地名を全国的に調べてゆくと、先祖の霊のある所をイヤ山イヤ谷と呼ぶ事例が多いのであって、亡霊を山に埋葬した風習、そして後には霊を祭る場所は別に人家の近くに置くという両墓制度の習慣にもかかわって来るのである。古くは先祖の霊は山へゆくという信仰があったらしいのである。米作民族の日本人が米を携えて南から北へ移って来たとすれば、一時あるいは珊瑚礁のような、ある時は宮古島のような平地の場所にも住んだとも考えられ、さすれば山のないことが些かこの仮説の障害にはなる。

しかし沖縄にもオヤという語があって、一群のカシラを指すものとなっている。一時中国化した琉球でも離島では一種の英雄をオオヤといっており、沖縄の政治制度では判任官が親子、奏任官が親雲上と職名に書くなど、オヤの字の使用されている例が非常に多い。子という語にしても、今日われわれの使用する親子の子ではなく、個人、土地の人民の意味なのである。いまや、一族というものが離ればなれに散じてしまったため、なかなかこのオヤクの問題を結論づけるのは困難である。

ズズ玉のこと

多分私が九歳の時であったと思うが、顔から手足一面にイボが出来て困ったことがあった。医者であった父は、その時紙に三文字の漢字を書き、それを私にもたせて近くの生薬屋へ使いに出した。

白い汚れ色の、砕けた粒を粉にして服用させられたのには閉口したが、私に好奇心を抱かせたのは父が紙に書いた「薏苡仁」の三字で、父に尋ねるとこれはヨクイニンとよむので、おまえらが毎年採って来るズズ玉の皮をとったものであると教えてくれた。

その後、私は茨城県の布川に移ったのであるが、そのころ五、六里離れた鳩崎という小さな町から鳩麦煎餅という名の菓子が売り出され、それがじつによく売れていた。私はその原料を、数年前のイボ薬の僅な経験から推して、食用にならないズズ玉の、別にあることを知らず、その煎餅の原料を薏苡仁であると早合点して、その文字を畳の上に書いてみせて大人を感心させた、恥しい思い出がある。

このような思い出話をするには理由がある。つまり、これがあるいは日本の最も大きな問題の一つにつながってゆくのではないかと考えているのである。

日本は千年あまり前まで首飾りをかける風習の最も普及していた国である。それが現在、西洋流装飾の真似事であるかのごとく見られるようになってしまったのは、どういうわけであったろうか。

まだ昔の風習が多く残っている沖縄には、神に奉仕する女性の家に水晶その他の曲玉・管玉が伝えられている。それらはいずれも旧来の慣行の基礎の上に新たに取り入れられた輸入財の文化であった。普通の島の女は、つい最近までズズ玉を身の粧いにしていたという。つまり順序としては曲玉より一つ古いものが保存されていたのである。

ズズ玉をすぐ仏教の数珠に託してこの語の由来とする説は誤りで、仏教が普及する前からこの植物は知られており、ある宗教学者によれば、キリスト教の一部にも、シャアマン教のなかにも、これが早くから入っている。四国の近世方言ススタマ・スズタマ以前に、『和名抄』その他にもツシタマ・タマツシとあって、いずれも珠として用いられた痕跡がうかがわれるのである。

仏教の浸潤が浅く、数珠も知らない沖縄ですら、この実はシシタマとしてよく知られ、糸を貫いて首にかける風習もあるのである。私はこの実が大きくて堅いことから、あるいは稲の豊熟の呪《まじない》に使われたかとも想像する。

さらに沖縄の古歌謡「おもろ」の中に現われる首飾りのツシヤをいろいろと調べてみるに、これは日本の子安貝（海巴）ではないかと考えるようになった。ではこの貝がなぜ、近世に入ってから久しい間、首にかけられることなしに過ぎて来たのであろうか。「明《みん》の」宣《せん》徳《とく》九年（西暦一四三四年）朝廷に輸送された琉球の貢物目録に「海巴五百五十万個」という膨大な数字が見えるが、南方交易にこの貝を使ったことがあって、南方における通商の花やかさが、その首飾禁止令によって支えられた時期があったのではないか。さらに禁令は厳しく、それが習慣化すると、政治と信仰の機能の結びつきの強いこの島々では、一種のタブーとなったことも容易に考えられる。

烏柴の木

子供のころ、私は毎朝、厨《くりや》の方から伝わって来るパチパチという木の燃える音と、それに伴って漂って来る懐しい匂いとによって目を覚ますことになっていた。母が朝飯のかまどの下に、炭俵の口にあたっていた小枝の束を少しずつ折っては燃し付けているのが、私の枕もとに伝わってくるのであった。

今でも炭俵の口に、細い光沢のある小枝を曲げて輪にして当てている場合が多いようであるが、そのころ私の家などでは、わざわざ山の柴木を採ることはしないで、それをとっておいて、毎朝用いていたのである。しかしその木がいったい何という名であるかは長らく知ることもなかった。

ところが、後年になって、ふと嗅ぎとめた焚火の匂いから、あれがクロモジの木であったことに気がついたのである。

そして、良い匂いの記憶がふと蘇ったことから、私の考えは遠く日本民族の問題にまで導かれていったのであった。

あの木を福木と呼んで、正月の餅花をつけるのに使う風習が、播州や但馬あたりから山陰・中国筋にまで分布しているが、クロモジというこの木は、樟科に属していて、その特性として、一つは冬に入って落葉することと、一つは分布がずっと北の方に延びていることの二つがある。最初は津軽海峡までが北限であろうかと思っていると、北海道にまで分布していて、知里真志保《ちりましほ》君の話ではアイヌもその木のヤニを医療呪禁の用に供していたということである。現在では妻楊子の材料として知られ、ある地方では、この木から出る膠を膏薬の材料に使うらしいのであるが、木の名の由来を、故牧野富太郎《まきのとみたろう》氏のように、木肌に黒く文字みたいなものがあるからというのは如何であろうか。ほかにアオモジ・シロモジなどという木もあることを知れば、必ずしもその説は首肯しがたいように思われる。古書に「文作」とあるその読み方は判然しないが、田舎の人々の呼ぶのを聞けば、クロモンジャといっている。これが今日のクロモジと変訛したのであろう。

京都あたりで、この木は鳥木もしくは鳥柴などと呼ばれ、狩の獲物の鳥を献上するさいに、この木に縛りつける習いがあった。東北地方では、山で猟夫が猪や鹿のたぐいや、時には鳥などを獲った時、先達はまず獲物の内臓の一部、特に心臓などをこの木につきさして狩りの神を祭るという風習がある。こうした神の祭りの供え物に使用されるというその他の数例からも、祭木にくさぐさのものをつけて神に捧げた日本の固有信仰の一つの特色が窺われるのである。現在でこそわれわれはヌサ奉るといって、専ら絹麻布や純白の紙を祭の木につけて供するし、それを幣帛と総称しておるが、もとはそれ以外に食物を木につけて捧げたものであったらしい。そしてこの木がただ単に祭の中心というだけでなく、目に見えぬ神霊の拠り給う神座であったため、この木にとりつけることが最も確実な伝達の方式であると考えていたのであろう。

ところで、天然の生枝を祭木とする場合、今でも最も多く用いられるのは真榊《まさかき》であるが、これとても現在の一種類だけに固定したのは、どのような根拠かは判らないが、中古のことであり、その上この木の分布は全国的ではないのである。現に東京あたりでは柃《ひさかき》を代用しており、さらに北方に行くに従って、極端な場合は、椿や松などを使用している地方の例などもあってみれば、必ずしも榊を祭の木とする、日本の固有信仰が、北に及んでいったとは考えられないのである。

江戸末期に、神遊びの古歌「榊葉の香をかしはしみとめくれば」云々の榊をめぐっての論争が多くの国学者間で交わされたことがあったが、それが樒《しきみ》であるという説も幾つかの例では知られているものの、これのみですべて前代の榊が樒であったという証拠にはならず、むしろ神を祭る者の選択によって、他の樹も用いられていたという推測をすら可能にするのである。また真榊は匂わない。もしこの歌が日本人の匂いの記憶の痕跡であったとすれば、南方から北漸していったわれわれの祖先は、祭の木に、この匂うクロモジやその類のものを用いていたと見られるのではあるまいか。

稲荷信仰のこと

辻川の部落の中ほどを、南北に貫いた堰溝《ゆみぞ》については、前にもちょっと語ったが、この溝に沿って下流に下ってゆくと、そこに小さな五、六坪《なご》ほどの森がある。美しい藤の花がそこの樹々にからまって咲く季節になると、子供心にも和やかな気持になったものである。そこの西所《にしじょ》と呼ばれた田圃について、父が「ここはうちの田じゃったが、松之助さんが売りなはった」と折々語っていたことなども、祖先のことに触れてしきりに思い出されてくるのである。

帰郷するごとにそこを訪れるのであるが、そのたびに変ってゆくその森のさまも、時代の移り変りを思わせる。

森には小さな稲荷様の祠があった。いまではそれを中心に稲荷講も結ばれていると聞いたが、当時はほんの小さな祠であって、その森へのなつかしみが、稲荷信仰や、狐の研究に心を寄せるようになったもとであった。

もともと稲荷様は、水田の一群、つまり同じ水を引いているとか、同じ日陰になるといった風なブロックの中心にあるもので、私の住む東京の郊外成城町付近も、田園地帯の名残りをとどめているので、稲荷様を祀った塚がいまなお多く残っており、それぞれの塚にまつわる狐の伝説がある。

例えば、私のいる町に九兵衛さんという話好きの古老がいて、私の通っている鍼灸院で、こんな話をしてくれた。

ある晩大工の某が、近くの稲荷さんのほとりを通っていると、狐が踊っていて、しきりに「あいつ、今夜は遅いな」と語り合っていた。やがて遅刻して到着したのは、大工の家の飼猫で、「今夜はお粥が熱くって……」といいわけをしながら、いっしょになって踊っていた。大工が帰宅してみると、成程その夜は冬至か何かで、各戸ともお粥を炊く日であった。

まあそういった風の、これは各地にある面白い伝説なのである。

ところで、こうした各地の農村にある稲荷信仰は、もともと田の神への信仰から発生したものである。東京のように都会でも「伊勢屋、稲荷に、犬の糞」と、多いものの譬えにひかれるようになったのは、京都伏見《ふしみ》の稲荷神社が、足利の末期に考え出した一種の政策に基くものであった。

これが狐と結びついたのは、この動物が稲の稔る季節になると、人里近くに現われて、人々の目に触れ親しまれやすく、その上季節が狐の繁殖期であるために、その挙動や鳴声、また食物に変化を生ずることから、人々に一種の神秘感を抱かせた。とくに米の稔りの季節に山から下ってくることが、春先に山を下りて来る田の神の先導をつとめる神使とみなされていたものと思われる。よくクダ狐、オサキ狐などというものが存在する地域もあるが、オサキとは神の御先《みさき》、クダとは山から降《くだ》るという意味であろう。

こうして田の神への信仰から発生した稲荷信仰が、後になって京都の東寺と結んで勢力を大きくしたこともあり、信仰を悪用した人々により、いわゆる狐つきという迷信をも生むに至ったのである。

狐の思い出から

私は幼いころ、狐を少しも不思議なものとは思わなかったようである。氏神のある傾斜地の横手には、七つか八つほどの穴があったように思うが、一度も姿を見たことはなかった。はじめて狐を見たのは、十三歳で上京して後のことである。上野の動物園で一度、そして二度目は茨城県布川の長兄の家であった。二度目の印象はひどく強烈なもので、それというのも、前後して隣家で惨劇が起ったからであった。

あの地方は利根の川床が高くなっていて、そこが台畑《だいばた》と呼ばれる耕作地となり、その堆積地の裾に人家があった。私の家の裏手はその台畑の傾斜面で、そこには花好きの兄がいつもさまざまな花を咲かせており、和やかな眺めであった。

私が布川に移った翌々年のことである。毎夜台畑の所で狐が鳴くので、家族は顔を見合せて不思議なことだと語り合っていたのであるが、じつは隣家つまり私の家の小川といった大家の下男が狐の穴を埋めたため、狐が困って「クオオ、クオオ」という風に鳴いていたのであった。そうしたある日の昼下り、家の裏手からふと台畑の方へ目をやった私は、凝然と立ちすくんでしまった。そこに二匹の狐が坐っていて、それが私の方を見ているように感ぜられたのである。何の理由もなく、体が動かなくなる思いであった。その翌日東隣の野沢藤四郎という主人が、突然発狂してその妻女を斬り殺し、さらに西隣の主人小川虎之助の許へ赴いて、矢庭に斬りつけるという事件が起ったのである。この事件は狐の穴を埋めた祟りであろうと、近所の人々がうわさするので、子供心に恐怖心に捉われたものであった。

殺傷事件を起した野沢の主人が人力車にのせられて水戸の精神病院に送られる途中、家の前を通る時、狂っていながらもわが子の名を呼び、いとけない倅もそれに答えていた姿が、はじめて二匹の狐を見た時の印象とともに、思い出されるのである。

私の子供のころ辻川には狐狩りという行事が、一月十四日の夜から翌朝にかけて行われていた。戦後間もなくあの地方を訪れた池田弘子さん（現ハワイ大学教授）は、福崎町八千種《やちぐさ》の古老から、その部落では残っていると聞いた旨を報告してくれた。

この行事の分布は狭く、西方では播州がゆき止り、裏日本の山陰では西は伯耆《ほうき》、東は若狭に分布している。もともと日本人は狐を狡猾な警戒すべきものとしては見ず、感謝と尊敬を以て対すべき動物として信仰し、人智の及ばない、例えば豊凶を占えば、それを教示してくれるものと考えていた。狐信仰がいまなお見られるような、狐つきや犬神筋などという特定の家系を捏造したり、呪術者によって狐落しという民間修験が行われるようなことになったのは、信仰の衰退現象にもとづくだけではなく、この信仰を生活に利用した一部の人々の影響ではなかったか。

ところで、狐がりはモグラ打ちと同様に狐が追放されるという形をとっているが、本来は年の初めにその年の豊凶を狐から聞くための歓待行事ではなかったかと思われる。狐帰りと呼び、やや狐に対して好意的な態度をとる地域もある。その際の歌い文句は、

狐の寿司は七桶ながら、八桶に足らぬとて狐狩りするよ。

狐を喰ったらうまかった。まんだ歯ぐきに挟まっとる。
といった風の半ば遊戯的で示威運動めいているが、また狐との長年の親しみの名残を示している。

辻川ではオロロ追いといい、単に理由もない行事として残っていた。オロロとは物を捜すときの掛声であろうが、子供らが群を作って、寒い夜更けの街道を村の外れまで「オロロやオロロ」と叫びながら歩くのであった。

亥の子

年とった者は、ややもすれば何でも判ったつもりで、若い人や子供たちに臨みがちであるが、世の中には未解決の事柄がじつに多いのである。いかにもつまらないことのように見えて、じつはそれをつきとめてゆけば、私どもの古い歴史や周囲民族とのつながりなどが判ってくることがある。未解決の問題が多いということは、将来のことを考えると、また楽しいことになる。

私の子供のころ播州では亥の子という行事が盛んであった。書物によると摂津豊能《とよの》郡《ぐん》の能勢《のせ》の妙見様の付近の、ある特定の家から、京都の宮廷へ旧十月亥の子の日にお餅をもってゆくのが、この日の行事のように書いてある。玄猪《げんちょ》などともいうが、亥の日が猪かどうか判らないのに、京都の役人と能勢付近の誰かが話し合いをつけてそんなことをいい出したものと思うが、説明がつかないのである。

現に私どもが子供のころの亥の子の日という感覚と、京都へお餅を持ってゆく、この玄猪という能勢の行事とは結びつかないのである。新藁で束を拵え、その中に竹とか茗荷《みょうが》とかの、中の虚ろな生の植物を堅く巻き込み、それに取手の輪をつけたスポというものを作る。子供たちはみなこれをもって、調子をそろえて、ぽおん、ぽおんと地面を叩く。中には植物が入っているのでよけいに良い音がひびいて、子供たちは自然に興奮してしまうのだった。

亥の子餅くれんこ、くれん家の嬶《かか》は、鬼うめ、蛇《じゃ》うめ、角のはえた子うめ

そう歌いながら村の道を練るのであった。私の家では親がやかましくて、他のことでは村童の仲間入りをさせてくれなかったが、どういうものか、この時だけは私ども兄弟に子供の特権を与えて、外に出してくれた。

この亥の子餅くれんこの行事は、ふしぎにも狭い範囲にしか行われない。播州の私らの地方から少し西の方まで飛びとびに拡がっているが、岡山辺から山口県の一部分までは亥の子石という石を使う所が多い。丸い石に縄をたくさんつけ、子供たちが四方からその縄を引っ張って石を空中に吊り上げておいて、いっせいにどすんと地面に落す。藁束とは感じも調子もまるでちがっているが、やはりこの日を亥の子といっている。瀬戸内海の対岸でも四国の愛媛県もたしか亥の子石であった。石を普段は大事にしておいて、この日だけにもち出し、ヨイトマケが地杭を打つ時と同じように、いっせいに引き上げてからどすんと地面に落す。それによって人々はむやみと興奮を感じていた。動作はちがうが、岡山辺でも、子供たちのうたう文句は播州と同じようであった。

関東地方では同じ行事を「十日《とおか》ン夜《や》の藁鉄砲」といっている。藁鉄砲であるから播州の行事に近いわけである。つまり動作の方は遠く離れた遠方同士が似ているが、歌の方は藁と石と違っても、距離の近い同士が似ているのである。それにしても、このごろになって私に判ったのは、この行事がそんなに旧くないということである。

はじめ親たちから聞いた話では、もとは旧暦十月は亥の月だから、亥の月の亥の日を選ぶ。第一の亥の日は殿様の亥の子だとか武士《さむらい》の亥の子だとかいって、村人は何もしない。二度目の亥の日を百姓の亥の子といって、村の人たちはこの日に餅をついて贈ったり、贈られたり、子供たちが藁鉄砲で地面を叩いたりするのだというのである。

今でも憶えているが、私の家などでもよくこの亥の子餅を貰った。菊の花のややうつろになった小枝を、必ず重箱の中に入れてあり、蓋をとると、プーンとよい香りがしたものであった。夜更けまで藁鉄砲をうっていたものか、翌朝学校にゆく路の両側に、土がてらてらと固くなっている所が、あちこちに残っていたのをおぼえている。

豊の明り

秋の亥の子とは別に、山陰地方から北陸、東北にかけて、亥の月でも何でもない三月ごろに春亥の子というのがある。藁鉄砲はつかないが、亥の子餅をついてたべることは秋と同じである。亥の月の十月から約六ヵ月も距てた春の三月か四月に、もういっぺん亥の子をするのは何故か。

近ごろ、播州にも六月亥の子というのがあることがひょっこり判って来た。農家が田植をすました草取りまでの合間に、やはり餅をついて、六月亥の子といっている。ことに辻川から市川の上流にかけて盛んなので、高砂市に住むわれわれの仲間の西谷勝也君に、くわしい調査を奨めている。

これによって亥の子は、春亥の子、六月亥の子などがあって、必ずしも亥の月の十月ばかりでないことが明白に判ってきた。十月は神無月で、決して祭をしない月である。「延喜《えんぎ》式《しき》」に京都付近の主な神社の祭の一年中のリストが出ているが、十月は一つもない。これは私の考えでは、十一月に非常に重要な神社の祭りがあるので、その前一ヵ月は物忌みをする。この物忌みに入る日が、秋の亥の子になったのではないかと思う。つまりこの日からは忌火《いみび》を焚いて、何もせず、ごく静かにしている期間であった。

物忌みあけの十一月というのは霜月というくらいで、もう霜が降りるから、その時に秋祭をするのは少し無理がある。物忌みという昔の信仰、つまり習慣を大事にすればこそ一ヵ月辛抱ができるが、信仰が薄れてくれば一ヵ月の物忌みは難しくなってくる。

亥の子の騒ぎはこのように物忌みのうすれかけた時、誰かが工夫して、十月の亥の日に賑やかな行事をして、神無月そのものを花やかにして見ようとしたのではなかろうかとも考えられる。あたかも今日スポーツを村に入れて、活気を呼ぼうとするのと同じ気持ではなかったかと思う。

そこへさらに明治五年太陽暦が採用される時、朝儀の新嘗祭《にいなめさい》が新暦十一月二十三日に行われることに決められたので、よけいに複雑になってきたのであった。

新嘗祭はもと旧暦の十一月、すなわち霜月の二十三日に行われていた。しかし、もともと二十三日に行われていたのではなく、宮中の新嘗祭などはいつも霜月第二の卯の日ということになっていた。その祭の済んだ後が、いわゆる「豊《とよ》の明《あか》り」である。あまりに厳重な物忌みをしたため、そのとけた時に全部が解放されるわけである。この感覚は野蛮人になればなるほど対照が甚しく、それまでは男女の往き来もないというくらいきびしいのが、祭がすむとまるで気違いのようになってしまって、飲みたい者は飲み、喧嘩もおこるというふうに、あらゆることを自由にふるまった。

「豊の明り」というのは、大変上品な言葉になってはいるが、元のおこりは物忌みの解けた時の喜びを表わす祭ではなかったかと思う。二十三日という日は、満月を中において、八日が上弦の日であるのに対して下弦の日であるから、何でもないようでいて、じつは大事にされていいだけの意味をもっている。

お祭のうちでいちばん大事なお祭を二十三日にするのが注意に値する点で、宮内省でも新暦の十一月二十三日を新嘗の祭にされているのは意味があると思う。しかし宮内省の記録では明治五年の暦法改正の時、祭の日を十二支でかぞえるのを止めることにしたところ、旧い新嘗祭、すなわち旧十一月の第二の卯の日が、二十三日であったから、月はそのままに十一月二十三日にきめたということが判った。これは私の想像では、昔から新嘗祭を下弦の月のある二十三日にして来ていたところ、たまたまその年の第二の卯の日が新暦二十三日になったという、まことに注意すべき偶然だったのではないかと思っている。

大師講

この二十三日という日は、農村ではどういうふうに取り扱われているのであろうか。私の幼いころ、故郷辻川にはニジュウソウという言葉がかすかに残っていた。他の祭のように取り立てて行事もなく、子供にとっても別段日ごろと変ることはないが、ただニジュウソウという日があることはあった。私らはネジグソだなどと、下品な悪口で呼んだものである。十一月二十三日、いわゆる霜月三夜のこの行事は、辻川より東の方、美嚢《みのう》、加西付近にゆくと、まだ重要な行事として残っている。

中部地方から東の各県や、北陸一帯、また山陰も但馬から西、島根付近までは、この日を大師講《だいしこう》と呼んで、弘法大師や元三大師《がんざんだいし》［良源《りょうげん》］などの話に結びつけている。二十三夜の晩、ある貧しい老婆の家に大師が訪れて来られたが、何も差上げる食物がなかったので、悪いとは思いつつ隣家の田にしのび入って、稲穂を盗んで来て進ぜたとか、隣の畠から大根をひきぬいて大師に供したとかいう語り伝えがある。老女は足がすりこぎのようになっていたので、足跡ですぐ分ってしまうから大師がその志をあわれんで、雪を降らせて足跡を隠して下さったとかいうのである。あるいは東北地方も端々にゆくと、大師は女性で二十三人もの子供があったので、食物を与えるのにいちいちの子供に手がとどかないため、長い箸を使ったという伝説がある。そのためこの日供えるお粥や団子には二本の長い箸を添える風習もあって、いわゆる歴史上の大師や太子に関係のない伝承が多い。

また、大師は子供が多くて、貧しかったので、二十三日のお粥に入れる塩がなかった。それを買いに出て吹雪のため途中で倒れたので、この日だけは供えるお粥に塩を加えないという地方もある。十一月も太陰暦では、すでに天候も悪く、雪も降り、夜は寂しい季節であってみれば、囲炉裏端では話がしきりにはずみ、さまざまに形を変えて作られていったものであろうと思われる。

兵庫県も但馬の村々では、この霜月三夜には、山の獣らが山を下って来て、この晩の祭をするというういい伝えもあった。

岐阜県の加茂郡という所は、真言宗は少なく、禅宗の寺が多いにもかかわらず、大師堂というのがある。土地では弘法様をまつってあるといって寄り合いをしているが、それがやはり十一月の二十三日に当っている。もと神戸大学の教授だった佐野一彦氏がその付近の伊深《いぶか》村《むら》［現美濃加茂市］に住んでおられて、居村の事情を非常に詳しく報告されたものがある。

さてタイシというのは、長男、長女を意味するオオイコのことであって、漢字をあてると大子となるが、われわれの祖先は耳でダイシときいて、弘法大師や元三大師などを想像していたのも、おこりはやはり尊い神の御子ということであったのかもしれない。

まだ冬至という暦の上のことばを知らない前から、暖い陽光の訪れる嬉しい季節が、これからはじまるという時であるから、それを、力強く恵み深い神の御子の誕生のように想像していたのではないかと思う。

冬至は中国だけのことではない。西洋でもクリスマスはキリスト教以前の冬至祭に発し、それをキリスト生誕の日にしたというのは、たんなる偶然ではないであろう。

たまたま宮中の新嘗祭が新暦十一月二十三日になっているが、私は、この二十三日は、稲の刈上げから一ヵ月目の稲の収穫祭ではなかったかと思っている。つまり旧暦十一月二十三日を中心にした米のまつりに関して、新旧二つの暦が重なり、複雑になったが、亥の子は、この米の収穫祭のための物忌みに入る忌火の飯をたべ始める日であり、豊の明りはそのあける日の祝いではなかったかと思う。

アエノコト

今では、刈田の跡に藁だけを円錐形に積みあげた積藁が、田園風景に趣を添えているが、昔、物盗りの心配のなかったころは、刈りとった稲を穂つきのまま田んぼの中に積み、そこで乾燥させ、保存するとともに、田の神を祭ったものであった。

積み方は全国ほぼ一様で、穂先を内側に向けて円錐形に積みあげてゆき、上の屋根にあたる部分は藁を逆にして葺《ふ》いたり、束ねて飾りつけたりしていた。ニオとかニュウ、あるいははっきりと稲ニオという所もある。あるいは紀州などのようにスズキという所もある。日本の固有信仰で、田の神は春先に山から降って来られて、その年の稲作のよく出来ることをご覧になって、秋には帰り給うのであるから、この稲積みをニオ、ニュウなどと呼ぶことは、ニイナメ祭のニイや、神への供物のニエなどと関係があるのではないかと、私どもは早くから主張してきたのであった。

おもしろいことには、この稲積みの方式は、南方の稲作民族の間でもみられることである。あちらでは、はっきりと、この稲積みを、稲の母が来年になって実を結ぶための、稲の子を産むためのものという。ここで祭を行って、翌年の稲の稔りを願う穀霊信仰は、わが国とも共通したものであって、いわば「稲の産屋《うぶや》」と見立てた信仰のあらわれであった。

ニイナメという祭は、いまだに詳しいことはわからないが、古代のわが国ではことに厳粛な、大きな祭であって、稲の刈り上げが終ったあとのある期間を、精進潔斎《しょうじんけっさい》し、物忌みの生活をして神を祭ったものであるらしい。

農民の間にもニイナメという口言葉はそのままでは残っていないし、いつごろ行われたものであるかもはっきりしないのであるが、私は他の事情から考えて、昔のニイナメは、先にのべた大師講などと、同じものではなかったかと思うのである。大師講の夜に、必ずお粥を食べるという習わしは、穀霊と共食する民間の一儀式であったろう。ここに注目される一例としてあげたいのは、能登半島の奥まった村にアエノコトという祭があることである。アエは饗で、ニイナメ即ちニイノアエに通じるものではないかと思う。

この祭は十一月四日または五日に、田の神をそれぞれの家に迎え、まるで高貴な御方をお迎えするように、家々の主人は威儀を正して歓待するのである。見えざる田の神に対して、「ようお出で下さいました」と挨拶し、まず風呂に案内する。ここでは主人自ら裸になって入ったり、あるいはそばにひかえて湯加減をうかがったりする。それから座敷に御案内して、数々の御馳走を差上げる。田の神は久しく地中にあって、めくらになっておられるからといって、膳の御馳走を一つずつ「これは何でございます」と説明して供えるというのである。この御馳走はあとから家内中でわけていただくとか、主人自らがたべるなど、神との共食であった。これには田の神というばかりでなく、自分の祖先の霊でもあるという信仰が入り込んでいるというのである。

若狭小浜《わかさおばま》の対岸、大島には、またニソノモリという、墓地と祠を兼ねた祭祀場を各戸がもっている。ここではニジュウソといって十一月二十三日に祭っているのである。またその地域から近江付近にかけてはダイジョウ講という、同じ日の祭があって、穀霊信仰と祖霊信仰がいろいろに重なった名残りをみせている。

さてこのようにいくつかの例を取りあげてゆくと、新嘗と、ニジュウソ、大師講など、全国の二分の一以上を占める地域に残っている信仰との関連が考えられ、それがことごとく米に関係していることが分る。

米の話と黒潮

われわれの問題で、ちょうどいま取りかかっていながら、まだ未解決なものが二、三ある。そのうちいちばん大きな問題は、日本人は何処から来たかということである。それに関連して、稲作がどこから、どうなってきたかということも、また大きな問題になっているのである。

近ごろは騎馬民族渡来説のような意見まで出ているが、私は日本人の生活と切り離すことのできない稲の文化史を調べたら、あるいは日本人の起源がわかるのではないかという意見をもっている。

まず米の話については、今日のように文化史の側からも、自然科学の側からも、互に協力して研究してゆくようになったのは、西ヶ原農事試験場に四十年も顕微鏡を覗いておられた安藤広太郎さんの『日本古代稲作史雑考』という、画期的な著書が出版されたのが動機であった。戦後、安藤さんは日本やシナの古典をしらべて、延喜式の献物品の種目をたんねんにしらべた結果、赤米というものは、近年南京米などといっしょに入って来たようなものでなく、古くからあったという点を指摘されたのである。また安藤さんのお弟子格で兵庫農科大学［現神戸大学農学部］の浜田秀夫君という若い農学者が、大変熱心に研究を続けている。安藤さんは丹波の出身であるし、浜田君は篠山《ささやま》に住んでいる点から、この米の話は「神戸新聞」にまるっきり縁のないものではないと思っている。

安藤さんの本が出た時、東畑精一《とうばたせいいち》君のきもいりで、先生を囲んで石黒忠篤君や私が招かれて、目立たないお祝の会をやった。その折に小泉幸一君という信州出身の若い学者の世話で、「稲作史研究会」というものが作られた。農林省農業技術研究所の盛永俊太郎《もりながとしたろう》さんや他にも二、三人協力して、総合的に稲や稲作の歴史を明らかにしてゆこうとするもので、大変喜ばしいことである。米と日本人の関係という根本問題がまずはっきりしなければ、日本人の起源の問題はわからない。いまの高砂市の出身金沢庄三郎《かなざわしょうざぶろう》さんなどは、言語学者の立場から、インドゲルマン系の言語比較をし、たくさんの言葉を比べて、日本人と朝鮮人とは同系ではないかという説を出しておられる。しかし、その点は急に断定するわけにはいかないと私は思うのである。言葉の研究は大事な手がかりになるにはちがいないが、ただそれだけで民族の起源を見ようとするのは危険ではないかと思う。

日本人の起源はやはり稲作と結びつけて考える必要があると思う。シナ大陸で米を作った中心地の北端は殷《いん》の故郷、洛陽《らくよう》付近で、象が耕していたという説がある。そこから稲作がじりじりと朝鮮の端までいったという説もあるが、この推論は誤りであるらしい。あるいは米はシナから直接に渡って来たという説をなす人もあるが、安藤さんの本は、これらの諸説を批判しながら、進んで行く形をとられたものであった。最近、浜田君などが参加して、カンボジアのメコン河の周辺に米を作っているごく原始的な人種の踏査が行われ、浜田君などが大いに働いているのは頼もしいことである。

稲の文化というものを考える時、弥生式文化の渡り口といった問題についても、慎重な研究がもっと進められてよさそうに思われる。これについて、私は、島国という日本の条件から、海上交通、すなわち、潮流の必然性というようなものを掘りさげて調べる必要があると思う。黒潮が台湾の東海岸を上って、沖縄の所で少しくずれて、西を通って東シナ海との間を進み、吐噶喇《とから》海付近でどういうわけか二つにわかれている。海洋学において十分研究してほしい点であるが、われわれ史学を研究しようとする者にも興味深い問題である。

騎馬民族説への疑問

私は以前、鼠が島から島へ渡るという話をきいて、人間の移動ということも、これとそんなに大きなちがいはないのではないかと思ったことがある。遠い昔、地図があるわけではなし、はじめは何も知らずに渡ってきたに相違ないと思う。海へ舟で出てみたら、潮流に乗り、そしてひょっとした拍子に、その潮の支流の方へ乗って、思いがけない所へ着いたというのが本当の話であろう。はじめて無人の所へ上った種族は、じつにつまらないチャンスによるものであった。私の説は仮説であって、とても学問の形になっていないという人があるかもしれないが、日本人がどこから上ったか、どこから来たかということについて研究し努力しているのである。

私は稲作習俗をもった南の人種が、この潮流にのって、島影づたいに来たのではないかと考えている。それに日本海側の方が、稲作移住に適しているのである。それはおいおいに説明してゆきたいと思っている。

今日では、大陸から朝鮮を南下し、海峡をぴょんと渡って日本へ入って来たろう、文化も人間もみなそうして入って来たろうと、簡単にきめる空気が非常に強いが、私ははっきりとその説に反対している。何故なら、南からでなければ稲は入って来ないし、稲が来なければ今の民族は成立しないと思うからである。今の民族は単に百姓が米を作るだけでなく、皇室も米がなければ神様をおまつりすることができないのである。神様を祭る時の食物には必ず稲が入っている。したがって私は、日本民族は稲というものと不可分な民族だと確信している。稲は後から来たようなことをいう人もいるが、どうしても稲ははじめから携えて来なければ、それに伴う信仰とか、慣習とかのある説明がつかない。考古学者も人類学者も、このようなことを少しも考えない。そのいちばん極端なのが、例の騎馬民族説である。

日本民族が馬に乗って北シナから南へ移住して、どっと船で馬もろとも海を渡ってきたというのである。その理由として、古墳前期には騎馬に関する遺物が少なく、後期に入ると急にふえ、りっぱな馬のものが現われるということをあげる。その後期に、馬もろとも入ってきたにちがいないというのである。稲は前からいた人たちが作っているところへ、普段米をたべたことのない人種が、馬を連れてやってきて、支配者になったというのである。

われわれの間では、皇室が率先して米の収穫を重んじられ、延喜式に出ているほど複雑なものではなかったにしても、国の祭に御代替りの大嘗《おおなめ》の祭があり、毎年の宮中の祭に新嘗《にいなめ》の祭があり、各神社にもこれをならう式祭があって、何れも米を祭ることが中心になっている。

その皇室が国民に率先してやられた米の祭というものが、騎馬民族が日本へやって来てから、先住民の民心を収攬しようとしてはじめた祭式であるといおうとしても、それでは説明にならないのではないか。

米を毎年満足に作るためには非常にむつかしい物忌みをしなければならない。皇室も国民もそれをする結果として、新嘗の式がおこったわけである。この意味からも、三笠宮様が新嘗祭の研究に手を染めておられることは、最も適任者を得たということができる。

穀霊信仰など

今からちょうど百二十年ほど前、ドイツにウイルヘルム・マンハルトという不遇な学者があった。主として北海沿岸を調べたのであるが、この地帯の小麦の種取りには、穀霊相続の信仰という、非常に注意すべきものがあることを指摘したのである。すなわちコーン・ゴッド（穀霊）というのがあり、コーン・マザア（穀母）という神様がコーン・チャイルド（穀童）を産み、それが翌年の種となってゆくと信じている。

　穀母が穀童を産み育ててゆく、そのために産屋の祭があり、二代目の穀物はその産屋でスピリット（魂）を穀母から受けるというのである。宗教学者の宇野《うの》円空《えんくう》君がマライを歩いて長い間かかって、『マライシアにおける稲米儀礼』という大きな本を出したが、その報告の中にもこれと同じような信仰がある。マンハルトの発見した時分には、世間はこれを相手にしないし、ことに宗教学者などは、そんなことをいってはいけないというようなことさえ言っていた。そのため彼は不遇なままに死んで行ったが、その後、私らの読んだフレーザア教授（「ゴールデン・バウ」［金枝篇］の著者）の本に、今から五十年も前にマンハルトという気の毒な学者が、こういうことをいい残して死んだと書いて大変褒めていることが判った。それによってはじめて小麦のこのような信仰を知り、またマライシアでも稲について全く同じ習慣の残っていることが、新たに宇野教授の報告で解ったのである。

　石田英一郎君の話によると、このマンハルトの学説は今では大変盛んで、カトリックの学僧たちも加わって研究しているとか。これは決して北海の海岸ばかりでなく、フレーザアの『コーン・スピリット』という本には、小アジアの方の例がたくさん引かれているし、このごろではカトリック僧の力によって地中海岸まで研究が拡がり、その中心はイタリアであるということである。さらに最近、同君が中央アメリカのメキシコやグァテマラを歩いていると、インディアン・コーン（玉蜀黍《とうもろこし》）について、黒人の間にやはりこういう穀物のお産という信仰のあることが判った。それは十三、四世紀からのちょっと野蕃な遺風だが、コーンの神様の像があり、中には母神から穀童が生れている石像さえ残っているそうである。日本でも稲の祭というものが全国に大体一致してあるが、それとこのような他の国々との間に共通点を探し出すことが出来るように思うが、これは新しい大きな問題である。

私は宇野君の報告だけでは満足できず、シナで嘗《しょう》といっている祭がどうなっているか、シナの民間にも収穫に伴う物忌みの儀式があるかどうか知りたいと思っていたところ、近ごろやっと米についても、マンハルト説と同じような法則のあることが判ってきた。つまり日本の稲の祭、いわゆる新嘗の祭の系統がそれと関連のあることが分るようになった。

ニイという言葉に新の字をあててあるから、アタラシイと読むし、嘗の字をナメと読むから新しく舐めるという意味に誤解したりするが、嘗はシナでは試みるという意味で使っている。ニイの方もニュとかミュとかいう名になっていることがある。『日本書紀』にミュの父という言葉があり、宮様がお生れになると大抵母方の親戚などでお育て申す約束の人間が出る。壬生部とか乳部と書いてあるのがそれである。新嘗のニイもニュで、稲を田圃に置いたまま穀物を管理するのである。これを所によってはワラニオとかスズキとかよんでいる。その稲積を八重山群島ではマジンともいうが、シラという言葉もある。その上、沖縄ではこのシラはまた人間の産屋のことでもあった。

シラ、シイラの語源はまだ判らないが、私は沖縄語のシイダから転じたもので、育つ、成長するという意味だと思っている。D・R二つの子音の通融で、ダ行がかつてはラ行に近かった時代の名残りではないか。産の穢れを白不浄という地域はひろいが、白は後々のあて字である。

赤米のこと

穀物を作る時に、非常にきびしい物忌みをする習慣は、アフリカの野蕃人の中にもある。二ヵ月位にも及ぶらしいが、その代り、それが解けた時が大変である。いわゆる豊の明りというわけで、無茶苦茶なことをするらしい。日本などはそれに比べると、ずっと優しいよい方法で、特別の場合でもせいぜい五節《ごせち》の舞を舞うくらいのものである。ともかく、収穫の前後で一ぺん変らなければならないということなのである。

伊勢の神宮では禰宜《ねぎ》が年中潔斎しているので、神嘗《かんなめ》を九月にしているが、普通の人はそれから一ヵ月以上の物忌みがある。十月一日が入忌《いりび》の日として延喜式にも出ているが、それから一ヵ月以上物忌みして、十一月に新嘗となる。この入忌の日に小豆の御飯を食べるが、小豆は日常の食物にはならないのにもかかわらず、東洋一帯に非常に大事にしている。シナでもたくさん輸入しているし、日本でもビルマ辺から輸入するということである。

小豆を何故大事にするようになったか。これは私の奇抜な解釈だが、小豆を使いはじめたのは、おいしいからではなく、もっと他の理由があったのではないか。昔から稲の種類の改良が大変に進んで来たが、農学者の話によると、赤い米の方が原種だということである。つまり赤い米が常のものであったのが、人々の選択によって今日のように白くなってきたのではないかと思う。沖縄から来た人などは米は薄赤いと思っていたという話がある。ずっと昔には赤米だったのが、改良されてだんだん白くなったために、後になるとかえって赤米に重要度がおかれるようになり、何か大事な時だけ赤米をたべようということになったのではないか。小豆御飯のお米の色と、赤米だけで炊いたのと、色が大変よく似ているのである。物忌みの忌日の特徴をつけ、食べる人に今日から常の日とは違うということを意識させるため、もとは赤米を炊いたのが、在来の赤米がだんだん少なくなって来たので、それによく似た小豆御飯を炊くことになったのではないかと私は考えている。そうして小豆を盛んに栽培する区域と米作地帯が同じであり、小豆御飯の米の色と赤米を炊いた御飯の色とが大変近いということが、問題に対する一つの暗示ではないかと思っている。

人間が父母から子供に移る遺伝は、家畜などでも経験できるが、稲が非常に規則正しく、毎年一回ずつ循環して、籾粒を蒔いておけば茎が出、花が咲き、また穀物になるという現象は、はじめてその栽培をやり出した民族にとって、かなり大きなミステリィ（神秘）だったにちがいない。

われわれは稲の日本史を何より大事と思っているが、米の大きな特徴は、生《なま》で食べられるという点である。それで早くから特別の地位が与えられていたのではないか。辻川の三木さんみたいな大地主の家では、土蔵の入口に「把み米食ふべからず」などと貼紙がしてあった。子供のころ、若い教員などが稲の穂を両手でさっとしごいて、それを両手でもみ、ふっと吹いて殻だけとばして、米粒だけを口の中にほうり込むのをみた。生徒もこれを見て真似をする。兵隊なんかもやったらしい。

神様に米を供えるときも、生のままである。シトギというが、米を湿らして、搗《つ》いて、お団子にしたものである。臼でひかなくても粉のような状態になる。本来神様に供える正式のものはこれであったらしい。

ヨネ・コメ・クミ・クマなど

沖縄では、米のことをこちらのようにコメとかヨネとかイネとかいわないで、マイと呼び、マイを作る、マイを食うという使い方をしている。このようにいろいろと呼び名に変化があるため、ヨネという場合と、コメという場合と、全然別の国から日本へ二度に渡来したのではないかという複数起源説を唱える人もあるが、私にはそうは思えない。米のことをコメと言い出したのは南北朝の終りから足利時代にかけてであって、それまでは普通人のたべるものはすべてヨネであった。ただ神様に供えるものがコメであって、クマシネなどという言葉があるが、これは神に供える神聖なものであるということであった。米が文化の問題から離れた時代に、兵糧米などをヨネといわず、片端からコメといい、米何十石という風に、神聖な言葉を俗用してから、ごっちゃになってしまった。今も地名に神稲と書いてクマシロなどと呼んでいるのは、神に捧げる清い米の意味で、クミ、クマ、コミなど、みな同じ清い米を作ることの出来る所、他より災害の少ない豊穣な所という意味が含まれているのではないかと思う。かつてはコメとヨネとは、信仰の目標と、通常語とのはっきりした区別があったのである。『古事記』や『日本書紀』に出てくる久米の一族も、後には軍隊になっているが、あの歌だけをみると食糧の係とでもいおうか、内膳の係だったのではないかと思われる。クメという地名が日本全国に割に広がっているのも、お祭のコメ、つまり神聖な稲を作る所ということではないか。つまり各地のクメという地名をたどれば、日本人の歩いた一通りの所が分るのではないかと思うのである。

山口県にも鹿児島県にも熊毛郡があり、日本海側には点々とクミと呼ぶ地名がある。私の想像では、稲が自然のままに生育する所がクミ、クメ、クマなどと呼ばれる所だったのではないか。沖縄のクメ島がもとか、あるいはもっと南のクミ島がもとか判らないが、そんな所で非常に神聖な穀物として作ったヨネが、コメであったと考えられる。沖縄のような所では米作は大変少ないから、これを職業にする者は少なく、出来ても直ぐに食べてしまうくらいしかできない状態にある。だから、ただ神へ捧げる米穀のみを、コメと呼んで大切に扱ったのではないかと思う。

さて日本人の外からの移住も、漂着してきたのがいちばん最初で、水平線の向うの見えない島へ、計画して渡って来たものでなく、偶然のことであったに相違ない。その渡ってきた道筋が、日本の稲作の伝来を語っているのではなかろうか。

まずはじめには、人工を加えない稲作ということを考えなければならぬ。毎年三十五日か四十日かの期間しか続かない梅雨だけを頼って稲作する方法である。長門《ながと》の萩に近い見島という小さな島では、山の木を伐りすぎて一筋も流れがなくなった。仕方がないからいくらか持ちのいい土地に、雨をためるかどうかして二、三ヵ所だけ池みたいにし、そこを苗代《なわしろ》にして雨を待っているのである。漁業を主とした島であるが、雨を待って稲を作っている点は、いくらか日本民族の最初を想像させるものがある。

しかし漂流者が籾種を持ったり、女子供を連れたりするわけもないから、もう一ぺん故郷へ帰って妻や子供を連れてきたのではないか。つまり改めて永住の気持を起して来たものではなかろうか。私は、その助けとなったものが先にのべた宝貝の産出ではないかと想像している。宝石以上に価値のある宝貝があるとすれば、もう一ぺん出直す理由が十分にあったと思われるのである。これは私の想像説も入っていて、これから証明しなければならぬ問題である。

日本の舟

日本にどこからか米を食う人間が渡って来たのは事実で、またその人たちが今の米作り人種の先祖であるということも疑わない。しかし周囲が海の日本のことだから、どうしても舟というものを考えてみなければならない。舟が最初どうして作られ、どんな利用、もしくは利用の制限があったかということを、一度は調べてみる必要がある。

例えば、北海のヴァイキングみたいな民族は、随分遠くまで航海したが、あれは要するに岸に沿って歩いただけで、海を横切ることはほとんどなかった。いよいよ大洋を乗切るのに、磁石で決めて行ったなどというのは、まだ大分後のことである。それで私は、舟というものがどこで作られたか、どうして作られたか、どうして舟が発達したかということをしらべると、人間の文化がいかに形作られてきたか、よくわかるのではないかと考えている。そしてこれは日本人がやらなければならぬ問題の一つだと思っている。

昔、日本人が黒潮にのって南方から九州とか、その南の島などへ来たとする。どうして来たか、漂流も無論あったが、漂流では女房子供がいっしょに漂流することは考えられないから、一度はもとの故国に帰ってもう一度出直して来るということを考えてみなければならない。ところが、宮古とか八重山とかの、沖縄の島々で南に向いている方面だけに、渡来者の帰って行く話がたくさんある。これはどこから来たかということを考える時の、一つの手がかりになるのではないかと思う。

刃物のない時代にどうして舟を作ったのか。刃物のない土人も舟を作っているが、それは刳舟《くりぶね》で、焼切りにして作ったものであったらしい。それに少しずつ板で縁をつけて幅をひろくしたり、二艘舟といって二つ合せて重いものを運ぶようにしたものであろう。そして舟を作るには、樹木の豊な所が直ぐに造船所になったわけであろう。しかし、いずれの舟も、ほんのわずかの航海しかできない脆弱《ぜいじゃく》なものだったに相違ない。

だから古代に人馬の大部隊が朝鮮から日本へ渡来したなどということは、事実とは合わない議論である。熱心とか、真理を愛好する心持とか、これを人間の幸福に役立てようとかする態度に対しては、私といえども一言もないが、事実は事実として究明しなければならないのである。ただ外国の書物を拝借して、「過去においては」とか、「前代日本では」とか、概念論で簡単に片づけてしまおうとする人たちがあるが、そんなことなら、われわれはこんなに苦しみはしないのである。前代というならば、せめて「六国史《りっこくし》」が京都の周囲に払ったのに劣らない注意力を、全国に払ってからにしてもらいたい。同じ江戸期の三百年だって、初めと後とでは地方人の気持一つでも違っているし、その地方々々がまたそれぞれの特徴をもっていたのである。

さて小さな丸木舟で、どうしてきたか。浦づたいに棹で来ることもあったろうし、潮流を利用して島に近づくとか、風を利用したということも考えられる。もっとも、それには帆布ということも考えなければならない。こう考えて来ると、どうしても入江の多い地形、すなわち太平洋岸より、日本海側の方が利用しやすく、こうして南から北へと行ったのではないかと想像できる。

舟人が海づたいに進んで行く時分には、食物のことをどうしていたのだろうか。いつも果物のある季節とは限らないし、結局道々で耕作をしながら進んだのではないかと思う。移住論者はこの食物のことをあまり考えていないようである。

日本の島々にいっぱい茂っていた樹木が、南の方からだんだん伐られて来たことは、何となく舟が南から北へ進んで行ったことを想像させるが、しかし一つの島から他の島へ移るのには、大きな努力と冒険が要る。それをどうしてやったか、私といえどもまだ想像説に留っているにすぎない。日本の舟はどんな風に発達して来たかということは、日本文化の発達に関連する重要な問題であるから、これからの若い人達に、ぜひ研究してもらいたいと思っている。

日本人の渡来

日本人ははじめにどこから来て、どこの地帯に入ったのであろうか。人間の移動には、いろいろの信仰といっしょに、生活の方式をもって来なければならない。そして日本人の信仰と米作とは切離して考えられないから、やはり大部分は南の米作地帯から米作をもって来たのだろうと思われる。ただ先祖から稲作をしていた人間が、いつも一つ所にじっとして耕作をしていたとは限らない。例えばシナの沿岸地帯など、東夷と船で往来していたというが、夷という字は「たいらか」とも読むから、東方に穏やかな民族がいたとも解釈せられる。同じ沿岸地帯には、百越とか諸越とか言われたいろいろの未開族がいたことが知られている。そしてわれわれが後々「もろこし」といって、唐土の字をあてているが、じつは諸越又は百越と書いて「もろこし」と読んでいたのかもしれない。

私も時が許せば、シナの歴史を最近の研究まで含めてもっと調べてみたいと思っている。例えば熊野地方へ、舒（徐）の地方から来たといわれる徐福なども、当時の日本がシナかぶれして、仙人の術を解するようになっていたと思い込んだのかもしれない。また孔子が「東海を蹈んで死するあらんのみ」といったのも、扶桑《ふそう》を理想境とする東海主義のあらわれと見られないこともない。

越後の古志郡《こしぐん》というのはあまり古くないが、越前の敦賀《つるが》とか三国とかから越後まで、ずっと越《こし》と昔はいったものであろうが、「こし」という言葉は「もと居た所」と解釈するのが本当ではなかろうか。これに対照して思い出されるのは、沖縄で東西南北のことを「あがり、いり、はえ、にし」といって、北は「にし」といっている。言語学者の中には、日本の本土から南の沖縄に入ったので、北のことを「にし」というのだと説明する人がいる。私はこれに対して、それでは北のことを「こし」といわなければいけないのではないか、「にし」というのは「いにし」という意で、こちらから海を越えて行った方角ともとれるから道順が違う、といったことがある。ただ言語の比較だけでは日本人の渡来を決めることは考えものである。

さて私は日本人が南の方から来たということのみにきめるものではない。大正九年に青森県の大湊《おおみなと》付近を歩いて、北海道熊の剝製を見たが、それはごく最近本州側で捕えたものだということであった。あの青函海峡ですら渡れた時代のあったことがこれでも判るのである。まして北の端の宗谷《そうや》海峡などでは、偶然でなく計画して来る方法もあったであろうから、日本民族が唯一つであるとする説はなりたたない。私が思うのに、南方から来ていないと裸の人形がないのと同様、北から来なければあのように肥った土偶が出来るわけはない。土偶を造った縄文、弥生の二つの様式だけを見ても、文化に二つの系統があるといえるのである。北から来たか、南から来たか、いろいろの説があるが、仮定説を作ることは少しも悪いことではないので、ただ「かも知れない」ということを後につけ加えておかないのが悪いのである。

日本民族が海を渡って来ているといった私の説をきいて、南洋の人種を研究しているある学者が、「日本人が渡って来たころ、ランド・ブリッジはなかったか」と反問したことがある。これは時代の距りを考えていない議論である。そんな説が成立てば問題はじつに簡単になるが、そうはいかないと思う。

日本人が渡って来たのは足だけではない。必ず舟か、筏《いかだ》でなくてはならなかった。とすれば、舟材になる樹木のあった所からでなくてはならない。これについで潮流や風とともに、今後あるいは氷の問題があらわれて来るのではないかとも思うのである。山口と青森を除いて、南北両方の海にまたがっている県は、日本国中で兵庫県だけである。淡路と丹波・但馬という非常に異った地域を一県に統合して政治をするという極めて独自な存在であり、あるいは置県のさい、意識して一種の試験県にしたのではなかったかとさえも思える地方である。日本海と瀬戸内海との文化の重要性を考えて、兵庫県の奮起を望むものである。とくに但馬に関する学問などが、もっと盛んになっていいのではないかと思っている。

世界苦と孤島苦

沖縄の文化には中心があるから、それをはずれると、割引をしなければならぬような喰違いがどうしても免れられない。私の知り合いの比嘉春潮《ひがしゅんちょう》君などは珍しくそういう偏頗《へんぱ》のない人だが、多くの人はみなその癖をもっていて、「何島だからねえ」というようなことをすぐいう。八重山とか宮古島とかいう、割に大きな島でも特殊扱いされていたのだから、もっと小さな離島は、かなり別扱いされていたに相違ない。終戦後は事情が変って、首里でも那覇でも、元来のその土地の人はおそらく半分以下になったらしく、政治界、実業界に国頭《くにがみ》の人、宮古の人などが進出したときいている。もっとも昔から久米島などは地位が非常に良かったから、いくらか違っていたが、他の離島にいたっては、非常に低く見られる傾きがあった。それが私共が沖縄研究に奮起した原因と、隠れた動機だったともいえる。

沖縄に行って話した演題を「世界苦と孤島苦」としたのも、そんなわけからであった。世界苦というのは他にもお連れがあるから、皆と一緒につき合って行っていいが、この孤島苦の方を沖縄の人が気付かないようでは駄目だ、沖縄県でも自分の村の仲間のうちの一つ低いものを軽くみるようでは駄目だということを、可なり強い言葉で話したのである。すると大体の人は皆一様にちょっと嫌な顔をしたが、それ以来沖縄には、複雑な内容と気持とをもった孤島苦という言葉が行亘《ゆきわた》っているらしい。

沖縄にはどうも我々が考えて条理のないものがある。例えば、北海道の人は本州のことを内地という。前にも話した私の子供の頃の仲間で、辻川から北海道に移住した松岡和吉というお爺さんなど、この成城の近所に晩年を送っていたが、郷里に行ってきたことを「この間ちょっと内地へ帰って来ました」などと言っていた。つまり播州のことを言っているので、その位「内地」というのは良いかんじをもつ言葉なのである。

ところが、沖縄へ行って内地という言葉は禁物である。それでは沖縄は外地か、と反問されてしまう。私も向うへ行った時、最初に注意されたのが、内地といってはまずいということであった。いったい、こんな癖を沖縄人にうえつけたのは誰だといいたくなるほどである。

もう一つ沖縄には五百年この方、王朝があったといい、そしてその前にも一万二千年も続いた王朝があったと文献に出ている。その考えが強く残っていて、歴史を書くときにも王朝のことばかり書いて琉球の歴史であるというので、そうではありませんといおうとすると、どうも衝突を起す。琉球でも国際交通のはじまった元、明、清と段々文化が高まり、天下という観念がひろくなって、どうしてもその中心ということを考えるようになった。それさえなければ、離れた島々がのんびりと生活を楽しめるのではないかという点が沢山あるようである。沖縄のすぐれた学者であった伊波普猷君など王朝時代、藩制時代を経て明治になった当座の、明るくなった気持を主として書こうとしていたのではないかと思う。私は更にもう一つ前の三朝三代に溯って、それ以来のことをずっと勉強しなければならないのではないかと考えている。

『採訪南島語彙稿』

前にのべた「炉辺叢書」には伊波君のものも二、三冊入っていたと思う。まだ元気で活躍している東恩納寛惇《ひがしおんなかんじゅん》君のも、宮良当壮《みやらとうそう》君のもある。

宮良君はかたくなな男だけれど、今でもよく勉強している。生れは八重山で、相当な家だが、東京に出てくるのにはいろいろ苦労をしてきた。明治四十二年志を立てて本島まで来たが、働かなければ余裕がない。それで那覇から首里へ上る坂道を車の後押しをして、やっと大阪までの船賃を作ったとかいう話をきいている。東京に出て来てからは、名古屋の人で、東大の国語科の助手をしていた前田太郎という人が、じつによく宮良君を助けてやっていた。この人は名古屋の資産家で、東京に自分の家を建てたとき、周囲に何軒か借家を建てていた。早く亡くなったが、この一軒を宮良君に提供してくれたのである。昼間は学校に通い、夜は露店で本を売りながら、ずいぶん苦労をつづけていた。ちょうど中山太郎や岡村千秋が博文館につとめていたので、社長の大橋新太郎に頼んで見ようということになり、私が出かけて話したところ、快く承知して学資を出してくれることになった。国学院の予科か一年かに入ったばかりだったが、卒業まで大橋の好意に頼ることができた。もう一つには細君がよく出来た人で、縫物をして主人の勉強を助けてきたのである。

そして今も感心していることだが『採訪南島語彙稿《さいほうなんとうごいこう》』という本を学生時代に一人で作って出版した。今でも私は、成城の私の書庫の中で光を放っているのはこの本だけだといっているが、自分で謄写版の原紙をきって自家製で五十部だけ半紙判八百頁の厚い本を出版した。それが五十部とも売切れてしまって、どうしてもほしいという人が外国人（多分イギリス人だったと思うが）にもあった。作った本人はずいぶん気力の盛んな男で、それではもう一度作りましょうといって、また五十部、原紙からきって再版した。根気がよいので、折口君など、かえって辟易《へきえき》したこともあったが、ああいう人が沖縄に帰ってくれると役に立つのではないかと思う。

離島を特別視していた例として、私はいつも八重山群島の黒島という小さな島の人たちが、日本青年館で催した郷土舞踊の大会に出演した時のことを思い出す。「黒島口説《くどき》」という郷土舞踊を踊ってくれたのである。この人たちが出るときまった時、那覇の新聞が騒いで、県の恥になるから呼び返さなければいけないと主張した。宮良君のすすめで、やっと船でこちらに着いた若い女の人たちが、これをきいて泣き出し、私の所へも電報を打ってよこしたりしたので、そんな馬鹿なことがあるか、招んだ東京では待っているではないか、と指導者たちにいってやった。ところがいざ東京へ来てみると、それは大変な成功であった。額に鉢巻をきりっとしめると、それまで田舎の人と思っていた娘さんたちの容子が一変して、じつに鮮かなものになる。作曲家の中山晋平《なかやましんぺい》が、この調子にすっかり魅せられ、節をとって曲を作ったりした。

一昨年あたりも早稲田の大隈講堂で公開したが、なかなか評判がよかった。しかしやはり賞められると堕落というか、進歩というか、とにかく文化的なものになって、はじめ来た時のような鄙びた良さがだんだん減って来たようである。

倭寇の遺跡など

宮古島の図書館長で、稲村賢敷《いなむらけんぷ》という人がある。文理大〔のち東京教育大、現筑波大〕を出てあそこへ行ってしまったらしく、あまり他所を歩いてはいないようだ。非常に勉強して、『琉球諸島における倭寇史跡の研究』という本を書いた。まだ少し気づかわしい所もあるが、大体において宮古島には日本人が沖縄を通らずに直接、しかも大分多く入って来ている。そして一時倭寇の盛んな時分にはあそこが一つの根拠地であったことを書いたもので、もっと注意せられていい本だと思う。これを証明するために、御嶽《うたき》のまつりと関係のある「時の双紙」というものをくわしくしらべている。双紙というのは、安倍晴明《あべのせいめい》の著という『金烏玉兎集』という本のことで、いろいろ異本があるが、それが宮古島に残っていることが判った。沖縄本島にも伝わっていたが、禁止せられて内々にしか使っていなかった。ところが離れた宮古では、今でも家々に持っている。家の系統毎に少しずつ都合よく変えているらしいから、それを比べると面白いだろうと思う。

日の善悪を占うもので、「時の双紙」のトキとは日のことである。何月何日にこういうことを計画していいかどうかを決める時に、まずこの本を開いてみる。昔は公式のものであったが、王朝で早く禁止したので、民間の個人個人の所有になった。それを活用しているのがユタである。日本の巫女のように神の言葉をそのまま取次ぐのではなく、ユタの方は時の双紙によって占う。秘密になっていることを意識的に伝えるのだから、却って弊害が大きい。ユタには女のイケガユタと男のユノゲユタとがあって、女ユタはでたらめに占い、男ユタは何か秘書を説き、秘伝を教えるという話である。男ユタを本当に信ずるのは士族などで、秘密に指図をうけるのであったが、戦後は殊に女ユタが流行っているらしい。奄美大島などにも昔からあって、種本として『三世相《さんぜそう》』なども利用されていた。

稲村君は宮古島だけでなく、他の島々からも青磁、白磁などの破片を発掘している。沖縄の歴史研究家の中には、青磁の欠片《かけら》が出たというだけで倭寇の遺跡だというのはおかしいという人もあるらしいが、そこで出て来る分量が問題になってくる。それが相当沢山出て来れば、ただ偶然といって片づけられなくなるだろう。要するに、歴史を、記録にあるからというだけできめることになると、結局想像説に堕してしまうのである。

この本の弱点は、ナワの問題である。名和長年《なわながとし》の子孫が九州天草辺に来て、征西将軍「懐良親王《かねよししんのう》」に仕えたという記録を信じ、そしてその先どこへ行ったか判らぬのを、折口君は、沖縄に行き第二王朝の尚巴志《しょうはし》の先祖になったと説明している。稲村君はこの折口説を肯定しているのである。折口君は沖縄のために一生懸命に働いた人だが、この名和氏説だけは困るという人が多い。しかし比嘉君などは、名和氏・尚巴志の説をもう少し傾聴してもよかろうといっている。何れにしても稲村君の今度の著書が、全体として有益な内容を持っていることは誰もが認めねばならない。

河上肇君のことなど

京都の河上肇《かわかみはじめ》君も、伊波君の『古琉球』という本の跋を書いたりして、古くから沖縄に関心をもっていた。はじめは糸満《いとまん》の個人財産制度に感心し、そこに自分の理想を見出したように解釈した。

滔々《とうとう》として帝国主義に禍《わざわ》いされている日本において、まだそんなに悪い風潮に染まっていないのはこの沖縄だけで、自分はそこに望みを託すというようなことだったが、琉球の人自身は、あくまでわれわれ日本人の一部であると主張していたし、事実またそのわけであるから、河上君の話はどうも沖縄人固有の気持に水をさすような結果になった。『古琉球』の跋には、この演説のことについて、多少の皮肉を洩らしている。

河上君は学校を出たころは、松崎蔵之助さんの指導で『日本経済新誌』を主宰していたことがある。田口卯吉《たぐちうきち》の『東京経済雑誌』がいちばん古く、その次が天野為之《あまのためゆき》の始めた『東洋経済新報』だったから、河上君のはいちばん新しく、しかもどちらかというと保護経済政策的な色彩が勝っていた。

表紙の赤い雑誌で、私も出たときからずっともらっていた。みるみるうちにその赤さがひどくなったわけである。単純な、詩人肌の、人柄のいい男が、学者として立ってゆけるものを、あんなになったのは不幸だったと思う。

私らがはじめて高等官になった明治三十五、六年ごろ、山崎覚次郎、桑田熊蔵などという人が主宰して、社会政策学会をおこしたことがある。そのとき福田徳三《ふくだとくぞう》とか、高野岩三郎《たかのいわさぶろう》とかが働き手の中心だったが、関一《せきはじめ》などもいた。そして河上肇もやがて入って来た。このころから、少しずつ変化を生じたらしかった。私はちょうど一生懸命に官界で働いているときだったので、河上君ともあまり深くはつきあっていなかったと思う。

社会政策学会の大きなバックは金井延《かないのぶる》博士だったが、私らは山崎君には大変引き立てられた方だった。あのころはまだのんきで、西園寺［公望］さんが議会で「社会政策学会とはどういうものか」と質問せられたとき、断じてああいうものには賛成しないといったことさえあった。社会党と社会政策学会との区別さえよくわからなかったくらいである。私はその時分よくこの学会に行ったものであった。

比嘉春潮君

大正十三年から昭和五年までのふるい日記を出してみると、いちばん度々出て来る名前は、琉球出身の比嘉春潮君であった。

比嘉君はもとはふるい士族で、お父さんが田舎へ行って裁判官をしておられたので、田舎で育てられた関係から、田舎の人に同情をよせる気持があったらしい。はじめて会ったのは大正十年一月のことである。沖縄本島をほぼ視察し終って、宮古、八重山へ行こうとして船に乗ったら、県の地方課の役人であるのに、その船に偶然乗り合わせていたのだった。どう

あった。
会員だったりしたので、リベラリストだというので、知事に叱られたりしていた様子で
れたという話で、その宮古島へ渡るときだったのである。そのうえ比嘉君はローマ字会の
し、比嘉君に、宮古島の選挙の模様を見て来いとか何とか、用事をこしらえて出張させてく
佐作太郎《さくたろう》と交際していた。しかもその岩佐が来島するといって来たので、県当局が気をきか
したのだと聞いてみると、県の役人をしながら、中央でアナーキストとして知られていた岩《いわ》

私が欧州に行っていた留守中に出京していて、大正十三年、私が上野の美術学校の講堂に招かれて話をした時には聞きに来ていた。上野での話は「南島研究の現状」という題で、琉球の話をしたのである。今までこの方面の研究が閑却されているが、それではならないというような半ば抗議のような話であった。上原勇作《うえはらゆうさく》をはじめ、鹿児島出身の陸軍のお歴々の大将などを前にして、琉球のために弁じたのであったが、私もまだ若かったので、大いに得意になっていたものだった。そのとき橋浦泰雄《はしうらやすお》君も聞きに来ていて、私に名刺を差出したのを憶えている。

もう一度は「眼前の異人種問題」というのであった。これは北海道、樺太のアイヌのために、世に訴えたわけである。そのころ、異人種、異人種という声が高かったので、手近いところにいるのをどうするか、という問題を説いたのであった。

両方とも今から思えばずいぶん間違ったことをいっている点もあったろうと思うが、私としては熱意をこめて世の識者と当局者とに訴えたつもりであった。

比嘉君とは南島談話会を作って、沖縄の諸君ばかりでなく、東京の方の人も、志の合う者

が大分混って、なかなか盛況であった。その間に一度沖縄に帰って、金城《きんじょう》朝永《ちょうえい》君をつれて来た。そして「女官御双紙」というものを写して持ってきてくれたのであった。民俗学を研究している仲間では、沖縄の人では、比嘉君がいちばんふるい仲間である。

最近は『沖縄タイムス』に琉球史を連載しているとかいう話であるが、早く一冊にまとめてもらいたいものである。

言葉と選挙

ふだん使う言葉に、口語と文語のある国は随分多い。今からざっと四十年ほど前、私がジュネーヴに行っておったころには、フランスあたりでもクラシックの教育というものが残っていた。クラシック（古典語）で学問しさえすれば、コモン（普通語）の教育はしなくてもよいといった感じまで見受けられた。

国語というものはもともと口で物をいうことなのに、日本でも、演説になるとたちまち文語調になる。こんなバカげた理屈はない。昔宮崎県の延岡《のべおか》に行ったとき、新聞取次店の亭主が、「今日はこれから町会に行きますんで」という。どんな様子かとついて行ったところ、この亭主が町会議員で、会場に入る途端に、言葉がすっかり変ってしまった。隣同志の親父が、家にいるのとはまったくちがった、改まった言葉づかいをしているのにはびっくりした。と同時に、あんなに情なく感じたこともなかった。最近では、東京の政治家の言葉はずっと易しくなったとはいえ、いまだに田舎へ行くと一段と難しい言葉を使っている。そして煙にまく。こんな失礼な話はないのである。普通の言葉でものをいうようにしなければ、きく者はいつも頭の中で一度翻訳してから理解しなければならない。こんな無茶な話はない。ただ演説をきいただけでは、社会党のだか自民党のだか聞きわけることもできないほどむつかしい言葉を使っている。この点をどうかしなければ、これから先もやっぱり制限選挙と同じことになってしまう。

いちばん簡単な方法は、小学校教育のころから、「分りません」ということをいえる人間をほめてやるような教育をすることだと私は思っている。先生が何をいっても生徒の方は黙って聞いていて、そのまま憶えなければいけないと思って、左右を見回してじっとしている。こんなけちな気持をなくしてしまわなければならない。ことに傍聴人や参観人のあるときには、生徒が「分りません」というのを極力抑えるような風潮、これを教師の中からなくすようにしなければいけないと思う。

もう一つは、世人も生徒と同じく、むつかしい言葉の演説に対して「分りません」という権利のあること。ただ語尾だけを口語にして、中間にむつかしい漢語を入れてきかせるのはまったく無茶な話である。これでは、無茶苦茶なことをいう候補者の中の、どっちが正しいかを自分で決めることのできる人は、おそらく有権者の三〇%にすぎないであろう。随って選挙に際しても、仕方なしに運動費をたくさん使うボスをひいきにしてしまうようになる。だから言葉を易しくするのでなければ、日本の選挙はいつまでたっても改良されないのである。だれにでも分る言葉で物をいうようにしなければならぬ。それがためには、自分らの国語の歴史を調べ、そして普通の人の立場に立って国語論をしてくれないと困るのである。

ヒットラー・ユーゲントの来たときのことなど、今思い出すのは私ぐらいしかあるまいが、「どうしてこう日本人はみんな同じことをいうのか」といっていたというのである。きまり文句の演説をきかされたからであろうが、日本人にとって、痛い言葉である。

易しい言葉をふやそう

私たちの子供の時分は「ハト・ハタ・タコ・コマ・マリ」の教科書のもう一つ前のことであった。小学読本の一の巻に「アジア人種・ヨーロッパ人種……」とあり、第二章は「魚を釣るには雨天の時をよろしとするか、しかり天少しく曇りて風なく、暖かなる日をよろしとす」というもので、ウィルソンの翻訳をそのまま用いたものだった。後にやさしくなったとはいえ、高学年になるに従って非常に難しくなり、おしまいには字を二字ずつつないで、欣々とか喧々とかいう言葉が生まれてきた。このように強い漢語を使わないと、力がこもらないというのである。それには新聞などの影響もあった。

お経なども、千部経といって同じお経を一ぺんに千部読んでもらうと功徳があるというが、これなど、どんな信仰の深い者でもぴんと理解されず、ただ調子だけしか頭に来ない。素読もこれと同じだった。私どもは今でも四書の大学や中庸ぐらいは大体憶えている。しかし、瑟兮僩兮赫兮喧兮《しつたりかんたりかくたりけんたり》なんといっても、何のことだかまるで分らない。拗音《ようおん》や、撥音《はつおん》のある、平素物を考えるのに使わないような言葉を使いさえすれば、先覚であり、指導者であると長い間思われてきたのである。それが明治になってから一層、漢語で物をいわないと相手が偉いと思ってくれないようなことになった。陳紛漢《ちんぷんかん》など陰ではよくいうが、こんな知ったかぶりをする奴を冷かす言葉は分っていても、陰でいう人自身にもその中身は分っていないのである。

伊藤仁斎《いとうじんさい》先生が長屋に住んでいるために、隣の長屋の井戸さらいに出掛けたという有名な話がある。先生はきっと長屋の人とつき合う時には、長屋の言葉で話しておられたのであろう。それがいかめしく「ご承知の通り」とか「皆さんすでに知っておられるように」とかいってしかつめらしい言葉を用いはじめたのは、明治時代である。だから明治文化の批判をする時には、まずこの点から入ってゆかなければならぬと思っている。

今の世の中でどういう種類の者が一番易しい言葉を使っているか、何といっても小説家であろう。小説は他に効能は少ないけれども、この点だけは私らが憶えてからぐっと変ってきた。買う人が自由に選択できるとなればやっぱり分りやすく書くことになるからであろう。

新聞も努力しているが、なかなかうまくゆかないらしい。例えば首くくりではいかにも下品に聞えるというので、縊死《いし》と書こうとする。するとその縊の字が制限活字になっているので「い死」と書いてすましている。

杉村楚人冠《すぎむらそじんかん》の「字だけ変ったってだめじゃないか、その言葉があるんだから」という言葉を、私はいつも若い新聞記者に取りついできたが、口でいう方には制限がないのである。これは困ったことで、考えなければならぬことである。

明治になって、耳ばかりで覚えた漢語をたくさん使ってくれたのは、考えようによっては有難いと思っている。これは棄てずに残しておいて、これに当る国語をふやして、日本語を豊にしたいものである。

日本の語彙《ごい》は政治家が減らしつつあるものを、小説家がいくらかふやしている現状であるが、小説家には都会の中流以上の人たちが共鳴してくれればそれで売れ高が上るという考えがあって、どうも田舎者を馬鹿にする傾向が多い。したがって田舎の人は笑われるのが厭だという気持ばかりが先に立って、人前で物をいいたがらなくなる。こうして半分は無口になり、半分はでたらめになっている。だから、私はどうしても教員に呼びかけて、分らない時には「分りません」と、はっきりいえるような子供をたくさん育てて、顔つきだけでもいいから分らんような顔をさせる習慣をつけておき、話す者は分らん時はいい方を変えてよく分らせるようにする。これがいちばん自然の順序ではないかと思っている。

方言その他

広島か山口か、どちらかで講釈をきかされたことがあった。「私らの方では痛いという言葉が五つあります。例えばお腹《なか》が痛いときにはニガル、歯の痛いときにはハシルと申します……」という風に、五つあるというのである。これはあの辺の自慢話の一つである。そんなに使っているのを、東京できめた「痛い」にしてしまわれるから分らなくなり、仕方なしに顔つきをいろいろと変えてみたり、手をあててみたりしなければ分らないのである。日本には実際方言の変化が多い。県境を一つ越えれば言葉が違うし、同じ播州でも東と西とではもうちがっている。こうなっているのはやっぱり、いいたいことをはっきりいいたいからであろう。言葉の専門家がこの点にちっとも思いやりをしないで、表現論ばかり書いているが、もう少し理解ということを考えてほしいものである。

方言というものは今までにはどんどん変ってきたが、もう変らないであろう。昔は藩主のお国替えによって方言の交流ということも行われたが、これは文化的に見てプラスであったろうかというに、必ずしもそうとはいえなかった。つまりシュプラッハ・インゼル（言語島）になるわけだから、そこだけが変って大勢には影響しなかった。それに国替えをすると、何処の言葉だか判らないものになってしまう。田山花袋なんかの言葉の中にも、とうとう死ぬまで作品の中に現われていた方言があった。あれは上州館林の人だったが、藩主の秋元という家は度々国替えになって、もと山形にいたのが館林に移ったので、田山の母君も山形で育った人であった。そのため田山君も館林の周囲ではいわない言葉を時々使っていた。例えば「居眠り」という言葉が東京にあるが、東北では「ネムッカケ」という。関東ではいわないのに、田山君には自分の家で使うのでそれが分らず、「ネムッカケ」という言葉を作品の中に書いている。そんなことは注意すれば他にもあって、知らずに使っていて、いい言葉もあり、決して悪い言葉ばかりではない。

私らはあまり使わないが、方言に対して標準語という言葉がある。共通語と今ではいう様だが、これはもっとふやさなければならない。

またアクセントの問題もあるが、私はとうとう故郷を離れて七十年間、上方の方のアクセントですごしてしまった。近ごろやっと判ったのに「月落ち烏啼いて」の「からす《からす》」がある。私の住んでいる成城で、朝早く外で人の話をきいていて、ああ伊勢の香良州とか、九州の唐津《からつ》とかと同じように発音すればいいということがはっきりした。とうとう私も子供の時分に身につけたアクセントが一生なおらないらしい。ところがこのアクセントのない地帯が東北の大分広い範囲にある。そこではどう使っても平気である。日本語も結局それになりはすまいか。上方の方の言葉がこんなに関東まで有力になって来ては、そう思うの他ない。

史学への反省

私はこれまでにもしばしば、日本の歴史を説くのに、外国の学者の説を引いてこれを日本にあてはめようとすることの誤りを説いたが、日本の史学の進歩が遅れていることの理由の一つは、漢字を憶えることが史学に入るための困難な関門になっていることであると思う。漢字を憶えるのに苦労をするため、やっと他人が書いたものを理解できる段階になった時には相当の年齢に達しており、そこから自力で考え、自分のものを創り出すところまではなかなか到達しないのである。漢字を制限してみても、この悪弊は打破できないのであって、まして外国文献をそのままあてはめるくらいのことで、日本の史学の将来が解決するものとは思わない。

われわれの前途にはもっと調べるべきことが山積している。このような問題をまず調べあげて、しかるのちに外国の学問の方法や結論と一致するものがあるかどうか、考えてみる必要がある。

外国の説の直輸入流のやり方は、明治の初年も今もほぼ同じようなことであった。そのころは一口でも英語を知り、他人の使用しない言葉の一つも知っていることが、文化人としての尊敬を集めたもので、ことに辻川では、長兄が十九歳で神戸師範学校を卒えて帰郷し、田原校の校長に就任した明治の十二、三年ごろ、その悪風があったことを記憶している。

兄のところへ訪ねて来た人々が、よく酒を酌みかわしていたが、当時は酒の席で歌をうたうだけでなく、必ず都々逸を即席に作ることが流行していたようである。それが文化人であるとして、自ら誇示する手段でもあり、当時の酌婦らもそれら各種の作品を行く先々の宴席に利用したりしたものであった。

松という字は木ヘンに公（きみ）よ　キミとボク（木）とのさしむかい

松という字は木ヘンに公（きみ）よ　キミにわかれて気（木）が残る

そういった都々逸を、得意になって兄の友人がうたっていた。

隣室にいてその歌を聞いていた、まだ十歳そこそこの私は、その意味がわかって、思わずニヤリと笑ったりしたものであったが、中には次のようにひどいのもあった。恐らく当人の創作ではあるまいが、いずれにしろ漢字を知っているという一種の誇示であったのである。

戀という字を分析すれば　糸し糸しと言う心

また、こんな歌が流行った。

いまの議員のはやりの言葉　「所謂《いわゆる》」「含蓄」「止むをえず」

昔の所謂はnamelyといった風の「あなたは知るまいけれど」という意であり「含蓄」はcontainとでもいうか、「止むをえず」はよく理解できないが、相手の言に屈服するといったようなニュアンスをもっていたのである。なかなか味のある都々逸の文句であると、私は当時を思い出しながら感心するのである。

こうした時代が、鹿鳴館にみられるような欧化主義の風潮へとつづいてゆき、やがて国粋保存主義の台頭となって現れたのであった。陸羯南《くがかつなん》や三宅雪嶺《みやけせつれい》らの世間への直言が、やがては日本新聞などで代表される新聞の権威の確立ともなったのであった。

外人の中にも、当時の日本の軽薄な風潮、つまり「即断の誤り」について警告した人がある。ドイツ人でパウル・マイエットという人などがそれであった。

学問の本義

「文字ヲ知ル者ノ憂」という昔の中国人の言葉を、私の幼いころはよく聞かされたものであったが、日本人は文字ということに非常に大きな、哲学的な意味を与えすぎて来たようである。文字を知れば憂いが湧き、そこからおのずと何ものかが生れるといった風な考え方なのであろうが、私は文字を知る者を憂えさせてばかりいてはいけないということを、折に触れて説いて来たのであった。

たとえば前にふれたクロモジ、あれが何と呼ばれていようとも、それが何に使われ、どういう風にして今日まで保存されて来たのか、という点にまで説き及ばなければならないと思っている。あまりにも従来の日本人は、字ということにのみ重きを置きすぎたようである。

学問ということにしても「まなぶ」と訓み、「問う」という意味が長らく等閑に付されて来た。『論語』の中にも「学問」という語は現われており、「問いを学ぶ」ではなく「問うて知る、覚える」ことであるという気持を、最近漸く世間でも理解しはじめたようではあるが、私は戦前に一度、国民精神文化研究所において、学問ということについて論じたことがあった。

　つまり学問とは一つの問題をもち、進んで世の人の意見を聞き、天然の事実を調査するものであるという風な意見から、「学」を「まなぶ」と訓む誤りを指摘したのである。「まなぶ」とは「真似《まね》ぶ」であって、同じことをくり返すことであろう。

　例えば農家などで、厩肥の運搬に、田と厩との間を幾度となく往復することを「まねっくる」などというのと源は同じであり、学と覚と、子と見の違いこそあれ、⺍は「さとる」という同一の意味であるといったような論旨であった。

　他人の学説や意見をそのままに紹介して、それが学問であるという誤解が世間に通用してはいけないと、私は信ずるが故に、あえてあの時代に強く訴えたわけであった。

　まなびの家、まなびの窓などと、ひんぴんと使用されるあの「まなび」という言葉は、なるべく使わないようにしたいものであると、いまなお私は思っているのであるが、では中国語の「シュエ」（学）という字に当る日本語は何といったらいいのであろうか。私は「覚」（おぼえる）と同じ系統の言葉でなくてはならないと思うのである。

　農民の言葉によく注意してみると、「おぼえる」「まねする」というのはあっても「まなぶ」という言葉はない。「おぼえる」とは「思う」という言葉とも同じであって、記憶をも意味し、古人のいったことを思い出すこと、また自ら静かに考えに耽るということもその中には含んでいる。

いつか私は「学《まな》びの家」と呼ばずに、これから「おぼえる家」にしようではないかと冗談まじりにいったことがあった。

ところが、一方にはそうしたことはどうでもいいではないか、「まねる」から「まなぶ」が出て来たとしても、現在すでに「まなぶ」という言葉の意味は違って来ている。

あることを新しく知って賢くなることを意味するのであるからという国語学者の意見もあろうが、ここに私たちの学問と、その人たちの学問との相違点があるのであって、以前こういう歴史を経て、「まなぶ」が「おぼえる」よりもう一段と尊い意味になっているのだということをいわねばならず、その由来の「まねくり」にまで、溯らなければその真意は明らかにならないのである。

なお「かんがえる」(考える)が「おぼえる」より尊いと思う風潮もあるようであるが、「かんがえる」という語こそ、考えるべきことで、古語に「カン」音はないため「かうがえる」といっているが、あれは古い輸入語である。

今後われわれはもっと日本的な意識に徹し、「かんがえる」という風な語も「おもう」か何かにしたいものである。「おぼえる」という日本語が折角あっても、「おぼえ」ただけで停止しては困るのであって、「おもう」自分で、考え出すという風にありたいものである。

クルマゴ

もとは小学校などで、子供達が頭を互に見せ合って、真中にギリギリ(つむじ)が二つあると、二度生れた、生れかわりだといいあったものである。今ではもう私の頭が禿げてしまったから、分らなくなったが、私ども兄弟は、みなつむじが二つあった。それで世間からみて、二つギリギリのある子供には、何か特徴があるのではないか、例えば気が早いとか、気分が変り易いとか、何かあるのではないかと注意して来たわけだが、今ではもうその必要もないほど、つむじが分らなくなってしまった。

つむじのあり所の悪いのはいけないが、二つあって、しかもそれが極く行儀よく真中にある子供は二度目、つまり生れかわりだというのである。三つの人があると、なおさらその議論が成り立ち易いが、滅多にいないらしい。

たびたび生れかわる観念として、クルマゴ（車児）ということがある。子供が生れて一年たたないうちに死んで、その翌年また生れることがあると、それをクルマゴという。中にはクルマゴ十二人目だなんていう話もあるほどで、何か母親の体質に特徴があって、そうなったかもしれないのを、そうは考えないで、生れても気に入らんからまた帰って、また出直す、そういうクルクルまわって生れて来るのがクルマゴと呼ばれる理由である。

クルマという言葉が今とは大分ちがうのである。生れかわりということを誰もごく普通にみていたことがよく分る。

こういう考えを疑わずにもっているところへ、義太夫という文学があらわれて、何かというと「二世も三世も女夫《めおと》じゃ」などというので、無学な民間の側では、いよいよ生れかわりということが、非常によく頭に入っていたのである。

ただ漢学や国学をやっている連中の側だけは、かえって書物にわざわいされて、何のことだか判らないままに、「地下の霊」とか「在天の霊」とかいって来たわけであった。この点は本当にどうかして両方を共通にして、どちらかが考え違いであるとか、判断が誤っているのであるとか、あるいはまた、ある程度まで無学な者の気持も認めてやらなければならないとか、しなければいけない。「田舎に行くと解らん人が多いからね」などといって、さも自分らとは別だといわんばかりのことをいう人が時々ある。しかし同じ人種で、同じ言葉を使っているのだから、少なくとも両方の意見を交換してみた上で、どっちが本当かということを究める必要がある。

日本のように借物の文字で記録を作っている国では、無学な人だけが迷惑するようなことになってしまう。

先日外務省研修所の日高信六郎《ひだかしんろくろう》君（元駐伊大使）が見えたので、ああいう所の人たちにこそ、「無学の知恵」とでもいおうか、日本人の底にもっているものを訴えておきたいと思って、こんな話をした。聞けば同君の母堂も、播州赤穂の出身ということであった。

来世観

生きている間にいろいろな仕事をした人間というものは、もう一度生れ直そうという感じはないようである。しかし若くて死んだり、二十歳ぐらいで腹を切ったりした者は、どうしてもそのままでは満足できず、必ず生れかわって来ると信じられていたらしい。

老人自らが大いに積極的に話をしなければ、この来世というものに対して日本人がどういう考えをもっていたかということが、じつは判らなくなってしまうのである。しかし多くの人は生れる話はいいが、死ぬ方の話はどうもということになって、この問題は今迄等閑にされてきた感じがある。

私どもがいちばん不愉快に思うのは、「地下の霊」などという考えである。年寄にきいてみればすぐ分るが、日本では霊は地下へ行くとは思っていないのに、本居《もとおり》〔宣長《のりなが》〕先生などまで根の国というのがあるから、霊は地下へ行くのだといっておられる。それにはさすがの平田《ひらた》篤胤《あつたね》も賛成することができなくて、根の国というのは月の中にあるんだなどといい出している。

しかしながら今では神道がじつに寂しい状態におかれている。日本の信仰はどの点において仏教と対立するのか、それもだんだんとわかりにくくなっている。年寄りにきいても判らず、学問のある者はみな漢籍を引き、また国学をやっている者は本居先生の説など引く。じつをいうと書物ばかりで研究している者は本当には判っていないのである。日本人の信仰のいちばん主な点は、私は生れ更《かわ》りということではないかと考えている。魂というものは若くして死んだら、それっきり消えてしまうものでなく、何かよほどのことがない限りは生れ更ってくるものと信じていたのではないか。昔の日本人はこれを認めていたのである。かえって仏教を少しかじった人たちや、シナの書物を読む階級が、はっきりしなくなったので、文字のない人たちは認めていたのである。

私は死後の生命、来世観を考えない宗教というものはないと思っている。宗教という以上、現世だけでなく、後の世の生というものがなければならない。それを、どう日本人は考えているかということ、現在の状態では明確に答えることのできないのは残念であるが、これはぜひ民俗学に志す人々にやってもらわなければならぬ大きな問題である。

仏教や他の宗教では説明がつかないものに、昔からよくいう「似ている」ということがある。性質が似ているとか、顔が似ているとかいうことに、大変日本人は重きをおいてきた。例えばこんな話がある。私の祖母の弟で、松岡弁吉という、たしか六つぐらいで死んだ人があった。大変幼い時から字を覚えたりして、利発な子供であったらしい。あるいは眼がくりくりしていたのか、私の父が生れた時、「ああ弁吉の生れ更りだ」と誰からもよくいわれたというのである。そのため父は一生その叔父さんの生れ更りということをいつも考えて、二人前働いている気持でおったものらしい。

筆をおくに臨みて

神戸新聞社の創刊六十周年に誘われて、つい面白ずくに「故郷七十年」などと書いてしまったが、これは本当は七十年目、もしくは七十年前ともいうべき所だった。この永い歳月の間、私は故郷のために何一つ、経営もせず辛苦もしていない。これが皆さんの力で花々しく栄え進んでいるようであればこそ、どんな昔を話しても聴いてもらえるので、この幸福は大げさなことをいえば、浦島太郎以上である。

あるいはこの七十年間ぐらいが、ちょうどころ合いだったのかもしれぬ。自分の遠慮もない身の上話に引かれて、ふいと音信をして見ようという気になった古い縁者、または親類どうしが交際して、偶然に名を覚えていたというような家々の人から、面白いほど色々の手紙が来た。久しい以前から知りたいと思っていたことが、次々と判って来るのも新聞のお蔭だが、ただ一つだけ困ったことは、あの児は物覚えがよいなどとほめられたのに安心して、何度か思い出し、または人にも語っていた昔の話の中に、幾つかの誤りがありそうだということが、それも今ごろになってやっと心づかれ、ひどく自分の史力とも名づくべきものに、不信の念を抱くようになったことである。

幸いにしてこれは本文の中に、まだ説き立てていないのだから訂正の必要もないが、あまりにも懐しい昔である故に、かつは読者への警戒の意味を兼ねて、児童の印象の至って気まぐれなものである例を残して置きたい。芦屋の福渡竜氏は私と同じ村、しかも家が近く親類の続きでもあるのだが、僅か二十年足らずの生れ年のちがいの為に、今まではまるで知らずにいた。今度はやはり新聞の記事が縁で、七月下旬には出て来られて、ゆっくりと会った。

古い思い出が次々と胸に浮ぶ中でも、中心はやはり明治十七年の夏から秋、私の実家が家屋敷を売払って北条へ引移る前に、ほんの数ヵ月の間、この福渡氏の東側の一棟を借りて、寄寓していたころのことに集中する。辻川文化史の主要点は郡役所の移ってきたこと、それに先立っての昌文小学校の新築とか、恵比須さんの社が国道の傍に見事に建設されて、しかもその前に石灰の俵を高く積んだため、雨の夜に火事が起ってたちまちに丸焼けになったことなど、覚えていることは色々あるつもりだったが、それまで話題にしていると、初めての会見が夜になっても困ると思って、是は最初から私も断念していた。

それよりも私が何とかして聴いて置こうと思ったのは、ちょうどこの福渡家の屋敷の地面続きに、後の竹藪の端へかけて、村にはちょっと珍しい芝居の常小屋が建設せられ、そこには少なくとも二年ばかりの間、折々の旅役者の興行があったこと、これもこの家の初代新次郎翁の企業熱もしくは新興趣味の一つの現れではなかったか。何かの話のついでに、こういう風変りなお祖父さんの逸話を、福渡氏に聴かせてくれた人はないかどうか。私だけは自身かすかながら、目と耳との記憶もあり、また数ヵ月の仮住の間にも、何度かそのころを思い出したことがあるのだが、竜さんたちはもうそういう噂話とも縁が切れて、新たに木で読むような気持しかもてぬかも知れない。

話が長たらしくていよいよ跋文の体を得なくなったが、八十三翁の記憶力なんか、少しでも当てになるものでないことを、今度はまたしみじみと思い知ったのは、この福渡氏との会話の際であった。問答の筋とは何の関係もなく、頻りに眼の前に浮んで来るのは、あの借宅の裏庭の朝の景で、そこには井戸があり、四つ目垣があり、大輪の朝顔の瑠璃色なのが、こちらを向いて幾つも咲いていて、それに平がなで「くにを」「くにを」という文字が、一つ一つの花に書いてあり、これに仰天してあたりを見回すと、一人の婦人が片手に小さな瓶を持って笑っていて、こういう強い酢で書いて置くと、後に字が出るのだと教えてくれられた。

それは母でしたろうと、福渡氏はいわれるが、明治十七年にはまだ花嫁さんだから、これほどの戯れはできなかったろう。

お時さんという大きな伯母さんは、初度の結婚が不幸だったために一時はひどい病気になり、それゆえにまた自分なども、じつはあの前後に世を去られたように思い込んでいた。それが今度はこの気まぐれな思い出が縁となって、あれからなお五十年近く、平和な生活をつづけられたことが明らかになった。楽しいまちがいである。

私はやせがまんかもしれないが、こういうまちがいを時々するのも、かえって長い間の思い違いを快く訂正することができるのであるから、たまにはあってもよいと思っている。

故郷七十年拾遺

故郷七十年拾遺

中央に出た人たち

明治になってから田舎の人たちが続々と中央に移って行ったが、しかし田舎に残った人たちの間にも、歌を詠んだり、書物を見たりする空気はずうっと広まって居た。そしてこの階級がやっぱり明治を作ったのであった。学問ができないといって遠慮するような気持をさっぱり棄てて、農業者でもある程度まで文字を知れば当り前に立って宜しいということになった。恰度《ちょうど》いまの選挙民のようなものだ。この人たちがそのまま選挙民になったのだったら、本当はその方がよかったろう。現在のように無差別に選挙民にしておいて、その間にむらを作らして持て余しているのは本当に困ったものである。

辻川の村でも、どうしても亡びなければならない家というのが、もう早く決まっていた。私の生家の松岡なんかもその一つだったが、この外にも、村の水平よりは高い考をもって、気位《きぐらい》だけは高いが実力が伴わなかった家が大分あった。やっぱり新しい時代であったから、その波にまき込まれて亡びて居る。私どもが覚えてからでも、そういう家が三、四軒や、五、六軒はあった。その代りに一方では「ああ、あれが出世したか」と云うような思いがけない人もあった。私の従兄にあたる松岡源之介などは本当に立派なものであった。北海道に行き、旭川で成功した。

しかし大体に優秀な人間が村から出て行くということは必ずしも幸福なことではない。その人間はかまわないが、そんな人間になりかけの、一寸《ちょっと》こう下った一割引か二割引の人間がやはり村を出て行くからだ。この人たちが村に新しいものを入れてくれればいいが、必ずしも自分の生れた村ばかりでなく、日本全国にわたることに関係することになるのであろう。そんなことを一切知らずに、天下泰平で暮していうような村は、私らの若い頃でもすでに少なくなっていた。そしてやはり少し能力があると意識するものは、無理をしても中央に出てしまった。私の高等学校時代から大学へかけて、殊《こと》に高等学校時代にこの傾向が強かった。

私の高等学校時代に、学制の変革をうけたために、いくつかの高等学校というものが一時、専門高等学校になったことがある。それで一般の上に行く進級予備校のつもりで在学していた者だけが方々へ割ふって預けられた。京都大学の予備校になっていた第三高等学校も内部組織が変ったので、そこに居た連中が籤《くじ》引きによって、そのままに残った一高と仙台の二高と、もう一つどこかに分けられた。その時に三高から東京へやって来た中に姫路藩出身の辻善之助《つじぜんのすけ》君もいた。だから辻君は私より遅く一高に入り、年も一つ二つ下であった。しかし辻君の仲間とその一つ上の級とは大分いろんなところに働いていた。大体みんな死んでしまったろうが、大抵は京阪へ帰って実業家になっていた。学問に縁のない仕事についた人が多かった。［河東《かわひがし》］碧梧桐《へきごとう》と［高浜《たかはま》］虚子《きよし》とも三高を中退して仙台の二高へ転校した仲間であったようだ。そんな関係で辻君などは附き合ってはいても、客分のようで向うも何だか遠慮していたようなところがあった。

三上参次《みかみさんじ》さんの方はずっと先輩で、姫路の近くの仁豊野出身ではなかったろうか。そこの旧家で兄さんが辻川へ養子に来ていたので、早くから私なども、三上さんのことは偉い人として知らされていた。恐らく播州から出て学者になった最初の人で、辻君などは三上さんの世話で歴史の方向に進んだのであった。和辻哲郎君も仁豊野の出だが、あの人の叔父さんに春次という人があった。春樹さんのお父さんで医者になり京都大学教授になっていた。学者風の家柄で、井上の兄などはその少し後輩だった。

先祖の話

ある日、私は初めて名を聞く女の人から一通の手紙を受取った。早くから手紙を出したいと思っていたが、所が解らず、「故郷七十年」の載った神戸新聞で聞いてやっと判ったからということであった。辻川でかなり有名だった伊藤という一族の一人で、今の苗字は黒田というらしい。この一族は辻川に七、八軒あったが、その婦人の実家はその一族の嫡流であった。そこに幼いころの私がよく一緒に遊んだ姉妹があって、私より一つか二つ上じゃないかと思う。姉娘はおはまといったが、その娘という人が、六十六歳で神戸にいるといって手紙を寄越してくれた。男の兄弟がいないものと見え、妹二人と三人でお噂していますとあった。私が辻川を出てから、何年も経って生れた人たちだから、私に覚えがないのも当り前の気がする。

この家のことは、かつて『先祖の話』という本に書いたこともあり、この「故郷七十年」にも、「先祖になる」という条項の中で扱っておいた。『先祖の話』は戦争中に書いたので、これから先き、戦に勝つか負けるか、素人には解らぬ時のことであった。何れ満洲なり、もしくは南の方の東南アジアなどに行って土着することになるだろうから、その時の気持を用意しとくようにといった気持も混じっていた。ところが其の後、戦争が悪くなって、おまけに出版が困難になったばかりでなく、本が出る時分にはすっかり敗戦になってしまってい た。中に書いてあることに判らないところがあるなどという人もあるが、気になっていても書き直すのが億劫《おっくう》になってしまった。

その中には伊藤一族の中心になる「繰屋《くりや》」についてかなり扱ってある。滋賀大学の教員をしている伊藤慎吾という人が、大分よく調べているらしく、私よりはずっとよく知っている。

幸に系図が出て来たので、私が新たに知ったのは、私の分家として最初の曾祖父《ひじい》のまた祖父《じじい》、即ち五代前の勘四郎という傑物の連れ合いがやはり福渡の伊藤から来ているということであった。だから福渡の伊藤にこっちから私の曾祖父の姉さんが嫁に行った時には、従兄妹同士で結婚していることが判った。それが何かの訳があって子供を一人連れて辻川の生家に帰って来た。若《も》しも私の家で世話をして分家させたのだったら、分家といってもいい筈だが、その息子が余程偉い人だったのだろう、母親だけを実家の松岡に預けて、自分一人どこかへ行って働いた上、一代身上《いちだいしんしょう》で辻川へ戻って来た。だから断じて分家ではないと頑張ったのである。昔の分家なるものが、必ず地面を分けて貰うということを意味するものだったので、当時の親類はみなはっきりとそう考えていた。そのことを私は『先祖の話』の中に書いておいたわけである。

この一代身上のお爺さんは、私の方のことには色々と干渉したのだけれども、決して本家としては扱っていなかった。そうは云っても、やはり何かにつけて相談には来ていたが、その元祖の偉い爺さんが亡くなって、次の爺さん――この爺さんも丁髷《ちょんまげ》を結っていたが――の時代に淋しく暮すようになった。その倅は私もよく知っていたし、今度、神戸から手紙を寄越した婦人の祖父なのである。その家が段々衰えて、娘だけ二人残り、それが私の幼な友達で、姉はおはまと云うのだった。それの娘がもう六十六にもなって、私に初めて手紙を寄越したという順序になる。

その母親のおはまは、今生きていると八十五、六にもなる人だが、男の兄弟がなかったから、後嗣になっていた。ところがまだ若い娘時分に母親が亡くなったため、お父っつぁんが後妻を入れた。しかもその後妻の方に子供があるんで、どうも家庭が思うように行かない。そこでこのおはまが可哀相に小さい時から、しばしば私の母のところに訴えて来て、いつも説諭をうけていた。

そこの家の裏座敷が空いていたところに、私の家が暫く同居していたことがある。私だけが東京に去った後、四、五年も経ってからおはまさんの娘として生れたのが、もう六十六になっているというのだから、旧い話だ。もう少し調べるとあの家のことが判って参考になると思っている。そのお祖父さんが一代身上で相当な家になったのが、かなり顕著な出来事であるのみならず、その初代の人の里方の、つまりお父さんの生れた伊藤の家が、また私の家の母の旧いお祖母さんの実家になっていて、家が結び合っていることにもなる。福渡の伊藤という家は今でもあるが、その家と私の方との関係なども調べて見ると面白いものがあろう。

我々なんかの特徴、まあ私自身の特徴にはもっと近い原因が作用していると思うが、あの墓石に獅子を彫り、その上に乗って、ヘボな辞世の歌を遺したりした勘四郎老人の妻も、福渡の伊藤から来ていたというから、そんなところからも血を引いてるのじゃないか知らというような気もする。私らとして大変興味を持っているが、しかし、それを私の持つ興味の通りには、一寸話し難い。

要するに、右に記した伊藤一族は、辻川から出た一族ではあったが、他所の土地で成功して商人として村に帰り、村を一変した一家であった。

もともと辻川は東西に分れ、東所《ひがしじょ》は文化の香りが高く、西所《にしじょ》の方はそこまで生活が高くなっていなかった傾《かたむき》がある。私らはその西所に生れ、育ったのだが、家風はどちらかというと東所的になっていた。そのどちらにも、はっきり入らない部落というので、私は新たに、自分の家の辺を中所《なかじょ》といったりした。全く私の命名だったが、この辺は山水の眺めがよく、また、人間全体といったものに注意を払い、その進化に興味をもっていたといってよかろう。

古今集に、

古里となりにし奈良の都にも色は変らず花は咲けども

とあるが、古里というのはいわば文学語ともいうべく、やはり、故郷というのは生れ故郷と見るのが本意であると思う。

兄嫁の後半生

長兄鼎《かなえ》は若くして結婚したが、その家庭生活は長く続かず、小学校長の仕事も辞めて、東都に上り、東大の医学部専修科を終えて、そのまま関東の人となってしまった。不幸な花嫁は実家に帰ったまま、再び松岡家に帰らなかった。幼かった私が、この義姉へ追慕の心を失わなかったことも、その義姉が小さい私ども義弟たちにいつまでも親しみを寄せて下さっていたことも、すべて「兄嫁の思い出」に書いた通りである。

辻川に近い北野の皐《おか》という医家の娘であった私の兄嫁は、その後、伊勢和山の有名な天台宗の寺院妙徳山の住職、大塚大真さんの許に再縁した。風采も能力も徳望も申分のない立派な僧侶であったが、この仁はもともと福本の藩士の家に生れ、子弟の一人が出家すると九族が浮ぶという昔風の考方から、本人としては余り乗気でもないままに、僧門に入れられたものらしい。ここへ再婚した私の義姉とは従兄妹同士だったという話である。それに妙徳山の西北に立つ山門は、兄嫁の実家の皐家とは真正面に相対していた。

夫妻には、男三人、女三人の子供が生れたが、女も男も一人ずつ亡くなり、今は四人だけ健在だそうである。その人たちの母君、即ち私の元の兄嫁はもう大分前に中風で亡くなったという話で、純情小説のようだが、私はとうとう会う機会を失してしまった。上の娘さんが、養子を迎え、その養子に僧籍を継いで貰ったとかで、二人の息子さんはともに法学士で、法曹界に名をなしているらしい。その一人の末弟の溝口という人が、網干《あぼし》か飾磨《しかま》に住んでいるらしく、その人から、私は細やかな手紙を受取った。それも神戸新聞の記事のお蔭である。その人の手紙には、若き日の母を今も懐しく記憶していて下さることが判って、遺族として大変嬉しいと同時に、母が現存したら嘸《さぞ》喜ぶことでしょうにとまで書いてあった。

そんな関係から、段々と解って来たのは、兄嫁の実家の皐家と私の生家の松岡とは旧くから縁続きの間柄に在ったということであった。詳しく記すと長くなるから、できるだけ簡略に報告しておきたい。

前にも述べた通り、私の祖父陶庵は中川家から松岡家へ養子に来た人である。川辺《かわなべ》の中川という医者の本家の分家というわけであるが、何代か前に分家した網干の中川から来ているわけである。そして祖父の兄が長崎にも留学し、かなり名のあった蘭学者の中川善継と云った。

ところがその川辺の中川のお祖母さんという非常に賢夫人のお婆さんがあった。主人が早く亡くなって、寡婦《ごけ》暮しで、子供二人を育てたが、そのお婆さんがやはり網干の中川から本家へ嫁いで来ていた。だから、私の祖父の姉にあたるわけである。つまり、川辺の中川へ姉さんが嫁に来ているので、祖父陶庵はそこを実家のようにして、私の家に養子に来たわけである。川辺と辻川とは一里そこそこしかないものだから、却《かえ》ってその方が便利だったのであろう。網干の中川はその後、女ばかりになって家は絶えてしまった。

この中川の方と皐家とはもともと親類続きになっていたわけであるが、この点については、兄嫁の実家の方の云い伝えと、私の松岡の方の云い伝えとの間に多少の喰違いがあるようだ。よく調べると判るであろうが、何にしても一門が皆、同じ医家ではあり、旧くから深い繋りがあったことは間違ない。

大真さんがいつごろ亡くなったかは聞き洩らしたが、それはそれとして、幼い私の心から消えなかった優しい兄嫁の其後の幸福な生涯が詳しく判明したことは嬉しい限りであった。

次兄死後の悲劇

次兄井上通泰《いのうえみちやす》は養家の後取りの問題がまだはっきりして居なかった上に、自分　家の後のことも考えておかなければならなかったので、毎年遺言を書いていた。大晦日の晩か何かに昨年と今年との間に変った事柄を書き改めて、一年に一遍ずつ遺言状を書き、その表にこれを開くのは誰と誰と誰という風に書いておいた。もう長兄鼎は居なかったが、私自身が開封者の一人になっていたことは間違ない。弟の静雄や輝夫はどうなっていたかはっきりしないが、私は確かに入っていた筈である。然《しか》し次兄は法律の知識がなかったので、之《これ》を公正証書にしておかなかったものだから、効力の薄いものになってしまった。

その上、兄夫婦と末娘とが一遍に病死したという最大不幸に襲われた。それに姉娘の聟の川村は義父と喧嘩をして暫く寄りつかずに居た。私自身も次兄から毎年一回遺言状を書き換えて前年のを焼き棄てるとは聞いて居たが、それがどこにしまってあるか、また宛名が誰々になって居るかをつきとめるわけには行かない。確かにあった筈とか、書いてある筈とか云って見ても始まらない。兄嫁と三人の子供又は姉娘の連れ合、それに実家側の私など、開封の時の立会人に定められていたことは疑う余地はない。

結局その遺言状を見つけて開いた者は、倅がただ一人ということになった。これがまた次兄にとって一つの非常な悲劇であった。可笑しいことに、その倅は任地の上海から帰って来ておきながら、急ぐ用があるからといって葬式も済まさずに一人で飛行機で帰任して行った。そればかりでなく、もっと可笑しいことには、それほど急いでいる筈の彼が途中わざわざ播州に寄って、山口夫妻に「私の財産はどれ位いあるでしょうか」と問いただしたりしているのである。

幸か不幸か井上家の屋敷と二町ばかりの田圃とは山口の方へ管理人としてやってあったから、次兄の倅にも手が出せなかった。そこにも悲劇があるが、前にも記した通り、管理人の山口大三郎に息子が二人あって、兄直泰の方は姫路でまだ健在である。そして弟頼文の方が通泰の眼鏡に叶って医を学び、井上宗家の後取りとなる予定になっていた。そして医学博士にもなったが、縁談のことで通泰の怒りを買って井上姓になることが出来ずに居た経過も既に話した通りである。

兄通泰が死んでから、山口頼文は私のところへやって来た。そして「私はどうも非常に井上家に対して義理が悪いが、医者で私が居れなくなるのは困るから」といって来たので、「いや今に民法が変るよ」と云ってやった。敗戦後だったので、民法が変れば、君が勝手に自分の苗字を井上と変えられるからいいじゃないかと慰めた積りであった。本人もその心算《つもり》だったらしいが、運が悪いもので、いつも小型自動車か何かを運転して往診していたのに、市川のかなり川上の崖から落っこって即死してしまった。子供はまだ二つか三つで、まさかその子供を育てて医者にし、井上家を継がせるまでの理由がなくなった。未亡人はその児を養うのがやっとであろうから、再びどうすることも出来なくなった。

随分悲惨な話で、兄貴としては自分の意志をもっとはっきり公正証書の遺言にしておいて、吉田の家の名義人を全部、井上某にしておけば問題はなかったのに、兄貴が所有者になっていたので、僅かながらも贈与の形で管理人に移ったわけであった。

兄通泰の倅が亡父の葬式もせずに上海に行く途中、吉田に寄って財産のことなど聞いた時、山口の細君が利かん気の女性で「あなたはお父さんの子ですか」と正面からやっつけたのも当然の話であった。この甥には私も平ならぬ心持をもって居り、今度来たら怨鳴りつけてやり度《た》く思う位いだが、その後一度も来たことはない。元亀《げんき》、天正《てんしょう》以来の旧家井上の系図と河野通有《こうのみちあり》のものと伝えられる兜もこの甥が持ち去ってしまった。

井上家の菩提寺は福崎村の少し下流にあたる佐伯という所にある。この間の神戸新聞の記事に依れば、井上通泰の歌碑を樹てる話があるらしいが、それはこの寺の境内のことである。

南天荘歌集

最後に次兄と緩《ゆっく》り会ったのは、たしか昭和十六年春のこと、私の話を聞いてやるといって華族会館に集ってくれた日であった。会合が済んでから、いよいよ私を送ってくれる車に、兄も途中まで一緒に乗っかって来た。そして車が青山の街角を通ったとき、「いやア、俺の家に送って貰うわけじゃないから、今日はここで降りる」と云いながら、車から降りて歩いて行った。その姿を車の上から見ていると、どうも何となく影が薄かった。「ああこれはいかん、もうこうなっちゃ長くはない」と思ったことを憶えている。その後、何彼の折に二、三回逢っているが、まあこの華族会館の時がいわば永別のようなものであったと言える。

病気は腸チフスであった。ところが兄の所へ出入する二三人の医者が本当に命令これ服すといった従順な連中で、それが仲間を呼んで来て、立ち合って診て貰っても、実はここで療治したいから助けてくれと頼んで表に出さなかった。隔離しなかった為めかとも思うが、兄が死んで、三日ほどの間に、兄嫁が力を落して後を追ったばかりでなく、娘までも亡くなってしまった。つまりバタバタと親子三人が一遍にチフスで世を去ったわけである。

昭和二十三年かに、私は次兄の歌集を出版し、南天荘歌集という名をつけた。その中に一つだけ感心する和歌がある。まだ兄が余り宮内省なぞに出入しない前の作であったか、若《も》く《し》は入ってから暫く経った頃の作であったろうか。

捕はれて怖《お》づる鼠の眼を見れば憎きものとも思へざりけり

というのであった。いい歌だと思っている。こんな歌ばかり出てくれればいいのだが、こういう気持のものは少い。題詠が多いから文法は正確だが気分は感心しない。もとは香川景樹流の「折に触れて」という歌ばかり詠んでいたのが、月々の題詠が宮中にも、青山御所にもあったので、それに拘束せられた上に、文法とか歌の法則とかに背くまいと心掛けたので却っていけなかった。だからどんなに同情のある人が読んで見てもあの中から十と良い和歌を拾い出すことは難しかろう。それにも拘《かか》わらず結局威張って暮したんだから、個人としてはうまいことをしたわけだと思う。

私自身は今までかなり沢山の本を出したが、いつもそのお初穂は次兄に贈呈して来た。長年にわたり学資を出して呉《く》れた恩義を忘れぬため、必ず第一冊に署名をして次兄への貢物としていた。すると兄の方でも、すぐ朱筆をもって読んで行き、心附いたこと、誤りと思ったことの上に朱で以て書き入れをしてくれた。ところがその倅の奴はいつの間にか、その私の署名と兄の加朱と、そして兄の南天荘と刻んだ蔵書印とのある私の著書第一冊を全部他の古本と一緒に売り払ってしまったらしいことが私の方にも判って来た。困ったことをしてくれたものと思って居る。

井上家が血族から養子を迎えた時は、中川碩平の時でも、松岡泰蔵の時でも、皆親類が相談して、これこそ一番適当という見通しをつけた上で、初めてそうしたものであろう。次兄井上通泰にしても、血の繋りのある山口家から大三郎の次男にあたる頼文を迎えることに内定していたのに、思えば悲劇の繰り返しというの外はない。

私の生家の松岡にしても徳川初期から続いて来た家で、明治の初年に百姓一揆が起った際でさえ、家の前をスーッと通り過ぎて少しも手をつけなかった位い信望のあった家なのだが、それでも今は辻川に誰も残って居ない。大庄屋の三木家にしても、当主の庸一君は阪神間に住居を移し、父君の拙二翁は往ったり来たりという有様である。

いかにも御大家らしく、大きな樅《もみ》の木が聳《そび》えていたが、もうその側まで道路が来ていて、いつ伐られるか分らん位いである。あの梢をじっと見上げていた少年の日の気持、大変沢山、寄生木《やどりぎ》がついて居て、赤い実がなっている。そこへパーッと鵯《ひよどり》や椋鳥《むくどり》なんかがやって来る景色は今でもありありと眼に浮ぶ。こんなにまで小さな故郷七十年の思出を郷党の人たちに聞いて貰える機会があろうなどと、実は今まで私自身、夢にも考えたこともなかった。

大屋の横行話

山の木地師は最初、箸や杓子を造っていたが、そのうちに合子《ごうし》という白木の食器を造るようになる。時代ははっきりしないが、やはり足利時代だろう。

京都の朝廷や、公けの人々だけは、特殊の技能をもった者がいて、京都で食器類を造らせていたろうけれども、普通のものはやはり掌の上で食べたり、木の葉の上で食べたりしていた時代があった。そこへ合子の類が拡ったのは、木地屋の力に依るものである。だから木地師というものの存在は決して馬鹿にはならなかった。

よく坊さん達が白木の合子と、禅の言葉でも云っているから、足利時代には無論あったのであろう。塗物でなく、木の白地のものだったから、一遍用えばくちゃくちゃに穢れて、汚なくなり、嫌なもので、原始的な入物《いれもの》だったろう。但馬の養父《やぶ》郡の一番奥に菅野《すげの》という所がある。普通兵庫県では氷の山《ひょうせん》として知られて居り、鳥取の八頭《やず》郡では、菅野山《すがのせん》といわれている山の奥にあたる。元は養父郡西谷村といったが、その奥に箸ばかり造っている所がある。横行《よこゆき》という凄く不便な所で、向うへ越すと因幡《いなば》の国になる。因幡と播磨の境に何とかいうお堂が立っていたが、何かで意見が喰違い、両方で協定したところ、その二階だけを外ずして向側へもってってしまったとかいう可笑しな話もある位で、谷間でも喧嘩の多い所である。横に行き切った所が鉢嶽になっているらしい。

この間も一寸聞いたが、やはり木地屋といっているらしい、その癖、今は他のものは造らず箸だけ造っているという話だった。山道を越えて行くと、播州宍粟《しそう》郡の一番奥の揖保川《いぼがわ》の源に出る。宍粟の山崎から登って行くと伊和神社があり、それからもっと上がると谷が二つに別れる。三方《みかた》の谷と赤西《あかさい》だの、音水《おんずい》だのという谷に入るというような所のずっと奥の方である。

そんな山奥の横行という谷にも、二、三年前から、車も通うようになったと聞いているが、何しろ馬鹿々々しい位、世間離れのした話が伝わっている。土地の人は横行出身ということを嫌がって、町の方へ移住して来てもどこから来たと云いたがらない。それについて横《よこ》行話《ゆきばなし》という馬鹿々々しいような笑話が知られている。

山で蜜柑を食べたという話だったから、「皮を剥いて食べたか」と聞くと、「川を向いて」と早合点して、「いや山を向いて食べた」と返事したというほど、すれていない山人の部落で、我々も子供のころから、横行話——どういうものか、大屋からは三、四里も奥になるのに、「大屋の横行話」といったが——として、面白可笑しく聞かされたものだ。

そんな笑話を特志家があって、そこの小学校の先生だったが、その人が集めて自分でガリ版を切って本に作ったという話を聞いている。播磨と但馬と因幡との国境の世間知らずの木地屋がいたところから出来た笑話集のようなものであった。平という姓の家が多いというが、平家の落人部落というわけでもあろうか。

横行から山を越えたところの、道谷《どうだに》という部落では、檜の木を薄くへいだのを編んだ、道谷笠というのを造っている。ここでも、他所へお嫁に行っても、道谷から来たとは云わない。また、笠は編まないようにする、道谷出身というお里が知れることを忌むからだと聞いたことがある。

　横行話というと、辻川にいた子供のころ、大人《おおや》たちが笑いながら話していたときのことが眼に浮ぶ。今では、但馬の八鹿《ようか》から、車で大屋市場《いちば》に入り、若杉峠《わかすぎとうげ》を越えて、横行に入る方が、宍粟から入るより楽だという話である。縦には歩けないような狭い谷間なので、ヨコユキで身を小さくして匍《は》って行くという意味かも知れないと思ったりしている。大屋の横行話はさきに「播州人のユーモア」でも触れたから、この位にしておく。

野鳥雑記

　下総布川にいたのは、たった二年半であったが、幼い頃であっただけに、何でも彼でもが珍しく、今も心の奥底に刻まれている。明治二十年の冬から二十一年にかけて、私は目白を飼っていた。

　薩摩《さつま》薯《いも》を一俵僅か二十銭で買って貰った。なるたけ細長い薯を僕の小遣で買って貰い、朝々焚火の中へ一本ずつ抛り込んでおいて、三分の一ほど目白にやり、後は自分で食べた。余りいい餌でなく、擂餌《すりえ》をやるといい声を出すのだが面倒臭いから、そんなことをして済ませた。数え年十四のことだった。私の野鳥趣味にも七十年の歴史があるわけだ。

　利根川に沿った丘陵続きの布川と同じ様な地形を、私は佐渡ヶ島の外海府といって西北の一番寂しい海に臨んだ高台に見出した。六十足か七十足も登れば丘上に出てしまい、その上に田圃がある。民家は下の傾斜地に建っているわけで、非常に鳥が多い。多分、遠くシベリア方面から来て草臥《くたび》れて、大喜びでそういう処に休むのだろう。いろいろの鳥が一休みをし、方向を決めて他に飛び去るのだ。佐渡のそこのことを誰もいって居ないが、高等師範を出て、いま鹿児島に行っている亀山君という人があるが、その人の友達になる北見君の郷里がそこなのである。

人家は漁業の関係もあってずっと高台の裾にあり、背後の傾斜地に樹木が茂り、竹だの何だのあるから、鳥が飛んで来て、やれやれと思って休むのに都合よく出来ているらしい。よく東海道あたりに、竹の端《はな》という地名があるが、あれは竹の生える様な端なわけで、つまり川よりはずっと高い処にそれがあり、昔から戦があったり、城があったりした地形のことであろう。このことは、郊外に住居を決める時の標準にするといい。この成城の私の家なども、やはり同様の位置におかれている。従って今でも鳥がよく遊びに来る。鳩や尾長鳥が多いが、鳥というものは、親の事は考えないが、自分の育った処は生れ故郷として懐しさを忘れぬものらしい。

私の家の庭にも近所にも松の木が茂っていて尾長鳥の巣が多かったが、今は枯れたり、切られたりしてしまった。私の方は昭和二年からの成城住居だから、随分永居の方で、今までどこにいたよりも一番長い年月、ここで暮して来たわけである。

『野鳥雑記』を出したのが、昭和十五年であるから、十四の年に下総で目白を飼って楽しんだ時から数えると半世紀以上の長さにわたる野鳥趣味である。ところが私が静かに想い起して見ると、その目白時代よりも前に、野鳥について別の想出をもっている。

小鳥日記

誰だって野鳥の嫌いな人はないであろう。私の野鳥趣味は遠い幼年のころに溯ることが出来る。このことはもう他に話す機会はないだろうと思うから、敢てここに記しておきたいのである。

八つか九つの時のことであった。初めて私は偶然のはずみで雲雀《ひばり》の卵を見つけた。その時の嬉しさは、今もはっきり記憶して忘れることはない。辻川の隣の部落の井ノ口というところにお使いにやらされたときのことである。その帰り路での経験で、今一寸思い起しても胸が躍るような気がする。

三木の家の東にあたる麦畠の上を二尺ばかり離れた処で、一羽の雲雀が、ぱたぱたと羽ばたきをしながら飛んでいる。幼な心にも不思議に感じられたので、ひょいと麦畑に踏み込んでみると、その雲雀の羽ばたいていた真下が巣であった。雲雀にとっては正に不用意な話であるといわなければならなかった。私にしてもどうしても獲らずに居られなくて、それをとって家に帰って来た。二つしかなかった小さな雲雀の卵を奪って来たわけで、思えば、可哀相なことをしたものであった。

それからもう一つ、やはり辻川時代の思出がある。三木の家から少し東へ寄った山ん中で、四十雀《しじゆうから》——でなかったかも知れないが——の巣を見つけた。白い蜘蛛《くも》の巣みたいなものをつけた巣であったが、それをどうかして取ってやろうと思ったのに、とうとう捕ることがであった。でも同じところを何遍通ったか知れない。辻川の辺は実に野鳥の多い所であった。

東京に落着いてからも鳥の話を非常に沢山聞く。だから私の日記などを見ると、鳥が来たという話を度々書いている。牛込の加賀町に居る時分に、夕方になると飛び歩く鳥が来たことがある。無論それは梟《ふくろう》か木菟《みみずく》に違いなかったが、どうして夕方に飛出て行かないのかと思いながら見ていると、食物などの関係で、ついぐずぐずして居るうちに、夜が明けてしまうため、鳥の方ではもう明るいところへ出られなくなるのであった。私の邸はほんの三十坪か四十坪しかない庭だったが、そこに梟は二週間近くも逗留してしまった。夕方になると二羽連れで、歩き廻る。そんなことを今でも憶えて居る。

然しやはり茨城県の側の下総が一番、私には、野鳥についての教育になっているようだ。初めのうち気が附かなかったが、鶺鴒《みそさざい》が崖の少し崩れている所を、上からころころ転って降りるのを見付けた。転ってるのではなく、滑って転がったから飛び立って居たわけだ。鶺鴒は意識して崖を転がるわけでなく、うっかり崖の崩れた縁から転がる度に姿を見せて、「ジャッチャッ」といって鳴くのであった。きっとあの辺に巣があったに違いない。随分苦心して探したが、とうとう見附からなかった。

どういうわけか、下総では鵯のことをホシナといったが、それもよく見掛けたものであった。

小鳥の思出になって、話が大分細かい所まで来てしまったから、この辺で他の話に移ることにしよう。

堅石、姫堅石

山茶花《さざんか》も茶の花に似ているが、あれもやはり元は山に野生していたものを、人里に降ろして進化させたものかと思われる。山茶花の流行はずっと遅く、江戸時代にずっと増えたもののようである。

関東の人は用わないけれども、関西では堅石《かたし》という言葉が用われる。兵庫から少し西へ行くとよく用う。堅石というのはもともと椿のことである。それで山茶花のことを姫堅石《ひめかたし》という。九州あたりには山茶花が実に多い。

六国史《りっこくし》の日本後紀《にほんこうき》の中にある渤海《ぼっかい》から来た使節が喜んで貰って帰ったというのは、この堅石油の椿油のことであった。だから椿油というのは日本では早くから使っていたことが分る。

ただ関東では堅石と言わずに、椿という。播州あたりでは、椿の実のことを木の実といっている。他の木の実は「木の実」といわないで、椿だけをそういっているわけだ。播州から五十里も下の方へ行くと、広く堅石という言葉が使われる。九州なども全体に椿のことは堅石である。そして山茶花も姫堅石と呼ばれているのである。

幕末の裏面史

下総布川の小川虎之助さんといって、私の少年時代を送った邸に、私の長兄の一家よりも前に、同居していた石合震《いしあいすすむ》さんのことに一寸触れておくことにしよう。石合さんの阿父《おとう》さんが幕末の江戸で非常に有名だった田口江村《たぐちこうそん》という人であった。その人が小川家に何か世話をして感謝せられていたらしいので、いよいよ幕府が瓦解した時に、小川家では邸の隅に長っ細い離れ座敷みたいなものを建て増して、江戸から田口家の人たちを迎えた。江村さんも大分一緒だったと思うが、晩年のことはどうも判らない。

石合という人は極く幕末に迫ってから生れた位の年輩だったが、この人が小川家と因縁をもって住んでいた。そして阿父さんの江村さんが遺した書物なぞを沢山その離れ家に江戸から持って来たまま置きっ放しにしてあった。例えば、羽倉外記の書物とか、その他、漢文で書いた学者の往復文書などが戸棚に入れてあった。その石合さんの住居の跡へ、私の長兄が入り、そこへ私が引取られて一緒に住んでいたわけで、そこへまた播州から父母が来て暫くその空いた部屋に同居させて貰っていたわけである。

子供が遊んだり何かする部屋の戸棚の中に、その石合さんの遺して行った葛籠《つづら》が一つおいてあった。中味を出して見ると、右にいったような漢文の文献ばかりである。一体どういう人の置いて行ったものだろうと怪みながら、父は毎日それを見ていた。そのうち田口江村という人の遺物であることが、大凡《おおよ》そ判って来た。父も田口さんのことは知っていたが、それがどういう関係でこの小川さんの離れに来たか、最初のうちは判らなかった。

維新ころの東京の周囲にあたる在方《ざいかた》には幕末の溢《あふ》れ者や零落《れいらく》した人々が色々の縁故を求めて逃げ込んで居った痕跡がいくらもあった。この小川家の離れ座敷なども昔世話になった江戸の田口江村先生のために建てたんだろうと思う。ただ所有権などは無論、田口家に渡っていなかったろうし、僅かだろうけれど金の無心もしたことさえあったんだろう。子供の石合という人は純学者ではなく、色々事業をやって、私の前に云った狂人に手頸を切られた小川虎之助さんに心配して貰った金すら返しも出来ず、従って預けた葛籠を取りに帰ることもしなかった。

田舎の人は呑気《のんき》だから、それを戸棚の中に入れたまま開けても見ない、そこへ播州から私の父が来て、それを見て吃驚《びっくり》した。田口家から引継いだというよりは、石合震という人がいつかその家に通う積りで運んでおいたものが其儘《そのまま》になってしまったものではないかと思う。その真価を本当に認めて適当な所に保存するだけの力のある人もなく、小川の小父さんの後は女、子供たちだけだったから、どうなってしまったことであろうか。結局、本当に十分それらを通読した人といえば、私の父一人だったということになるわけだ。

また小川家から家数にして五軒か六軒か離れた所に、大変小さな藁葺《わらぶき》の家を建てて、小学校教員をしていた増田という旧幕臣の良い御家人出の人物もいた。貧乏になっても決してディグニティ（威厳）は失わなかった。みな幕末の裏面史として憐れな話ばかりで、旧幕臣や旧士族が暫く世を避けて、そんな田舎生活に耐えていたという話は、栗本鋤雲《くりもとじょうん》の伝記を見ても、明治以後に生き残った人たちの書いたものをズーッと読み返して見てもよく分るのである。栗本鋤雲の伝にはその田口江村のことが出て来る。

摂津三田の精神生活

摂津の三田《さんだ》というところも、一寸変っていて面白い。昔からキリスト教が盛であって、神戸を通して海外文化とも接触があったし、京都の同志社系統とも密接な繋がりがあったようだ。旧藩主の九鬼《くき》家にはまた美術に対する理解といったものが流れているらしい。旧くは九鬼隆一《りゅういち》という美術行政家も出ているし、例の松方コレクションの神戸の松方夫人にしても、美術評論家の上野直昭君や朝日新聞の上野精一君にしても、また同志社大学の総長であった原田助《はらだたすく》とその子でジュネーヴの聯盟に働いてから、外務、宮内両省の要職についた健君の家とか、その親類にあたる外交官の堀内謙介《ほりうちけんすけ》君とか、その他岸本能武太《きしもとのぶた》、英夫の父子両君とか、何かの意味で三田と糸を引いていると云えば云えるのである。

今でも三田の精神生活というものには何か別なものがあるようだ。そう旧いことではないが、飛驒の高山からずっと下流に、秋田という一人のお婆さんで新しい宗教を始めた人が居る。お婆さんといってもまだ六十以下の女性だが、その人が何か神の霊示をうけて、新興宗教を起した。そしてその一番大きな勢力の地盤になって居るのが、何と兵庫県の三田というわけである。

三田からも飛驒に行くし、そこからまた三田へも来る。最近の消息は判らないけれども二、三年前までは三田が一番大きい中心であった。それに驚いたことには、そのお婆さんを引っ張り出しに行ったりなんかしたのが禅宗の坊さんであったというのである。それらの坊さんたちが少しずつ一緒になって、そのまだ若いお婆さんに働きかけた。その旦那が気の毒なことに、その神様の家来になってしまった。そして、子息はお医者さんなのに、お婆さんの方では、お医者なんか要らない、私が祈禱《きとう》をしさえすれば治るなんていう。そのため、金沢の大学に勤務して居った子息までが何となく大学で圧迫をうけて可哀相に追い出されてしまった。今はどうなって居るか知りたいものである。とにかく三田というところの精神生活には一寸風変りなところがあるようだ。それに綾部《あやべ》の大本教《おおもときょう》もさほど遠くなく、その土地もやはり九鬼家が治めていたことも合せ考えると面白い点がないでもない。

私はついおみき婆さん（中山《なかやま》）とかおなお（出口《でぐち》）婆さんとかいってしまうのであの方面では評判がよくないらしい。この秋田婆さんに限らず、一体、新興宗教には、どういうものかお医者の関係者に働きかけて信者にする例が多いらしい。世間に知られて居た名医の未亡人などをつかまえて、薬品などは有害無益だなどと思い込ましてしまう。どうしてもそれに動かされる人が出て来る。しかし名医そのものが加わるならばともかく、その未亡人とか一族とかいうのでは仕様がない。間もなく箔がはげるに決まって居る。

宗教の話が出た序《ついで》に思出すことがある。この八月にはいよいよ国際宗教史学会が日本で開かれる。どういう風に取扱うか、何れにしても可なりの資金が要るに相違ない。けっきょく奈良の天理教あたりに縋《すが》ることになるのではないかと今から懸念している。

あそこの中山正善《しょうぜん》という人はさっぱりした人らしく、書物や美術品を思切って蒐集している。しかし何れは信者たちの負担になるわけだろうから、外部のものがそう甘えるわけには行くまい。いつも快く出して貰うからといって、主催者側がつい楽をしたがって、あそこへ泣きつくというようなことは、十分考え直して見る必要があろう。

序に記しておくと、元、日本郵船会社に務めたことがあり、晩年は国際文化振興会の経理を担当していた三原繁吉《みはらしげきち》という人は、拙宅の縁家になっているが、この人の浮世絵のコレクションは世界的に有名であった。それも九鬼隆一さんの影響で集める気になったらしい。この人は国内でも米国でも九鬼さんとあちらこちら一緒に歩いたりした人であった。この人の奥様も九鬼家一門の出だった。

キリスト教に一時傾く

本郷教会は色々のキリスト信者や未信者が影響をうけた大きな会堂であった。時計が正面にかかっていたのも懐しい。私どもにとっても仲々思出の豊かなところで、そこにカナダから来ていたコーチという牧師さんが居た。非常にいい人で、今でも宅にそのコーチさんの書いた英文のものなどが残っている程である。その人が私を非常に可愛がってくれた。そのため、一時はもう少しでキリスト教の方へ深入りさせられる所であった。

そのころのことである。ある夜のことであったが、その近所に住んでいた私は、淋しいものだから、先生と会って色々の話をして来た。宿に帰って見たら、向うの二階の隅の所にだけ灯りがついていたので、そこまで行って見たら、そこに書生が二人いて、どちらも悪者であったが教会の関係者であった。無断で私の名を用い関西方面で本を作って出版したりしたのが一人と、もう一人は私をもっと苦しい位置に陥れた悪い男で、この方は後に国民新聞に入って居った男である。

コーチさんのお蔭で、この二人からあの時は非道い目にあってしまった。その為とうとうキリスト教徒にはならないでしまった。それにしても、私の生涯で一時にせよ、キリスト教に接近した経験をもったというのも、このコーチさんの人柄に引かれた結果といえる。

再び文学界のこと

明治女学校は最初、番町で発足してから巣鴨の庚申塚の桜井勉という人の敷地に移った。高台の上であった。桜井さんは但馬出石藩出身の名士で、維新後、大蔵省に暫く籍をおいてから内務省に移り、地理頭まで上った人である。明治十年代に府県の区分けをした時の責任者で、兵庫県を五つの国の寄せ集め県にし、また、瀬戸内海と日本海との両方の海に面するように決めた人である。自分の郷里を試験にして見ようと企てたらしく、青森県と山口県とは両方の海に跨っているが、中間ではっきり北と南とに海をもっているのは兵庫県のみである。また南の私の郷村を通る市川と、北の出石を通る円山川とを舟便で繫ごうと試みたのも、この桜井さんであった。この桜井さんの弟に木村熊二という米国帰りの旧幕臣があった。

この人はもともと桜井姓であったが、但馬生野代官の幕臣、木村琶山の養子となったため、木村姓を名乗り、そして上野の彰義隊《しょうぎたい》にも参加した。この木村牧師の妻になったのが、経済学者で史学者であった鼎軒《ていけん》田口卯吉博士の姉、鐙子《とうこ》である。この木村鐙子が義兄の桜井勉や夫の木村熊二の後援を得て初めたのが、明治女学校であった。

播磨出身で但馬へ養子に行った巌本善治がその教頭になっていた。彼の夫人は若死したが、小公子を訳した若松賤子《わかまつしずこ》であった。明治女学校は相馬黒光《そうまこっこう》女史や其他いろいろの才女を育てたが、また、多くの若き文学者が授業を助けていた。後に吉田賢竜夫人になった星野ゆう子という女性もここの出身であった。その二人の兄になる星野慎之輔（天知）と男三郎（夕影）とは私の知人であった。

この明治女学校から『女学雑誌』などが出て、大いに明治の新時代における若き女性の啓蒙に努めた。木村鐙子は舎弟の田口卯吉がやっていた『東京経済雑誌』を後楯にして、『女学雑誌』の発展を計っていた。この二つの新しい傾向をもつ雑誌の別働隊のような形で、『文学界』が生れたのである。

星野兄弟は巌本善治と相談して、この文学界の発行所を本郷のどこかに求めていた。そこへ現れたのが、私の郷里から来ていた義理の又従兄弟にあたる中川恭次郎（尚絅）であった。彼は本郷の一高（現東大農学部［の位置にあった］）の門前、酒屋の高崎屋の横に入ったところに一軒家を借りて居た。そこへ文学界が事務所をおいて貰ったわけである。巌本はもと播磨の神崎郡の人で、但馬の出石に養子に行っていたが、いわば中川とはもともと同郷のような関係にあったので連絡があったものと見える。井上の兄の妻マサ女が遥々東京に出て、明治女学校に学んだのも、井上と中川との勧めがあったからであろう。

明治二十九年ごろのことで、私は中川の所へ送ってくる寄贈書籍や雑誌をよく読みに行っていた。その当時、上田敏君は文学界社に近い西片町十番地の近親者、田口卯吉邸に寄寓していたので、文学界事務所にも姿を見せたことがある。私より三年上級生であったが、ここで初めて名乗り合った。

それ以来、偶々《たまたま》上田の厄介になっていた田口邸へも、私は屢々《しばしば》出入するようになった。私の同郷同級の親友、松本烝治も、時々田口邸へ行ったことがあったらしい。文学界の同人のうち、島崎藤村はそのころ湯島の新花町にいたから、私も往来していたことは、既に述べた通りである。藤村は明治学院に学んでいた頃、一時、学院の世話をしていた木村熊二牧師の邸に寄寓していたこともある。つまり、藤村と柳村《りゅうそん》（上田）とは同じ時代に、偶然にも木村と田口との義兄弟の邸に厄介になっていたことがあるわけだ。後に木村牧師が信州に移り、小諸義塾《こもろぎじゅく》を興した時、藤村が招ばれてそこで教鞭をとったのもそんな因縁があったからだと思う。しかし、藤村は柳橋にも、この新花町にも住んでいたことがあるが、間もなく仙台の東北学院へ教えに行くことになっていた。

　私は最初、星野男三郎を通して、戸川秋骨（明三《めいぞう》）、平田禿木（喜一）の諸君と知合った。後には戸川と最も親しくなった。星野の妹婿、吉田賢竜は温厚の長者という風があったが、金沢出身だったものだから同郷の泉鏡花と交際があった。そして、大学の寄宿の吉田の部屋で、私が初めて鏡花と名乗りを交した話は前に述べた通りである。女学雑誌、文学界の二つの啓蒙雑誌はスタートから何となく、東京経済雑誌にバックされるような運命をもっていたように思われる。

　私は文学界に新体詩を出したことがある。藤村の勧めがあったのかも知れない。しかし、連中の詩は西洋の系統から来て居るので、胸の中の燃えるようなものをそのまま出すのが詩というものだと考えていた。私の方は初めに和歌の題詠で稽古しているのだから、全く調子が違う。それが日本の短歌の特長でこれこれの詠題で、例えば深窓の令嬢にでも、「恨む恋」などという題を与えて歌をよませたものだ。出されたお嬢さんの方は困るが、それでも

『和歌八重垣』とか『言葉の八千草』とか色々の本ができているので、その中から適当な部分を探し出して、歌を組立てるわけである。通例、使われる言葉が三十か五十か並んでるから、それを組合せて歌をデッチ上げるわけであった。これが昔の題詠というもので、それを盛んにやって達者になっておき、他人から歌を云いかけられたときなど、直ぐに返歌が出来るようになっていなければならないという所に重きがおいてあったわけである。

いわばお座成《ざな》り文学という気持があった。私ら後には、題詠でうんと練習しておかなければ、いざ詠みたいという時にも出ないから、そのために題詠をやるんだナンテ云ったりしたが、まあ、藤村あたりの叙情詩とは大分距たりがあったのは事実である。

一葉女史のこと

樋口一葉《ひぐちいちよう》には、僕は実は反感をもっていた。みながチヤホヤして出入したし、おしまいには、正直正太夫《しようじきしようだゆう》（斎藤緑雨《さいとうりよくう》）みたいな人間までが行って機嫌をとったりなんかするようになって「ナアんだ」と思った。僕はあんまり、それこそ尊敬しなかった。西片町から柳町へ下りて来る坂の途中に、傾斜の途中、左側の低い所に、入口に門だけ出しておいて、入るや否やトントンと降りて行って向う側の傾斜面に二階建か三階建だかのいい下宿屋があって、戸川明三が下宿していた。戸川はそれはいい人で、誰が来ても嫌な顔が出来ない人だった。それで、一葉さんに会いに行く連中の往き帰りに寄る所になっていた。たまらない話であった。そこへ行くと、今日は一葉さんがどうしたとか、ああしたとかって話ばっかりしている。

僕もそこへよく行くことは行ったけれども、一葉の家へ足を運ぶことはしなかった。そのうちに正太夫までやって来たもんだから、やや反感を持った。けれども作品としては、実際やや敵意を持ってる者までも感心してるもんだから、注意はしていた。

正太夫は鷗外さんのところへも、後には行っていた。森さんの所へ行くと、また森さんの子供みたいになってしまう人間だった。露伴の所へも出入していたが、その方が先だった。露伴という人は誰でも一緒に酒を飲むから。

それから後に森さんのところへ行くようになった。「雲中語」とか何とかいう批評を『めざまし草』にのせる時くらいから、正太夫が新聞記者らしくニュースを持って行った。誰それが困っているとか、誰それが怒っているとかいう話までするものだから、森さんの方でも面白くなって近寄らせていたのだと思う。尾崎紅葉さんは、初めは同人のうちに入っていたけれども、森邸へは初めっから来なかったようだ。そうこうしているうちに、「この頃、上田敏君が森さんと附合ってるそうだ」というようなことを聞いた。もうその頃、自分は森さんの所へは行かなくなっていた。何で行かなくなったか、判らないが、何か離間者があったんだと思う。それに一つには奥さんや、お婆さんへの気兼《きがね》も出て、緩《ゆっく》り話ができなくなったということもあったかも知れない。

初めはよく訪ねて行ったものだ。『しがらみ草紙』の中には、私の書いたものが大分入っている。私が物を書き出した初めでもある。松岡國男の名で出ている。

藤村との疎隔

私が台湾へ発つ時、島崎藤村君が非常に長い手紙を寄越して、台北へ行かれたら、自分の兄がお眼に掛りに行くから是非一つ会って下さいと頼んで来た。その兄さんという人には私は会ったことはなかったが、その細君の方は暫く湯島新花町の藤村の家に同居していたことがあったから、私は顔見知りであった。そして本当にいい婦人であると思っていた。そのころ、主人の方は何でも牢屋か何かに入っていたので、夫人は義弟の家に厄介になっているというような話であった。

それで台北へ着いたことを報せてやるとその兄貴の方がやって来た。問題は簡単で、どこかの山の下げ渡しを申出たいのだが、居住期間が短くてそれが出来ない。だから貴方から安東総督に口添をしてくれないかというわけである。外地にはそんな話はいくらもあったのだろうから、何とかしてやってくれと頼めば出来たかも知れない。然し私は、春樹さんはその話の内容を知ってるのかと聞いて見た。兄さんはへエ知って居りますと答えた。二度も三度も念を押しても先方では知って居りますという。

そこで私は非常に腹が立った。自然主義者などと云っていながら、そんな不正をするのが役人の実際だと思っているのは怪《け》しからん、恐らく東京の役人でもそれが実状だと思っているのだろうが、そんなことを思う様な奴は駄目だと考えて、そんな話は取次げないとすげなく断ってもうそれ切りその兄という人に会わなかった。自然主義と称して、その頃ありのままを書きさえすればいいのだといっていた仲間の藤村が、役人というものはそんな私事ができるものと見て、それをありのままの役人の姿だと思われているとすれば、役人にとってこれ位侮辱はない、而もそのことで兄の人と打合せをしておきながら、東京で会ったとき、一言もそれに触れずに、ただ兄に会ってやってくれと頼んだのには、憤慨した。それで私はそれっ切り藤村と絶縁してしまった。

　私が島崎君と親しくしていたのは大変旧く、恐らく田山が彼を知った時よりは旧かったろう。初対面はまだ学生中で明治二十八年であった。私が暫く大学の寄宿舎を出て、本郷の春木座の傍に二階借りをして住んでいたことがある。一年ばかりの間であったが、そのとき藤村は新花町のこちらに居たし、その前には少し奥に入った金助町に居た。二度とも私の下宿と一丁と離れていなかったが、その時からの友達で、『落梅集』の前であった。藤村はそれから東北学院へ行き、それから後に音楽学校に入ったのだから、私は阿母《おかあ》さんも、義姉さんも知っている。それから程なく田山も藤村と附合うようになったらしい。

　そんな旧い附合であったが、どうもこの台湾の事件が気に喰わなかったので、藤村にいい感情がもてなくなってしまった。その後一ぺん『新小説』の島崎特集号に藤村のことを書いてくれるよう頼まれた時にも、下心が悪いものだから、甚だ面白くないことを書いてやった。それは載せられなかったが、他の機会に別の雑誌に載せられた文章が今でも残って居る。それにはこの台湾事件のことは云わなかったが、まあいくらか同情を持たない書き方をした。それが本人にも判ったのであろう。

　伜の蓊助《おうすけ》などは時々来ていたが、親爺の方とは文通も往来もなくなった。ある時、朝日新闇の入口で偶然会ったものだから、立話をして別れたのがお仕舞となった。

こんな話はしない方が或はいいのかも知れないが、もう何十年も前の小さなエピソードとして記して見た。

藤村の詩「椰子の実」

僕が二十一の頃だったか、まだ親が生きているうちじゃなかったかと思う。少し身体を悪くして三河に行って、渥美《あつみ》半島の突っ端の伊良湖崎に一ヵ月静養していたことがある。海岸を散歩すると、椰子の実が流れて来るのを見附けることがある。暴風のあった翌朝など殊にそれが多い。椰子の実と、それから藻玉《もだま》といって、長さ一尺五寸も二尺もある大きな豆が一つの鞘に繋って漂着して居る。シナ人がよく人間は指から老人になるものだといって、指先きでいじり廻して、老衰を防ぐ方法にするが、あれが藻玉の一つなわけだ。それが伊良湖岬へ、南の海の果てから流れて来る。殊に椰子の流れて来るのは実に嬉しかった。一つは壊れて流れて来たが、一つの方はそのまま完全な姿で流れついて来た。

東京へ帰ってから、そのころ島崎藤村が近所に住んでたものだから、帰って来るなり直ぐ私はその話をした。そしたら「君、その話を僕に呉《く》れ給《たま》えよ、誰にも云わずに呉れ給え」ということになった。明治二十八年か九年か、一寸はっきりしないが、まだ大学に居るころだった。するとそれが、非常に吟じ易い歌になって、島崎君の新体詩というと、必ずそれが人の口の端《は》に上るというようなことになってしまった。

この間も若山牧水《わかやまぼくすい》の一番好いお弟子の大悟法《だいごぼう》［利雄《としお》］君というのがやって来て、「あんたが藤村に話してやったって本当ですか」と聞くものだから、初めてこの昔話を発表したわけであった。

牧水も椰子の実の歌を二つ作って居る。日向の都井岬《といみさき》といって日向の一番南の突端の海岸で、牧水が椰子の歌を作ったことがあるから、その記念のため、碑を立てさせてくれということを、門人達が宮崎の近所の人たちに頼んだそうである。ところがそこの新聞記者の中に反対する者があって、「あんな所に椰子の実なんか流れて来やしませんよ、そんな歌の碑を立てたら却って歌の価値が下がりますよ」といったという。大悟法君が悔しがって自分で都井岬へ行って見たところ、何とそこの茶店に椰子の実がズーッと並んでいたので、「こんなに流れつくのかい」と聞いたら、「ええ、いつでも」なんて云ったというわけ。

それで大悟法君、宮崎の新聞記者に欺されたといって悔やしがって居た。藤村の伝記を見ても判るように、三河の伊良湖岬へ行った気遣いはないのに、どうして彼は「そをとりて胸にあつれば」などという椰子の実の歌ができたのかと、不思議に思う人も多かろう。全くのフィクションによるもので、今だから云うが真相はこんな風なものだった。もう島崎君も死んで何年にもなるから話しておいてもよかろう。この間も発表して放送の席を賑わしたことである。何にしてもこれは古い話である。

温厚で謹直で、本も読み、研究も一所懸命にしていた牧口常三郎《まきぐちつねさぶろう》君が、あんな一つの哲理を発見して、新興宗教の開祖のようになったわけは、牧口君の個人的事情が元であったかと思う。創価学会の人たちには気に入らない臆測かも知れないが、牧口は人のことを心配する性質で、自分が苦しんでいても他人の世話をするといった気持をもっていた。それにもともと自分一家が貧苦と病苦とに悩まされたので、仏教のうちでも、殊に特殊な法華教に入ったのだろうと、私は実はその点に対して大変な興味をもった。

富士山下の法華は身延《みのぶ》なんかよりもっと旧くて特殊のものである。その本門寺に真字本《まなぼん》の曾我物語というのが伝わっている。文法は成っていないが、一字も仮名を使わず、漢文ばかりで書いたもので、本門寺本ともいっている。曾我が死んだ処だから、そんな本があっても当り前だが、非常に珍しい内容のものである。近年出て来た曾我物語の異本と比べて見ると必ず違っているような本である。ところがこの本門寺本が余り解り難いものなので、もっと解り易くするために大石寺本《たいせきじぼん》というのが出来ている。

大石寺は富士の五箇寺の一つで、富士の西側にあって、そこに伝わるこの訳本は非常によく訳してあって解り易いが、その中味は本門寺本を元にしているので、普通に流布本《るふぼん》と称し、寛永《かんえい》十二年に出版されている曾我物語とはまるで違っている。というよりはずっと良い内容をもっている。寛永十二年の流布本は京都の人間が喋り散らしたもので、事実も何にも知らずに書いてある処が沢山ある。だから曾我物語としては不出来な本である。所が今ある異本の曾我物語というものは、王堂チェンバレン［バジル・ホール、王堂は号］の持って居たものまで含めて、全部その京都系統のものである。

それに対立してその富士系統の本があるわけだ。大石寺本が国語になって出されたのは新しいかも知れないが、そのもう一つ前の真字本という本門寺本の方は旧くて、中味も我々にとって大変面白いものである。真字本と書いてマナボンというのだろうが、その真字本曾我物語は内容が非常にいいし、正確にも出来ている。

例えば頼朝《よりとも》が三原といって浅間山のこちら側にある所へ狩に行ったという事件が曾我物語の一つの中心になっている。浅間の東山麓で、今の北軽井沢辺にあたる所に狩に行き、その途中で曾我兄弟が工藤祐経《くどうすけつね》を殺そうとして、非常な苦心をしながらついて行った。仲間には入れないから、外から遠くから見張りながらついて行ったわけである。曾我兄弟が緊張する所であるのが非常に面白い。ところが流布本ではその地理が滅茶苦茶になって居る。

何処を通ったか全く判らない。むろん碓氷《うすい》へ行かなければならないが、松井田《まついだ》のところでこちらからの道が出くわすとして、鎌倉を出てからどこをどう通って行ったかが流布本でちっともはっきりしない。処が真字本の方ではよく判る。

兄弟が狙う頼朝の仮屋を夜分に出て来て警護する侍なども、その土地に昔からいる侍であるし、それから日割、時間表なんかも良く判るようになっているから、私としてはこの真字本には確かに一つの旧さがあると信じたいのである。

安居院神道集

話がどうもペダンティック（衒学的）な方へ入ってしまうが、日本で仮名を用わないで漢文ばかりで無茶苦茶な昔の文章を書いた有名な本に、安居院《あぐい》の神道集というのがある。その外にも二つ三つ同じようなのがあるが、いかにも学問的らしく見えて、実は出鱈目なもので、漢字ばかりで書いて、仮名をちょいちょい振ってある。安居院の神道集は恐らく私が一番よく解っている方かと思う。

安居院という処は京都なので、この話も京都で発生したろうと皆は思うが、決してそうでない。その中に出て来る主題は、少しは他の所の有名なお宮もあるが、多くは関東、信州以東のものである。諏訪が入っているが、群馬県の花輪が一番多い。赤城とか、上州三山の辺の由来が嘘ばかりで、あの位いよく嘘を書いてある本も珍しい。

それだけなら、価値はないが、そこに使ってある字が面白いのと、さきに云った曾我物語みたいに、やはり内容に信頼すべきものがあるのとで、私どもにも興味がある。何故あんなものが群馬県を中心にして出来たかと言うわけで、私として大分時間を潰したり、本を書いたりして居る。今一番熱心にやって居るのは甲賀三郎であろう。

安居院神道集には、仏教のことなどはちっとも引用してなくて、本文の中に延文《えんぶん》という年号が出て来る。南北朝の終り近くの年号だが、恐らくあの頃に出来たんだろうと思う。それで富士の真字本の曾我物語と大体同じ頃の作で、同じ系統のものということが推定される。それで私は大変興味をもって、富士の五つのお寺に注意したわけである。

異本もまだ他にあって、妙本寺本というが、やはり富士から出て、日向飫肥《おび》の殿様伊東家に伝わった曾我物語である。あちこち渡り歩いて今は東京にあるらしいが、はっきりしたことは判らない。

兎も角、富士の麓から甲州を越え、群馬県の東部に至る一塊りが、文芸の上で妙に解決せられない異誌群に属している。柳田家の先祖が出たという山北の川村城などもその一部と見ていいが、牧口君がうまく働いて呉れさえすれば、色々の事が明かになるだろうという希望から、私は彼の立場に同情を寄せていた。後に彼の著書『価値論』に私が序文を書いたのもそんな因縁からである。所が先方は私が信仰までを一緒にやってくれるものと誤算した。

今度の戦争に入って間もなく、牧口君は一晩若いのを連れて話しに来て、泊り込んで行ったが、私は大した印象もうけなかった。それにあれの哲学のシステムが少し違っていると思ったので、深入《つか》りしても役に立たないと思いながら、一緒に話して泊ったのが最後であった。若い者を用って熱心に戦争反対論や平和論を唱えるものだから、陸軍に睨まれて意味なしに牢屋に入れられた。妥協を求められたが抵抗しつづけた為め、牢の中か、又は、出されて直ぐかに死んでしまった。宗祖の歴史につきものの殉教をしたわけである。

その時はまだ宗派がこんなに盛んではなく、三十人ばかりの青年が法華を信じつつ愛国運動を続けている程度であった。そして元気に人を説得（しゃっとく）、説伏（しゃっぷく）することに努めていた。戸田城聖《とだじようせい》のことは屢々牧口から聞いたが、一二度会っただけである。大井かどっかに中学校をやって成功したが、宗祖となるには牧口君は少し不適当で、それほど深い信仰でなかったから、物足りなかったと思う。本も沢山読んでいたわけでなかった。私はこの派はどうも宗教ではなくてマジック（魔術）だと言っている。マジックとレリジオン（宗教）とを区別する一番主な点はアフタア・ライフ（来世生命）を考えるかどうかにある。

郷土会記録

私の処で毎月何回か開いていた土曜会と郷土会とのうち、土曜会の方は快楽亭、竜土軒と移って竜土会となった。そして郷土会の方も会員が段々増えて来たが、そのうち新渡戸さんの方でも同じような会をしているから一緒にならないかという勧誘をうけた。多分、石黒忠篤君が両方の会に出ていたので、橋渡しになったのだったかと思う。それで一人二人を除く全部の会員が先方へ合流して行った。

　私の方の郷土会では当番の人が報告をしていたが、新渡戸さんの方は実によく人が集って中には外国人もあり、通弁をしたり、日本の事情を説明したりしなければならない場合も少くなかった。それで会の性質は大分変って来たが、然しこれ位い皆の満足した会はなかった。各自から五十銭ずつ会費はとったが、御馳走は三倍も四倍も出た。老夫人が出て来て世話をやく、本なども珍しいのがあった。それに新渡戸さんが『農業本論』というのを書かれて、日本の中央部で仕事をしたいという時でもあったので、農政をやった我々の意見も聞きたい気持があった。その時になって初めて加って来た人たちに、那須皓、有馬《ありま》頼寧《よりやす》、駒場の草野真助、それに三宅驥一の諸君があって、一回も欠かしたことはない。

　所が新渡戸さんは第一次大戦の直後に国際聯盟に入ってジュネーヴに行かれることになったので、向い側の田中阿歌麿さんの家で続けることにしたら、ぱたっと人が来なくて駄目になった。そのうち私までが新渡戸さんに勧められてジュネーヴに行ってしまった。仕事は国際聯盟の委任統治に関する委員会の関係であった。私として外国語は本を読む時のように自由に話すわけには行かなかったが、追々と言葉下手でも、色々のことを知っているというので、あちらの人たちが沢山私の処を訪ねて来た。休暇が長かったので途中で一遍帰って来た時に、新渡戸さんも帰られたので、今までお世話になった御恩返しのつもりで、郷土研究会の講演を筆記しておいたのを印刷にしたのが、『郷土会記録』である。一冊それを出版すれば後は若い人たちが続いて出してくれると思ったからであった。とても全部を筆記できないから、人の話の要点だけを書き留めて要領よく纏めるようにした。中にはうまく短かくして下さって却ってよくなったなどとお礼をいって来た人もあった。

大正初期に日本の経済事情を調査した時など、今は政治家になっている石黒君が九州を歩いて来た態度が実にいいので感心した。記録の中に半分は印刷され、後半はまだ筆写のままになっていると思っている。今の久重《くじゆう》高原を縦横に歩いたもので、一寸他人の気のつかない事を沢山喋ってくれた。四十何年前の立派な報告である。

牧口君もむろんその仲間に入っていたが、もうそのころ既に五十歳に近く、余り無口だったから人から愛せられなかった。然し実にいい人で一緒に田舎など歩いていても気持がよかった。宗教の方の人はどう思うか判らないが、私の見るところでは、やはり家庭の不幸がその方へ走らせたものと見ている。創価学会も牧口君から戸田城聖君を中心にしていたが、今は誰が主になっているのであろうか。『聖教新聞』というのがあの派の機関紙になっているらしい。

牧口君入信の動機

郷土会は段々会員が増えて一番多い時は十人位の人が私の処へ集った。早稲田大学の小田内通敏が熱心な分子であったが、今度の戦争後に創価学会で世間に知られている牧口常三郎などもよくやって来た。経済地理学であったか、人文地理学であったか、何でもそういう標題の大きな本をそのころ既に出して居た。細々した処では議論の余地はあろうが、プランがいかにも大きく面白いものであった。農商務省の嘱託をしているという話をきいたが、よくあんなものを書く暇があると感心に思った。

越後柏崎の近辺の人で、早く北海道に移住し、向うの師範学校を出、それ以後は独習であった。口が下手で余り物を言わないで居ながら、言う時には、はっきりしたことをいう人であることが判って来た。北海道には札幌農学校があるだけであったが、それ以外にも後々本当の学者になった人も大分あって、みな多少は牧口君の影響をうけたり世話をうけたりしていた。つまり彼は師範学校を出てから附属学校の教師か何かをして後進の世話をしていたわけであろう。独習の社会学者で田辺寿利君という東京のどっかの教授をしていた人があるが、あれなどは北海道時代から特に眼をかけて貰っていたらしい。牧口君自身もその人に非常に望みを託していたようだ。創価学会の二代目で最近、病気でなくなった戸田城聖なども北海道以来のお弟子で東京へ連れて来たものだから、宗教に入るより前からの子弟であった。

牧口君は家庭の不幸な人で、沢山の子供が患ったり死んだりした。細君も良い人だったが、夫婦で悩んでいた。貧苦と病苦とこの二つが原因となって信仰に入ったのかと思う。以前は決して宗教人ではなかった。創価学会というのも自分の経済学の方の意見から来た名前で、それを新興宗教の名にしたのは、戸田城聖の仕業か、そうでないまでもずうっと後の考から来ていると思う。

富士山の麓にいくつか日蓮宗の寺があるが、牧口はそのうちの本門寺というのに参り出した。その原因として三谷という一人の面白い人間が介在していた。どうも正体の判らない変った人物で、盛んに嘘をついた。処がいくつかの珍しい妙薬をもっていて、大して大きくない塗り薬とか、煎じ薬とかであったが、それが不思議に良く効いた。それで私はいつか聞きに行ったことがある。貴方どうしてそんなに沢山いろんな薬の秘密を知っているのかといったところ、やはり嘘の返辞をした。

シナの牛荘《ニュウチャン》から何十里とか何百里とか入った処に旧いお寺があって、色んな珍しい物が伝わっているのみならず、大変な書物をもっていた。そんないかにも私の喜びそうな話をしてから、三谷はそこに暫く居て、そこで覚えて来たというのだが、聞いているうちに出鱈目が判るような話ばかりであった。それが本門寺の信徒だったわけである。

牧口君とは早くから知り合っていた間柄らしく、牧口が私に「一度三谷君に会って御覧なさい、三谷君の処に面白い薬がありますよ」といって紹介してくれたのが最初であった。私もその薬の恩恵だけは受けているが、その成分は少しも知らせてくれなかった。その男が牧口君を仏教の方へ導いて行った。ところが、或る時、牧口がやって来て、「私はこの度深く考える処があって三谷君とは絶交致しました」といったのには驚いた。それっ切り三谷は私の前にも現れなくなって、消息を絶ってしまった。私より大分年上だったから、もう生きていないと思うが、法華の信者としては、牧口君の指導者であったわけである。

常陸風土記から

奈良朝から伝わっている風土記の一つ、常陸風土記に興味の深い話が書いてある。その中の富士と筑波という話は仲々暗示に富んでいて面白い。私はいつか宮中で正月の御進講の時、御前に出てそのお話をした。

高い山の富士も、低い山の筑波も新嘗祭の日にはいつも雪が降る、筑波は低いのに、低いということは云わずに、春秋とも山が青々しているが、どうしてそんな山で新嘗のお祭があるかというと、その理由が一寸変っている。

昔、神様が訪ねて来られた時、富士山の方は正直に、今日は新嘗の物忌の日ですから、とてもお宿はできませんから悪からずと言って、門前で神様をお断りした。

ところが筑波山の方では、折角あなたがいらしたのですから、たとい物忌の口であろうとも、勿論お世話をしなければいけませんといって、その神様をお世話したという風に書いてある。

それは常陸風土記だから、常陸の筑波の方を贔屓《ひいき》して書いてあるわけだ。そして常陸の方では筑波という山が高いか低いかなどいうことはちっとも問題にせずに、その日には村中、国中の者がみんなそこへ遊びに行く楽しい日になっているという訳である。それはよくある事だが、一遍機会があったら、言っておき度いと思っていた点である。

つまり規則を守った方が却って憎らしがられて、そしてその規則を例外的に破って、相手を非常に尊敬した余りに、その時だけその特別の規則を無視した者が、幸福をうけるという一種の二段構えの例外的物語になっている。

序《ついで》にもう一つ記しておきたいことがある。山の神様が、女の神様だろうと思うが、お産をして山の中で、お腹が空いて困っていられた。そこへ麓から狩人が二人やって来た。そこで神様が、私はお産をしてお腹にまだ力がないからお弁当を一つくれないかと頼まれた。すると狩人の一人が、「どうしてどうして、私は今日まで汚れを避け、精進潔斎《しょうじんけっさい》して、今、山へ登って来たばかりです。お産をした方なんぞに物を上げられるもんですか」と理窟をこねて、山の方へ行ってしまった。

ところがもう一人の方はそこで云った。「たとい潔斎した挙句であろうとも、貴方がお腹が空いていられるのに、差上げずにはいられません」といって、握飯を出して差上げた。それで力が附いたので神様は大変喜んで、これからお前の筋の者を狩に成功させることにするからと言うことになったのである。一方は話がよく解る態度を示し、一方が余り規則を几帳面に貫いたために縮尻《しくじ》ったという話なわけだ。

これとやや似た話が他にもある。私には取置《とっとき》の話だが、序に一遍話しておくこととしたい。之はこの民俗学研究所をやる以前から見つけて大手柄にしている話である。一番最初に見つけたのは、宮崎県の椎葉の山中であった。そこで山村の記録を見て、そのことを見つけて東京に帰って来た。それから次には東北へ行った。そして岩手県に伝わって居る秋田県の話として聞いたのが、やはり同じ類の話であった。唯、人の名前だけは違っていた。

　やはり神様がお産をして苦んでいられる所へ狩人が二人通りすがって、同じ話が生れている。それだけでもいい加減面白いのに、その九州と秋田との中間にあたる天竜川の上流にもまた一つ同じ話がある。何れもお産の汚れのある女神に弁当を差上げた方の狩人の方が山の幸に恵まれるようになったという筋書になっている。

　それから良く気がついて見ると、荒血山というのが、あの義経記に出ているが、荒血という から、お産をした山の神様なのでアラチというのであろう。そこへやはり二人の狩人が通った。一人は汚れを恐れて逃げて行ったのに反して、もう一人は汚れがあっても、貴方からそう云われれば差上げぬわけには参りませんといって上げたという。全く同じ中味の話が四個所にあるわけだ。

　日本の国の真中に三個所と、もう一つ九州に一つと、四つの所に同じ筋の話が残っているのを面白く思った。義経記は常陸風土記の伝説を真似たとも見られるが、何れも素朴な昔の人の信仰生活が窺えて、私には大発見であった。まあ、私の事業についての一つの手柄とも云えるかと思っている。

各地の掠奪婚

　婚姻とか節操とかいう問題は、或る所で一つ所乱れ初めると、やはり流行する傾向にある。例えば一つの海岸地帯などで、沖へ船出して、非常に骨の折れる労働をして帰って来るとする、船を漕ぎながら、早く帰って酒を飲もう、女と一緒に飲もうといった気持になる、それをしない者はいじめられるものだから、反対はできない。船の持主はハラハラして之を迎える、そういう所があちこちの海岸地方にある。

結婚にしても、最初の結婚で一生を終るのが本当の原則だなんていうことは認めないで、何遍でも落着くまで変って宜しいといったような道徳の支配している所もある。それは必ずしも珍しい道徳じゃないかも知れないが、どの土地にも見られるところで、兎に角、道徳とか原則とか云うものは、確かに今の我々が考えて一寸も差支えない様な、お互に愛し合って、お嫁に貰うんだとか、貰った以上は棄てないのだといったような継続的なものがあるということを何かの方法で証明したいものだと思う。

以前は何分にも学問は多く士族のやったもので、その士族の中の定った法則がいつも厳格で、それが当り前だといってしまう。それで農村の自由な若い者自身の判断によって、春先なんか野原へ出て居ってもお互に自由に附合えるというようなことが出来ないことになる。考えて見なければならないのは、いわゆる四民平等ということで、いかにも良い言葉ではあるが、実は四民がみな士族になることを理想だとする心持から、自ら農業者が自分の今日までの生活を軽蔑する傾向が存続している、……この問題が未解決のままである。これは民俗学が扱うより以外に方法はない。

然し何分にも参考になる本がない。我々の同志の者には、良く資料を集めて居る人がある。自分のアフィダヴィッ（口供書）みたいなものを取って集めているのもいる。地方によって違っているが……。若すぎる者の中には、乱れるものもある。例えば猟師など山の中を一週間も十日も走せ廻って村里へ出て来ると、人里では食物でも何でも珍客に出すという扱いをする。気性が荒っぽくなっているから、色々の脱線も犯すわけである。

今度の終戦後に聯合軍の兵士が九州辺に進駐した時なども、土地では若い娘さん達を予《あらかじ》め警戒して山へ隠した、何をされるか解らぬからというわけであった。概して文明的に行動したようだが、中には地方によって、悪い事、困った事が起ったらしい話も聞いた。

長崎から向うの方で、彼杵郡《そのぎぐん》辺にはまだ嫁盗みを原則としている所も多いらしい。その形はざっと三つあるということだ。

先ず本当の奪略婚がある。親が呉れないから、また本人も承知しないから、盗み取ってやれという形式で、これは流石《さすが》に段々と減って行くらしい。

そして、職業的に嫁盗みの役目を果す人間がいる。まあ非常に顔が効くわけで、その人間が乗出して拐《かど》わかして来るのである。つまり、顔役の一つの素養のようなもので、先方で若し承知しなかったら暴力を振うというような顔をされると、相手も一寸怖いし、親にしても、娘にしても、怖気を振わないでいられない。

大正の初ごろまではよくあったが、もう変って来ているであろう。女の方で第一承知しないし、長崎辺の例を見ても、きつい女になると何といっても承知しないのが少くない。

そこで第三の嫁盗み形式になるわけだが、顔役が暴力は用わないで、うまく相手の女を誤魔化して連れて来る。そして一間に監禁しておいて、本当にうなずくまで待つというやり方だが、何といっても承知せず、とうとう突っぱねて自宅へ逃げて帰って来たというようなしっかり者の女もある。その他に親は許さんでも、本人同士はちゃアんと心が通い、好き合っている例が少くないが、これらは別の話である。

前に『土の鈴』という雑誌に一人の投書家が十年以上もかかって調査し研究したことを載せていたことがある。なかなか参考になるので、私も手紙を何遍も出して、もっとまとめて書かないかと勧めて見たことがある。喜んで返事は呉れたが、とうとう纏めずに終ったが、嫁盗みの調査には大変参考になるものが多かった。

裸体と文明

上の弟の静雄は海軍に居て、ドイツ語がよく出来た関係もあって、第一次大戦の後、南洋の委任統治領に派遣されていたことがある。南洋のことについては、明治二十年代の初めに田口卯吉博士が渡航した報告として南島巡航記というのが出ている。土地の酋長が大変好意を示したのはいいが、夜半に自分の奥さんを伽《とぎ》に遣わしたのを物盗りが忍び込んだのかと思って大騒ぎをしたというような話も書いてある。弟静雄もこの本を大変参考にしたという話だった。しかし、彼自身も南洋方面に関していろいろと報告を書き残した。

最初はパラオの島庁に行って、調査したことを書いている。パラオもヤップも土人はみな裸体であった。しかし、頭は割合に進んでいたらしい。東の方へ行くと、女でもアッパッパを衣《き》たり、パジャマ見たいなものを身につけたりしている。然しその連中よりも西の方に住む連中の方が、人間としても好いし、頭も良いという話であった。その連中は裸身に油を塗り、昔のままの腰簑《こしみの》で腰を被っていた。地理的な関係もあったのだろうと思うが、腰布というものは、ゆるんだり、きつくなったりするから、見ていて面白いといっていた。

近頃、私は西蔵《チベット》に行っていた中根《なかね》［千枝《ちえ》］女史に話を聞いたが、チベットの山の中でも、トライブ（種族）によって、非常に身体を隠すのがあるそうで、昔はすっかり身体に布を巻いたというが、今はそれほどでもなくなったのがある。

知能は別に進んでいるわけでもないというから、裸であるのと、肌を隠すのとでは、開化とか進歩とかとは、全然別と考えていいらしい。日本では、裸かどうかという点だけに文化のスタンダードを置いて考える傾がないではない。裸身の多い日本人の一種のひがみかも知れない。

森鷗外さんが経営していられた雑誌の『めざまし草』とか、『しがらみ草紙』とかの一番裏の頁を漫画のページにしてあった。日本で丁度裸足で歩くことを禁止する法令が出た時だった。明治二十三年のことだったと思う。俥屋《くるまや》が裸足で走ることを禁じた。鹿鳴館時代の影響で、日本人が裸足で歩いていては、西洋人に野蛮人扱いせられるから、きまりが悪いというのであった。原田直次郎という画家がそれを皮肉って、俥夫が裸足に言訳くらいの小さな草鞋《わらじ》を一寸引掛けて走っている画が載っていた。脱がないでも、足が殆と全体出ているような草鞋穿きの絵であった。

西蔵では中根女史が夜になって着物を脱ぎ、床の下に敷いてから寝ようとすると、女同士でもそういうことに対して、土地の女が非常に敏感で好奇心を以て観察する。彼女らは頭から足の先まで布で隠して、決して顔や肌を他人の眼に曝《さら》さないようにする。而もその連中が決してその隣の部落のハダカの連中より進んでいるという訳ではないそうである。ただ隠すというだけで我々の眼にはいかにも進んでいると思い勝だが、その標準は決して当てにはならないようである。

フィリッピン人が今のように寒冷紗《かんれいしゃ》みたいなものを着初めたのも、一八九八年の米西戦争以後のことのように、私ら自身が憶えている。スペイン時代はもっと裸体だったように思う。アメリカの領土になってから米本国の輿論がそう云い出して、比島女があんな薄衣を着出したのであったろう。優秀な階級のものはそうでなかったかも知れないが、一般庶民は裸体であったと思う。日本だって以前は、そんなにハダカを気にしないで外を歩けた位である。湿気の多い大阪の町家の人は、主婦《かみ》さんなども含めて、以前は盛夏に肌脱ぎ姿が多かった。店番なんかもそのままでしていたように思う。シナの人も、俥夫でも、店員でも、平気で上半身をハダカにしていることがあるが、下半身は必ず隠していた。気候による点もあろう。

ところが西洋人は、欧米の何れも、日本人に比べて、太股を出すということは、少くとも近頃じゃ、余りショッキングじゃないようである。日本人は上半身を蔽わず、乳をむき出しにしても股の方は隠すが、欧米人は胸の方は必ず隠しても、股の方は割に平気で人眼に曝す傾がある。娘は勿論、主婦さんまでが、膝っ小僧の上までむき出しの衣物を着て、一向気にしない。

バーミューダ・スタイルとか、ビキニ・スーツとか、特殊地帯だけで用うような名前をつけているが、どうして、こちらの海水浴場や避暑地はもちろん、銀座でも、軽井沢でも平気でそんな思切った半裸姿を天日に晒している。裸と文明とは余り密接な関係がないらしい。

主婦権の確立

私がこの成城に引越して来たのは、昭和二年であった。もうそろそろこの町に所謂インテリ・マダムが沢山住むようになっていた。ある時、そんな婦人達の集りで、私に何か話をしてほしいとのことだった。西洋でいうメイトロン、即ち主婦、中には女傑に近いものも入っているが、その主婦連が集った。そこへ顔を出して、私は、あなた方にも主婦権といったものがある。男は大変な段階を経てやっと一人前になるのに、女はもう無造作に、ずっと連れて行かれさえすれば、男と同じ一人前になるというのは不公平だ。主婦にも男と同じ風に主婦権といったものがある筈だ。それには弊害もあるから、皆がよけて通る傾がある。殊に東日本の方では女が自分で避けたけれども、九州なんかには、そういう人が沢山あったのをまだ私らは覚えている。

主婦であるということは、女全体の利害を代表して男に対抗するといった風な可成り強い考で動くことになる。その代りあとの女は服従しなければならないわけだ。沢山ある娘の中でも、親が第一これなら人の家の主婦にやってもいいというのを、初めからその積りで養成して行かなくてはならない。この子は少しおとなし過ぎるから、まあ仕方がない、良縁があったら行く、良い新家《しんや》があったら行って、分家のおかみさんにでもならせろ、それもなければ仕方がない、すたった者でも女でありさえすれば、夫婦になれる、夫婦になりさえすれば必ず一緒に住むといった風にしたのは、実は幕府時代からの一つの政策であった。

つまり一軒から一人宛、人夫を出すと云った場合に、——実際には、一軒一人よりはもっと多く出させられたが——こんな風にしておけば、政府に都合がよかった。我々が郷土自治の本なんかを勉強して気がついたのは、各藩とも申し合せて分家を奨励した事実であった。そして分家というものはなるべく自由な、本家から掣肘《せいちゅう》せられないで、小さいながらも一軒になる風にしておいた。それらの結晶体みたいなものが、都会を作った。

都会を作る前というのは、田舎でそんな風に分家したんじゃ心細い。普段の日はお腹が空いたら食べ、眠ければ寝て大変自由なようだが、一年のうち何日と改たまった日には、やっぱり本家の竈《かまど》を用わないと餅もつけなければ、お強飯《こわめし》もふかせない。それから皆が集まらなければ本当の儀式も値打が判らんなんて言うものがある。私らが覚えてからでも、田舎には本家の廻りに小さな分家が何軒か集って住んでいた例があった。

その著しい例が、伊豆の大島にあった。明治三十六年に、私がまだ二十八、九の時分に、大島に行って見た時、そんな例が多く残っていた。そこで私は村の地図を出させて見たところ、あの元村には屋敷と番地にして僅か三十戸ばかりしかなかった。私の泊った家は那智といったが、五番地だった。その広い屋敷の廻りに、五番地の一、五番地の二という風に何軒もあって、一寸、尻を本家の庭に突込んだ形に建てて集団をなしていた。

可笑しい形だねと言ったところ、こういう昔の屋敷地帯で分家というものは、こうやって住むのが一番安全なんだ、表通りは独立の家になっているが、裏口の方からずっと本家に通えるようにしてあって、誠に便利だといっていた。その明治三十六年の屋敷の形もその後行った時にはすっかり変ってしまって居た。もう今では何百何十何番地という風に言われて居る。序に、地図の方もいくらか割換えたかも知れないが、その最初に私の見た地図は、四角で非常に広い地図をちょっちょっと細かく区切って、分家の尻を本家の邸地に割込ましてあった。私にはその時に見た地図が今もはっきり印象に残っている。

要するに、大体において本家が分家を遠くへやろう、遠くへやろうとするようになったのは、割に新しい現象である。都会の生活というのは、それの一番進んだ状態なわけで、本家の拘束を最小限度にすることになる。それに伴って婚姻制度というものも、言わず語らずの間に非常に変って来る。だから以前のように、一寸した偶然のことで男女が夫婦になっても、女房は段々と皺くちゃになるばかりだから、一所懸命になって亭主にしがみつく、それに対して、亭主の方は我儘で、いたずらしたりなんかしようとする、そのために夫婦喧嘩が非常に多かった。極端な言葉を使えば、私どもの成人になる時代は、夫婦喧嘩の時代といってよい位、いつも長屋の小言が絶えなかった。

そんなことを見て来ているものだから、私は女も家庭に入って後、主婦権というものをあくまでしっかりと確立する心掛が大切だというような話を、この成城のインテリ女史の集りに招かれた時に述べたようなわけであった。

竹葉寅一郎のこと

すこし脇道にそれるが時節柄、旧い知人の竹葉《たけは》寅一郎《とらいちろう》のことに触れておくこととしよう。土佐の人でクリスチャンであった。変った人で極端な気象をもち、同郷の先人中江兆民《なかえちょうみん》なんかの感化をうけたらしい。伊勢の白子の少し南のところ、栗真とかいう村に行って、少数部落の同胞のために大きな収容所を設けて、非常によく保護して居た。

伊勢の三重郡であったが、最初のうち、どこの部落へ行っても憎まれたり、嫌われたりしながら、かまわずにどんどん附き合って調査をし、資料を集めていた。どういう切っ掛けからそのようなことに手を染めたのかはっきり判らないが、実によくやっていた。自分が彼等と同じように生活することが出来たものだから、部落に入り込んで、何でも書き留めておくようになった。

私は三重県庁の警察部に行って、それらの資料を見せて貰った。大きな本が何冊にもなっていた。竹葉が問題を詳しく調べていたのには驚く、私もそれらの調査を中心に色々の資料を集めたことがある。今も背丈に近い位たくさんの分量になっていると思う。どちらかというと、資料はどうも部落の内部の弱点みたいなことに触れたものが多いので、それを逆用して不親切な考を起すような方向に利用されては困るというのが、関係者の意見であった。

部落内部の性的な問題も大分扱われていた。例えば品川あたりの遊女などにも、以前は特にこの種の婦人が多かったとか、実に詳しく書いてあった。「竹葉（たけは）渡来抄」とかいったと思うが、あの人の文章はいまどうなってしまったであろうか。問題は可成り古いが、同時にまた新しくもある。近ごろも再び燃えさかっているし、私自身もかつてこの問題の合理的な解決に心を注いだこともあるが、一旦よく考えてから止めてしまったのであった。私としてはもう今からまた手を出す気はないが、今のまんまじゃいけないと思う。本当のもとはわざと隠れるようなものが多かったものだから、世間も隠してしまった。

のはそんなに嫌なものではないのだから、そんなに卑下しなくてもいい筈のものである。何にしても世の中の人が全体として十分考えるべきであろう。

宮武外骨

南方熊楠が牢に入ったことがある、これは全く宮武《みやたけ》のためだった。大阪へ移った宮武が浮世雑誌みたいなものや不二新聞というのを出した時、南方も之に寄稿した。そうしたら二人とも有罪になってしまった。南方はもう一遍は和歌山県の内務部長か何か役人のすることが癪に触るというので、その周辺の人間を撲ったというためであった。

僕は宮武氏に同情を持っていたんだけれども、会う機会がなかった。あの人が大学の明治新聞雑誌文庫の主任になっていたころは、ちっとも大学に近づかない時分だったから。

吉野《よしの》作造《さくぞう》君がよく世話をしていたようだ。その吉野と私は一緒に暫く朝日に居たんだから、宮武氏にも会う機会がありそうなものだったと思うが、不思議にも会わないで終った。大阪に自由党系の新聞人であった日野資明という人があったが、その人の娘さんを養女にしていた。その人も吉野君の世話で、同門下の法学士に嫁いで、今も仕合せにしているという話である。

これも明治の変り種の一人だったが、香川の宮武、徳島の鳥居竜蔵《とりいりゅうぞう》、そして高知の牧野富太郎など、偶然だが、四国の各地から変った独学者が並び出ているのは、面白い現象だと思う。

土と心を耕しつつ（江渡幸三郎）

武蔵野で百姓をしていた変り者に、江渡狄嶺《えとてきれい》という人があった。私は手紙を貰ったので通信をしたことはあるが、ついに会わずに終ってしまった。

聞くところによると、明治時代に人物評論家として大きな足跡を残している鳥谷部春汀《とやべしゅんてい》の甥にあたる人であるそうだ。ともに岩手県の北端、福岡の出身だとか。本名は幸三郎といった。

二高時代から、戦後初代の最高裁判所長官になった三淵忠彦君と親友で、おしまいまで仲良く附合っていたらしい。駒場の農学校を中途で廃めたかどうか、何しろ、大逆事件後、感ずる所があって、武蔵野に地面を買入れて、一家で百姓になってしまっていたらしい。土に親しむ穏健なアナキストともいうべきタイプであった。

叢文閣《そうぶんかく》という本屋から『土と心を耕しつつ』という随想集を出したこともある。奥さんは高等師範を出た人であるが、夫妻とも今の教育制度に満足していない。それで子供たちは、学校へやらずに、すべて家で教育する方針にしていた。その上、上の子供から順々に、英語、独乙《ドイツ》語、仏蘭西《フランス》語、露西亜《ロシア》語と皆違った語学を両親で教えることにし、そのために、親達が先ずそれぞれの語学を習って、実力ができてから子供達に順番に教えているというような話を聞いたことがあった。

お弟子というか、助手というか、若い人がすっかり百姓になり切って、田畑の方も、肥車を牛に引かせて、都内の知合の家に汲取に行くのも、すっかりこの若人が一人でやってのけていた。大人しくて確かした人で、この人のお蔭で江渡農場がうまく行っているようなものだったそうである。主人公の狄嶺が牛車について街へ出ると、つい脱線することがある。どういうわけか、大の酒豪で、途中でコップ酒を引っかけると、それが病付となり、次から次へ、梯酒をして何日も帰らない。そのうち血を吐いて往来にぶっ倒れるというような極端な所まで行かなければ止まらないというような困った癖があったらしく、知人はみなそれをこの人のために惜しんでいた。

極く真面目で、大きな声も立てない静かな人だが、それが一度飲み出すと大変な事態に陥るのであった。親しい友人たちも、この業病《ごうびょう》を何とか克服しないと折角の理想境生活も何にもならないと忠告するのが常であったとか。

真面目に思索し、真剣に百姓生活をしていたのだが、どうも酒での失敗が多かった。欧米を廻ってくるといって、アメリカまで行ったこともあったが、欧洲へ足を伸ばさず、早く帰って来たのも何か酒の上の失策があった為ではないかなど、心配している知友もあったほどだ。

私は度々手紙を貰ったが、とうとう逢わずに終ってしまった。本なども随分広く集めて読んでいたらしい。まあ、謙遜で幅の狭い南方熊楠といったタイプだったろうか。明治時代の変り種の一人とでもいうべきであったろうか。

ロバート・ホール博士など

米国のミシガン大学にある日本研究所を永い間、主宰していたロバート・ホール博士とは仲々話題の種がある。人文地理の専門家で戦後、岡山に設けられていたミシガン大学の研究支所の指導にあたり、沢山の日本研究の米人学生を育成していた。この人は、ヨーロッパ文明を知るのに、地中海から初める必要があるのと同じように、日本の文化を調査しようと思えば、先ず瀬戸内海に着手するのがいいという意見だそうである。

戦争の前にも米人学生を七、八人も連れて訪ねて来て、この成城の附近で何か学生に見せてやってほしいといったものだから、一緒に近くを連れて歩いた。例えば、江戸初期か、もう少し昔に、この辺がまだ荒野原であった時代に開墾に入って来た人は何よりも自分の家を防禦しなければならなかった。川の流れを自分の屋敷の方へ引き入れて、その川沿いの土地を三角形にいくつも突き出して防塁のように築き上げていた跡がそのころまだ残っているのをみなに見せて歩いたりしたのであった。

その旧い農家も爺さん婆さんが死んでしまったものだから、縁が切れて当代の若い人たちとはもう附合いがなくなった。然し昔の人が川を邸地の近くまで引き込んで城の外濠のようにしておいたのは、外敵を防ぐためにも、野獣の難を避けるためにも、大変利巧な遣り方であったと思う。

そのホールはいま東京に来て、アジア財団の代表者になっている。今年になって勲四等に叙せられた。この間も手紙を呉れたが、つい億劫なものだからそのままにしている。

国際聯盟の関係でジュネーヴへ行っていた時も、いろいろの外人と附合っていた。それらのことを日本に帰ってから話をするのに、信州の教員たち相手なら話が解ってくれるだろうと、かねて向うに居る時から考えていたので、自分の方から名乗って出て予約をしておき、日本へ帰って来ると直ぐに信州まで出掛けて行って講演をした。たしか二時間以上も話したように憶えて居る。

コンラッドのこと

ネフスキーと相棒のコンラッドとはお互に競争意識があって、余り仲がよくなかったが、一時は東京で一緒に住んでいた。年は同じで二人とも二十五歳になりましたと云っていたことがある。コンラッドの方はどちらかというと俗物で、官給の留学費が来なくなると、早速帰って行き、つい最近までずっとペトログラアド大学で、日本文学の教授を続けていた。

女の留学生を二人紹介してよこした。一人はグルスキナと言い、こちらでドイツ人と結婚してフラウ・シュワルツマンと名乗って日本にずっと居た。自分で清水浪子という日本名をつけ、訪ねて来ても取次の者に「清水浪子です」といったりしていた。お仕舞はどうなったか良く判らない。それっきり便りがなくなったが、お喋りで出しゃ張りだったのでその顔付をよく憶えている。

もう一人の方は頭にO（オー）の字のつく女で、枕草子か何かの研究で博士論文を書き、帰国して日本文学史の教授となり、今もそれを続けているらしい。

そういうのが東京に勉強に来た時は、いつもネフスキーが世話をしてやっていた。つまりロシアでは留学生の制度とか、学問上の交渉とか云ったものが、革命後になっても回復しなかったので、金を送って来ずに、個人的関係に任せて居たのであろう。

日本の学界のために、之だけ多く働いたネフスキーという人間の仕事の成績が何にも残らずに消えてしまったことは何としても気の毒であったというべきであろう。

日本に居る間はこちらの憲兵などに眼をつけられ、そしてウラジオストックに上陸した時には、そこで検閲をしていた日本係のロシア人にすっかり裏切られて、帰国後の生活が困難になってしまったらしい。沖縄や宮古の人たちでも、彼にそんな沖縄関係の研究のあったことを知っている人は殆となない位い気の毒な末路であった。

色々の外人との附合

パリにソルボンヌでない方の、エコール・ノルマールといった大学がある。ここに触れるアグノエル君は、私は余り親しく附合っていないのだけれど、そのエコール・ノルマールの方の先生をしている人である。或はソルボンヌの方も兼ねているのかも知れない。今も教えているかと思う。

この人は私のパリに行った時分から、まるで日本語が自由なんだから、事によったら、ロシア人のネフスキーより偉いかも知れない。今だに日本のことを研究しているとは感心な男である。私ももう忘れて日本との縁故が切れたんだろうと思って居ったら、この間、慶応の松本信広君がやって来て、この間、アグノエルから手紙が来たという。そして、昔、慶応で出した『史学』の中にある柳田さんの論文をどうかして見たいから、手に入れる様に心配してくれといって来たという話であった。

良い人で、そんな風に、日本の事は良く分って居る人だが、何分にもユダヤ人なもので、そのすることがちょっちょっと変っているところがある。変っているもんだから、私は警戒して、フランスに居た時分でも、余り深く附合わないようにしていた。ところが、今度の松本信広君への連絡があったというので、吃驚したり、感心したりしているわけである。

それに反して、いつかケンブリッジ大学からボーナスという熱心な研究生が来た。それで話をしてくれるよう頼んでおいたのに、それっ切りになって、今まで手紙一つよこさない。

やはり英国人のロナルド・ドーアという学者もロンドン大学から来たことがある。之にも話をしに来てくれと頼んでおいたのに、之も一遍も連絡がないままになっている。この男の方は、南伊豆の西海岸、松崎あたりの漁村に入って、詳しい調査をしていたのであった。

まさか、私がケンブリッジ大学のことを余り好かないという理由があるからでもあるまい。

この間、オランダから来て成城に一年程いた学者にオーエハンドというのがあった。同じオランダの通訳官でエフ・オー・フィッシエルというのがいたが、仲々面白い論文ばかり書いて、而も書くと必ず私に呉れた。英語で印刷した論文をその都度贈って貰った。この人は自身で喋らず、風戸といって教員上りの親切で熱心な秘書を通して色々のことを私の所へ云って来た。私の文庫の中には、フィッシエルの書いたパンフレットみたいなものが、大分沢山ある。私にくれるのはいつも英文のものであった。

オランダへ行った時、訪ねて行ったら、恰度出掛けているところで、会わずに、空しく帰って来た。オランダに帰ってからも、日本博物館みたいな所で働いているそうであった。

「出島」の資料など沢山集まっている所である。
もう一人、ファン・デ・フィッシェルという人が居るが、右のフィッシェルとは別人である。この方は亡くなったそうである。

地方講演の二、三

布佐で母親が亡くなったとき、私は看護疲れで、銚子へ養生に出掛けた。すっかり身体を悪くしたので、およそ一個月も銚子に行っていた。その時、ふと思い浮んだ和歌があった。

世の中を海の藻（喪）に住む子安貝子は安けれど貝（甲斐）なかりけり

藻と喪とを、また、貝を甲斐に引掛けて読み込んだのは、ただ一つの口調に過ぎなかったようなものである。

それから序《ついで》に、大正十三年に朝日社員として、選挙演説に旅行したことを記しておき度い。一つは、同僚の記者で、シナ通の神田正雄君を栃木の選挙区の方へ応援に出掛けた。その序にといわれて、吉野作造の懇意にしていた友人の内ヶ崎作三郎を宮城県の北の端へ応援するため、足を延ばした。

神田の方は大変反響がよくて、皆が嬉しがってくれたし、誰も弥次ったり、反対するものもなかった。ところが内ヶ崎の方は、吉野がいたものだから、邪魔が入った。夜、壮士がやって来たりした。

僕は選挙演説はもうやらんと決心した。聴衆の中から平気で批判の声を挙げるんだから、なっちゃいない。我々は講師なんだから、いつでも、誰でも静かに聞くものだと思っていた。ところが、選挙演説になると、前に坐っている奴が、こっち向いて大きな声で批判するんだから驚いた。もうそれから以後は一度も選挙演説はしたことがない。

吉野作造、下村宏《しもむらひろし》の諸君が出掛けるものだから、皆行ってやらなくちゃいけないという事情にあったわけだ。それに、選挙の前後に、学術講演をやっても、聴衆が殺気立っているものだから、どうもうまく行かず、荒れるのに困らせられた。

吉野君が舌禍《ぜっか》を買ったのもそれで、私も一緒に神戸でやった学術講演であった。吉野君が維新の五個条誓文は明治天皇の一時凌ぎに発したものというようなことを不用意に云ったものだから、事が大きくなってしまった。我々から見れば、旧い話ではあるし、純粋科学的、歴史的に説明したのだからよさそうなものと思ったのだが、今と違って時勢が悪かった。

このころを打切りにして、私は選挙応援演説は一切しないことにしたわけである。

生家の祖父、真継立斎のこと

生家、松岡の方の祖父母や父に関する旧い記録が見つかったが、散逸させるのも惜しいと思うから、序に載せておくこととしよう。

神東郡川辺の中川という家が代々医者を業としていたことは度々述べた通りである。私の曾祖父にあたる人は中川主水《なかがわもんど》と称したが、ある時、網干村の平松村という所へ行って開業をして居た。ところが同じ網干村の余子浜という村に、高田某なるものが一人の娘を残して死んだ。そこでこの中川主水を入聟に迎えようとした。本人は余り心が進まなかったが、請われる儘にそこへ養子に入った。しかし、中川という生家の姓はあくまで変えずに持続した。

この変った形の夫婦に男女合せて四人の子が生れた。その末子は文化七年、揖東郡《いっとうぐん》網干に生れ、幼名を清五と呼ばれた。諱《いみな》は維恕、字《あざな》を忠卿と名付けられた。二歳のときに父、主水が歿したので、大阪の町家に不通の養子となった。そこの仮父が死んで後は、実家の兄を頼って帰郷した。この兄は名は継、字は世卿、号を神州となした。父の死後は、主水という名を継承していた。彼も医を学び、最初、摂津の莵原郡《うばらぐん》で開業していたが、天保年代の始に、故里に帰った。

弟の清五は兄の勧めに従って、漢籍を学んだが、学大いに進み、立派な詩人と称せられるに至った。やがて郷学、明倫館の教授に迎えられ、頗る弁舌が達者なので評判となって居た。天保二年ごろ、改称し、中川至となった。そして、神東郡の医師、松岡左仲に養われ、その娘、小鶴の聟となった。

妻となった小鶴は、一門の中川立元の姪にあたる婦人で、乞わるる儘に、松岡左仲の養女となっていたものである。結婚した翌年、天保三年六月に一男が生れた。之を操と名付けたが、之が我々兄弟の父となった人である。

天保八年に至り、養母、桂氏が歿した。翌九年七月、養父、松岡左仲は突然、維恕、即ち幼名、清五を離縁した。松岡家に養子に入って僅かに七年未満の短い年月であった。そこで妻子を残して養家を去った維恕は但馬の生野に移り、鉱山関係者に多い真継姓を襲いだが、子を設けず、真継一到という者が後にその家を継いだ。維恕は通称を登と改め、立斎と号したが、菊を愛し、之を作ったので、陶淵明《とうえんめい》に因んで陶庵と号した。そこで我々も祖父の名を専ら真継陶庵として記憶しているわけである。

生野義挙が起り、平野国臣、美玉三平、河上弥一等が名を挙げた時、祖父陶庵が黒幕のような立場におかれていたことは、既に述べた通りで、そのため、以後は世を忍ぶ形で暮していたらしい。然し、明治元年に至り、官が当時の事情を奏上した結果、旧功が認められ、特に士族に陞され、佩刀《はいとう》を許されたということになっている。もっとも其後間もなく廃刀令が出たから、その期間は三、四年に過ぎなかった。

明治七年八月に至り、生野で死んだ。享年六十五、法号を智広陶庵日達居士となし、生野町の本妙寺に葬られている。私の生れる満一年前に世を去ったわけだが、我々兄弟はみなこの祖父を懐しむの余り、兄弟相携えてその墓を展したことも亦すでに記した通りである。

祖母、松岡小鶴のこと

祖母、小鶴が縞衣と号したこと、またそれが、昔から鶴の形容詞として、玄裳縞衣というのを用いていた習慣から来ていたことも、前に云った。身体は余り丈夫な方でなかったが、気性の烈しい婦人で、一生涯、片時も孝と貞とを忘れずに暮したというわけで、死ぬときも、自ら諡《おくりな》して、「孝貞烈女」と云ったほどであった。

その父は諱を勇と呼び、字は義輔、通称の左仲というのが広く通用していたらしい。代々辻川に住んで、主として農を学んで来たが、左仲は医者を業としていた。

　左仲の性質は恬淡無慾《てんたんむよく》、仁慈の情が豊かであり、また好学の志が篤かった。五十歳になっても子がなかったので、中川至を聟に入れ、娘小鶴に配した。ところが、彼女は生来、多病で、二十七の時に初めて一子を得たわけで、それが私どもの父、操であった。どういうわけか、養父の左仲は、せっかく一族の中川家から迎えた女婿の至（後の陶庵）を離縁して家から追出した形となった。

　左仲は間もなく小鶴に再婚させようとして勧めたが、娘は頑として之に応じなかった。私ども兄弟にとり大事な祖父母が離れ離れになったという悲劇もどうするわけにも行かないまま、二年後に曾祖父の左仲その人が死んでしまったわけである。その時、父の操はやっと九歳であったが、之から祖母小鶴のスパルタ教育が始まった。即ち、一人っ子を督励し、毎日必ず詩一篇を作らせるという手厳しい勉強を習慣づけた。さらに十一歳になると、漢籍の白文を素読させたが、このころはすでに漢詩にも大いに見るべきものがあったという話も伝わって居る。

　そこで祖母は加古郡安田村の医者梅谷恒徳に一子、操を送って医を学ばせた。併せて漢詩の方にも磨きをかけたため、梅谷家に縁由のある田島家に一時入籍させられるようなことになったため、田島賢次とも称したことは、前に詳しく記しておいた。先ず、仁寿山校に学び、やがて、姫路に転住して、大いに学殖を深めて行った。

　母の小鶴から見れば、加古郡と云い、姫路といい、何れも方角は辻川の南方に位して居た。そこで、日夜、南望して一子を思う……という気持から、女ながらも、シナの望児の故事に倣って『南望篇』という詩集を著したわけである。

小鶴女史は自らの生涯を以って「父に孝ならず、夫に順ならず、これこそ二巨罪である」としている。また篇中に曰っている。

嗚呼余既抱二二巨罪一、不レ能レ順二於親一不レ能レ信二於夫一、尚何恃二区々之諒一矣、孟子曰、不レ能二三年之喪一而偲二小功之察一、放飯流歠而問レ無二歯決一、是之謂不レ知レ務、如レ余者豈能免哉、豈能免哉、

女の癖に男まさりに自分のことを「余」と云って居るところなど、いかにもその人柄がよく出ているように思われる。

これを伝え聞いた姫路政庁では代官吉沢周平に命じて小鶴を表彰させた。また藩の文学、角田心蔵も女史の勤苦を奇とし、児のために学資を給し、勧めて泮宮《はんきゅう》に入れ、生員［生徒］に列したという一寸した幸運に恵まれたわけであった。祖母の父や夫に対する強い自省自戒の報償が計らずも子の操に対する恩典の形で認められたものということが出来よう。我家にとっても、誇るに足る一つの事件であった。

この女史は仏家の六趣輪廻の説を信じていた。之に対して、その友人で、私の子供のころ並々ならぬ恩顧を蒙った大庄屋三木家の公逢さんは、私の一生親しくして頂いた三木拙二翁の祖父君にあたる方だったが、女だてらに私の祖母は、この人と論争を試みたりしたのだった。公逢さんは前にも云った通り、大阪の懐徳堂系統の儒学者だったので、朱学、理学の説を主張されていた。そこで両々相対峙し、一歩も譲らなかった。「三木公逢に与えて仏を論ずるの書」という祖母の一文がそれで、私は今日でも感心しているほどの大文章であった。

他に彼女の作った次のような詩も収録せられている。

春日寄外

漸覚韶光満㆓四隣㆒
烟霞弱柳似㆑挑㆑人
墻辺風誘鶯歌好
檐外花牽蝶舞新
徒逐㆓事端㆒消㆓白日㆒
空違㆓物候㆒棄㆓青春㆒
定知山畔多㆓幽趣㆒
瓊玖為投雲水浜

この小鶴女史は明治六年十月十五日に歿した。文化三年の生れであったから、六十八歳になって居た。

実父、松岡操のこと

最後に私の実父のことを更めて少し纏めて書き留めておくこととしたい。操は、天保三年六月十二日に辻川に生れた。父は中川家から入った至、そして母は小鶴であった。

通称は賢次、後に操と改めた。名は文、字は子礼、そして号は雪香と称したが、晩年は約斎というのにかえた。年七歳の時（天保九年）父、維恕（陶庵）が突然、岳父、左仲と意思の疎隔を来して婚家先を去ったので、操はそれから後、専ら母小鶴の薫育をうけた。九歳、十歳のころ、すでに漢詩を善くし、十三歳になるや、前記の通り、加古郡に行き、医家梅谷左門に厄介になって漢学を修めた。

十四歳、弘化《こうか》二年に姫路藩好古堂に転じ、角田心蔵を師とした。その後、十九歳になった嘉永三年、飾東郡《しきとうぐん》木場村の三木某について初めて医学に入った。

幕末の文久三年三月、三十二歳のとき、姫路藩許可の町学校、熊川舎に迎えられ、師範を仰付けられて姫路に移住した。そして十三年間も研修して来た医学を廃した。この熊川舎時代のことは、前に述べたところであるから、ここには省略する。

明治三年十月、廃藩置県が行われたため父は熊川舎を辞職した。年は三十九になって居た。同年、一旦、林田県《はやしだけん》の敬業館教習に補せられたが、翌々五年一月に辞して、何年振りかに郷村、辻川に帰って来た。家族ももちろん一緒に帰村した。然るに、翌六年十一月になり、飾磨県立竜野更化中学校の一等助教に迎えられて赴任した。

明治十年十一月には、多可郡荒田神社に迎えられ、方面違いの祠官を拝命した。嘗て維新前後に暮した姫路時代のように一家の生活がそう豊かでなくなっていたので、思い切ってそのような方面違いの仕事をも辞しなかったものと思われる。その後、山陰の伯耆赤碕から招かれて漢学の私塾を指導したりもしたこと、また既述の通りである。社会の動揺している時期に、世間知らずの父を世話し、また、頑是なき子供たちを多勢抱えて、一家を切盛した母の苦労は並々ならぬものがあったに相違ない。今、思い出しても、有難い母親だったと申す外はない。

この思い出の記の冒頭に述べたように、明治二十年、私は次兄通泰に連れられて上京し、直ぐに茨城県布川に移って、そこで医師となっていた長兄、鼎の宅に引取られた。それから凡そ二年たった明治二十二年九月に、父母は二弟を伴って同じ布川に移って来た。父祖代々の故郷であった播州との縁が惜くも、之で全く薄くなってしまったわけである。そのうちに、長兄は布川から利根を距てた対岸の下総の国、東葛飾郡布佐町に移住し、そこを永住の地と定めたので、父母もそちらへ移った。その後、母だけは一時、下谷御徒町の次兄通泰の家を手伝ったりしたこともあったが、明治二十九年、私がまだ学生時代の時に、父母は二ヵ月を距て、相次いで世を去った。私どもにとって最大の不幸な出来事であった。

父が世事に極めて迂《うと》い方であったことは、度々述べた通りである。しかし、敬神の念と勤王の志とが並外ずれて厚かったことは、誰からも認められていたらしく、また漢学の方にも、医学の方にも、造詣が浅くなかったことはもちろん、国学にも仏典にもかなり通じて居たようである。世間でも、「約斎先生、文章詩歌みな能くせざるなし」とまで敬重してくれたという噂を聞くのは、子の私としても嬉しさの限りであった。趣味も豊か、性格も甚だ恬《てん》淡《たん》であった点は、その祖父の左仲にも稍々《やや》似て居たように思われる。

弘化三年、十五歳の時、姫路に在って詩を賦したのが遺って居る。

檐滴瀟々洒㆓五更㆒
鶉衾夢断冷㆑氷
尋思去歳萱窓雨
敲㆑句裁㆑衣分㆓一灯㆒

また翌弘化四年、藩侯、酒井緝光公、初めて帰国し、若き学徒の講経を試みた。田島賢次(松岡操の別名)は年十六であったが、経筵《けいえん》に上り、君側に咫尺《しせき》して一詩を賦した。

学レ書学レ剣不レ還レ家　毎レ遇二青春一感二歳華一
謝夢醒来池上草　燕支滴尽雨中花
慈烏声断雲偏湿　老樹風生日又斜
想看倚門情意切　神川南去路三叉
五載周旋観二国光一　百年徳沢正洋々
泮宮日永花窺レ牖　官舎春深鳥食場
文庫剰分鄴侯軸　経筵近接令侯香
涓埃期レ報二君恩渥一　不三是饑禽謀二稲粱一

父の生涯を追想するにあたっては、必ず之に有力な内助の誠を致した母たけ子(播州加西郡北条町尾芝利七の娘)の存在を無視するわけには参らない。母も幸に世評では、聡明、強記にしてまた仁俠、屢々人を救うを常としたということになっている。子として、この上の喜びはない。然し、すでに母の性格と生活態度とについては、この思い出の記の至るところで触れたから、ここには、重複を避けることとしたい。

遠い親戚と近い姻戚

考えて見ると私も幸福だと思う。何しろ自分の旧い日記をもう一遍出して読み直したり、それを利用して思い出を語ったり、まあこんなに生き永らえられるとは思わなかった。日記が自分の役に立つなんて全く珍しい例である。然し誰一人そうじゃないと抗弁する人も居なくなったのだから、些か気が咎める点もないではない。嘘を言わないように気をつけねばと思っている訳だ。

田舎と東京との間で、親類の附合が非常に変化をうけている話をしておこうと思う。田舎から出ても婚礼を東京でする場合、嫁の方の親類は東京にいる人を探すから、その方は寄って来るが、片方の田舎に在る親類はせいぜい叔母が一人とか、従兄弟が一人とか上京するだけで、皆がその婚礼に参加するということは無いのが普通である。

田舎の方では何だかみすぼらしくて附合をするのに引け目を感じるようになる。田舎も東京の近くならばいいが、九州とか東北とかになると、その時にもう何だか相手方から眼中におかれないような気になってしまう。私らのように割に近世になって分家した家から出たり、殊に学問で立っていた家だったりすると、親類の範囲も凡そ決まっているが、旧い家が段々変って来て、親類附合が前通りでなくなる場合は、親類というものをよく研究してかかる必要がある。

姻戚と本当の親類との間にもとは、はっきりした差別があった。播州の仕来りによると、一番具体的な例は、お祖母さんが亡くなった後、三十三年になると、その実家の方の親類には、特別の使を出して、今度は是非来て下さいと頼む。そしてその祖母の里方の親類の人が来て法事に立会ってくれると、その式の済んだ後で、「さて長いこと御懇親を願いましたが、之で我々の方の関係は尽きました」という。そして、「どうも長々有り難うございました」と双方から挨拶をしてお別れになる。つまり姻戚関係はその関係のあった本人の死後三十三年を境にして解消して他人になっていいことになっているようである。

その反対に、一親類といって、最も大切な親類はいつまでも附合う、それほどでなくても何か特別の理由のある関係ならば、捨てることは出来ない。どういうお血筋になりますかとか、どんなお続き合ですかと聞かれても云えない親類でも、どうしても棄てられないものもある。

次兄井上がもう大分年を取って青山に居た頃の話である。郷里の北条から畑中と名乗る若い男が突然訪ねて来た。本人は家から予め手紙を出して貰っておいたというが、次兄自身はそれを見ていなかった。鞄を一つ持って来て玄関に置いて「晩にまた参りますから」といって帰ろうとした。書生が「一寸待って下さい取次ぎますから」と引留めて、次兄に取次ぐと、どうもそんな人は知らないという返事であった。若者は面喰って、理窟も何も云わずにその鞄を下げてサッサと出て行ってしまった。

それから暫く経ってから、北条のその親父から眼の玉から火の出るように怒った手紙が来て、「もうあなたの家とは附合はない」と絶交を申入れてしまった。その話を聞いて私は次兄に「畑中という親類のあることを私は知って居ったのに、兄さんの家と附合っていないことを知らなかった。年始状の遣り取りはしていないんですか」と聞いて見た。

どうも年始状のやりとりはしていなかったらしく、仮りにしていても次兄位いになると取りっ放しなものだから、親類でも何でも一緒こたになって整理しなかったので、よく判っていなかったものらしい。

北条の畑中の家では、いくら何でもそんなことを云って通用するかと思う位い、ひどい悪罵を井上に向って並べ立てた。それっ切り両家の縁が切れてしまったわけである。

私もかすかに、そういう親類が昔からあって、それが井上家の大事な親類だったということは知っているのだけれども、果してどういう続き合いだか、系図を見たことが無かったものだから知らなかった。同じ井上の親類でも、山口家の方は今でも附合っているものだからよく判っているわけである。山口家に劣らない大事な親類の畑中家というのが一軒、そんな状態で絶縁になってしまった。こんな例が随分あるわけだから、昔の社会道徳というものを保存するためには、多少、民法以外のことでも考えてやる必要があると思う。

親戚でも姻戚でも、私はなるたけ色々のことに注意を払う方針で来ているが、嫁や聟をとった相手方の親類というものはなかなか憶えられないものである。「そんな家があったかい」などとうっかりいったりすると、「不人情な奴だ」というようなことになる。それでも私はそういうことが専門なんだから、割によく憶えているので、向うから喜んで来ることが多い方ではある。

養家の柳田は信州が本拠だったから、松本には養父の従兄弟に当る同族の者が大変居る。そういう人が亡くなっても先方からは何にもいって来ないので、それでお終いになってしまうことがある。先方としては、余計な心配をかけちゃいけないと思うのだろう。そんな風な遠慮があって黙って了うのかも知れないが、もう仕方がないと思う外はないものであろうか。

その癖、こちらが松本へ行くと、出て来てくれる、訪ねずにおくとその儘になってしまう。それにもう直接附合った人の子供になると億劫なものだから、必要がなければ名乗って

である。

本当をいうとその範囲がはっきりしない。何処までが可能な婚姻区域かということが問題で出ないというわけだ。

だから遠方婚姻ということは、民俗学の方では一つの究明の話題にして居るのである。

この成城の拙宅へ来る人でも、両親とも朝鮮に行って居て、先方で結婚したのの子供がいるが、そんな人には、両方の親戚関係がまるで判らない。両方とも東京にいて結婚した場合にも、めっきりそんな例が増えた。

私が「あなたのお国は何処？」と聞く時に、「東京です」と答える人が多くなった。三十年近くも前に、私がこの成城へ引越して来たころ、「あなたどこ？」と聞くと、「どこそこです」というのが多く、それで「ああ、あそこなら私は一遍行ったことがある」とか、「ああ、あそこは行き度いと思ってまだ行かないのだ」ということから、段々話がほぐれて行って、少くも三時間位いは時間の倹約になったものである。インティマシイ（親密感）を増すためにはそれが早道で、三時間かかるところが、一時間か十五分かで済んでしまう。

誰でもみな「東京です」と答える。中にはきまりが悪そうな顔をして「東京です」なんていうのがある。「お父さんだよ、お父さんの御国はどこなの？」と問い返すと、初めて「北海道です」とか、「福島県です」とか云い出すが、まあ大抵は自分を東京人だと思っている。ここの処の考え方を本当にはっきりと決めておかないと、ただ古事記、日本書紀の時代だけが明らかになっただけでは仕様がない。私のやって行きたいことは、そういう方面の事柄なのだが、さてうまく行くかどうか。

解　説

佐谷眞木人

最晩年になってようやく

「故郷というものは、五十年がいきどまりだと、かねがね思っていた」

　本書の「故郷を離れたころ」の冒頭で柳田國男はそのように語っている（二一ページ）。故郷を離れて五十年経てば、そこはもう故郷ではない。このような故郷への訣別《けつべつ》ともとれる表現とは裏腹に「いつまでも、故郷がなつかしい」とも語るのである。そこには故郷にたいする複雑な感情がうかがえる。

　本書は柳田が故郷のことや、青年時のことを中心として語った、ほぼ唯一の自伝である。柳田は、いまだ明治維新の余韻がさめやらぬ明治八年（一八七五）、兵庫県神東郡田原村辻川（現・兵庫県神崎郡福崎町西田原）に、松岡操、たけの六男として生まれた。十三歳のとき、家庭の事情により長兄、松岡鼎の住む茨城県北相馬郡布川町（現・利根町）に移住している。したがって、表題の「故郷七十年」は、故郷を離れてからの年月をいう。

　本書は、昭和三十二年（一九五七）十二月から三十三年三月にかけて、柳田が八十三歳の折に語ったもので、三十三年一月から神戸新聞に創立六十周年記念として連載された。聞き手は柳田の朝日新聞社の後輩にあたる、同郷出身の嘉治隆一《かじりゅういち》であった。連載終了後、昭和三十四年に神戸の、のじぎく文庫から単行本として出版されたが、その際に柳田自身によって加筆訂正と、話の順序の組み換えがおこなわれている。さらに、柳田の没後に『定本柳田國男集』別巻第三を編む際に、新聞には掲載されなかった未発表の原稿が「拾遺」として加えられた（なお、本書の詳しい成立過程については、『柳田國男全集』第二十一巻［筑摩書房、一九九七年］の「解題」をご覧いただきたい）。

柳田は昭和三十七年（一九六二）、八十八歳まで生きたが、本書はその最晩年の成立といってよい。そこに至るまで、柳田は自身の故郷について多くを語らず、文章を残してこなかった。日本のさまざまな地方に残る民俗について筆を尽くしてきた柳田は、なぜ自身の故郷についてだけは何も記さずにいたのだろうか。本書の解説を書くにあたり、この問題から考えていきたい。

故郷から郷土へ

柳田が青年時に文学に傾倒していたことはよく知られている。まだ、柳田家に養子に入る前に松岡國男の名で新体詩を書き、その中のいくつかは雑誌『文学界』にも掲載された。また、彼の連作詩「野辺のゆきゝ《のやおむろ》」は、明治三十年（一八九七）に、国木田独歩《くにきだどっぽ》、田山花袋《たやまかたい》、太田玉茗《おおたぎょくめい》、嵯峨廼舎御室《さがのやおむろ》、宮崎湖処子《みやざきこしょし》と連名で民友社から詩集『抒情詩』として刊行された。その詩集のなかに、柳田は故郷を懐かしむ詩を残している。
この詩集の共著者にも名の見える、宮崎湖処子の小説『帰省』について、本書の「文学の思い出」は以下のように記している（一七三ページ）。

> 『帰省』は小説ともつかず、感想文ともつかない、新旧の中間になる文学であるが、大変大勢の人に愛読され、われわれもその熱心な読者であった。この中にいう「故郷」が、今私が「故郷七十年」の中でいっている「故郷」という概念に似ているような気がするのである。

つまり、柳田にとって「故郷」とは、湖処子の『帰省』のように個人的な思いを寄せる場であるゆえに、きわめて文学的な概念であったといえよう。故郷は「望郷の念」が宿る場であり、それは詩や小説といった文学を通して書くべきものだったのである。およそ、明治四十年ごろを境として、柳田は田山花袋や島崎藤村《しまざきとうそん》ら文学者との交流を断ち、民俗学の研究へと進むのであるが、その際にみずからの故郷について語ることも封印してしまった。そして、それに代わって柳田が取り組んだのが「郷土」の研究だった。

文壇を離れた一方で、明治四十三年（一九一〇）、柳田は新渡戸《にとべ》稲造《いなぞう》らとともに研究会「郷土会」を発足させ、また、大正二年（一九一三）には神話学者の高木《たかぎ》敏雄《としお》とともに雑誌『郷土研究』を創刊している。つまり、柳田にとって文学から研究への転身は、そのまま、故郷から郷土への方向転換と重なり合っているのである。このような「故郷」と「郷土」の関係については、以前に論じたことがある（拙著『柳田国男　日本的思考の可能性』小沢書店、一九九六年）ので詳しくはくりかえさないが、ごく単純化して言うなら、「故郷」が個人的に思いを寄せ、懐かしむ場所であるのにたいして、「郷土」はそのような抒情性を排した、共同主観的な普遍性を含意している。たとえば「郷土料理」や「郷土玩具」という表現は成立するが、「故郷料理」や「故郷玩具」という表現は、あまり馴染まない。柳田が最晩年に至るまで「故郷」について語ってこなかった背後には、このような文学と研究の相反関係があると思われる。

故郷を語ることはみずからの学問がどのような思想的、あるいは信仰的背景を持つかを語ることと同義だった。柳田はその部分を隠したまま、さまざまな地方の文化についてあくまでも中立的な立場によって研究し、論述した。しかし、その問題意識のありかた、あるいは思考の土台には必ず柳田が抱えてきた個人的経験があったはずだ。このように考えると、本書は柳田の残した膨大な著作を読み解くための「鍵」になっているともいえる。柳田がどのような個人史を経て研究生活に進み、いかなる家族や地域社会のなかで育ち、民俗学に興味を持つに至ったか。本書が残ってくれたおかげで、私たちは柳田の思想の来歴を知ることができる。柳田は生涯の最後にみずからの学問の謎解きをしてくれたのだ。

興味深いことに、柳田と親近した民俗学者折口信夫《おりくちしのぶ》は、柳田とはほぼ正反対の指向性を持っていたと思われる。本書の「辻川の話」において柳田は、折口が「三郷巷談」に記した嫁盗みの話に触れているが、「三郷巷談」は、折口が雑誌『郷土研究』に投稿した最初の論文であった。これは折口が生まれ育った大阪の木津や難波周辺の伝承を中心に記したものだ。この論文が折口の民俗学研究のスタートラインである。つまり、折口はみずからの故郷を語ることから研究を始めているということになる。これは、柳田の実質的な研究の始発点として知られる、宮崎県椎葉村《しいばそん》に伝わる狩猟の伝承を記した『後狩詞記《のちのかりことばのき》』や、岩手県遠野《とおの》に伝わる伝承の聞き書き『遠野物語』といった「異郷」を記す著作とほぼ対照的な位置にある。折口はまた、研究者であると同時に釋迢空《しやくちようくう》の名で歌人であることを否定しなかった。折口にとって研究は、自己の内面を凝視し、そこに深く沈潜することで、普遍的な真理に至るという道筋を持っていたと考えられる。客観性を重視した柳田と主観的判断を重んじた折口は、「故郷」にたいしても正反対の態度をとったのである。本書において柳田は、中山太郎の口を借りて折口を「大へん変った人」と語っているが（一一三ページ）、そこには折口への思想的というよりむしろ感覚的な違和感が表明されているように思われる。

前近代と近代の境界を生きる

小林秀雄《こばやしひでお》は、学生に向けた有名な講演「信ずることと知ること」において、この『故郷七十年』を引用して語っている。小林が取り上げたのは、柳田が茨城県の布川の長兄のもとにいたころのエピソードである（五五～五六ページ）。

布川の小川家の庭には、その家でなくなったおばあさんを祀る石の祠があった。柳田は、それを開けてみたいと思ったという。ある春の日、人のいないときにこっそり中を覗いてみると、そこにあったのは「一握りくらいの大きさの、じつに綺麗な蠟石《ろうせき》の珠」だった。あとで聞くとそれは、中風を患《わずら》ったおばあさんが、なぜかしょっちゅう撫でまわしていた珠だったという。その美しい珠を見たとき柳田は「何ともいえない妙な気持」になって、しゃがんだままよく晴れた青い空を見上げた。すると「そこにたしかに数十の星を見た」と柳田は語っている。このとき、「突然高い空で鵯《ひよどり》がピーッと鳴いて通った。（中略）あの時に鵯が鳴かなかったら、私はあのまま気が変になっていたんじゃないかと思う」と言うのである。

このエピソードを紹介しながら、小林秀雄は、この特異体験によって、柳田は珠の中におばあさんの魂を見たのだと言う。そして、そのような感受性、すなわち近代科学の方法論とは異なる、自己の体験に根差した知のありようこそが、柳田の民俗学を支えた秘密なのだと言うのである。このとき小林は、柳田を介して近代の向こう側にある知のありかたの痕跡を確かに探り当てている。この講演では『山の人生』や『遠野物語』に記されたエピソードが続いて紹介されているが、そこには近代科学の実証主義を相対化し、人間の悟性を尊重する意図が明確に示されているのである。

ここで小林が指摘したように、柳田の民俗学は前近代的な知のありかたへの強い関心と、その再評価という志向を包摂している。それは柳田が生来保持していた素質によるものだった。そしてこの『故郷七十年』からは、そのような柳田の知の来歴、すなわち、前近代的知を近代社会の中に価値づけるという思想の形成過程を知ることができる。それは柳田が二つの社会にまたがって生きてきたからに他ならない。

柳田が生まれ育った辻川は、明治十年代になってもなお、前近代的な気風を濃厚にとどめていた。柳田が最初に身につけた教養はしたがって、まずは江戸時代以来の和歌の詠みかたであったり、あるいは国学や漢学であったりした。また、単なる文字の上の知識だけでなく、柳田が育った土地は古くからのしきたりや習俗、言い伝えなどの伝承を濃厚にとどめていた。そのような環境で生育した柳田が、東京に出て成人し、外国語と西洋の学問を学んで身につけた。そのために柳田が自身のうちに前近代と近代の二つの異なる文化を保持していることが、本書を読めばよくわかる。

たとえば、先にも触れた本書の「辻川の話」において、農村における結婚の習俗に触れた箇所を見てみたい。柳田は幼少期に、地域の結婚式において「男蝶《おちよう》」の姿となって三三九度のお酌をする係をさせられた記憶を語っている。柳田は「私が婚姻史を書く計画はずいぶん早くからあったが、こんな経験が隠れた刺激になったことは疑えない」と述べており、この経験が、柳田の『婚姻の話』（昭和二十三年、岩波書店刊）に結びつくのだと気づかされる。このように柳田の民俗学研究は、多分に幼少期の体験によって方向が定められているのである。

ここで柳田が強く主張しているのは、昔の習慣にも美点があり、それをむやみに貶める態度は容認できないという感情である（一二九～一三〇ページ）。

ただ昔を半開時代とか、若《も》しくは非常に乱暴な権力本位のものであったといって、古代人の心遣いを計算に入れないのを非常に残念に思っている。昔の婚姻制度を無視して、ただ士族流に解釈しようとしてしまうのは注意しなければならぬ。四民平等はいいことだが、できるだけ士族を真似しようとするのは良くないことである。昔の農民生活のよかったことを反省してみる必要があるのである。

右の指摘はそのまま『婚姻の話』に結びついており、柳田の思想の、すでに失われた、あるいは今現在失われつつある民俗文化を哀惜し、その価値を見直したいという方向性が明らかに示されている。このような視点から柳田の民俗学に光を当てると、そこに「懐かしさ」という感情が伏流していることが理解されよう。柳田は生涯にわたって望郷の念を持ちつづけたが、それはたんに過去を懐かしむという感情に留まるのではなく、学問へと姿を変えて「民俗文化から学ぶ」という道筋へとつながっているのである。

このように本書には、柳田の学問に結びついた記述が多くみられる。同じく「辻川の話」において、柳田は「あらわな形の夫婦喧嘩のなくなったこと」を「明治の歴史に書かずにおれないような気がしている」と述べている（九七ページ）。「あらわな形」とは「皆の見ている前で、女房が弱者として世論に訴え、その支援を得る」形の夫婦喧嘩をいう（九六ページ）。昔の夫婦喧嘩は隣近所を巻きこんで派手だった、それを柳田は懐かしみつつ、その変化を肯定的に受け入れているのである。さらにまた、柳田は「子供が綺麗になったこと」

も、明治以来の変化に挙げている（九八ページ）。これらは、あきらかに柳田の『明治大正史　世相篇』に結びつく内容である。同書において柳田は日本社会が近代化する過程で、人々の暮らしやそこに底流する価値観がどのように変化していったかを活写した。少年時から晩年に至るまで、柳田は冷静な観察者でありつづけた。前近代から近代へ、社会が急激に変化していくなかで、私たちは何を獲得し何を失ったのか。柳田は必ずしも近代化を否定していない。社会の変化を柔軟に受け入れつつ、同時に失ったものの大切さを冷静に評価するという態度で一貫している。

本書にたびたび記される旅行の記憶もまた、民俗学と深く結びついている。柳田は青壮年期において盛んに旅行をくりかえしているが、それは失われつつある文化との出会いの旅でもあった。柳田は東京という近代都市と、地方とを往還しながら、その間の変化に深い省察を重ねていったといえよう。

いまひとつ指摘しておきたいのは、妖怪や神隠しに対する興味である。これは『山の人生』や『妖怪談義』に結びつく体験だが、柳田は「播州は神隠しの話の非常に多いところであった」と述べている（一一四ページ）。ここにも柳田の学問形成の根が見えるのである。柳田は妖怪への興味を晩年に至るまで持ちつづけたようだ。本書はさまざまな思い出を語りながら、話題が木地屋の話や河童《かっぱ》の話などの民俗学的な考察にしばしば転じていく、その自在な語り口もまた本書の魅力であろう。

民俗学者柳田國男の思想は、どのような社会的基盤や思想的風土のもとに形成されたか。

それを本書は明瞭に伝えている。それは柳田自身が自己の学問をふりかえり、そこに一筋の道を見出そうとしているためでもある。以下にそのような叙述の影の部分についても触れておきたい。

語られなかったこと

柳田は青年時から、民俗学者を志して生きてきたわけではない。その人生はいわば挫折の連続だった。柳田は東京帝大卒業後、農商務省に入省し、内閣法制局に転じて貴族院書記官長に至るが、貴族院議長徳川家達《とくがわいえさと》との確執から官を辞している。官僚として地歩を固めながら、ついに大臣にも、貴族院議員にもなることはなかった。次いで、新渡戸稲造の推挙によって国際連盟委任統治委員会委員に転じるが、外交の世界でも大きな実績を残すことなく、二年余りで辞任している。そののち、朝日新聞社の論説顧問となるが、ほぼ同じ時期に同じく官僚から朝日新聞社に転じた下村宏《しもむらひろし》（海南《かいなん》）が、のちに副社長にまでなったことを思うと、柳田の朝日新聞時代もまたさしたる事績を残していない。柳田はジャーナリストとして活躍することもなかった。そして今日、私たちが手にすることのできる、柳田の民俗学に関する膨大な著作の過半は、五十六歳で朝日新聞社を退いた後に著されたものなのである。

およそ中年を過ぎるころまで、柳田にとって民俗学の研究は余技であった。それは道楽の学問であって、民俗学研究で身を立てようとは、ほとんど考えていなかったと思われる。しかし、さまざまな分野での挫折の連続の結果として、柳田には民俗学だけが残った。かくて、中年の後半から老年に至る時期に、柳田は一気に研究を推し進め、民俗学研究の第一人者としての地位を獲得していった。昭和二十四年（一九四九）、七十五歳で柳田は学士院会員になり、その二年後には文化勲章を受章している。本書が語られたのはその後である。

つまり、本書は最晩年の柳田が「なぜ自分は民俗学者になったのか」という問いをみずからに課し、その視点から過去をふりかえった結果なのである。本書で柳田は、くりかえし「運命」について語っている。たとえば、子供のころに預けられた三木家の祝宴に町から招かれた舞妓について「何か人間それぞれの生涯につきまとう運命のようなもののあることを、考えさせてくれた」と語っている（四〇ページ）。そのとき語り手自身もまた、自らの人生を突き動かしてきた「運命のようなもの」を実感していたのではないだろうか。

この「運命」という感覚は、個人だけでなく「家」にも当てはまるものだった。柳田は栄える家と衰退する家のあることを、本書で語っている。柳田は自身の生家である松岡家についても、養家の柳田家についても家系や由緒を詳しく語っているが、そこからは家の盛衰が柳田にとって重要な関心事だったことがうかがえる。「家」あるいは「家系」を重要視する感覚は今日の日本においては急速に失われつつあるが、柳田の死生観や祖先観、さらに倫理観において「家」観念は重要な位置を占めている。本書からは、『先祖の話』や『家閑談』に見えるような「氏神信仰」や「祖先信仰」を日本人の信仰の核と考えた柳田の思想が、個人的な体験を基盤に持つことが容易に理解されるのである。

このような民俗学者へと結びつく自伝のありかたから、本書はかなり大胆な取捨選択が施されている。たとえば、柳田の前半生を占める官僚としての仕事については、ほとんど語っていない。それは「民俗学者としての柳田」にとって不要な経歴だったからだろう。本書では官僚時代の思い出は、大半が旅行で占められている。そのため本書は、あたかも柳田が幼少期から老境に至るまで、一貫して民俗に興味を持ちつづけ、研究を重ねていったかのような錯覚を読者に与える。そこからは柳田の深い挫折を読み取ることはできない。しかし、人の人生はそのような単純なものではない。

同様に、本書には数多くの友人や知人との交流が記されているが、そこに名の見えない人びともいる。たとえば、郷土会以来の知人で生涯にわたって交流を持ち続けた石黒忠篤《いしぐろただあつ》については、名前は見えるものの、多くを語らない。新渡戸稲造に関する記述も、親交の深さを考えればかなり少ない。同じく郷土会の熱心な参加者で、「郷土教育」をめぐって柳田と激しい論戦を繰り広げた小田《おだ》内通敏《うちみちとし》についても、確執については語らない。また、人類学者の岡正雄は、若いころの柳田の自宅に寄宿していた間柄であったが、雑誌『民族』が岡の兄、岡茂雄の経営する「岡書院」から出版されたことのほかは何も語っていない。

自身の著作についても同じことが言える。たとえば今日、柳田の民俗学研究の始発点に位置づけられる『遠野物語』の名が見えない。語り手の佐々木喜善《ささききぜん》についても語らない。柳田自身は『遠野物語』をあまり評価していなかったためである。本書からはそのような晩年の柳田自身の自己評価も読み取ることができるのである。

おわりに

老人の昔語りを聞くのは楽しい。自分が生まれる前の社会のありかた、そこに生きた人びとの暮らしぶり、さまざまな言い伝え、本書はそれらを自在に、柔らかく語ってくれる。思わず引きこまれてしまうその語り口は、オーラルヒストリーの魅力を豊かに湛《たた》えている。そのとき私たちは柳田國男という個人の存在そのものが、ひとつの「テキスト」であることに思い至ることになる。本書は一民俗学研究者の個人史であるとともに、明治から戦後へと激動の社会を生きた一人の日本人の行動と思考の鮮やかな痕跡でもある。私たちに課せられているのは、それをいかに読み解くかという問いに答えることなのであろう。

柳田が没してから、すでに五十年以上の歳月が経っている。その間に日本人の意識も激変した。日本人にとって「故郷」とは何なのか。柳田は静かで穏やかな語り口で、私たちに問いかけているように思われる。

（さや・まきと／恵泉女学園人学教授）

KODANSHA

本書の底本は、『柳田國男全集』第二十一巻として、一九九七年十一月に筑摩書房から刊行されました。

柳田國男（やなぎた　くにお）

日本民俗学の創始者（1875～1962）。兵庫県神東郡田原村辻川（現神崎郡福崎町）に生まれ，幼少期を茨城県布川，千葉県布佐で過ごす。東京帝大法科大学政治科卒業後，農商務省に入省。諸官を歴任したのち貴族院書記官長を最後に官界を辞す。朝日新聞社客員，論説委員。国際連盟委任統治委員会委員としてジュネーブ在勤。1910年郷土会を結成，1913年『郷土研究』を発行。『遠野物語』『山の人生』『木綿以前の事』『海上の道』など著書多数。1951年文化勲章受章。

講談社学術文庫

定価はカバーに表示してあります。

故《こ》郷七十年《きょうしちじゅうねん》

柳《やなぎ》田《た》國《くに》男《お》

2016年11月10日　第1刷発行
2024年8月2日　第3刷発行

発行者　森田浩章
発行所　株式会社講談社
東京都文京区音羽 2-12-21 〒112-8001
電話　編集（03）5395-3512
販売（03）5395-5817
業務（03）5395-3615
装　幀　蟹江征治
印　刷　株式会社広済堂ネクスト
製　本　株式会社国宝社
本文データ制作　講談社デジタル製作

ISBN978-4-06-292393-4

「講談社学術文庫」の刊行に当たって

これは、学術をポケットに入れることをモットーとして生まれた文庫である。学術は少年の心を養い、成年の心を満たす。その学術がポケットにはいる形で、万人のものになることは、生涯教育をうたう現代の理想である。

こうした考え方は、学術を巨大な城のように見る世間の常識に反するかもしれない。また、一部の人たちからは、学術の権威をおとすものと非難されるかもしれない。しかし、それはいずれも学術の新しい在り方を解しないものといわざるをえない。

学術は、まず魔術への挑戦から始まった。やがて、いわゆる常識をつぎつぎに改めていった。学術の権威は、幾百年、幾千年にわたる、苦しい戦いの成果である。こうしてきずきあげられた城が、一見して近づきがたいものにうつるのは、そのためである。しかし、学術の権威を、その形の上だけで判断してはならない。その生成のあとをかえりみれば、その根は常に人々の生活の中にあった。学術が大きな力たりうるのはそのためであって、生活をはなれた学術は、どこにもない。

開かれた社会といわれる現代にとって、これはまったく自明である。生活と学術との間に、もし距離があるとすれば、何をおいてもこれを埋めねばならない。もしこの距離が形の上の迷信からきているとすれば、その迷信をうち破らねばならぬ。

学術文庫は、内外の迷信を打破し、学術のために新しい天地をひらく意図をもって生まれた。文庫という小さい形と、学術という壮大な城とが、完全に両立するためには、なおいくらかの時を必要とするであろう。しかし、学術をポケットにした社会が、人間の生活にとってより豊かな社会であることは、たしかである。そうした社会の実現のために、文庫の世界に新しいジャンルを加えることができれば幸いである。

一九七六年六月

野間省一